高职高专文秘专业工学结合规划教材

U0692359

秘书口才

Speechcraft for Secretaries

主　编　包　镭

副主编　余　斌　　左翠玲

审　稿　李　君

主　审　郭　冬

ZHEJIANG UNIVERSITY PRESS
浙江大学出版社

高职高专文秘专业工学结合规划教材

审读专家委员会（按姓氏笔画排序）

王箕裘　王金星　孙汝建

严　冰　陈江平　时志明

张玲莉　杨群欢　郭　冬

曹千里

总　序

　　2007 年 12 月，浙江大学出版社邀请省内外数十所开设文秘专业的高职高专院校的教学负责人召开了高职高专文秘专业教学及教材建设研讨会。会议重点研讨了当前高职高专文秘专业建设、课程设置、招生就业、教材使用、工学结合课程改革等情况。大家一致认为，教材建设是文秘专业建设发展的重要环节，配合教学改革进行教材改革已迫在眉睫。会议决定开发一套"高职高专文秘专业工学结合规划教材"。

　　针对高职高专文秘专业的实际情况，结合目前秘书职业岗位需求和工作特点，浙江大学出版社确定了新编高职高专文秘专业工学结合系列教材的基本原则。即：思想性、科学性和方法论相统一；先进性和基础性相统一；理论知识和实践知识相统一；综合性和针对性相统一；教材内容与秘书职业岗位无缝接轨。同时根据高职秘书人才培养计划，遵循"以够用为度，以适用为则，以实用为标"方针，以职业活动为导向，以职业技能为核心，突出项目化、任务驱动的教学特点，体现实用性、技能性、职业性、融趣味性和可读性于一体的高职教育教学特色。

　　本系列教材主编和编写人员都是经过精选的，主要选择富有教学和教学改革实践经验的高职高专院校秘书专业的教师或秘书专业研究人员来担任。教材内容组合新知识、新技术、新内容、新案例、新材料，体现最新发展动态，具有前瞻性。编写体例新颖，主次分明；概念明确、案例丰富，同时安排了大量的便于教学过程中操作的实训方案，并有配套的习题和教学课件。

　　为了确保教材的编写质量，浙江大学出版社邀请了当前国内一流的文秘专业教学与研究方面的权威专家、学者对本套文秘专业工学结合改革教材进行了认真的审稿。专家们普遍给予了高度的肯定，同时也提出了很多宝贵的意见和建议，使得这套教材能更加完善。相信这是一套学生便于学习训练、教师便于教学指导的好教材。

教育部高职高专文秘专业教学指导委员会委员、教授
杨群欢
2009 年 6 月 18 日

前　言

哪里有声音,哪里就有力量。

说话是一门艺术,秘书口才更需要达到这样的高度和境界。

当人类社会进入文明社会之后,检验一个人是否有能力以及这种能力能否发挥出来,其中一个很重要的因素就是取决于他是否具备极佳的口才。早在19世纪初,国外就有学者指出,一个人在专业上的成功,只有15%是仰仗其专业技术,而另外的85%则要靠人际关系和处世技巧,而在这85%的成功部分中,起决定作用的是口才。几乎所有的成功者都有一个共同的特点,那就是具备令人折服的口才。随着社会的发展,竞争更趋激烈,口才的作用已渗透到社会生活的各个领域——它是表情达意、交流思想、传播信息、宣传教育的重要工具;是捍卫真理、批评谬误的锐利武器;是寻求发展和合作、广交朋友、增进友谊的宽广桥梁;是调查访问、洽谈讨论的重要手段;是领导艺术、组织管理的重要组成部分……有才干兼有口才的人,成功的希望更大。口头表达能力是现代复合型人才的基本素质,口才已成为现代人,特别是创造型、开拓型人才的一种重要能力,并在社会竞争中发挥着越来越重要的作用,思维敏捷、能言善辩是个人寻求发展机会的重要条件,也是事业成功的保证。

随着社会信息化程度的加深,秘书的语言交际是秘书职业活动不可缺少的内容之一。秘书职业的特殊性,对秘书岗位的从业人员的口语表达能力更是提出了较高要求。现代秘书既要在撰写文件材料、领导讲话时善于“舞文弄墨”,又要在接听电话、接待来访、汇报工作、参与谈判时能够出谋划策、“巧舌如簧”。

秘书口才技能是一项综合性、实用性、实践性很强的职业技能。本教材的写作在理念上注重职业素质的养成和职业道德的建立,以培养职业意识、符合企事业秘书的规范、满足企事业现实需要的秘书为高级目标;训练秘书职业口才技能,切实提高学生口语表达能力为实际目的。本教材尽可能地向读者展示秘书口才及秘书口才艺术的魅力,融实战性、技巧性、知识性、可读性和趣味性等为一体,让学生在学习口才的同时,也享受到智慧、激情带来的快乐。在培养口才的同时,也培养其良好的职业意识和职业习惯,培养其良好的心理素质、快速的反应能力和创新的思维,真正体验口才艺术的精髓和内涵。

本教材最大的特点是提倡秘书的"职业化"。紧密围绕秘书工作实际安排内容,设计实践性教学环节,体现出"能力本位"、"工学结合"的特色。通过多种贴近秘书工作实际的情景设计,循序渐进,帮助学生训练秘书职业口才,使学生在秘书情景下提高口语表达能力,熟练地掌握并运用口语表达的方法和技巧。通过训练,不仅能使学生更好地展示所学的知识以及自己良好的思想品德和文化素养,而且对其走向社会,交际办事,更好地适应秘书工作实际和社会主义市场经济发展的要求有很大帮助。

该教材主要就语音、语言的基础训练,秘书口才基本素质及秘书职业口才能力分设若干模块、专题进行专项训练。全书共分"模块一·基础认识篇"、"模块二·能力训练篇"、"模块三·情景实践篇"三大内容。"模块一·基础认识篇"总领全书;"模块二·能力训练篇"是口才运用的理论依据和基础训练,它始终贯穿于整个教程,着眼于夯实基础、提高素养;"模块三·情景实践篇"是具体的秘书口语实务运用,有针对性地培养学生在秘书工作情景中运用口才的方法和技巧,使之具有适应现代秘书工作所需的各种语言能力。每一模块中由理论知识、技能训练和知识拓展组成,充分体现出实践性课程的教学目标要求——"口才为实用、口才展素质"的理念;教材内容注重思维训练和素质培养,以坚定自信、自强不息、坚韧不拔的优秀心理品质的培养以及良好的秘书职业道德和正确的世界观、价值观和审美观的培养作为素质教育的目标;注重培养和提高语感能力及语言表现力,同时培养良好的思维能力、倾听能力、阅读能力、调查取材、获取信息的能力、应变能力等,从而形成本教材"职业化"的目标追求。

本教材为学生解决问题,完成模拟的秘书任务,引入了"专项实训"和"以任务问题为中心"的职业活动导向法,定出标准,引导学生主动搜集整理信息、分析问题、积极讨论,按照课内与课外相结合、理论与实践不脱节的原则,以"教育、导演、培训"三合一的理念组织实训教学,通过口头讨论、技能展示、角色扮演等方式完成训练,实训中教师成为鼓励学生进行探究性学习的导演,把学生导入"职业秘书"的"角色",鼓励并督导学生完成一系列"工作任务",以达到教学的目标和学生今后工作目标的需要。

本教材有较高的实用价值,可操作性强,力求体现出:理论,紧扣时代与社会;例证,讲求职业化和趣味性;实训,注重新鲜感和实用性,从而从根本上提高口语实践能力。教材有层次、有针对、系统化地进行口语训练;精讲多练,理论部分的阐述系统、精要,突出实用;实训部分的"职业化"痕迹,实践性、操作性强,十分重视案例的举证、分析和实训的设计,大量的案例举证和各种特质的情景实训安排是为了充分地进行秘书职业必需的口语训练,训练内容新颖、独到,由易而难、由简而繁,循序渐进。

　　本教材适用于高等、中等院校秘书专业,同时也可为广大秘书工作者提供案头参考。

　　本教材由浙江经贸职业技术学院包镭副教授担任主编,并编写了项目一,项目二,项目三·任务二,项目四·任务一、任务四,项目五·任务五,项目六·任务一、任务二、任务四、任务五,项目七·任务三、任务四、任务五、任务六;金华职业技术学院余斌副教授担任副主编,编写了项目四·任务三、任务五,项目五·任务一、任务二、任务三、任务四;浙江育英职业技术学院左翠玲老师担任副主编,编写了项目三·任务一、项目四·任务二、项目六·任务三;浙江育英职业技术学院李君老师编写了项目七·任务一、任务二。

　　在写作中,我们得到了秘书学界的专家和学者的指导和帮助,如秘书学界谭一平先生和《秘书》杂志主编赵毅先生的悉心指导和帮助,得到了企事业单位一些热心人士的帮助,参考了一些口才学界同仁的著作,引用了他人许多相关的宝贵的材料,在此一并感谢。

编　者

2009 年 4 月 10 日

目　　录

模块一 基础认识篇

项目一 口语交际与秘书口才

任务一 明确概念:口语交际;口才;口才运用的意义

◎ **学习目标**

通过学习,使学生了解口语交际在社会活动中的重要意义,把握口才的内涵及特征,树立练好口才的信心,为将来成就事业、奉献社会做好准备。

知识目标

• 把握口才的内涵及特征。

能力目标

• 掌握如何训练口才的方法。

◎ **参考课时**

1学时

◎ **导入案例**

案例一:有一个年轻人去应聘一家电器厂的职位。原先他对于该行业是陌生的,但为了应聘,他预先调查了国内电器厂的产品数量和市场、外国电器在市场上的地位和各种电器厂产品的比较,对各竞争厂家的营业情形等都有所了解。当他应聘时,他对于此行业研究的知识广博使主持者大感兴趣,同时,他的翔实、富有诱惑力的陈述,使他在几十个应聘者中脱颖而出,赢得了职位。

案例二:有一个人对商业广告颇有研究。他以求职为目的去拜访一家大公司的总经理。会面以后,他始终没有把谋职的事说出,只是和经理谈天。谈话中他巧妙地把广告对商业的重要性及其运作方式尽可能地说出,并列举了许多有力的例证。他丰富的广告知识及犀利的词锋引起了经理的兴趣,结果他并没有说到谋职,反而是经理主动请他为公司设计广告及办理广告事务。他的目的达到了,仅仅是凭借着一席话给自己创造了机会。

案例三:在离开白宫回到家乡隐居了七个多星期之后,小布什在加拿大西南部城市卡尔加里的一个会议中心再次出现,并举办了卸任后的首场演讲。观众是受到邀请才能购票,每张票价是 315 美元,这一场演讲下来小布什共赚到了 15 万美元。这是他卸任后的第一次演讲,因此,小布什拿自己调侃,说以后将发表更多演讲"还房贷",因为在去年秋天,他买了一套房子。但跟克林顿、布莱尔等人比起来,布什的酬金实在算不上高价,克林顿卸任后第一次演讲赚了 25 万美元,之后在 8 年时间里,全球巡回演讲已经入账 5000 多万美元;英国前首相布莱尔也不甘落后,他的演讲收入目前也超过了 2000 万美元。

◎ 理论知识

早在 19 世纪初,国外就有学者指出,一个人在专业上的成功,只有 15% 是仰仗其专业技术,而另外的 85% 则要靠人际关系和处世技巧,而在这 85% 的成功部分中,起决定作用的是口才。这种认识不断发展,到第二次世界大战后,美国把舌头与美元、原子弹并列为赖以生存和竞争的三大战略武器;在当今,更是把口才放在美元、电脑之前,成为新的战略武器和竞争、发展的三大法宝。尤其是现代通信技术的广泛应用,使地球的半径在缩短,而舌头伸得更长。口才的作用已渗透到社会生活的各个领域——它是表情达意、交流思想、传播信息、宣传教育的重要工具;是捍卫真理、批评谬误的锐利武器;是寻求发展和合作、广交朋友、增进友谊的宽广桥梁;是调查访问、洽谈讨论的重要手段;是领导艺术、组织管理的重要组成部分。

20 世纪 90 年代初,美国斯坦福大学荣誉退休商学教授哈勒尔博士对一批毕业十年的企管硕士进行了研究,试图找出这些成就卓著人士的特质。他发现,学习成绩的好坏与成就无关,说话能力非凡几乎是这些"功成名就者"的共同点。这些人个性随和,使人容易亲近,而且也相当健谈。他们不但能与同事、朋友、亲人、老板一一攀谈,也可以在观众面前侃侃而谈。由此可以导出了成功的方程式:

口才超群＝成功＋富裕

美国有份调查问卷征询许多成功人士:"哪项技巧对你的成就帮助最大?"他们都异口同声地回答:"说话能力!"想成功,就必须培养个人的说话技巧。

哈佛、斯坦福大学所做的正式研究也证明,说话能力与沟通能力是制胜的关键。

美国人重视公开演说。在美国纽约,每个季度都会举办"演讲口才训练"的演讲,那些商业界和专业技术领域的人士都接受过这样的训练,一些规模庞大、传统而保守的公司或者组织,都专门开设了这种训练课程,以此来学习如何维护公司及员工的利益,如何更好地进行各种沟通。许多人就是从不敢说话到敢说话、从不会说话到会说话,是口才助他们走上成功之路,是沟通使他们的人生变得精彩。美国的演讲教育从小学就开始了。小孩子们在课堂上独立地表达自己的思想,是老师经常鼓励和引导的一项"基本教育"。到了中学,很多学校已开设专门的演讲教育课,中学生们开始以敢于和善于在公开场合讲话为荣。大学生们演讲能力培养的意识就更强烈了。美国人之所以重视演讲教育,是因为他们深知这一技能有用。他们认为,演讲能力并不是政府官员、脱口秀或 CEO 们的"专利"。应聘求职者、商品推销员、小项目的组织者,乃至对上报告工作、向下布置任务,都需要演讲技能,缺乏这一技能会失去很多成功机会。他们认为,口头表达能力是现代复合型人才的基本素质,思维敏捷、能言善辩是个人寻求发展机会的重要条件,也是事业成功的保证。所以,学校注重从小对孩子培养在公众面前发言的能力。于是我们看到小布什讲话时对观众的情绪能随时作出反应,甚至不失时机地用挤眼等动作表示一下幽默;我们也看到《纽约时报》前任总编辑作简短的辞职讲话时,三分钟令编辑们掉泪甚至哭出声来;美国 48 岁现任总统奥巴马,正是因其非凡的演讲铺就了他通往白宫之路。确实,口才已成为现代人,特别是创造型、开拓型人才的一种重要能力,并在社会竞争中发挥着越来越重要的作用。在激烈竞争的社会里,一个人在现代社会的适应力、竞争力和推销力无一不是以口才来展示的。当前,我国正处于民族振兴的关键时期,比任何时候更迫切需要口才与沟通。宏观地看,构建社会主义和谐社会,需要口才与沟通;建设社会主义物质文明、精神文明、政治文明,需要口才与沟通,改革开放、同国际接轨,需要口才与沟通。微观地看,在市场经济和信息化时代,任何人的生活和工作,包括求职、应聘、诉讼、竞选、述职、升迁、跳槽、尊老爱幼、谈婚论嫁、交友处世,无一不需要口才与沟通。而就个人而言,有口才就意味着他的社会生活必定丰富多彩,他在社交场合中口若悬河,滔滔不绝,令人赞叹;在与人辩论时能一针见血,鞭辟入里;在危机时能应答如流,妙语连珠,令情势急转直下,难题迎刃而解……能干的企业家,一定要具备它;律师、教师、演员、推销员和管理者也都应该注重口才。口才是人类社会中人们生活应用最普遍也最有效的技能之一。

总之,口才在人们的社会生活中处处显示着价值。

一、口语交际的性质及功用

(一)口语交际的性质与口语表达

现今的社会生活,人与人之间及人与社会之间的关系非常密切,广泛的社会来往不可缺少。人际交往,是人与人之间相互联系的一种行为,是人们运用一定的方式和手段,传递信息,交流思想感情,以求达到某种目的的一种社会活动。人们通过交际求得共识,加深情感,加强联系,并形成不同的群体,协调社会生活,促进社会的繁荣和发展。

人际交往有社会性、个体性、双向性的特点。从本质上看,交际是一种社会现象,具有社会性,它随着社会的产生、发展而产生、发展,受到社会生产力和生产关系的制约,而又对提高社会群体的向心力、发展社会生产力、促进人类文明和社会进步起着强大的推动作用。在形式上,交际则是通过具体的个人进行的,具有个体性和双向性。人们通过交际传递信息、交流思想感情,求得满足,进而认识社会、参与社会改造,以至形成自己的个性,成就自己的事业。交际,是人与人之间相互联系的一种行为,而语言则是人类最重要的交际工具。

所谓口语交际就是特定的人(包括听、说双方),在特定的环境里,为了特定的目的,选择适当的话语内容和方式,用以交流思想、传递信息的一种言语活动。

随着人们互相合作机会的增加,每个人的口头表达能力越来越显得重要,口语表达能力的强弱已成为一个人生活及事业优劣成败的一个极为重要的因素。在人类社会中,口语表达是人类最重要的交际工具,是第一位的交际工具,人说话就是为了交流思想、传播信息、统一行动、发展生产。口语表达是以表情达意、传递信息为目的的社会实践活动。口语表达过程是一个复杂的生理和心理活动的过程,包括内部言语形成和语言的传送过程。在这个过程中,说话人由于个人的感情和思想的变化,产生了说话的动机,形成了内部言语(无声语言),即确定说话的意向、内容,通过选择恰当的词语、句子,并根据一定的语法规则和逻辑规则,将这些语句排列成正确的次序,迅速转化为外部语言(有声语言)。说,是口语表达的基本形式,声音是口语表达的物质媒介。以声传意便成了口语的本质之一。即便在通信技术高度发达的今天,人类可以超越空间的限制,但必须依赖声波来传递信息。因此,从某种意义上来说,口语表达是一种借助于声音和态势完成表情达意任务的复杂精神劳动。口语表达在本质上属于现实活动而不属于艺术活动。

因此,口语表达是指表达者出于某种社交使命,运用连贯、标准的有声语言,并辅之以态势语言交流思想、传递信息、表达感情的一项社会实践活动;是一种以声音、态势为工具,以标准口语为产品,以传情达意为目的的特殊精神劳动。从本质和深层意义上说,口语表达是一种艺术性的现实活动。

(二)口语交际的功用

"一言可以兴邦,一言可以丧邦。""一言之辩,重于九鼎之宝;三寸之舌,强于百万之师。"在中国古代已将国之兴亡与舌辩紧密联系起来,口才的运用关系到个人的前途乃至国家的生存和发展。而在发展迅猛的今天,不管个人从事何种职业,口才运用的好坏都将预示着他能否步入成功之门,可见口才之重要。

1. 人际交往离不开口才

"语言是人类最重要的交际工具。"人们利用语言进行交际,交流思想,以便相互了解,协调共同的活动,促进社会经济的发展、科技的进步和文化教育水平的提高。

2.良好的沟通需要口才

现今的社会生活,人与人之间及人与社会之间的关系非常密切,广泛的社会往来不可缺少。交际,是人与人之间相互联系的一种行为,而语言则是人类最重要的交际工具。随着人们相互合作机会的增加,每个人的口头表达能力,愈加显得重要了,口语表达能力的好坏已直接成为影响一个人生活及事业优劣成败的一个极为重要的因素。

3.口才创造机遇

有资料显示,在发达国家,有近10％的人直接或间接地从事着和口才有关的工作,日常生活中人们使用口头语言进行情感交流、信息沟通,更是像每天呼吸空气一样地习以为常。目前生活在开放环境中的人们在物质生活得到了满足后,更讲究精神的生存,这就必须要进行交流,而要交流,就必须要充分施展口才的魅力。拥有好口才,能使个人的生活更加丰富多彩,能有效地改善生存的状况和质量。

口才是一种力量,好口才可以助人赢得友谊,给人排忧解难,消除人与人之间的隔阂,取信于人,解除人的愁苦、悲观,使人生更加美好快乐。

也许有才干没有口才,也可以达到办事的目的,但有了才干又兼有口才的人,他成功的希望更大。因为在言语谈吐中,个人的才能及品质能得到充分的展示,使对方深深了解并对你产生信任,从而愿意把重任托付给你。

如前面案例中的两个年轻人的成功求职应聘,前者正是因为他的翔实、有诱惑力的陈述,使他在几十个应聘者中脱颖而出;而后者也是运用了口语策略,并因其扎实的专业知识,辅之以流畅准确的语言表达,也使他在几十个应聘者中脱颖而出。

4.口才是事业成功的翅膀

之所以现在越来越多的人重视口才的培养,是因为人们已意识到在激烈竞争的社会里,一个人在现代社会的适应力、竞争力和推销力无一不是以口才来展示的。言语是思想的衣裳,谈吐是行动的翅膀,口才可以表现出一个人的睿智和高雅,也可以暴露一个人的愚蠢和低俗。所以,口才主要不是口上之才,而是一个人德、才、学、识的整体体现和综合展示。事业的成功与失败,在很多时候往往取决于某一次的谈话。

(三)口语交际的语体特征

1.内涵的多样性

口头语体功能多样,涉及社会生活的各个方面。人们的谈话材料,从家庭生活到社会问题,从日常生活到国家政治,范围是无限广阔的,内容是非常丰富的。如表现在语言材料的选择上,就是能够容纳丰富纷繁的词汇,从全民通用词到俚俗词、方言词、新造词;从常用词汇、粗俗词汇到情感词汇、艺术词汇;还有大量的口语、谚语、歇后语和惯用语,都可信手拈来,随机应用。特别是大量现成俗语的恰当运用,更能给人一种贴切愉快的感觉。

2. 表现的生动性

在交谈者直接交往的情况下,谈话比较随便、比较自由,交谈的双方都可以根据自己表情达意的需要,大量地使用具有表情色彩和描绘色彩的语言材料,使表达绘声绘色。加入了手势、姿态和面部表情等态势语作为传达信息的辅助手段,往往能使慷慨激昂的情绪和细腻复杂的心理活动表达得惟妙惟肖。而象声词、语气词、感叹词、带迭音后缀的形容词、重叠式动词以及具有不同音色的声音和语调的大量运用,造成了书面语体所没有的特殊语感,模拟、夸张和渲染在特定情境下的运用,更给人生动逼真感。

3. 表述的多变性

口头语体经常大量地使用口语,并以丰富多变的语音、语调充分有效地表情达意,这与书面语没有语调的变化不同。所以,口头语体的言语不易固定、变化较快,因而也形成其生动丰富的特色。

4. 句式的简略性

由于口头谈话往往是即兴、随意、脱口而出的,谈话的双方都不可能有更多的思考余地,又因为交谈的对象就在眼前,说话者可以用手势、表情之类的东西去帮助表情达意,因而口头语体多用短句、省略句、独语句、主谓句,而不用或少用长句、完全句、结构复杂的句子。所以,谈话时,听话者要认真听,而说话者也要随时注意听话者的反应,这就决定了口头语体的句子结构必须简短;即使要表达复杂的内容,也尽量不使用复杂结构,往往是硬要使用长句子和复杂结构,反而会使谈话显得呆板、做作、学究气太重,甚至会失掉谈话的真正精神。

5. 话语的暂留性

口语依赖的语音是转瞬即逝的,其活动范围受到了时间、空间的限制。不能像写在纸上或留在其他物体上面的书面语那样传于异地、留于异时,不能像书面语那样能够慢慢地反复咀嚼、仔细研究。因此,一般句子较短,结构简单,没有繁复的修饰成分,用词也平易浅白,并且带有鲜明的感情色彩。

6. 沟通的综合性

运用口语时,由于交际对象就在眼前,说话人就可以借助音色、语气、语调、动作、表情以及各种可以利用的物体来帮助表达意思。它们与语词相互配合,直接作用于听者,使双方的沟通变单一语言沟通为集语言与非语言为一体的综合沟通。

二、口才的含义及特征

(一)口才的含义

简单地说,口才就是口语表达的才能,口语交际的才能。一个会说话的人,可以恰到好处地表达自己的意图,并使说出的话语动听、入耳,让人听了乐意接受。因此,口才是指在交谈、演讲、论辩等各种口语交际活动中,表达者运用恰当、得体、有效的言语策略,达到特定的交际目的,取得圆满交际效果的口头表达能力。由此可见,口才涵盖并展示了个人的素养、能力和智慧,是个人素质的全面、综合的反映。

（二）口才的特征

1.明确的目的性

口语交际是一种有意识的交际活动,无论涉及什么内容,无论采用何种方式（如谈话、谈判、辩论、演讲、主持等）,都是为了实现特定的交际目的而进行的。即使是闲谈,虽然涉及的内容广泛,且有很大的随意性,但在每一个交谈片段里,也都是围绕着一定的中心旨意。口才的发挥,离不开明确的说话意图、说话动机。

2.真挚的情感性

说话的目的是为了交流和沟通。要让自己的言语表达具有感染力、说服力、号召力和战斗力,不仅在于说话者本人能否准确、流畅地表述自己的思想,更重要的是在于他所表达的思想、传递的信息,能否为对方所接受并产生共鸣。如演讲就特别强调真情的流露及感染,对演讲的话题充满热忱,并把这种热情传达给听众,经常还借助直接或间接的手段来表示,如语音的高低抑扬、节奏的快慢变化,目光、面部表情、手势、点头、摇头、沉默等态势语言,使听者受到相应的情绪感染并产生相应心理和情绪的感受。如快、重、扬的声调,短的句式,小的停顿,刚健的语句风格会传达出兴奋、高昂、激动和急切的感情色彩,从而使听者受到相应的情绪感染并产生相应的亢奋、紧张或紧迫的心理感受;而慢的、低的语音,压抑的声调,拖长的句式,大的停顿,文雅的语句又会传递出从容、平静、柔和或沉重的感情色彩,从而使听者受到相应的感情冲击并产生相应的平缓、庄严、深沉或悲哀的心理。

3.明显的综合性

口语交际是在不断变化的语境中,运用语言因素和非语言因素以达到交际目的的复合行为。口语表达仿佛是一把标尺,能准确、全面地检测出交际者在各方面的修养,是交际者各方面素质和水平的综合反映。口才是一种综合能力的体现。从素质上讲,离不开交际者的生活阅历、思想水平、语言技巧和天赋禀性;从能力上讲,它涉及了观察与感受、想象和理解、分析与综合的能力;从学科上讲,它接触到心理学、逻辑学、语言学等多方面的知识。因此,首先,口才是敏锐的思维的能力、高度的判断能力和机智缜密的语言表达能力的共同结晶;其次,口才是一个人德、才、学、识的综合体现,是其素质、知识和能力的集中反映。

（三）口才艺术

口才艺术是口语表达的较高境界。口才艺术是口才表达才能即口才在特定的言语交际环境中的一种富有创造性的发挥和表现,并且建构起林林总总各具鲜明特色的辅之以恰当体态语的言语策略。其发挥往往具有临场性、机智性,是在完全没有预先的思想准备的情况下表现出来的,这是说话者良好的道德情操、深厚的文化素养、渊博的知识和卓越的才能瞬间撞击出来的灵感思维的火花,包含并体现出相关的多种能力,如思维能力、表达能力、修辞能力、表演能力、交际能力、语言应变能力,这是口语表达的艺术珍品。

因此,口语表达达到了口才艺术的境界,确实是人类生活中最难能可贵的宝贵财富,此时的语言在交际、交流中始终有着明确的对象意识和清醒的语境意识,因人而异,话循境发,话说得好、说得巧、说得得体、说得服人,往往言出事成。

任务二　加强认识:口才——秘书成功的必备资本

◎ 学习目标

通过学习,使学生了解口才在秘书工作中的重要意义,进而从思想上端正认识,提高学习口才的积极性。

知识目标

● 通过学习,了解秘书口才的含义、特征及提高秘书口才的重要意义。

能力目标

● 根据学习目标,加强认识,了解并把握秘书口语训练前提条件及准备——秘书口语交际的要求,从主观和客观上做好准备,以真正提高秘书口语交流的技能。

◎ 参考课时

1 学时

◎ 导入案例

下面是原无锡市协新毛纺织染厂党委书记刘吉与青年们的一段对话:

问:你怎样估计自己?

答:夸我、拜会我、吹我,我自己知道我没有那么好;骂我、攻我、散布我的谣言,我自己知道我没有那么坏。我就是我——一个工厂的共产党党委书记。(鼓掌)

问:你怎样看待人才?

答:峰高谷深,峰谷并存。

问:怎样使用人才?

答:用人之长,容人之短。将才要放到将位上。

问:你觉得什么日子好过,什么日子难过?

答:稀里糊涂的日子好过,清清楚楚的日子难过。

问:怎样才能使自己乐观?

答:心底无私天地宽。

问:你谈的问题都挺新,看来,你主张"喜新厌旧"?

答:是的。我国有一位著名的学者说:"除了对自己的爱人和文物外,对什么都应该喜新厌旧。否则社会就不能发展。(笑,鼓掌)"

··············

问:你认为我们小青年什么时候恋爱最合适?

答:当理智能控制住你的时候。(笑,鼓掌)

问:爱情与理智还有关系?

答:有。当你被爱情缠住的时候,你千万不要推开理智;当你被爱情抛弃的时候,你千万不要忘记法制。(鼓掌)

问:你做事情给不给自己留退路?

答:我不留退路。因为很多成功往往是在绝路上逼出来的。(热烈鼓掌)

··············

优秀的领导是具有良好口才的管理者,懂得春风化雨,用温暖、得体的语言去感召被管理者,"润物细无声"地达到管理的目的。而这种借助口才的高超管理艺术,在管理中能进一步融洽管理者与被管理者之间的人际关系,为彼此的共同生活和工作创造良好的人际环境。而人际环境的和谐、舒畅,又能反作用于人的工作积极性,促进人们工作热情的提升。这种良性的循环是每一个管理者梦寐以求的。

◎ 理论知识

西方管理学界有句名言:管理即管人。管理学家劳伦斯·阿普利也曾给管理下过这样的定义:管理就是通过他人把事情办妥。总之,管理在很大程度上可以说是一种处理人际关系的艺术,而人际关系的处理很大程度上又是取决于口语的交际。

秘书是在领导者身边或中枢机构工作,并以办文、办会和承办领导交办之事为主要任务的专门人员。其工作职责是协助领导或决策者沟通信息、调查研究、联系接待、办理文书和交办处理日常事务。秘书是一个单位不可缺少的重要人才,他不但是领导或决策者的参谋、助手,同时也是协调各种工作关系的关键性角色,是领导身边的辅助管理人员。他的工作具有多元性和复合性的特点,他们常常是既要提供智力服务,又要亲自出面操持;既要运筹帷幄,又要捉刀代笔;对内是领导的左臂右膀,对外是单位的脸面喉舌。由此可见,秘书的工作有很大部分的内容是管理,秘书的语言交际是秘书职业活动不可缺少的内容之一,秘书的管理口才在处理人际关系的过程中起着十分重要的作用。

但长期以来,从使用秘书的领导到秘书本人,受"君子欲讷于言而敏于行"、"病从口入,祸从口出"等古训的影响,重"写"而轻"说"。不少秘书把"少说多做"作为自己的行为准则,处处"谨言慎行"。但是,随着社会的发展,过去那种"文牍型"的秘书已不能适应形势发展的需要,现代社会需要的是既会想,又会写,也会说、能说、善说的新型秘书。

语言素养是人际素养的一个方面,当然也是秘书素养的最重要的一个方面。建立和维持良好的人际关系,需要懂合作、识礼仪;但更重要的是长于沟通,尤其是语言上的沟通。秘书职业的特殊性,对秘书岗位的从业人员的口语表达能力更是提出了较高要求。现代秘书既要在撰写文件材料、领导讲话时善于"舞文弄墨",又要在接听电话、接待来访、汇报工作、参与谈判时能出谋划策、"巧舌如簧"。尤其随着社会信息化程度的加深,秘书将面临越来越高的语言素养要求,因此必须提高其口语表达能力,使其具备良好的口才。

一、秘书口才的含义及意义

秘书口才就是专指秘书在工作过程中表现出来的口头语言表达能力。

首先,秘书工作的特殊性要求秘书具备出众的口头语言表达能力。因为它是综合了一个人的观察能力、记忆能力、认识能力、知识水平和语汇应用能力等形成的能力,而这些能力又正是一个秘书应具备的基本能力。

其次,秘书繁杂的事务性工作也需要秘书具备出众的口才,如接待来访人员,多是面对面的交谈,没有出众的口才是难以顺利完成这项工作的;又如要完成领导交办的传达任务,或是对外交际工作等都需要很好的口才。可见,口头语言表达能力是秘书需要的主要能力之一。

第三,秘书是企事业单位形象的代表。因为秘书工作是企事业单位的窗口,秘书以其出众的口才代表单位及领导与外界进行交际,其行为直接反映出该单位的群体精神面貌。只有外界对这个单位的印象好了,增强了交往的信任,愿意与其进行业务联系,这个单位才会获得好的社会效益和经济效益。秘书还以其出色的口才与其内部下属单位或职工个人进行交际和沟通,只有交流顺畅,才会充分调动其积极性,为本单位工作的顺利进行打下坚实的基础。可见,秘书的出众口才是单位形象代表所必需的能力。

第四,秘书对群众进行宣传教育、接受咨询时,也需要其具备出众的口才。秘书经常要贯彻执行各级领导和职工代表大会制订的各种方针政策、规章制度,向职工群众进行遵纪守法教育。即使在接待来访时,也免不了要进行必要的宣传和接待咨询等工作。还有在许多场合和情境中,秘书都要随时宣传,教育职工群众,这些最直接需要的就是口头语言表达能力。

总之,好口才能帮助秘书在协助领导、组织群众、沟通各方面关系、统一本单位职工群众认识等工作中发挥最大的作用。

二、秘书口才的特征

秘书口才具有一般口才的基本特征,同时由于秘书工作的承上启下的枢纽位置和它的从属性、政策性、事务性的职业特征,因此伴随而生的是它的职业口才特征:思想性强、实践性强、时间性强、涉及的知识面广和紧密联系专门业务。

(一)思想性强

秘书工作历来就是从属于某个企事业单位集体的,它的一切工作都是为一定的组织服务的,都是为了保证领导者的工作顺利进行。尤其是我国的秘书工作,都是为党和国家各级机关及企事业单位服务,为建设具有中国特色的社会主义服务的,这就使得我国秘书工作具有很强的政策性和思想性。

(二)实践性强

1.针对专门业务实际

秘书在党政机关和企事业单位中起着承上启下、联系内外的枢纽作用,在企事业单位决策中起着参谋作用,在领导处理日常工作以及其他事务工作中起着辅助管理的助手作用,这决定了秘书工作的绝大多数内容都是与本单位集体或职工个人的实际问题密切相联系的,这就使得秘书的口头语言表达的内容直接针对本单位的专门业务。

2.涉及社会实际问题

秘书的口头语言表达的内容必然直接或间接地涉及社会实际问题。社会经济的变革和发展,一些具体问题一定要在某些行业或基层企事业单位出现,秘书在向领导反映、向群众解释时必然要接触社会存在的实际问题。

3.触及职工群众的具体问题

秘书口头语言表达很多触及职工群众的思想实际。秘书的日常工作会经常面对职工群众非常关心的福利待遇和技术岗位的安排等具体实际的问题,职工群众在思想上也会随时出现各种各样的实际问题,这也使得秘书的口头语言表达的实践性更强了。

(三)时间性强

秘书工作的枢纽地位决定秘书口头语言表达的时间性强这一特征。一个单位的日常管理工作很多时候会由秘书来监督执行,所以,秘书工作贯彻党和国家的方针政策和企事业单位的规章制度要及时;处理管理问题和专业技术问题,时间上要求紧迫;答复顾客和职工群众反映的问题,要迅速;谈判等交际活动,更不能让人耐心等待上一段时间才开口讲话。因此,秘书口才必然具有很强的时间性。

(四)涉及知识面广

秘书工作对内对外联系的职能,决定了秘书在工作中要面对各种各样的人员,回答各种各样的问题,这就要求秘书知识面广,并能进行良好的语言交流。具体涉及以下几方面。

1.涉及方针政策

秘书必须准确地掌握党和国家的各项方针政策,因为秘书工作的从属性决定了秘书工作者必须按章办事。

2.涉及专业知识

秘书必须能熟练地运用专业知识来宣传解释,解决生产经营中出现的实际问题。

3.涉及文化知识

企事业单位生产经营活动必然涉及许多文化知识,秘书工作在口头语言表达时就一定会涉及这些文化知识。做好本职工作,就要求秘书对这些文化知识要厚积薄发、了然于胸。

4.涉及心理学知识

秘书还应具有相当丰富的心理学知识,因为秘书有重要的沟通协调的工作职责,而要解决好交谈对象的问题,必须摸准他们的心理要求,才能使话"正中下怀"。

(五)与本单位的业务联系紧密

秘书工作的口头语言表达与本单位的业务活动联系紧密,这是由秘书工作的从属性质和辅助功能所决定的,而前面的四个特征也都要求紧密地联系本单位的实际业务活动。

三、秘书口才的实践意义

秘书为了解、掌握、提供情况,必须上与领导接触,下与群众联系,还要和同事交流,这些都离不开"口才",因此秘书要善说。

(一)秘书"善说",有利于开展工作

秘书要做好工作就得说话,但要把话说得明白、说得巧妙,就必须了解说话的科学性和艺术性。一般来说,给领导提建议,需用商量的口气。同时,也应根据领导的不同特点和不同的谈话场合,采取不同的方法。如某服装公司经理因经济纠纷怒气冲冲地找与其公司有业务往来的某纺织集团董事长,该集团董事长因尚未考虑好对策,便派秘书接待。秘书耐心、仔细地听取了经理陈述的意见后说:"我们十分尊重您和贵公司,您所说的意见我将原原本本地向董事长报告。"秘书采取缓和挡驾的方法为董事长考虑对策赢得了时间,也为日后较好地处理纠纷创造了良好的条件。

(二)秘书"善说",有利于协调关系

协调各方面的关系,是秘书的一项重要职责,特别是协调人际关系,更需要秘书有良好的语言表达能力。秘书与领导朝夕相处,协调好领导间的关系尤为重要。领导之间的矛盾大多为工作中的观点分歧,也有少数隐藏或间杂着自己说了算的意气之争,这类矛盾处理不好,会给工作带来严重后果。在这种不正常的环境中,秘书应想方设法缩小分歧,使其和睦相处,统一认识,消除隔阂。例如,某县委一位领导和一位老部长有隔阂。当部长生病时,一位县委秘书便去医院探望,他把礼品放在床头说是代表某领导来看望的。而当该领导生病住院时,这位秘书又买了礼品送到领导的床头说是老部长委托他来的。他用真情和真诚消解了两位领导人之间的隔膜,用朴实的笑和巧妙的语言缩短了双方的距离。这样的协调方法就颇具艺术性。

（三）秘书"善说",有利于树立单位的良好形象

"说话既能创建更好的人与人之间的关系,也可以破坏人与人之间的关系,它是双刃剑。"（日本板川山辉夫）。我国亦有"好话一句三冬暖,恶语伤人六月寒"的说法。有些秘书不了解语言的双面作用,因说话不动脑而得罪人的事例并不少见。有一位港商与闽南某公司商议合资办厂事宜,当他来到公司门口时,迎候他的该公司秘书对他说:"我们经理在楼上,他叫你去。"港商一听,他凭什么叫我去? 便转身说:"贵公司有诚意合作,叫你们经理到我住的宾馆来洽谈。"这位秘书用语不当,损害了公司形象,造成了不良后果,真可谓"一言树誉,一言毁誉"。所以,日本一些大公司招聘职员时非常重视应聘者的说话水平。他们认为,一个企业的职员是否会说话,是关系到企业生存发展的大事。企业作为现代生活中一架高速运转的机器,每个职员都是大机器上的一个个零件。有口才,又能干,才能履行好职责。

（四）秘书"善说",有利于信息传递

信息作为财富,传递时间的快慢直接影响其价值。如果说者、听者是直接交流,就可缩短信息交流的时间,从而提高决策效率。某泥塑公司秘书从一位刚从国外考察回来的朋友那里了解到,有一个国家的国人很喜爱中国的泥塑,他便将这一信息迅速准确地报告给公司经理,并建议马上组织货源出口该国。这一举措使公司效益大增。

1. 上传下达

秘书具备出众的口才,在日常工作中才能充分发挥其在领导机关中的信息上传下达的枢纽作用。比如,反映群众的意见和建议,传达领导的决策和计划,成为领导与职工群众及和社会各界间的桥梁。

2. 答复咨询

针对人们对企业的生产、经营状况、产品质量及销售政策的询问,用户和消费者对商品质量问题的质疑,本企业下属单位和职工群众的意见和询问,秘书有了好口才,就能用口头语言及时作出答复,维护企业利益,消除人们的疑虑。

3. 业务谈判

好口才能使秘书在协助领导与外界进行业务谈判时,以其出众的口才,不断地为领导提供有关谈判内容的各种信息,起到参谋作用,甚至直接参与谈判。

4. 解释领导意图

秘书经常向本单位、本部门职工群众或社会各界宣传解释领导的意图。如经

营决策、职工工资等福利制度的贯彻宣传,人事制度执行情况和单位的发展规划的解释……这些都是人们非常关心的问题。好口才能帮助秘书解释领导的意图,方便职工群众更好地了解领导的意图,达成共识,使工作顺利开展。

（摘自钟小安《秘书的说话能力》,吴欢章、赵毅主编《秘书素养》,上海文化出版社 2007 年版）

四、秘书口语交际的对象感

由于交际对象的诸多因素对秘书语言交际有着制约的作用,因此秘书人员在职业交往过程中必须"有的放矢,因人施语"。

（一）了解交际对象的接受能力

秘书语言交际的目的,在于使对方接受和理解,而对方能否接受和理解,又取决于他的接受能力。由于文化程度、工作经历、思想水平等因素制约,人们对语言的接受能力是不一样的。所以,要因人施语,依据交往对象的情况来展开话题,阐释事理。

（二）了解交际对象的信息需求

秘书人员与交际对象在职业交往活动中,都有自己的需求,对语言传递的信息大都是各取所需的。这样,就要了解、明确交际对象的心理需求,交际时力求表达与需求相适应,做到有的放矢,使交际双方有共同语言。

（三）了解交际对象的内心活动

交际对象的个性特征和内心活动,常常会影响到语言交际效果。秘书人员应学会察言观色,透视对方的内心活动,选择合适的语言和表达方式,有的放矢地进行交际,缩短双方的心理距离,融洽双方的感情,尽量使交往过程能"心理相容",以提高交际的效果。

五、秘书交际的口语表达要求

言谈真诚,内容恰当贴切,使交谈具有感染力。

风格明快,语气肯定,干练精明。

思路清晰,语流自然通畅,表达意思贴切、完整。

发音准确,语调自然,拥有个性的声音,用词通俗,表达浅显,说话用词力求通俗、口语化,多用基本词和常用词,让人一听就懂,达到更好地沟通感情、传递信息的目的。

动作得体,表情自然,善于倾听,恰当自然地使用态势语,增强口语表达的效果,并引起对方共鸣。

任务三 把握要点:秘书口才的素质要求

◎ **学习目标**

通过学习,结合秘书工作实际,使学生了解秘书口才所辐射的各项素质要求,加强学习和训练,提高口才素质及工作效率。

知识目标

● 通过学习,了解秘书口才所辐射的各项素质要求,从思想上提高认识,增强职业道德,树立奉献精神,加强学习和训练。

能力目标

● 根据学习目标,把握秘书口才辐射的各项素质要求,有意识地努力学习,加强自我约束,以提高自身素养。

◎ **参考课时**

2 学时

◎ **导入案例**

案例一 某艺术传播公司的行政助理 Cat(年龄:22 岁)说

时常听到一些对秘书的普遍性描述:聪明、细心、谨慎、考虑周到。除此之外,秘书还应该有灵气、有悟性、有团结能力,能提出有创造性的建议,并且凡事懂得分出轻重。还要有较强的交际和沟通能力。因为我和领导在一个办公室,但是客户们一进门首先看见我,所以形象自然很重要,其实不用穿得很时尚、另类,只要大方得体就行,仪表看上去舒服即可。我的工作要求我有很好的沟通能力,不仅要和客户打交道,还要和公司内的人员保持良好的人际关系。领导常说,我可以算作是领导和下属之间的桥梁,夹在上下两级之间,一定要寻求到好的平衡点,正确传达领导的意思,不能让双方产生不必要的误会和矛盾。

做助理、秘书这一行不仅仅等同于打杂,其实还要求人员有较广的知识面。我首先和客户交流,代表的是公司的形象,出了洋相就是抹公司的黑。工作中碰到了棘手的问题,要主动、积极地面对,体现出能力,才能被领导器重。在我的工作中,难免要打电话去催客户支付费用,说得难听点有点"讨债"的味道,但这是我工作的一部分,不得不直面。现在我也习惯了这份工作,并总结出了一套沟通的经验技巧。

(转引自金幼华主编《实用口语技能训练》,第 247 页,浙江大学出版社 2006 年版)

这说明秘书处在一张"关系网"中,需要与上级沟通,与同事沟通,与客户沟通,需要处理好各种各样的关系,由此也就决定了秘书需要具备多方面的素养。

案例二 一个外企高级秘书的经验总结

我是首席秘书,即一秘。我认为做一个真正意义上的好秘书要具备很多潜力和素质。现在不是流行复合型人才吗?我想我们秘书这一职业有时候也需要类似的人才,甚至可以说是"全能型"秘书。首先,硬件设备是必不可少的。掌握一门外语(通常指英语),是最基本的条件;做文秘的人,工作在办公室,文字处理工作特别多,所以对一些现代化机器的熟练掌握也是最基本的能力,尤其是电脑。其次,秘书的职业道德备受重视,每一行有每一行的规矩,秘书也不例外。平时工作中不可避免地会接触到公司的一些内部文件,保守秘密就显得十分关键。这也是秘书最重要的守则,因为它不仅是个人的事情,更关系到整个公司的利益。另外,秘书是工作在老板身边最亲近的人,老板出差不便看邮件时,我们要处理一些文件,有时需要立即替他批复。所以一个好秘书,除了能讲一口流利的英语、熟练使用计算机和拟写各种文件外,还有很重要的是应具备沟通能力、组织能力、协调能力、判断能力、预见能力、一定的决策能力以及随机应变的能力。这些有时候需要多年的锻炼和培养。所以,很多大公司在挑选秘书时会考虑其工作经历。另外,我时刻提醒自己要保持一颗平常的心,作为公司的一秘,权力越大责任也越大须更认真谨慎……

(转引自金幼华主编《实用口语技能训练》,第253页,浙江大学出版社2006年版)

◎ 理论知识

秘书是上司的助手,是上司的左臂右膀,是单位的窗口形象,他们担负着重任,虽然秘书不用演讲,但秘书却经常要说话:上传下达、汇报情况,接待来访,接打电话……秘书工作具有多元性、复合性的特点,要对企业的生存和发展担负起责任。作为领导身边的辅助管理人员,一个合格的秘书应是通才、杂家,要具有适应多方面工作要求的综合素养,如在工作中要任劳任怨、勤勉踏实,事无巨细都要认真去做;在工作中反映情况、报告信息一定要准确无误,不清楚的事情不说,必须说的不要不懂装懂,而要如实地向领导说明不清楚的地方;观察问题、分析问题一定要细致周到;工作扎实,学习踏实,为人处世诚实,急而不躁、忙而不乱;参谋水平要高,参谋动作要超前,具有见微知著的洞察力、丰富的想象力、灵活的决断力、与时俱进的创造力。所以,要做好秘书工作就必须进行多方面的修养锻炼,讲究说话的艺术。具体的,秘书需要具备以下六项素养:

一、人格素养

中国古代的大军事家孙武、孙膑提出为将者应具有"德仁义礼智信勇严"的素质,这也适用于秘书工作人员。作为秘书人员应具备高尚的道德品质,识大体、顾大局、有热心、讲究实效、深明大义、坚持原则,处处注意维护党和政府的威望,维护企业、机关的形象,知礼节、讲礼貌,言谈举止彬彬有礼,待人处事诚实大方,有知识、有思想、有智谋、有才能、有信心、守信用,深得上下左右的信任,积极进取、乐于奉献,不畏困难劳累,勇于在繁杂中锻炼提高自己,严于律己、严守法纪,清正廉洁。

二、心理素养

秘书处在单位的枢纽地位,承担着多元复杂的工作。这就决定了秘书要承受来自外界的要求和自身的工作负担,并承受着相对于单位其他同事更多的压力。尤其是秘书经常要代表单位进行语言沟通,其说话水平的高低、说话效果的好坏,直接关系着单位的形象及方方面面,秘书的说话往往比一般人员的说话要谨慎、到位,这无形中又会增加秘书的心理负担。因此,对秘书来说,需要具备较高的心理素养。

自信沉着。始终充满信心,在人际、处事中能冷静沉着应对各种状况,不急不躁、清醒果断。

意志坚强。具有强烈的事业心、责任心,顽强的毅力,具有克服困难、一往无前的决心和信心,尤其要具有较强的自制能力,善于控制自己的情绪,待人做事始终热情、稳重、有旺盛的精力和敏捷的头脑,使它在任何时候不影响领导和办公室其他人员的工作。善于控制行为,谈吐得体、举止文雅,在自己的职责范围内行使权力,不滥用权力;坚持原则;遭遇突发性事件时果断、沉着、冷静,不急不躁,以强烈的责任感和自信心妥善地处理好事情。

性格果断。在始料不及的突变和偶发事件时,能及时地应变和应急。

个性随和。合群,以心换心,诚恳待人,谦虚谨慎,平易近人,胸怀坦荡,顾全大局,能和不同层次的各类人员打交道,善于处理人际关系。

真诚沟通。真诚与人交谈,并在交谈中耐心倾听,让交谈的对方感受到诚意。尤其善于在交谈中以真心的微笑和诚心的赞美使沟通通畅。

幽默风趣。善于保持自我心理的平衡,善于控制自己的情绪,以理性的态度对待自己的工作和上司及同事,善于沟通、协调、缓和人际关系,以爽朗愉悦的心境,创造和谐的工作环境。

三、智能素养

总的来说,秘书对领导主要是提供智力上的服务,如沟通情况、协调关系、拟写公文、处理信息、出谋划策、辅助管理等。尤其是现代秘书更是要对领导进行参谋辅助,这是现代秘书的重要素质,这就要求秘书具有较高的知识与能力素养。

首先,秘书的知识结构必须合理化。要根据自己岗位的特点,构建自己的知识体系。

其次,现代秘书必须具备相应的工作能力:一是管理的能力,包括具有较高的政策水平,思想敏锐,通晓本单位的情况,善于收集经济信息,搞好公关工作。二是善于协调的能力,包括协调好上下级关系、自己与领导的关系、领导成员之间的关系、职能部门之间的关系。

第三,要具有敢于创新的能力。具有自强不息的进取心,树立敢为人先的竞争观念;具有改革意识;具有获取信息的超前意识;具有换位思维的意识;具有坚韧不拔的毅力。

第四,要具有良好的观察能力。使自己的观察具有客观性、求异精神、深入性,并要有一定的好奇心。

第五,驾驭时间的能力。能合理地安排领导的时间、巧妙安排自己的时间和有效管理下级的时间。善于分析自己的时间耗费,能有效地计划和组织,保证自己的工作重点,并有消除时间浪费的方法。

四、语言素养

秘书处于一个组织的交流中枢,主要工作是与方方面面的交流沟通,因此对其语言能力要求较高。建立和维持良好的人际关系,既需要懂得合作、识礼仪,更重要的是长于沟通,尤其是语言上的沟通。现代秘书希望能很好的交流与沟通,必须具备语言基本要求,说好普通话,做到字正腔圆、音色纯正、发音准确、吐字清晰、语流通畅。在交谈时,秘书应做到谈吐得体,善于控制自己的言谈,讲话时,谦虚、热情、诚恳、周密,要善于创造一个交流思想和情感的环境,从而使人际关系更为融洽。

五、形象素养

把握好自己的角色形象,甘当配角;注重以自己的形象塑造时时刻刻维护并树立单位的形象。外貌端庄、让人"看得舒服",淡妆宜人,衣着时尚得体,谈吐、举止优雅大方,有得体的仪表风度,有健康的生活方式,始终洋溢着清新美好的朝气。

六、人际素养

人们常说,最复杂的是人际关系,最难学的是关系学。而秘书最需要的就是人际交往能力。人际协调工作是秘书工作的重要内容,其目的是争取单位内外对秘书工作的信任和支持,为单位自身的发展创造最佳的工作环境和和谐的社会环境。

应该说,人际素养是智能素养的一个方面。在单位里,秘书岗位处于当然的枢纽位置,起着沟通上下、协调左右的作用;在单位外部,秘书又被视为单位的形象代表和代言人,起着沟通内外的作用。

因此,秘书一要有诚信,二要宽容。在此基础上,秘书必须具备协调、合作、公关、礼仪等素养,有建立和维持良好的人际关系的高超智能。以实事求是、诚实守信、不卑不亢、尊重公司的潜规则,时时刻刻从"我"做起作为自己处理人际的原则。具体做到:注意形象,注意礼貌,善于换位思考,宽以待人,善于赞美同事,主动交往,保持适当的距离,说话要留有余地,既讲原则又讲交情。

随着时代的推进和企业制度的不断完善,秘书工作也不可避免地要面对新形势和新制度带来的冲击。现代社会的多样化和复杂性,社会主义市场经济的竞争性,都促使秘书的角色职能由传统型向外向型、全能型转变,具备人文知识能力,博学多才,文化修养高;具有沟通协调能力、建言献策能力、心理调节能力、观察思考能力。面对企业转型、领导意识的更新和秘书工作的不断发展变化,要做好现代制度下的秘书工作,秘书工作者只有遵守职业道德,树立奉献精神,注重提高自身素质,开阔视野,更新观念,强化创新意识;拓宽知识领域,不断适应专业化服务的需要,掌握现代化办公手段;珍惜参与机会,善于张扬个性,从不轻言拒绝,勇敢地接受挑战,努力提高工作能力和技能。

总之,一个优秀的企业秘书,既要有知识的专长,综合素质又要高。

◎ 思考与练习

1.谈谈秘书训练口才的重要意义。

2.秘书口才的特点是什么?请谈谈秘书口才训练的内容及方法。

3.请利用休息日,外出找两个陌生人聊天,每人次要求 5 分钟以上时间,试比较哪一次聊天更为成功?为什么?并在班会上向同学们报告你的这次社交活动情况,说说你谈话的对象的基本情况(年龄、性别、职业等),与人谈话的内容、方法及成功的原因或失败的原因。

4.参加一次宣传活动,感受口才的魅力。

◎ 知识拓展

1.秘书的“能说会道”

所谓秘书的“能说会道”,是指秘书应当有较高的口头表达能力,要求秘书能清晰地、有条理地把繁杂的事理口述出来,既不啰嗦,又富有哲理,深入浅出,容易被人理解和接受。如果秘书要了解某一方面的情况,找到了有关人员,但是意图表达不清,提不出问题,那是无法“采访”的;开会讨论问题,需要发表自己的意见,说了半天,却说不清楚,或讲不到点子上,也是不行的;秘书看到了某份材料,觉得很有价值,需要向领导口头汇报,如果“茶壶里煮饺子——有嘴倒不出”,也是不行的;照本宣科,既费劲又费时,还影响领导的精力和对你能力的看法,更是不行的。

当然,能说会道要注意时间、地点、条件的变化,否则结果会令人遗憾。如有一次,两位领导研究工作,其中一位领导把自己的想法讲了几遍,另一位领导并没有听明白,一位秘书在旁边很急,就插上几句话把问题挑明了。当时,该秘书并未在意,谁知事后那位领导很不满,说这位秘书是在出他的“洋相”。该秘书很委屈。但事实证明:作为秘书是不能随便说三道四的,即便你讲得有道理,也要看场合。

正确地“能说会道”,关键在于秘书要摆正自己的位置:在领导面前是助手、参谋,跟领导出席会议是"二排议员",在群众面前并不高人一等,只是单位的一名工作人员。概言之,在任何情况下,自己都是"小学生"。只有这样,"能说会道"才有利于工作,有利于和谐,有利于了解和分析问题,也有利于为领导决策当好参谋。否则,轻者令人厌烦,重者要犯错误。如果到某个基层单位了解情况,那里的情况本来尚属一般,秘书却吹得天花乱坠,经验一、二、三、四……的,领导出于对秘书的信任,作为典型推广,不就要耽误事了?假如明明本单位某项工作做错了,秘书却凭借自己"能说会道",强词夺理,百般掩饰,岂不是骗人骗己吗?

（摘自王永祺《秘书应能说会道》,吴欢章、赵毅主编《秘书素养》,上海文化出版社 2007 年版）

2.秘书能做更会说——掌握"说"的技巧

◆ 常规工作:直说。事务性的工作如向领导汇报工作、征求意见、会议讨论等,应紧扣谈话主题,一针见血;而不应转弯抹角,迂回曲折,把握不住谈话中心,降低谈话的效率。

◆ 涉外事务:慎说。办公室秘书往往以两种身份参与涉外事务,一是主角身份,二是配角身份。无论是哪种身份,讲话的内容、场合、时机都要慎重把握。以主角身份涉外时,对讲话的内容要有预先的估计和周密的思考,言语力求准确、全面、掷地有声,忌拖泥带水、含糊其辞、无逻辑性。配合领导涉外时,要认真听取领导的讲话,对领导讲话中的疏漏和错误要选择合适时机给予补充和纠正,维护本单位的利益,澄清对方误解。对于领导讲话中的错误,则要通过旁敲侧击、迂回点拨的方法,尽量使领导自己发现错误,并亲自纠正。这样既维护了领导权威,讲话也达到了预期的目的。

◆ 接受咨询:详说。办公室工作对外是"窗口",对内是"喉舌",经常要接受来自方方面面的咨询,这是一件非常繁琐的工作。办公室秘书仍应不厌其烦,耐心给予解答,必要时在原则问题上有所拓展,让对方更清楚地了解本单位的工作情况,这既是单位的一项形象工程,有时还会收到意想不到的经济和社会效应。

◆ 参政议政:巧说。在一些重要会议,你若对某项即将出台的决策有较新的建议,这时,你就应该创造机会,巧妙地向领导陈述你的观点,变建议为领导决策。通常采用的方法是推荐法,如在闲聊、娱乐或是吃饭时围绕决策话题,以推荐外单位先进经验的方法向领导介绍,并最终引出自己对决策的建议。还有一种比较有效的方法是激励转移法,就是抓住领导意图和自己建议中某些雷同的观点进行褒扬,并适时地提出补充意见,变建议为领导意图,达到参政议政的目的。

◆ 进谏纳言:婉说。再英明的领导在工作中也会出现失误。作为办公室秘书,一定要在苗头出现时,婉转地指出和纠正,以免给领导本人和单位造成不必要的损失。秘书进谏纳言,应尽量在良药上裹着"糖衣",微词曲达,循循善诱,使领导愉快地接受你的观点,切不可直来直去,不分场合,这样既不能维护领导的权威,又收不到预期的效果。另外,秘书进言时,要学会掌握时机,领导心情愉快时容易接受意见,情绪烦闷、焦躁时则难于听进"逆耳之言",领导工作繁忙时,注意力难集中,也会影响劝谏的效果。

◆ 同事互勉:恳说。秘书在和同事交流时一定要怀着诚恳之心、谦虚之心,以恳切的言辞赢得对方的尊重。例如,同事问你一个很简单的电脑操作问题,你可以说:"这是个共性问题,让我想想。"利用这短瞬时间,对如何用语言表达进行整理,再详细地讲给对方听,这样使对方既觉得问题有代表性,有难度,赢得自尊,又会对你的精辟讲解产生佩服。倘若你随口就说:"这个问题很简单。"然后就给予回答,即使你讲得很好,同事下次有问题也不会向你请教了。同事之间的交流,还要注意在指出同事缺点、同事受到领导批评后的婉言劝慰、家庭纠纷时的好言相劝等,都需要加强语言的技巧,以营造和谐融洽的办公室人际关系。

◎ 相关链接

秘书说话"十忌"

一忌信口开河。说话不同于写文章,可以从容修改润色。说话是瞬间之事,"一言既出,驷马难追"。秘书之言,在很大程度上代表了领导的意志。因此,演讲、谈话之前,应先准备好有关资料,或打好腹稿,切不可信口开河。即使是即兴演讲,临阵发挥,也应言而有据,言而有信,不能胡编乱造、不负责任,更不能误传信息。

二忌人云亦云。秘书是领导的耳目,要经常如实地向领导反映情况,汇报工作,传递信息,有喜报喜,有忧报忧,但不能阿谀奉承,象传声筒,对所见所闻,人云亦云。应经过充分的分析、归纳、筛选,而后才向领导汇报,以减轻领导的负担。有些不便说的事情,如领导之间、同志之间的相互矛盾和隔阂,可采取巧妙的处理方式,不宜鹦鹉学舌。

三忌花言巧语。谈吐是行为之羽翼,说话轻浮,则行为虚伪。秘书是领导身边的工作人员,是单位的"门面",一举一动、一言一行都应给人以真诚、实在、信得过的感觉,说话要正直、诚挚,丁是丁、卯是卯,一切从实际出发,实事求是。切不可滑头滑脑、夸夸其谈、大话、假话或空话,巧舌如簧。

四忌装腔作势。传达领导的指示,接待来宾,洽谈业务,处理问题,说话的语气要平易近人;不要居高临下,打官腔,摆架子,耍威风,盛气凌人。

五忌出言不逊。言语是个人学问品德的衣冠,秘书人员在各种社交场合,都要注意语言修养,表现出温文尔雅。那种"大碗喝酒,大口吃肉,大声说话"的气度,不是秘书人员的风度。说话简单粗暴、语调生硬,会大煞风景,影响社交气氛;高声大叫,满口粗俗俚语,出言不逊,更会令人反感,降低威信,影响形象。

六忌模棱两可。不便谈的事情,可以避而不谈,拒绝表示意见。不可事无大小,模棱两可,含混不清,不肯表露自己的见地,叫人听完你的话后弄不明白究竟是什么意思。在汇报工作时,不要老用"大概""可能""也许""差不多"之类的模糊语言。

七忌深奥难懂。一般来说,说话明白易懂,除非与专家学者讨论学术问题,否则不要满口深奥的专业术语,否则会引起别人的反感,会以为你是在故弄玄虚,炫耀自己的才学。

八忌唯唯诺诺。社交中,说话恭敬,对人客气,是一种美德,但过犹不及,凡事要适可而止。把客气话说得太多,一连串的公式化的恭维话、赞美话,甚至点头哈腰,唯唯诺诺,就流于迂腐,流于浮滑,流于虚伪。正确的态度是不卑不亢,潇洒大方。

九忌手舞足蹈。自然得体的手势可以帮助说话,增强谈吐的效果。但手势做得太多,以至指手画脚、手舞足蹈,口沫横飞,游目四顾,纵声狂笑等,都会招致反感。

十忌滔滔不绝。在公关活动中,演说、谈话、开会发言,都不可一个人"包场",不可口若悬河,滔滔不绝。要为听者着想,顾全听者的兴趣。没完没了的演讲、发言,只会使听者厌烦,再好的话题,也会使听者感到索然无味。同时更要注意保密。一般的,秘书对一个地区或一个部门的经济、军事、文化、教育、卫生、科技、人事等重要机密往往了如指掌,有时甚至领导来不及知道的,秘书已经掌握了。所以,秘书的口风一定要紧。在日常工作中必不该说的机密,绝对不说;不该问的机密,绝对不问。

（选自胡新德《秘书谈吐十忌》,《演讲与口才》1996年第12期）

模块二 能力训练篇

项目二 敢说——秘书口才与心理素质训练

任务 秘书职业背景下的口才活动的心理状态、调节及优化

◎ 学习目标

通过本项目训练,结合秘书工作实际,了解秘书心理特点以及秘书工作和交际中的心理问题,学会调适,使自己的言语行为准确,交际有效。

知识目标

• 通过了解秘书活动中的心理不适及调适的方法,培养自己具有良好的心理素质。

能力目标

• 根据学习目标,设计情境,采用角色扮演法和重点强化训练,安排学生扮演不同角色,指导学生在各种情景下锻炼心理素质,使个人的心理相容能力从低层次的、仅受个人情绪与好恶制约的状态,向高层次的心理相容性发展,使个人的相容性建立在群体共同目标、共同活动的基础上,使个体在语言表达及协调工作时处置自如,提高工作效率,由此也提高群体活动效率。

◎ 参考课时

2 学时

◎ 导入案例

一天,公司总裁对秘书梁甜说,下午有几位他当年一起插队的老朋友来看自

己,让她准备好铁观音。梁甜当时正在起草一份第二天就要用的讲话稿,于是,她请总裁办公室的另一位秘书王韵去通知公关部作好接待客人的准备。王韵马上就起身到公关部去了。下午两点多钟,梁甜有事到接待室找总裁,发现根本没有给客人准备好茶水。梁甜回来问王韵为什么没人给老总的客人准备茶,王韵说她到公关部时那里没有一个人,她给留了一张纸条。梁甜问她为什么自己不能去给客人倒茶,王韵说自己是秘书而不是泡茶的。梁甜气得发抖。客人走后,总裁马上打电话来把梁甜叫到自己的办公室。梁甜刚进门,老总就给她一顿臭骂:"你这个秘书怎么当的? 你是不是不想在这里干了……"梁甜满肚子的委屈,但她仍强忍着委屈说:"老总,实在对不起,是我的失误。"

◎ 理论知识

秘书的工作岗位决定着他们工作范围和人际接触面的开阔以及各种交际活动的频繁。有的秘书善于交流交往,富有交际经验,工作颇有成效,深受领导、同事和群众的称赞;但有的秘书则常常为自己的人际关系困惑,处处感到不如意,该说的话不敢说或不会说,虽有工作热情,但交际交往局面总是打不开。这主要是与其在交际活动中存在着的心理因素有着很大的关系。对秘书进行良好的心理品质培养,使其有效地进行自我调整、调控和完善,对于提高秘书工作的质量和效率,减少工作失误是很重要的。

一、秘书口语活动中的心理障碍分析及调适

(一)负重心理及调适

因秘书岗位的责任重大,很多秘书尤其是新秘书心理上普遍感到有压力,担心做不好工作、对领导的意图领会不到位会影响单位及领导;对待荣誉、升迁、批评等心理承受力不够,这种强烈的工作责任感和自我评价会加重精神负荷,超过一定程度就容易形成负重心理,甚至成为一种精神包袱,严重的会降低工作效率,影响工作。因此必须对其进行合理的调节:

一是要树立自信心,强化成功体验,提高自我心理调节能力。实践证明,成就动机表现为对适当难度工作的挑战欲以及对自己作出的决定勇于负责的精神。认真总结经验,主动加强与他人的工作联系,建立良好的人际关系,使自己由消极状态变为积极状态,始终保持饱满的精神,尽快进入最佳工作情境,自如地处理各种事务,这是成功秘书不可缺少的素质。

二是通过在工作实践中的调节,提高个人的角色技能,克服角色紧张。在日常工作中,平心静气,热情待人,遇到问题耐心解释,力求取得对方的谅解和合作;在协调关系时,要勇于承认错误,对误解要采取对方能接受的方式。在不断的实践中有意识地经历各种环境和感受各种考验,变压力为动力,积累工作经验,提高应付各种局面、处理各项工作的能力。

（二）谨慎心理及调适

长期以来，对秘书要求是谨言慎行，所以秘书也因此对自己的说话往往自发或自觉地进行抑制，怕多说话，怕说错话，行动上瞻前顾后，谨小慎微。有的秘书明明有很好的见解，提出来对领导的决策很有价值，但因怕说出来和领导的意见不一致，就隐瞒了自己的主见，唯领导意见是从，结果，工作更是打不开局面。因此，一是要坚持实事求是；二是要增强创新创造意识，主动地开拓工作。

（三）虚荣心理及调适

秘书因其所在岗位的特殊性，往往对自己的工作会有一种满足感和荣耀感。应该说，要求社会认同及赞许是人们的心理需求，但该心理过于强烈，成功了容易自负，会出现兴奋心理，容易骄傲自满；受挫折了则容易产生急躁及自卑的心理，沮丧失意，自怨自艾。平日里自恃是领导近旁，身份特殊，地位显赫，对待部下颐指气使，对群众傲慢自大，虚张声势，甚至会借自己身份的特殊向谋求个人利益的方向转轨，此种心态会产生极其严重的危害。因此，这就需要及时调整好内心的期望值，把个人的需要和工作的需要统一起来，客观地评价自己的优点和缺点，实事求是地对待自己和他人，不以物喜不以己悲，豁达自信，取得成绩不骄傲，犯了错误不气馁，不断在取得成功中得到满足的愉快体验并保持持久的进取热情，不断培养、完善自己的人格品质，培养自己谦虚谨慎、得理让人的良好心理习惯，提高个体的自制力。

（四）急躁心理及调适

秘书经常处于长时间的脑力活动状态，经常处于烦琐的事务中，不顺心的事常有，由此而产生的"无名之火"比一般人更多。有"火"总要发出来的，但是如何化解，才是妥当的呢？

有理想、有抱负的秘书，往往把发泄的对象从人转移到事业上。如蔺相如的"将相和"、勾践的"卧薪尝胆"、韩信的"胯下之辱"，他们往往把火气宣泄到对工作的认真、对业务的精通、对事业的追求中去。文雅细心的秘书，往往能做到既向人泻火又不得罪人。多找人谈心，并以自己处处谨慎的表现和宽厚的为人，博得人们的同情和理解。因此，他的烦恼、焦虑、郁闷能通过与人的交谈、婉转的语言一吐为快。有脾气的秘书，发火时往往带有戏剧性，把物件当作发泄的对象；有的秘书则很有涵养，随时都在抑制自己情绪的偏激，饮食有度，生活有规律，因此他总是坦坦荡荡。

二、新秘书口语活动中的心理调节

新秘书大都是带着一些特殊的复杂心理走上岗位的，而不同的心理又表现为不同的行为，不同的心理与行为必然产生不同的结果。

（一）负重心理及其调节

新到任的秘书开始都有着不同程度的负重心理。他们走上秘书工作岗位之初,心理上普遍感到有压力,担心搞不好工作失信于领导。这种压力会产生两方面的作用:一方面,可以聚集人的精力,发挥人的才智,催人奋发图强,变压力为动力;另一方面,这种压力也会成为精神负担。

一般的,新秘书的事业心和责任感都特别强,急于开拓工作。然而,这种强烈的工作责任感又会加重精神负荷,形成负重心理,而精神负荷超过一定量的界限,就会降低工作效率,甚至成为一种精神包袱,导致说话做事期期艾艾,生怕说不妥做不好,不干净不利落。要减弱或消除这种负重心理,必须进行合理的调节:第一,在工作实践中调节。新秘书在实际工作中有意识地去经历各种环境和考验,积累工作经验,提高应付各种局面、处理各种问题的能力。这样,就可以有效地减弱和消除负重心理。第二,树立自信心。这一点十分重要,自信心是支撑起工作的精神和灵魂。新秘书只有自信、自强、自尊,才能不被负重心理所压服。自信是新秘书走向成功,减弱和消除负重心理的利器。

(二)谨慎心理及其调节

谨慎心理是人们意志活动过程中自制力的一种表现。人的自制力是善于控制和支持自己行动的能力,即能克制自己的情绪和冲动行为所表现出的应有的忍耐力。这种意志力在新秘书身上有两方面的作用:一方面是对行为的激发作用。绝大多数新秘书都会产生强烈的意志力去积极创造条件,争取领导和社会的好评,尤其是需要得到领导的好评;另一方面是对行为的抑制,产生一定抑制力,克制自己,自觉地控制和调节自己的行为。因此,一般来说,新秘书在工作中,处处谨慎,时刻告诫自己,不办错事或少办错事。它是对新秘书健康成长的有利的心理条件。然而,事物都是一分为二的,如果这种心理超过一定阈值,就会带来消极影响。在实际工作和社会活动中,有时应该自制,有时就不应该自制。如果不应该自制的时候自制了,就会使自己的行动偏离目标,走向反面。在秘书工作中,这种例子是很多的。有的新秘书,想用实践来证明自己就是合格的秘书,他们前怕狼,后怕虎,不敢越雷池一步,不适当地运用自制力,凡事求"稳",说话做事瞻前顾后,谨小慎微,迟疑不决,结果工作打不开局面。过分的谨慎心理会束缚一个人的创造性。如有的新秘书明明有很好的见解,提出来会对领导决策很有参考价值,但因怕说出来和领导的意见不一致,就隐瞒了自己的主张和建议,甚至对领导提出的工作意见,不分青红皂白一味照办。其结果,压制了自己的独创精神,有时又助长了领导的独断专行。因此,新秘书应做到:第一,坚持实事求是,一切从实际出发。所谓的"实际",即指领导的正确决策,就是一切从领导的正确决策出发。这既是工作的起点,也是工作的归宿点。从"出发点"到"归宿点"之间,就是谨慎心理的正确的、合理的阈值。在这个阈值内可取,越之则不可取。所以,新秘书要始终把握住这个阈值进行本职工作。第二,增强创造意识,开拓工作。领导决策实质上是一个创新的过程;同样,为之服务的秘书工作也是一个创造性的工作。这就要求秘书要敢于创新,加强创造心理既是新秘书必须注意的一个心理品质,也是新秘书必须培养的素养。

（三）进取心理及其调节

心理学认为,要求得到社会认同和赞许是人们的动机之一。一个人的行为能获得人们的鼓励和称赞,进而获得需要和满足,会使人产生积极的、愉快的情感,表现出满腔热情的行动。新秘书在领导和社会赞许面前,往往会有一种荣誉感,情绪十分愉悦,由此心理处于一种积极的进取状态,力争做出更多更好的成绩,取得领导和社会更多的赞许和更大的信任。这种进取心理,成为他们迅速成长的内在动力。然而,具有强烈赞许动机的新秘书,做一件事情,常常是为了取得领导和社会的赞许。因而,当无需特别努力就能使这种动机得到满足时,便容易产生自负心理。这时,就会出现兴奋状态,容易骄傲自满,自命不凡。而当其动机受阻,甚至无法达到目标时就易产生急躁心理和自卑心理。这时,又表现出信心不足,沮丧失意,自怨自艾,甚至一蹶不振。由此说来,对进取心理进行及时有效的调节,保证其正确的发展方向是十分重要的。

首先,新秘书要及时调整自己的内心期望值,做到主观愿望和客观条件相一致,使自己不断得到满足的愉快体验和持久的进取热情。其次,把个人需要和工作需要统一起来,当个人需要与工作需要有矛盾时,就要把工作需要放在第一位,愉快地去履行工作需要。

三、秘书职业背景下的口才心理素质训练

现代的管理机制、工作节奏、经营观念,都要求秘书不但要有较强的工作能力,快速敏捷的处事能力,对领导意图的领会理解能力,还要求在对待荣誉、升迁、批评等方面有较强的心理承受能力。

（一）提高自我心理调节能力

所谓自我心理调节能力,即改变个人心理活动的绝对强度,通过对个人情绪、意志、个性的调节,自主改变心理状态,提高心理承受力,使自己由消极状态变为积极状态,始终保持饱满的精神,尽快进入最佳工作情境,自如地处理各种事务。因此,秘书要自觉地强化成功的体验,认真总结经验,主动加强与他人的工作联系,建立良好的人际关系。成功体验可以增进个体的自信心,为积极主动地接受任务和完成任务提供有利的条件,使秘书具有强烈的责任感和勇往直前的开拓精神。

（二）提高个人的角色技能,克服角色紧张

角色紧张是由于个体所承担的不同角色同时向个体提出各种要求,或者个体所承担的某一角色内容所规定的各种行为规范之间产生冲突,因而使个体感受到时间、精力或情感上的矛盾状况。秘书的工作头绪复杂、节奏快,需要协调的事情多,所以角色紧张是普遍存在的问题并形成严重的精神压力。这种压力如长期得不到消除或缓解,势必会使秘书对自己的工作失去信心,对周围的人或事产生抵触。缓解角色紧张可以采取改变角色结构,或将个人的某些角色让位给他人来承担;也可以通过扩大角色的权利和义务,提高角色的技能,提高个人处事的灵活性和应变能力等方法来解决。在日常工作中,应当平心静气,热情待人,遇到问题要耐心解释,力图取得对方的谅解和合作,在协调关系时,要勇于承认错误,对误解要采取对方能接受的方式进行解释,有时甚至可以不作任何解释,因为认真处理就是对他人误解的最好解释。

(三)提高个人的自制力和心理相容能力

提高个人控制情绪、调节支配自己行为和使自己经常保持健康心理的能力,克服工作中遇到的各种困难,可以使人摆脱逆境,争取成功;可以使个体的思想水平和道德水准得到提高,做到客观地评价自己的优点和缺点,实事求是地对待自己和他人;并自觉地运用自我分析、自我鼓励、自我命令、自我监督等激励手段,不断培养、完善自己的人格品质,培养自己谦虚谨慎、得理让人的良好心理习惯,达到提高个体自制力的目的。

◎ 能力训练

1.经心理学调研和实践,发现情绪和人们的用眼习惯有很大的关系,大部分的人的两眼并非聚焦在一个点上,习惯偏重于一只眼视物成像。判断的方法是:伸直一只手臂,竖起大拇指,对准墙角,然后闭上左眼睁开右眼,再闭上右眼睁开左眼,如此仔细观察是哪只眼睛睁开时仍保持在墙角中央。左眼看不偏离的人叫左视型,右眼看不偏离的人叫右视型,两眼若都有偏离,左眼偏离较少的叫倾左视型,右眼偏离较少的叫倾右视型,左右眼偏离一样的叫全视型。

在调查中发现,积极乐观的人,都喜欢用右眼,属右眼型、全视型、倾右视型;抑郁、自卑、孤僻等常有消极情绪的人,都习惯使用左眼,属左视型、倾左视型。人们的用眼习惯往往在儿童时期养成,最佳的用眼习惯是全视型。当碰到挫折、遭遇不幸、情绪暴躁、心情抑郁时,闭上左眼,用右眼向远处眺望,这有助于你从积极的角度重新审视对象,乐观地正视现实。

2.学会经常与人微笑,让人感受到你的亲切和温和;如有可能就要勇于寻找机会尝试着与人交谈,在自然、自由的气氛中增强自己的口头表达能力,增强自信。

◎ 知识拓展

秘书交际活动中的主要心理障碍

1.清高心理

清高的原意是指人的品德高尚,不同流合污。现在许多机关干部和管理人员廉洁奉公、光明磊落,体现了纯洁的心灵和高尚的精神,是清高的真实表现。但有的秘书总觉得自己身处领导身边,条件优越,和比自己身份低的人接触就会降低身份,所以见到下属或群众就盛气凌人;或觉得自己读的书多,懂的知识比人多,觉得别人的言谈举止、行为习惯都是庸俗浅薄、低级无聊而不值得接近。但一旦有了这样的心理,这些秘书在交际中不是常得罪人,就是使人敬而远之,其工作很难开展。

2.卑怯心理

这是对自己缺乏自信的表现,是认为自己在某些方面不如他人的一种自我意识。有卑怯心理的秘书,常常不敢大方地与人交往,尤其是地位较自己高的领导。在交际场合常常无法控制地脸红心跳,张皇失措,举止有失体面。

3.狭隘心理

这一心理的突出表现就是心胸狭窄。这类秘书常对自己所接触的人持过分怀疑的态度,遇事好斤斤计较,而且嫉妒心极强。遇到挫折和失败时往往推卸责任甚至迁怒他人,甚至认为是有人加害于他。这类秘书一般不能老练地与人相处,不能通情达理地面对问题和困难。因此,经常容易造成不必要的误会,最终将自己孤立起来,并影响工作。

4.虚荣心理

这是爱面子的表现。尤其对伤害自己自尊心的事难以忍受,如批评、别人的反驳,经常会与人在大庭广众之下争辩,争辩输了更是会恼羞成怒,最终使人际关系疏远,工作难以开展。

5.戒备心理

有些秘书做什么事都对人不信任,猜疑心很强,在交际中特别谨小慎微,"不敢多说一句话,不敢多走一步路"。这种心理任其发展下去,势必限制其交际面,挫伤别人的感情,使人际关系危机迭起。

6.强迫心理

有的秘书喜欢将自己的观点、主张其至事物强加给对方,一厢情愿,而不顾别人的喜好。这势必导致对方产生被剥夺了自由和主动权的感觉,不欢而散,妨害工作上的合作和交流。

7.世俗心理

有的秘书在交际中老于世故、处事圆滑,贪图小利失大义。这样的秘书,往往势利,对上阿谀奉承、溜须拍马,对下趾高气扬、目中无人。平日喜欢打听小道消息,背地里好议论他人隐私。别人做出了成绩,他们妒火顿起,别人失误时,他们幸灾乐祸,经常利用职权谋取私利,搞不正之风。这些秘书的行为往往影响安定团结。

(摘自史华楠同名文,吴欢章、赵毅主编《秘书素养》,上海文化出版社2007年版)

◎ 相关链接

女秘书的职业心理分析及调适

　　女秘书有着许多天然的优势：语言能力较强，说话比男性更准确、更规范，更有利于促进人际交往，达到理想的办事效果；语调上的惊讶、欢乐、柔和所带来的真诚、热情和善良的内质更能鼓励人们的交流和交往；知觉速度较快，擅长对事物性质的迅速判断；耐心细致的工作作风和良好的记忆力，使女性在工作中较少发生错漏现象，因此许多单位的机要、行政秘书均由女性来担任；富于同情心和宽容心使其具有较好的"民主形象"，具有亲和力和人际关系的亲密性，有利于沟通和密切各种人际关系；自我牺牲精神强，容忍、忍耐、以满足他人的需要为快乐，使女性能比较安心于平凡的工作。

　　但是，由于生理遗传、社会分工和传统观念的影响，女秘书在心理上也存在一些不利于个人成长、进步和工作的消极因素，需要正确认识、有效克服。要消除自卑感，增强自信心，树立高度的进取心；要不断校正价值观，努力培养自己的独立人格和顽强毅力，正确处理事业、工作和家庭的关系，培养自己强烈的社会责任感，勇于在事业上做出成绩，增强协调自己多重社会角色的能力，做到不仅是出色的女秘书，还是好妻子、好母亲、好主妇；要自强不息，努力改善知识结构，拓宽兴趣面，提高文字、信息搜集和运用及调研等方面的能力。

　　（选自崔晋玲《女秘书的职业心理分析》，吴欢章、赵毅主编《秘书素养》，2007年版）

项目三　能说——秘书的语言能力训练

任务一　有声语言的表达训练

◎ 学习目标

　　通过学习认识到秘书进行语言能力训练的重要性，并能从中学会语言表达的方法和技巧，灵活、巧妙地运用语言这一交际工具，提高交流、沟通能力，用优美的语言为秘书工作服务，最终提高工作效率。

　　知识目标

　　● 认识语音对秘书表达能力的重要作用，学习语音特别是发言中与普通话相距甚远的语音,掌握其发音技巧。俗话说:闻声如见其人。作为秘书人员,要想树立良好的形象,除了掌握基本的写作能力外,还要提高自己的表达能力,以至于可以更好地与人沟通交流。事实证明,秘书人员具备良好的沟通能力,不但可以提高工作效率,做到事半功倍,而且还可以为个人、为企业等树立良好的形象,意义影响深远。

　　能力目标

　　● 通过本章的学习,认识到秘书进行语言能力训练的重要性,并能从中学会语言表达的技巧,灵活、巧妙地运用语言这一交际工具,更出色地为秘书工作服务。

◎ 参考课时

　　6 学时

◎ 导入案例

　　《红楼梦》黛玉进贾府中有这样一段描写王熙凤的文字:(王熙凤)又忙携黛玉之手,问:“妹妹几岁了? 可也上过学? 现吃什么药? 在这里不要想家,想要什么吃的、什么玩的,只管告诉我;丫头老婆们不好了,也只管告诉我。”从这段并不长的文字中,便可让人感到王熙凤一方面是对林黛玉的关心、体贴,另一方面更多地感觉到她是一个精明能干、惯于玩弄权术的人。前面都是问寒问暖、无微不至,最后一句“也只管告诉我”,就从话语中映射出自己的身份和地位。可见,虽然她心直口快,但又无时不在把握着分寸,真的是明是一盆火,暗是一把刀。这也充分说明一个人的语言表达可以充分反映出一个人的性格特征。

◎ 理论知识

　　一、语音训练

　　汉语是汉民族的共同语,它是世界上最古老、最优美的语言之一。

　　(一)普通话的含义

　　普通话是以北京语音为标准音、以北方方言为标准方言、以典范的现代白话文著作为语法规范的现代汉民族共同语。

　　北京是中国的首都,是中国的政治、经济、文化中心,这种特殊的地位决定了其语音成为普通话的标准音。但是北京语音并不等于北京话,北京话属于方言的一种,北京话中的方言土语语音成分则不能看作普通话的标准音,如捣饬、磨叽等。

　　以北方方言为基础方言,但不是所有北方方言词汇都可看成普通话词汇。

　　以典范的现代白话文著作为语法规范,“典范”是指具有代表性的,“现代白话文著作”指“五四”以来的白话文著作,当然是一些有广泛代表性的,如毛泽东、茅盾、郭沫若等人的著作。

(二)普通话语音的基本知识

声母

声母是汉字音节中除韵母和声调外的、音节的开头部分。普通话声母一共有21个,若包括零声母在内,则一共有22个。每个声母的发音都会涉及不同的发音部位和发音方法。

发音部位是指发音时气流受到阻碍的部位。辅音的发音部位有七类:双唇音、唇齿音、舌尖前音、舌尖中音、舌尖后音、舌面音、舌根音。

发音方法是指气流破除发音阻碍的方法。

1.阻碍的方式:根据成阻或除阻的方式不同,可以分五类:

(1)塞音(暴破音):b、p、d、t、g、k(结合辅音声母表记,前三组前两位)

(2)擦音:f、s、sh、r、x、h

(3)塞擦音:z、c、zh、ch、j、q(结合辅音声母表记,后三组后两位)

(4)边音:l

(5)鼻音:m、n、ng

2.声带是否振动,分清、浊两类。

(1)清音:b、p、d、t、g、k、z、c、zh、ch、j、q、f、s、sh、x、h

(2)浊音:m、n、ng、l、r

清、浊音记法:声母中除去浊音,其余都为清音,共有5个浊音。

3.按气流的强弱,分送气音、不送气音两类。

(1)送气音:p、t、k、c、ch、q

(2)不送气音:b、d、g、z、zh、j

根据声母的不同的发音特点,将普通话声母汇总,如表2-1所示。

表2-1　普通话声母表

发音部位	塞音		塞擦音		擦音		鼻音	边音
	清音		清音		清音	浊音	浊音	浊音
	不送气	送气	不送气	送气				
双唇音	b	p					m	
唇齿音					f			
舌尖前音			z	c	s			
舌尖中音	d	t					n	l
舌尖后音			zh	ch	sh	r		
舌面音			j	q	x			
舌根音	g	k			h		ng	

表2-1很清晰地反映出每个声母的发音部位、发音方法、送气与否以及清浊情

况。我们在表述时,通常是按照发音部位、送气与否、清浊情况、发音方法顺序描述声母,如双唇不送气清塞音为 b,舌尖中送气清塞音为 t，舌面不送气清塞擦音为 j，舌根清擦音为 h,等等。

声母 zh　ch　sh 和 z　c　s

人们在发 zh ch sh 和 z c s 这两组声母的时候,往往容易混淆,通常把 zh ch sh 发成 z c s,要掌握这两组声母的区分,首先要学会这两组声母的发音,特别是 zh ch sh 的发音。zh ch sh 发音的时候,舌尖是上翘的,并指向硬腭和上齿龈之间,该组声母称为翘舌音。如真正、注重、出差、抽查、师生、少数等。z c s 发音的时候,舌尖接触上门齿背,整个舌头呈平躺状态,因而又叫平舌音。如藏族、自在、层次、仓促、搜索、诉讼等。

平翘舌音字词交错练习:

zh—z	著作	正在	站姿	桌子	职责	制造	制作	种子	转载	主宰
—c	这次	助词	制裁	正餐	政策	注册	至此	祝辞	贮藏	注册
—s	注塑	诊所	正色	蛛丝	着色	住宿	追随	追溯	珠算	装蒜
ch—z	创造	称赞	创作	插座	处在	乘坐	厨子	垂足	吹奏	锤子
—c	尺寸	出错	储存	筹措	蠢材	初次	楚辞	春蚕	出操	揣测
—s	出色	传送	场所	沉思	初四	初赛	春笋	垂死	穿梭	传诵
sh—z	实在	师资	生字	擅自	稍做	身子	数字	水藻	刷子	守则
—c	上次	实词	生词	首次	蔬菜	生存	身材	树丛	水彩	双层
—s	神色	生死	绳索	输送	受损	石笋	失算	世俗	食宿	收缩

词语对比练习:

商业—桑叶　职业—子夜　师职—师资　　木柴—木材　春装—村庄　收集—搜集
终止—宗旨　诗社—失色　山水—三岁　　支援—资源　至此—自此　中子—粽子
世纪—四季　助理—阻力　支援—资源　诗人—私人　超重—操纵　主持—组词

句子练习:

夜色在笑语中渐渐沉落,朋友起身告辞。

耶稣在星期五被钉上十字架时,是全世界最糟糕的一天。

填埋废弃塑料袋、塑料餐盒的土地,不能生长庄稼和树木,造成土地板结。

这篇文章收在我出版的《少年心事》这本书里。

绕口令练习:

(1)四是四,十是十,十四是十四,四十是四十,谁能分得清,请来试一试。

(2)山前有四个石狮子,山后有四棵死柿子树。

(3)《施氏食狮史》,石室诗士施氏,嗜狮,誓食十狮。氏时时适市视狮。十时,适十狮市。是时,适施氏适市。氏视是十狮,恃矢势。使是十狮逝世。氏拾是十狮尸,适石室。石室湿,氏使侍拭石室。石室拭,氏始试使是十狮尸。食时,始识是十狮尸,实十石狮尸。试释是事。(语言学家赵元任为了说明有些文字是只能看不能诵读的,编了这则小故事。)

在日常生活中,平翘舌音的字出现的几率是非常大的,几乎每句话、每篇文章都会出现平翘舌音的字词,要把握好这些字词,除了以上所讲的要会读之外,还要知道字词本身的读音,字词读音的积累是学习普通话、练好口才的基本条件。

普通话练习的过程中,不妨用类推的方法学习平舌音和翘舌音,这种类推,主要是根据一个较确定的字音,推断与该字字形有关联的字的读音,并推断两者的读音相近。如中一钟一忠一仲一肿一衷一盅一舯等,我们由"中"这个简单的、易确定的读音,推断后面的一系列的字的读音都与中有关,并且都是翘舌音。相应的,我们由"曾"这样一个简单、易确定的音,推断蹭一噌一增一橧一憎一赠一甑一缯等字的读音也应该是平舌音字。

另外,据统计,普通话中翘舌音的字远远多于平舌音的字,当然,这是一种无奈条件下的方法,更多时候,还是按照字音,实事求是地发音为好,尽量减少靠这种猜测去读音的学习方法。

声母 r—l

在普通话声母中,通常把 r 与 zh ch sh 归为一类,因为它们的发音部位和发音方法基本相同,所以 r 实际上为翘舌音的一种。在日常表达交流的过程中,人们往往容易把 r 读错,读成 l,如如果一鲁果,仍然一冷兰,弱势一落势等,究其原因,实际上是没有掌握 r—l 的联系与区别。不可否认,舌头在 r—l 的发音的过程中起到了至关重要的作用,在两者发音的过程中,舌头都有翘起的表现,但关键是要注意,在发 r 的过程中舌头始终是翘起的,不能扇动,直到发完一个完整的 r 音后舌头才可放平,否则,若在发音的过程中,舌头扇动,那么则会发成 l 音。掌握两者的发音联系与区别,对学习该组声母有很大帮助。

r 声母字词练习:

人人　仍然　荣辱　融入　柔软　瑞仁　软弱　柔弱　柔韧　濡染　孺人惹人　荏弱

l 声母字词练习:

理论　轮流　流利　褴褛　领略　来临　两类　屡屡　两例　浏览　来了力量　罗列

r—l 混杂词语练习:

锐利　人类　容量　热烈　人力　饶了　如雷　瑞丽　蹂躏　乳酪　肉类日落　日历

例如　利润　两人　老人　列入　落入　流入　落日　历任　礼让　路人凛然　鹿茸

句子练习:

晚上,让·彼浩勒又经过这里,问那个盲老人下午的情况。

但令人不解的是,惟有公立小学,仍然开放。

世界杯怎么会有如此巨大的吸引力?

绕口令练习:

热爱大自然,天空更明朗,花儿更绚烂,人人笑开颜。

夏日无日日亦热,冬日有日日亦寒,春日日出天渐暖,晒衣晒被晒褥单,秋日天高复云淡,遥看红日迫西山。(《说日》)

声母 n—l

一般来讲,l 的发音比较容易,人们出错较少。但受方言的影响,不少地方的人们容易将 n—l 混淆,甚至对两者没有区分,更多地表现为将 n 音读做 l 音,如耐劳、能力、哪里、理念、辽宁等,很多人都将其中的 n 声母读成 l 声母,自己不知不觉读错了音,别人听起来也会觉得怪怪的。要区分这一组声母,主要是要掌握声母 n 的发音部位和发音方法,其次平时要多积累该类字词,当一个涉及 n—l 声母的字词摆在面前,要明确该字词的准确声母到底是 n,还是 l,然后再发准音。

声母 n 的发音:

n 组声母字词练习:

哪年　奶奶　男女　年内　你能　年年　喃喃　忸怩　牛奶　泥泞　宁宁　宁南

袅娜　袅袅　妞妞　扭捏　农奴　能耐　恼怒　内难　难耐　拿捏　泥淖　奶娘

n—l 混杂词语练习:

哪里　能力　努力　耐劳　拿来　年龄　凝练　内力　女郎　牛郎　农林　逆流　尼龙

两年　理念　辽宁　老年　龙年　两年　陇南　遛鸟　流年　犁牛　历年　列宁　冷暖

绕口令练习:

门口有四辆四轮大马车,你爱拉哪两辆来拉哪两辆。(《四辆四轮大马车》)

声母 f—h—w

由于受到方言的影响,人们有时会将声母 f—h 混淆,如护士—富士,保护—保副,分离—昏离,等等。要区分两者,则要从两者的发音部位入手。

声母 f—h:

回复　划分　恢复　化肥　合肥　和服　合法　混饭　活泛　汇丰　会费　回访　挥发

符合　符号　分化　赴会　放火　发货　发挥　返回　访华　腐化　浮华　附和　焚毁

绕口令练习：

一堆粪，一堆灰，灰混粪，粪混灰。（《一堆粪》）

上海商场买混纺，红混纺，黄混纺，粉混纺，粉红混纺，黄粉混纺，黄红混纺，粉红混纺最畅销。（《买混纺》）

粉红墙上画凤凰，凤凰画上粉红墙；红凤凰，黄凤凰，粉红凤凰，花凤凰，好似天上飞着两对真凤凰。（《画凤凰》）

以上是区分及练习声母 f—h，在掌握 f—h 的时候，可能并不困难，据了解，有些方言中发音的困难及错误有时并不在此，而会出现在 h—w 当中，两者混淆，或者是直接将 h 脱落，如老黄—老王，电话—电袜等。

h 的发音部位在前面的内容已讲过，不再赘述。

零声母 w 的发音：

两者的发音区别实际上很明显，仔细发音，一般不易混淆，若是方言原因导致两者混淆，纠正的方法便是增加积累，确定字音，发音的时候先想后发，把脱落的部分 h 加进去即可，该组声母纠正起来比较容易。

h—w 组字词练习：

很好　好玩　会晤　海湾　海外　货物　会务　文化　武汉　吻合　危害维护　问候　温和　维和

绕口令练习：

华华有两朵黄花，红红有两朵红花。华华要红花，红红要黄花。华华送给红红一朵黄花，红红送给华华一朵红花。（《华华和红红》）

韵母

韵母是音节除去声母和声调后剩下的部分。普通话中的声母共有 39 个。韵母主要由元音组成，有一部分韵母中除了元音还有鼻辅音。语言学中根据韵母韵头的不同，将韵母分为"四呼"，分别为：开口呼、齐齿呼、合口呼、撮口呼。开口呼是韵头不为 iu 的韵母，齐齿呼是韵头为 i，合口呼是韵头为 u 的韵母，撮口呼是韵头为 v 的韵母。

39 个韵母中，大多数韵母，人们在发音的时候难度可能不是很大，在此，仅以几组常见的容易读错的韵母为例进行讲解和操练。

1.卷舌元音 er

er 音节由两个字母组成，但实际上仍是一个单韵母，可看作是 e 的儿化，e 是央元音，发音时舌位不前不后不高不低，在此基础上，舌尖向后卷，指向硬腭。发音时，舌尖后卷，声带振动，软腭上升，关闭鼻腔通路，使气流不从鼻腔通过。er 自成音节，不与任何声母相拼产生其他音节。如耳、儿、而等。

er 音节字词练习：

耳朵　尔等　尔曹　耳垂　儿童　而言　耳机　儿科　耳聋　妻儿　儿歌

贝尔　遐迩　男儿　木耳　普洱　老二　卡尔　海尔　孤儿　反而　刺耳

er 音节句子练习：

他发现五岁的儿子靠在门旁正等着他。

除去足球本身的魅力之外，还有什么超乎其上而更伟大的东西？

由于地球上的燃烧物增多，二氧化碳的排放量急剧增加。

我俩在一阵阵清脆悦耳的笛音中，踏上了归途……

2. 前鼻音 an en in 与 后鼻音 ang eng ing

在日常的发音中，人们常常将前后鼻音混淆。an en in 中都有 n 音素，在发音时，先发前面的 a e i，然后慢慢滑动到音素 n，这时，不需要将整个 n 音发出，而只需做出发 n 的动作，即可发出 an en in。后鼻音 ang eng ing 分别是由音素 a e i 与音素 ng 组成，因此，先分别发出 a e i 在滑向后鼻韵尾 ng，ng 发音的时候，软腭下降，气流从鼻腔经过，产生鼻音。

an—ang 的发音练习：

暗自　按照　安装　安置　返回　返还　三峡　兰花　坎坷　汉口

谈论　班级　漫谈　螳螂　养殖　行长　钢化　康健　浪涛　放假

桑巴　苍劲　土壤　膀胱　嚷嚷　仓库　茫然　往还　旁观　安放

感伤　返航　傍晚　杠杆　反常　长叹　战场　繁忙　反抗　浪漫

an—ang 语句练习：

清晨，我站在高高的山冈，盼望铁路修到我家乡。

慈爱的水手们决定放开它，让它回到大海的摇篮去，回到蓝色的故乡去。

正是这些老人们的流血牺牲换来了包括他们信仰自由在内的许许多多。

en—eng 的发音练习：

报恩　恩荣　斟酒　诊所　文字　怎么　奔流　恳求　根本　人们　文本
森林

门板　蹦跶　朋友　膨胀　更正　生前　丰富　能力　嗡嗡　称赞　乘坐
生字

腾飞　神圣　诚恳　真正　缝纫　人称　承认　生身　圣人　奔腾　门缝
省份

en—eng 的语句练习：

而我又立即深深地感到它那种不屈于误解、寂寞的生存的伟大。

而那些冬夏常青的松树和柏树上则挂满了蓬松松、沉甸甸的雪球儿。

一个人的一生，只能经历自己拥有的那一份欣悦，那一份苦难，也许再加上他亲自闻知的那一些关于自身以外的经历和经验。

in—ing 的发音练习：

禁锢　紧迫　紧缺　钦佩　侵吞　心思　信号　您好　滨海　民族　林海

频率　贫困　敬请　经营　轻轻　刑警　明星　禀明　性情　姓名　影星
秉性　菱形　迎庆　听应　倾听　精灵　精明　挺进　精品　金陵　民警
心灵　进行　迎新　灵敏　新型　民情　清音　民兵　银铃　新颖　听信

in—ing 的语句练习：

我相信这一场十分及时的大雪，一定会促进明年春季作物，尤其是小麦的丰收。

人类给它以生命，它毫不悭吝地把自己的艺术青春奉献给了哺育它的人。

有些园林池沼宽敞，就把池沼作为全园的中心，其他景物配合着布置。

王母池旁的吕祖殿里有不少尊明塑，塑着吕洞宾等一些人，姿态神情是那样有生气，你看了，不禁会脱口赞叹说："活啦。"

ian—in 的发音练习：

ian—in 的发音有时也被人们混淆，往往容易把 ian 发成 in，把其中的音素 a 脱落，如谦虚—亲虚，便宜—贫宜等。纠正这种发音，只要将脱落的音素 a 恢复即可，整个动程为 i—a—n，其中 a 的发音口形较大，声音响亮。

ian 组字词练习：

前进　电线　艰苦　健康　闲空　显见　棉花　免职　联络　连累　便宜
天河　田间　电话　辨证　鞭子　年鉴　建设　千克　谦虚　现在　年代

in 组字词练习：

谨慎　金属　临摹　鬓角　拼音　品行　新苗　今后　民主　邻邦　民心
引进　隐含

吝啬　信心　亲戚　金鱼　心灵　殷勤　尽心　缤纷　园林　人民　寝室
聘书　新鲜

ian—in 字词混杂练习：

新鲜　闲心　渐进　前亲　前进　金莲　面临　点心　天津　变心
先进　贫贱　怜悯　先秦　芯片　鳞片　心田　信笺　今天　连襟

ian—in 字词句子练习：

然而，到了世界杯，天下大变。

明天也许就是春天了吧？

另一个则彬彬有礼地发问："小姐，您是哪国人？喜欢渥太华吗？"

纽约的冬天常有大风雪，扑面的雪花不但令人难以睁开眼睛，甚至呼吸都会吸入冰冷的雪花。

声调

普通话中有四种声调，分别是：阴平、阳平、上声、去声。这四种声调都有相应的调值，分别为 55、35、214、51。轻声不是一种调类。在学习普通话时，一定要掌握这四种声调，不能将其混淆，否则会影响表达，甚至导致歧义。

阴平字词练习：

阴天　干杯　光辉　出租　春秋　出发　拼音　分析

通知　期间　呼吸　弯曲　担心　江山多娇　春天花开

阳平字词练习：

人民　仍然　循环　农民　学习　前言　平时　然而　提前　文明　提名

文学　全权　习俗　昂扬　团结　人民银行　豪情昂扬　离奇原由

上声字词练习：

理想　彼此　友好　管理　保险　抖擞　蚂蚁　产品　打扰

往返　理解　美满　粉领　手写　保管　蒙古　首长　总理

以上词语中两个汉字均为上声字，但实际发音时，词首的上声字声调会发生变化。

1.音变

尽管每个汉字都有声调，但在特定的语言环境中，受到前后因素的影响，一些字调往往会发生变化，即变调。有时甚至字音都发生变化，即音变。

(1)上声变调

上声字位于词首时，都会发生变调。上声的变调主要取决于其后的字的音调：

A　上声＋上声——212＋214

理想　保管　美好　厂长　领导　产品　好感　永远

B　上声＋非上声——214/35＋非上声

卡车　委托　手巾　每天　养生　雨天　有关　语音　演出　体积　统一

品行　偶然　挺拔　响铃　口才　果实　主持　火柴　反弹　首席　眼球

鲁迅　子夜　采用　仔细　本性　表示　彼岸　本色　网络　贬义　武术

综合 A、B，可以将上声的变调规律编成一句顺口溜：上上相连，前上变阳平；上加非上，前上变半上。

(2)"一"/"不"的变调

"一"的本调是阴平，即 55 调值，但在实际运用中，有时会发生变调，有时却又保持不变。

如：

A　"一"、"不"＋去声——"一"、"不"变阳平

一去　一样　一会儿　一粒　一刻　一趟　一片　一定　一切

一向　不会　不去　　不愿　不见　不看　不慢　一望无际

不利　不在　不热　　不胖　不赖　不错　不贵

B　"一"、"不"＋非去声——"一"、"不"念去声("一"为变调，"不"为本调)

一天　一斤　一箱　一方　一年　一来　一手　一走　一本　一两

不听　不声　不安　不闻　不成　不明　不能　不想　不敢　不敏

C "一"、"不"夹在中间读轻声

看一看 想一想 听一听 说一说 谈一谈 问一问

看不看 来不来 看不见 对不对 打不开 坐不住

D "一"表示序数/位于词尾时念阴平

一班 第一 唯一

2.轻声

轻声不是一种调类,而是由某种声调在一定的条件下发生的声调变化。读的时候又轻又短。一般来讲,普通话的轻声词语可分为有规律和无规律两大类。

有规律的轻声词语又可分为几种小类:

A 重叠动词或名词的第二个音节。如:爸爸 妈妈 说说 想想。

B 句末的语气词。如:是啊 他呀。

C 助词。如:是的 缓缓地 好得很 听着 吃了 看过。

D 表示方位/趋向的语素。如:地上 树下 进来 出去。

E 名词后缀/复数人称代词后缀等。如:孙子 石头 你们 椅子。

F 夹在重叠词语中的"一"、"不"等。如:看一看 想一想 说一说。

无规律的轻声词语 这类轻声词语往往是约定俗成的,没有什么规律可循,主要靠平时的积累。

学问 栅栏 在乎 应酬 眼睛 心思 主意 冤枉 休息 唾沫 亲戚
念叨 麻烦 眉毛 相声 知识 招呼 委屈 喜欢 玻璃 热闹 挑剔
脑袋 买卖 门道 苗条 媒人 暖和 骆驼 耳朵 官司 喇嘛 快活
口袋 咳嗽 东家 窗户 将就 交情 累赘 利落 核桃 合同 蛤蟆
胳膊 连累 柴火 补丁 灯笼 力气 戒指 行当 疙瘩 别扭 称呼
巴掌 秧歌 媳妇 钥匙 衣服 壮实 状元 庄稼 扎实 芝麻 稀罕

3.儿化

很多词语中间或末尾往往带上"儿"字,表示小、喜爱的意义,这时这个"儿"字不再单独成为一个音节,而是使"儿"字前面的字带有卷舌色彩,人们称之为儿化。如小孩儿、毛豆儿、鞋带儿等。在发音的时候,当"儿"字前面的字音发音快结束时,舌头卷起,可帮助发出儿化音。

儿化词语练习:

A 刀把儿 号码儿 打杂儿

B 耳膜儿 粉末儿 火锅儿

C 模特儿 唱歌儿 礼盒儿

D 耳垂儿 肚脐儿 捎信儿

E 泪珠儿 小步儿 离谱儿

F 谱曲儿 黄桔儿

　G　栅栏儿　饭馆儿　人缘儿

　H　酒盅儿　胡同儿　酒盅儿

　I　果汁儿　记事儿　锯齿儿

　J　没词儿　棋子儿　铁丝儿

儿化句子练习：

美丽的银条儿和雪球儿簌簌地落下来，玉屑似的雪末儿随风飘扬。

这样，一道儿白，一道儿暗黄，给山们穿上一件带水纹儿的花衣。

二、朗读的要求及训练

朗读就是用普通话把书面语言清晰、响亮、富有感情地读出来。朗读是一种再创造活动，是对朗读者的语言功底的一种综合反映。如果处理不当，可能导致歧义；处理恰当，可以更好地表达文章的意思。例如对句子的处理：她非常喜欢听周杰伦的歌。对这个句子的不同处理，会产生不同的语义。

<u>她</u>非常喜欢听周杰伦的歌。该句中重音落在"她"上，意思是说谁非常喜欢听周杰伦的歌。"她"非常喜欢，而不是别人。

她<u>非常</u>喜欢听周杰伦的歌。该句中重音落在"非常"上，意思是强调"喜欢"的程度，不是一般的喜欢，而是非常喜欢。

她非常<u>喜欢</u>听周杰伦的歌。该句中重音落在"喜欢"上，意思表明喜好，而非不感兴趣。

她非常喜欢<u>听</u>周杰伦的歌。该句中重音落在"听"上，意思强调"听"这种行为，而不是"唱"等其他的行为。

她非常喜欢听<u>周杰伦</u>的歌。该句中重音落在"周杰伦"上，意思强调听"谁"的歌，不是别人的歌，而是"周杰伦"的歌。

她非常喜欢听周杰伦的<u>歌</u>。该句中重音落在"歌"上，表明喜欢周杰伦的什么方面，强调的是"歌曲"，而非周杰伦的话语或言论等。

由此可见，对句子的不同处理，会产生不同的侧重语义，对句子的句义分析，是朗读的一大基本功。同样是这句话，如果语气出现变化，也会产生不同的意思，不妨尝试将该句的句型改动，使之带有疑问语气："她非常喜欢听周杰伦的歌？"其句义将更丰富、复杂。由此，更说明人们在朗读中对句子重音、语气等方面的恰当把握，对朗读的意义是非常重大的。

朗读的要求有以下两个。

（一）标准的普通话

朗读和说话不同，朗读一般都很正式，因而朗读必须使用规范、标准的普通话，一方面可以清晰、完整地表达朗读者的意思，另一方面也可以使听者更清楚地了解朗读者的意思。同时，标准、易懂的普通话，可以使听众心旷神怡，反过来也对朗读者的语言面貌和整体素质都有一定的促进和提升作用。试想，如果一个人使用方言进行朗读,听众由于听不懂其中的某些方言,只能靠猜测揣摩其意思,这样,听众的感受和所作出的反映可能有所不同。

朗读除了要求应试者忠于作品原貌,不添字、漏字、改字、回读外,还要求朗读者在朗读时对声母、韵母、声调、轻声、儿化、音变以及语句的表达方式等方面都要符合普通话语音的规范。朗读时要注意:处理方言和普通话之间的差异,并能恰当将方言转换成普通话;注意对多音字的把握,多音字在特定的语言环境下就不再是多音字,其读音具有特定的唯一性了;注意异读字的读音,要掌握异读字的统读音,对统读音的正确使用要靠平时的积累。

(二)真实的情感

首先要熟悉作品,从理性上把握作品的思想内容和精神实质。只有透彻的理解,才能有深切的感受,才能准确地掌握作品的情调与节奏,正确地表现作品的思想感情。在正确把握文章的思想感情的前提下,运用朗读的技巧,在语调、语速(节奏)、停顿(停连)、重读等方面进行恰当的处理,对文章的朗读效果起着非常重要的促进作用。

三、朗诵能力及技巧的训练

(一)朗读的基本要求

使用标准的普通话、把握真实的思想感情,是朗读好一篇文章的前提条件。除此之外,朗读者还应掌握一定的朗读技巧。

1. 呼吸

朗读中呼吸的处理很重要,如果处理不好,就会在朗读时觉得力不从心,表现出呼吸急促,上气不接下气,从而影响朗读效果。那么,如何处理好朗读过程中的呼吸呢?有人建议,比较科学的呼吸方法是采用胸腹式呼吸法,即运用胸腔、腹腔互相配合,在胸腔、腹腔肌肉收缩或扩张的同时还要注意横膈膜的运动。这样,当胸腔、腹腔同时作用时,人们朗读才能发出宽厚、铿锵有力的声音,音质优美,发音响亮,乐音效果强。

2. 发音

朗读的效果往往和发音的技巧有关系。优美的音质可能是一些人与生俱来的得天独厚的条件,拥有一口好嗓音固然能为个人的发音起到重要作用,但是发音过程中人为的技巧的运用也是至关重要的。在朗读过程中,根据文章的感情需要,朗读者应学会嗓音的"善变"。如朗读闻一多先生的《最后一次讲演》,更多时候运用的是声带、胸腔、腹腔的作用,使声音浑厚、洪亮、有气势。而老舍的《济南的冬天》一文,朗读时更多运用的是口腔和声带,使声音响亮、清脆。不管什么体裁的文章,朗读时切忌大喊大叫、声嘶力竭,这样不仅会破坏嗓子,同时产生的音效会使人生厌,起到负面作用。

3.吐字

字是篇章的"细胞"。要朗读好文章,首先要从字入手。而要读好字,就要处理好音节中的声母、韵母和声调。声母、韵母要按照其标准的读音发音。声调在篇章中则会收到语流音变的影响,可能会发生调值的变化,特别是上声的变调等,同时还有轻声词语的处理等。不管是否涉及变调,吐字发音都要遵循的原则是,清晰不含糊,绝不可滑音、吃字。

4.停顿

朗读过程中,较短的句子,我们就按照句中的标点符号进行停顿即可。当然,不是所有篇章使用的都是短句。很多时候为了表达的需要,作者经常使用长句。这时,如果仅仅按照标点符号进行停顿,则会使朗读者感觉非常吃力,一口气读完长句,就会人为地将句子进行压缩,使句中的字音被仓促发出,结果就会含糊不清,读完后,朗读者累得上气不接下气,听众也不知所云,自然表达效果会受影响。为了避免以上情形,增强朗读效果,我们在朗读时,必须对长句加以处理,在保证不读破句子的前提下在句中作短暂的停顿。常见的停顿有以下两种类型。

(1)语法停顿

朗读作品中,出现标点符号的地方一般需要停顿,这种符号(除引号、书名号外)具有断句的功能,朗读时要进行适当的停顿。其停顿时间的长短有所区别,一般规律是:句号、问号、感叹号、省略号停顿略长;分号、破折号、连接号的停顿时间稍短;逗号、顿号的停顿的时间相对短些。当然,这种时间的长短也是相对而言的,朗读者可根据具体的篇章和体裁进行时间上的操控。

(2)强调停顿

语法停顿是根据句子的意思进行的停顿,这种停顿往往是为了强调句子中的某个部分的意思而进行的人为停顿,虽然进行了断句,但是句子中的成分如主语、谓语、宾语、定语、状语或补语依然保持完整,从而避免把句子读破。

5.重音

在朗读的过程中,为了达到特定的效果,文章的有些部分需要加强语气以特别强调句子内部的主次关系,凸现某种意思,这时就需要处理声音的强弱,同时在听觉上也给人抑扬顿挫、生动逼真的效果。

(1)语法重音

语法重音跟句子的内部结构有关系,一般情况下,句子中的谓语、宾语、定语、状语和补语往往按重音处理。尽管是按重音处理,但并不意味着需要特别强调。

(2)强调重音

强调重音则不是按照句子内部的语法结构进行处理的,而是根据朗读者在把握文章意思的基础上根据表意的需要而进行的重音处理。所以,这种重音没有固定的程式,完全是受制于朗读者个人。朗读者表意的目的不同,重音的位置就不同,强调的意思就不同。所以,强调重音是由文章本身的含义以及朗读者表意的目的决定的。

6.语速

不同体裁的文章,朗读的速度是应该有区别的。平铺直叙的说明文,朗读时语速稍快。记叙文、议论文等朗读速度稍慢些。诗歌、散文的朗读速度较慢。速度快慢的不同处理,会产生不同的情绪和效应。气氛轻松、节奏明快的句子朗读速度就比较快;气氛压抑、悲壮沉闷的句子朗读速度就应该较缓慢。即使在同一篇文章中,语速的快慢也并不是一成不变的,而是根据具体的内容进行变化。但不管速度的快慢如何,朗读者必须要吐字发音清晰,让听众明了其表达的意思。

7.语调

语调是指句子内部音节声音高低升降的变化。语调贯穿于句子甚至是篇章的始终,只是在句子末尾的非轻声音节上表现得更加明显和常见。朗读者的感情可以通过语调的高低升降变化进行传达,高低升降的有效处理,可以为朗读者的朗读效果增色。下面是几种常见的语调类型。

(1)高升调

高升调的变化特点是前低后高、语气上扬。一般用于疑问句、反诘句中,常常表示愤怒、警告、号召的语义。如:

当你在积雪初融的高原上走过,看见平坦的大地上傲然挺立这么一株或一排白杨树,难道你就只觉得树只是树,难道你就不想到它的朴质,严肃,坚强不屈,至少也象征了北方的农民;难道你竟一点儿也不联想到,在敌后的广大土地上,到处有坚强不屈,就像这白杨树一样傲然挺立的守卫他们家乡的哨兵!

(2)降抑调

降抑调的变化特点是前高后低、语气渐低。一般用在感叹句、祈使句中,常常表示肯定、坚决、自信、祝愿或沉痛、悲愤的感情。如:

爱,我想,比死和死的恐惧更强大。只有依靠它,依靠这种爱,生命才能维持下去,发展下去。

(3)平直调

平直调的特点是语气平缓、变化不大。一般用于陈述句、说明句中,表示叙述、说明或思索、追忆等,其感情比较平淡庄重。如:

森林涵养水源,保持水土,防止水旱灾害的作用非常大。

(4)曲折调

曲折调的特点是升降交错、曲折变化。一般用在表示抒情、议论等句子中,可表达出夸张、强调、疑惑、讽刺等特殊的语气。如:

一个月后,当他拿到自己赚的钱时,觉得自己简直是飞上了天。

（二）深刻理解朗诵的背景材料（时代背景、作者背景），把握作品的基调

1. 总揽大局

首先要通读整篇文章，深刻理解作品的主题，把握文章的宏观意思，掌握文章的中心思想，这是理解作品的关键，也是第一步。只有理解全文，把握要义，才能准确把握作品的基调，才可能较全面地表现出作者在作品中想表达的思想感情。

在读任何一篇作品时，还应该了解作者姓甚名谁，出生年代，因为作者的作品往往会和作者的生活年代相联系的。了解作者，也相当于了解了作品的时代背景。了解了作品的时代背景，才可以更深刻地理解作品。此外，还应了解作者的语言风格，是犀利、是委婉……从作品本身而言，朗读者需要了解作品的体裁，判定该作品是说明性的、议论性的、记叙性的，还是抒情性的，不同体裁的作品，其朗读方法是不同的。

2. 分项把握

在总揽作品大局后，朗读者对作品的内容就有了一定程度的理解，在此之后，朗读者就要思考如何通过自己的语言恰当地把文章的思想感情淋漓尽致地表达出来。在朗读时，要结合作品的时代背景和作者的语言风格确定朗读的基调，在基调确定之后，还要注意文章中的细节，如记叙性内容的读法、说明性内容的读法、议论性内容的读法、抒情性内容的读法以及上下文之间的衔接、关联等的处理等，都需要恰当合理安排停顿、连贯、轻重及快慢等各个方面。

3. 熟练的程度

要想准确、流利地朗读一篇作品，必须认真体会作者的思想感情以及文章的中心思想，在此基础上多读多背。古人云：书读百遍，其意自现。多读，对文章意思的把握会有很大的促进作用。多读，在读的过程中体会字里行间的意思和情感，才能更深刻挖掘文章的内涵，才能更接近作者的写作意图。同时，只有多读，才能使朗诵更顺畅更自然。多读，到底多少遍为多呢？其实，对文章意思的理解实际上是永无止境的。古人云："诗无达诂"，意即对诗的理解，任何人都不可能彻底诠释。朗读的文章也同样如此，多读，直至达到流利背诵的程度，这样对文章意思的把握肯定比只知文章大意不知文章内涵的肤浅状态要好得多。

4. 表情的处理（面部表情）

常言道：有声有色、声情并茂，都是对发言者言和"形"的种种形象描述。朗读中，如果只是单纯的技术展现，而缺少表情等"形"的支撑和辅助，朗读的整体效果可能会存在一定的缺憾。如果能适时加进一些面部表情，并使之与具体场合相结合、相配合，情景交融，相互协调，这样会为朗读者朗读效果增色不少。那么，具体的面部表情又分为哪些种类呢？喜怒哀乐等为常见的面部表情。当然，这些面部表情的展现并没有固定的模式。它们完全是根据实际需要时的一种自然流露。不过，有时"刻意"地、适当地加进一些面部表情，只要处理得当，不要太夸张、太过火，

对文章的朗读还是能起到一定的辅助作用,收到意想不到的效果的。

当文章气氛高昂、欢快活泼时,面部表情往往表现出嘴角上翘,双眼眯成缝状。

当文章气氛紧张、义愤填膺时,面部表情往往表现出嘴巴咕噜、双眼瞪得大而圆。

当文章语调缓慢、气氛低沉时,面部表情往往表现出肌肉松弛、双眼呆滞无望。

当文章气氛活泼、节奏明快时,面部表情往往嘴形多变、双眼明亮,表情变换丰富。

5.肢体语言的配合(站姿、手势等)

除了面部表情的配合之外,朗读者的肢体语言也同样起着重要的辅助作用。包括朗读者的站姿、手势等。

站姿:不管何种形式的朗读朗诵,对朗读者而言,要求基本上是一致的。抬头挺胸收腹,给人一种精神饱满的形象。面向观众,目光直视前方;颈部要直,不能歪向一边;背部要挺;两腿自然站直,不要分得太开,也不要并得太拢。

手势:手势就像面部表情一样,要根据具体的场合和需要而使用。当情感高昂时,可以挥起双手向上托起,也可以挥起一只手;当情感愤怒时,可以握拳捶桌,等等。手势的恰当配合,可以使朗读更形象逼真。

◎ 文例

反动派暗杀李先生的消息传出以后,大家听了都悲愤痛恨。我心里想,这些无耻的东西,不知他们是怎么想法,他们的心理是什么状态,他们的心怎样长的!(捶击桌子)其实简单,他们这样疯狂的来制造恐怖,正是他们自己在慌啊!在害怕啊!所以他们制造恐怖,其实是他们自己在恐怖啊!特务们,你们想想,你们还有几天?你们完了,快完了!你们以为打伤几个,杀死几个就可以了事,就可以把人民吓倒了吗?其实广大的人民是打不尽的,杀不完的!要是这样可以的话,世界上早没有人了。

(节选自闻一多的《最后一次讲演》)

训练材料:[俄]屠格涅夫《麻雀》。(注意表情和态势语言的运用)

麻　雀

[俄]屠格涅夫　巴金译

我打猎归来,沿着花园的林荫路走着。狗跑在我前边。

突然,狗放慢脚步,蹑足潜行,好像嗅到了前边有什么野物。

我顺着林荫路望去,看见了一只嘴边还带黄色、头上生着柔毛的小麻雀。风猛烈地吹着林荫路上的白桦树,麻雀从巢里跌落下来,呆呆地伏在地上,孤立无援地张开两只羽毛还未丰满的小翅膀。

我的狗慢慢向它靠近。忽然,从附近一棵树上飞下一只黑胸脯的老麻雀,像一颗石子似的落到狗的跟前。老麻雀全身倒竖着羽毛,惊恐万状,发出绝望、凄惨的叫声,接着向露出牙齿、大张着的狗嘴扑去。

老麻雀是猛扑下来救护幼雀的。它用身体掩护着自己的幼儿……但它整个小小的身体因恐怖而战粟着,它小小的声音也变得粗暴嘶哑,它在牺牲自己!

在它看来,狗该是多么庞大的怪物啊!然而,它还是不能站在自己高高的、安全的树枝上……一种比它的理智更强烈的力量,使它从那儿扑下身来。

我的狗站住了,向后退了退……看来,它也感到了这种力量。

我赶紧唤住惊慌失措的狗,然后我怀着崇敬的心情,走开了。

是啊,请不要见笑。我崇敬那只小小的、英勇的鸟儿,我崇敬它那种爱的冲动和力量。

爱,我想,比死和死的恐惧更强大。只有依靠它,依靠这种爱,生命才能维持下去,发展下去。

四、修辞口才技巧训练

(一)修辞的作用

秘书工作和日常口语交际中,因特定的语言环境和一定的需要,灵活运用一些修辞手法,不仅可以表达出说话者的意思,而且可以使语言变得生动、形象、丰富、有趣,取得特别的效果。因而,秘书人员掌握一定的修辞技巧,对秘书工作的顺利开展有着内在的需求。

(二)修辞的常用类型

1.讳饰

遇到忌讳的事物不便直说,而用别的话来代替它、装饰它的一种修辞方法。如恩格斯在《在马克思墓前的讲话》中,马克思逝世后,恩格斯非常悲痛,不忍直接说出,而用"讳饰"的手法说马克思"停止思想了","安静地睡着了","永远地睡着了",这样就可以规避"死了、去世了、离开了"等过于直白而沉重的词语,同时也把他自己的沉痛心情委婉、隐讳地表达了出来。

2.双关

同一语句但具有双重意义的修辞方式叫双关。可分为谐音双关和语义双关两种。

(1)谐音双关

利用音同或音近造成的双关是谐音双关。如"杨柳青青江水平,闻郎江上唱歌声。东边日出西边雨,道是无晴却有晴"(刘禹锡《竹枝词》),其中"晴""情"同音构成双关。

(2)语义双关

利用词语或句子在语境中形成的双重含义造成的双关是语义双关。如:可是匪徒们走上几十里的大山背,他们没想到包马脚的麻袋片全烂掉在马路上,露出了他们的马脚。(曲波《林海雪原》)句末"马脚"即运用了双关义,表示破绽。

3.释词

在一定的语言环境下,可以灵活地将具有固定语义的词语或句子人为地作出别有他义的解释,并借题发挥,使之跳出原有的语义圈子而产生特殊的语义。如:有一次,周恩来在某次谈判会结束后走出会场时,由于还在思考问题,总理低头走出会场,这时,有一位外国官员故意说道:"周先生,你们中国人怎么总是低着头走路?"周总理答道:"是的,你说得很对,我们中国人爱低着头,因为我们在走上坡路。"总理的回答,巧妙地回击了那位老外对中国人的不敬,反而更鲜明地展示出中国人自强不息的一面。

4.幽默

美国一位心理学家说过:"幽默是一种最有趣、最有感染力、最具有普遍意义的传递艺术。"幽默可以使气氛融洽,使人轻松。无论是在工作中还是在学习中,人们经常感到各种压力,这种压力常会使环境变得沉闷、压抑,如果能在这种环境中适当添加一些幽默,可使气氛得以缓解。有一位讲礼仪课的老师在某天讲到服饰部分时,内容涉及不同的场合需要配以不同的服饰,因为类型比较繁杂,有同学感到疲倦,随口说了一句:"我在家里习惯不穿衣服,而是裹着被子坐在电脑前上网。"话音刚落,教室一片愕然,几乎所有的同学都将目光转向这位女教师,这时,女教师顺势接了一句:"你也可以不裹被子呀。"教室一片哗然。不料,那位感觉疲倦的同学反而觉得老师是如此幽默,接下来便认认真真地听课了。可见,生活中适当地运用幽默会解决一些尴尬的问题与场面,可化解矛盾的芥蒂,增添快乐,使白色的生活与黑色的语言涂上艳丽的色彩。曾有这样一则故事:在一辆公交车上,因为拥挤,摩擦时有发生,争吵嘈杂声非常扰人。无论售票员多大声音叫喊"不要挤,不要挤",效果依然甚微。就在这个无奈的时刻,忽然有一位小伙子喊道:"不要挤,再挤我就变成相片啦。"话音一落,车内顿时爆发出阵阵笑声,争吵的人们也停止了争吵,气氛得以缓解,秩序慢慢变得正常了。可见,一句简短而幽默的话,也可以调解紧张的人际关系。

幽默在人际交往中也会起到非常重要的作用。幽默的语言,能使社交气氛变得轻松、活跃、和谐,便于交流。1998年3月19日,九届全国人大一次会议举行记者招待会,邀请新任国务院总理朱镕基及几位副总理与中外记者见面,并回答记者的提问,在如闪电交织般的照相机闪光中,朱镕基一上来就自嘲道:"我长得不好看,但希望你们把我拍得好看一点,因为我的形象代表政府。"话音刚落,现场顿时响起一片笑声和掌声。

幽默还有自我解嘲的功用。在对话、演讲等场合,有时会遇到一些尴尬的处境,这时如果用几句幽默的语言来自我解嘲,就能在轻松愉快的笑声中缓解紧张尴尬的气氛,从而使自己走出困境。有一位唱二人转的演员,在自己表演完前一项节目后准备表演个人绝活儿时,说了一句:"谢谢大家稀稀拉拉的掌声!后面还有更精彩的,我就看你们的掌声热烈不热烈啊。"这番话把大家都逗乐了,观众于是挽起膀子使劲为他鼓掌加油,后面的表演果然很精彩很成功。演员的这种自嘲的幽默无形中拉近了自己和观众的距离,使自己更加轻松自如,也使观众觉得这人很俏皮可爱。

(三)修辞的原则

运用修辞应注意如下几点。

1.分清场合

同一种修辞,在不同的场合有不同的作用,有的场合甚至不可轻易使用修辞。如在丧葬场合,见到并劝慰逝者家属时,若说一句:"请节哀,旧的不去,新的不来啊。"想必在场的人无一能够忍受。

2.不要弄巧成拙

使用修辞,要注意使用的恰当性,不可任意夸大或天马行空,不着边际。曾经有人夸张地描述蒜芯的粗细,把蒜芯说成和人的手腕一般粗。这种夸张言过其实,让人不可理喻。

3.不要无病呻吟,滥用修辞

恰当使用修辞,会使表达增色。但使用不当甚至错用修辞,只会适得其反,让人大跌眼镜。例如:"啊,大海,全是水!啊,骏马,四条腿!"这样的表达就是生搬硬套,牵强附会,为修辞而修辞,实属无病呻吟。

五、语感的训练

语感是人们对语言文字的感觉、领悟能力。这种能力是在长期的语言实践中操练、积累并形成的。语感强的人,其对语言文字的敏感性和感受力也较强。语感中的语言模式具有模糊性、意象性。当人的感觉或思维触及具体的语言对象时,人体大脑便会立即调动已有的语言模式,并融入、渗透对新事物对象的感觉、认知、理解及情感体验,扩充和深化人体大脑原有的感觉体系,并进而在原有的表象体系的基础上创造出新的意象。

因此,对语感的培养十分重要。具体的方法有如下几种。

(一)模仿、背诵

这是培养语感的有效途径。在日常生活中,要注意模仿对象的特征,然后反复模拟、仿效,有条件时,也可以进行录音录像,然后进行对照,发现区别与不足,再反复练习,达到熟练的程度。练习次数越多,越可能接近真实,记忆才更牢靠,才可能流利自如。

(二)复述

复述是一种很好的增强语感的方法。可以通过阅读进行复述,在阅读完一篇文章或一则故事后,我们可以带着已有的印象把文章的脉络复述出来。这就要求在阅读文章时,注意文章的整体框架、前后的逻辑顺序,把握好来龙去脉。有了一个大致的思路后,就需要注意文章的细节,细节往往比较繁杂琐碎,因而需要强化记忆。在框架和细节都注意之后,便可试着复述。初次复述时,经常出现记忆空白,这时可参照原文进行对照,便可加深印象。如此反复,复述便可接近背诵,达到了较熟练的程度,语感也在此过程中慢慢增强了。

训练:反复诵读以下两段文字,直至熟练背诵。

1.朋友即将远行。暮春时节,又邀了几位朋友在家小聚,虽然都是极熟的朋友,但终年难得一见,偶尔在电话里相遇,也无非是几句寻常话。一锅小米稀饭,一碟大头菜,一盘自家酿制的泡菜,一只巷口买回的烤鸭,简简单单,不像请客,倒像家人团聚。

2.曲曲折折的荷塘上面,弥望的是田田的叶子。叶子出水很高,像亭亭的舞女的裙。层层的叶子中间,零星地点缀着些白花,有袅娜地开着,有羞涩的打着朵儿的;正如一粒粒的明珠,又如碧天里的星星,又如刚出浴的美人。微风过处,送来缕缕清香,仿佛远处高楼上渺茫的 歌声似的。这时候叶子与花也有一些的颤动,像闪电般,霎时传过荷塘的那边去了。叶子本是肩并肩密密的挨着,这便宛然有了一道凝碧的波痕。叶子底下是脉脉的流水,遮住了,不能见一些颜色;而叶子却更见风致了。

月光如流水一般,静静地泻在这一片叶子和花上。薄薄的青雾浮起在荷塘里。叶子和花仿佛在牛乳中洗过一样;又像笼着轻纱的梦。虽然是满月,天上却有一层淡淡的云,所以不能朗照;但我以为这恰是到了好处——酣眠固不可少,小睡也别有风味的。月光是隔了树照过来的,高处丛生的灌木,落下参差的斑驳的黑影,却又像是画在荷叶上。塘中的月色并不均匀,但光与影有着和谐的旋律,如梵婀玲上奏着的名曲。

六、各种文体的诵读训练

(一)记叙文

一天,爸爸下班回到家已经很晚了,他很累也有点儿烦,他发现五岁的儿子靠在门旁正等着他。

"爸,我可以问您一个问题吗?"

"什么问题?"

"爸,您一小时可以赚多少钱?"

"这与你无关,你为什么问这个问题?"父亲生气地说。

"我只是想知道,请告诉我,您一小时赚多少钱?"小孩儿哀求道。

"假如你一定要知道的话,我一小时赚二十美金。"

"喔,"小孩低下了头,接着又说,"爸,可以借我10美金吗?"

父亲发怒了："如果你问这问题只是要借钱去买毫无意义的玩具或东西的话，给我回到你的房间并上床。好好想想为什么你会那么自私。我每天长时间辛苦工作着，没时间和你玩小孩子的游戏。"

小孩安静地回自己房并关上门。

父亲坐下来还生气。约一小时后，他平静下来了，开始想着他可能对孩子太凶了——或许孩子真的很想买什么东西，再说他平时也很少要过钱。

父亲走进小孩的房："你睡了吗孩子？"

"爸，还没，我还醒着。"小孩回答。

"我刚刚可能对你太凶了，"父亲说，"我将今天的气都爆发出来了——这是你要的 10 美金。"

"爸，谢谢你。"小孩欢叫着从枕头下拿出一些被弄皱的钞票，慢慢地数着。

"为什么你已经有钱了还要？"父亲生气地说。

"因为这之前不够，但我现在足够了。"小孩回答，"爸，我现在有 20 块钱了，我可以向你买一个小时的时间吗？明天请早一点回家——我想和你一起吃晚餐。"

（节选自《二十美金的价值》，唐继柳编译）

（二）说明文

森林涵养水源，保持水土，防止水旱灾害的作用非常大。据专家测算，一片十万亩面积的森林，相当于一个两百万立方米的水库，这正如农谚所说的："山上多栽树，等于修水库。雨多它能吞，雨少它能吐。"

说起森林的功劳，那还多得很。它除了为人类提供木材及许多种生产、生活的原料之外，在维护生态环境方面也是功劳卓著，它用另一种"能吞能吐"的特殊功能孕育了人类。因为地球在形成之初，大气中的二氧化碳含量很高，氧气很少，气温也高，生物是难以生存的。大约在四亿年之前，陆地才产生了森林。森林慢慢将大气中的二氧化碳吸收，同时吐出新鲜氧气，调节气温。这才具备了人类生存的条件，地球上才最终有了人类。

森林，是地球生态系统的主体，是大自然的总调度室，是地球的绿色之肺。森林维护地球生态环境的这种"能吞能吐"的特殊功能是其他任何物体都不能取代的。然而，由于地球上的燃烧物增多，二氧化碳的排放量急剧增加，使得地球生态环境急剧恶化，主要表现为全球气候变暖，水分蒸发加快，改变了气流的循环，使气候变化加剧，从而引发热浪、飓风、暴雨、洪涝及干旱。

为了使地球的这个"能吞能吐"的绿色之肺能恢复健壮，以改善生态环境、抑制全球变暖、减少水旱等自然灾害，我们应该大力造林、护林，使每一座荒山都绿起来。

《"能吞能吐"的森林》（节选自《中考语文课外阅读试题精选》）

3. 散文

荷塘月色

朱自清

这几天心里颇不宁静。今晚在院子里坐着乘凉,忽然想起日日走过的荷塘,在这满月的光里,总该另有一番样子吧。月亮渐渐地升高了,墙外马路上孩子们的欢笑,已经听不见了;妻在屋里拍着闰儿,迷迷糊糊地哼着眠歌。我悄悄地披了大衫,带上门出去。

沿着荷塘,是一条曲折的小煤屑路。这是一条幽僻的路;白天也少人走,夜晚更加寂寞。荷塘四面,长着许多树,蓊蓊郁郁的。路的一旁,是些杨柳,和一些不知道名字的树。没有月光的晚上,这路上阴森森的,有些怕人。今晚却很好,虽然月光也还是淡淡的。

路上只我一个人,背着手踱着。这一片天地好像是我的;我也像超出了平常的自己,到了另一个世界里。我爱热闹,也爱冷静;爱群居,也爱独处。像今晚上,一个人在这苍茫的月下,什么都可以想,什么都可以不想,便觉是个自由的人。白天里一定要做的事,一定要说的话,现在都可不理。这是独处的妙处;我且受用这无边的荷香月色好了。

曲曲折折的荷塘上面,弥望的是田田的叶子。叶子出水很高,像亭亭的舞女的裙。层层的叶子中间,零星地点缀着些白花,有袅娜地开着的,有羞涩地打着朵儿的;正如一粒粒的明珠,又如碧天里的星星,又如刚出浴的美人。微风过处,送来缕缕清香,仿佛远处高楼上渺茫的歌声似的。这时候叶子与花也有一些的颤动,像闪电般,霎时传过荷塘的那边去了。叶子本是肩并肩密密地挨着,这便宛然有了一道凝碧的波痕。叶子底下是脉脉的流水,遮住了,不能见一些颜色;而叶子却更见风致了。

月光如流水一般,静静地泻在这一片叶子和花上。薄薄的青雾浮起在荷塘里。叶子和花仿佛在牛乳中洗过一样;又像笼着轻纱的梦。虽然是满月,天上却有一层淡淡的云,所以不能朗照;但我以为这恰是到了好处——酣眠固不可少,小睡也别有风味的。月光是隔了树照过来的,高处丛生的灌木,落下参差的斑驳的黑影,峭楞楞如鬼一般;弯弯的杨柳的稀疏的倩影,却又像是画在荷叶上。塘中的月色并不均匀;但光与影有着和谐的旋律,如梵婀玲上奏着的名曲。

荷塘的四面,远远近近,高高低低都是树,而杨柳最多。这些树将一片荷塘重重围住;只在小路一旁,漏着几段空隙,像是特为月光留下的。树色一例是阴阴的,乍看像一团烟雾;但杨柳的丰姿,便在烟雾里也辨得出。树梢上隐隐约约的是一带远山,只有些大意罢了。树缝里也漏着一两点路灯光,没精打采的,是渴睡人的眼。这时候最热闹的,要数树上的蝉声与水里的蛙声;但热闹的是他们的,我什么也没有。

　　忽然想起采莲的事情来了。采莲是江南的旧俗,似乎很早就有,而六朝时为盛,从诗歌里可以约略知道。采莲的是少年的女子,她们是荡着小船,唱着艳歌去的。采莲人不用说很多,还有看采莲的人。那是一个热闹的季节,也是一个风流的季节。梁元帝《采莲赋》里说得好:

　　于是妖童媛女,荡舟心话:鹢首徐回,兼传羽杯;櫂将移而藻挂,船欲动而萍开。尔其纤腰束素,迁延顾步;夏始春余,叶嫩花初,恐沾裳而浅笑,畏倾船而敛裾。

　　可见当时嬉游的光景了。这真是有趣的事,可惜我们现在早已无福消受了。

　　于是又记起《西洲曲》里的句子:

　　采莲南塘秋,莲花过人头;低头弄莲子,莲子清如水。

　　今晚若有采莲人,这儿的莲花也算得"过人头"了;只不见一些流水的影子,是不行的。这令我到底惦着江南了。——这样想着,猛一抬头,不觉已是自己的门前;轻轻地推门进去,什么声息也没有,妻已睡熟好久了。

1927 年 7 月,北京清华园。

4.议论文

谈　骨　气

吴　晗

　　我们中国人是有骨气的。

　　战国时代的孟子,有几句很好的话:"富贵不能淫,贫贱不能移,威武不能屈,此之谓大丈夫。"意思是说,高官厚禄收买不了,贫穷困苦折磨不了,强暴武力威胁不了,这就是所谓大丈夫。大丈夫的这种种行为,表现出了英雄气概,我们今天就叫做有骨气。

　　我国经过了奴隶社会、封建社会的漫长时期,每个时代都有很多这样有骨气的人,我们就是这些有骨气的人的子孙,我们是有着优良革命传统的民族。

　　当然,社会不同,阶级不同,骨气的具体含义也不同。这一点必须认识清楚。但是,就坚定不移地为当时的进步事业服务这一原则来说,我们祖先的许多有骨气的动人事迹,还有它积极的教育意义,是值得我们学习的。

　　南宋末年,首都临安被元军攻入,丞相文天祥组织武装力量坚决抵抗,失败被俘后,元朝劝他投降,他写了一首诗,其中有两句是:"人生自古谁无死,留取丹心照汗青。"意思是人总是要死的,就看怎样死法,是屈辱而死呢,还是为民族利益而死?他选取了后者,要把这片忠心纪录在历史上。文天祥被拘囚在北京一个阴湿的地牢里,受尽了折磨,元朝多次派人劝他,只要投降,便可以做大官,但他坚决拒绝,终于在公元 1282 年被杀害了。

　　孟子说的几句话,在文天祥身上都表现出来了。他写的有名的《正气歌》,歌颂了古代有骨气的人的英雄气概，并且以自己的生命来抗拒压迫，号召人民继续起来反抗。

另一个故事是古代有一个穷人，饿得快死了，有人丢给他一碗饭，说："嗟，来食！"（喂，来吃！）饿人拒绝了"嗟来"的施舍，不吃这碗饭，后来就饿死了。不食嗟来之食这个故事很有名，传说了千百年，也是有积极意义的。那人摆着一副慈善家的面孔，吆喝一声"喂，来吃！"这个味道是不好受的。吃了这碗饭，第二步怎样呢？显然，他不会白白施舍，吃他的饭就要替他办事。那位穷人是有骨气的：看你那副脸孔、那个神气，宁可饿死，也不吃你的饭。

不食嗟来之食，表现了中国人民的骨气。

还有个例子。民主战士闻一多是在 1946 年 7 月 15 日被国民党枪杀的。在这之前，朋友们得到要暗杀他的消息，劝告他暂时隐蔽，他毫不在乎，照常工作，而且更加努力。明知敌人要杀他，在被害前几分钟还大声疾呼，痛斥国民党特务，指出他们的日子不会很长久了，人民民主一定得到胜利。毛主席在《别了，司徒雷登》一文中指出："许多曾经是自由主义者或民主个人主义者的人们，在美国帝国主义者及其走狗国民党反动派面前站起来了。闻一多拍案而起，横眉怒对国民党的手枪，宁可倒下去，不愿屈服。"高度赞扬他表现了我们民族的英雄气概。

孟子的这些话，虽然是在 2000 多年以前说的，但直到现在，还有它积极的意义。当然我们无产阶级有自己的英雄气概，有自己的骨气，这就是决不向任何困难低头，压不扁，折不弯，顶得住，吓不倒，为了社会主义、共产主义建设的胜利，我们一定能够克服任何困难，奋勇前进！

七、普通话水平测试训练

（一）普通话水平测试概况

《中华人民共和国国家通用语言文字法》中规定国家推广普通话，推行规范汉字。地方各级人民政府及其有关部门应当采取措施，推广普通话和推行规范汉字。

普通话水平测试对象：主要是师范类专业学生、各级各类学校教师、广电系统播音员、节目主持人、国家机关工作人员及其他应该接收测试的人员。其中师范类专业及其他与口语表达密切相关的学生，各级各类学校、幼儿园及其他教育机构的教师普通话水平要求二级以上；国家机关工作人员普通话水平要求三级甲等以上；播音员、节目主持人普通话水平要求一级甲等。1999 年 5 月人事部、教育部、国家语委又联合发出了《关于开展国家公务员普通话培训的通知》，明确规定，原则上要求 1954 年 1 月 1 日以后出生的公务员达到普通话三级甲等以上水平，对在此日期之前出生的公务员不做硬性要求，但提倡并鼓励其提高自身普通话水平。

测试目的：普通话水平测试是检测应试人员的普通话语言面貌，考察其对普通话的掌握和运用水平，是对应试人员语言素质的一种全面综合考查。

测试内容：普通话水平测试的主要内容分为四个部分（以浙江省普通话水平测

试为例),单音节字词、多音节词语、朗读短文及命题说话。

测试作用及影响:测试的目的是为了检测应试人的现有普通话水平,通过测试发现应试人语言与普通话的差距,从而促进应试人不断提高和改善其普通话水平,并进一步为我国的"推普"工作作出应有的贡献。

(二)题型练习与分析

1.读单音节字词100个(10分),限时3.0分钟。该题主要考查应试人对汉字对应的声母、韵母、声调等的掌握情况。一个标准的汉字发音,都是由这三个方面共同作用的结果。任何一方出现错误或失误都会影响整个字的标准程度。

2.读多音节词语50个(20分),限时2.5分钟。该题除了考查第一题所要考查的对象之外,还要考查词语中出现的变调、轻声、儿化等。在第一题的基础上更进一步。

3.朗读短文(30分),限时4.5分钟。该题除了考查字音外,还要求加字、漏字、改字,另外还考查声母和韵母是否有系统缺陷,语调、停连、流畅度(包括回读)等。该题是一种综合考查应试人语音面貌和朗读能力的题型。

4.命题说话(40分),不少于3.0分钟。该题给应试人提供说话的命题,要求应试人在没有任何文字凭借的情况下,自行组织语言,然后在三分钟的时间内用普通话表达出来,力求内容的完整,表达自然流畅。考查主要关注语音标准程度、词汇语法规范程度以及自然流畅程度,同时还要求时间不少于三分钟。对内容的精彩度方面没有严格要求,但说话离题时,会酌情扣分。

◎ 能力训练

运用所学的朗读知识,模仿演讲。

最后一次讲演

闻一多

这几天,大家晓得,在昆明出现了历史上最卑劣最无耻的事情!李先生究竟犯了什么罪,竟遭此毒手? 他只不过用笔写写文章,用嘴说说话,而他所写的,所说的,都无非是一个没有失掉良心的中国人的话! 大家都有一支笔,有一张嘴,有什么理由拿出来讲啊! 有事实拿出来说啊! (闻先生声音激动了)为什么要打要杀,而且又不敢光明正大的来打来杀,而偷偷摸摸地来暗杀! (鼓掌)这成什么话? (鼓掌)

今天,这里有没有特务? 你站出来! 是好汉的站出来! 你出来讲! 凭什么要杀死李先生? (厉声。热烈地鼓掌)杀了人,又不敢承认,还要诬蔑人,说什么"桃色事件",说什么共产党杀共产党,无耻啊! 无耻啊! (热烈地鼓掌)这是某集团的无耻,恰是李先生的光荣! 李先生在昆明被暗杀,是李先生留给昆明的光荣! 也是

昆明人的光荣！（鼓掌）

去年"一二·一"昆明青年学生为了反对内战，遭受屠杀，那算是青年的一代献出了他们最宝贵的生命！现在李先生为了争取民主和平而遭受了反动派的暗杀，我们骄傲一点说，这算是像我这样大年纪的一代，我们的老战友，献出了最宝贵的生命！这两桩事发生在昆明，这算是昆明无限的光荣！（热烈地鼓掌）

反动派暗杀李先生的消息传出以后，大家听了都悲愤痛恨。我心里想，这些无耻的东西，不知他们是怎么想法，他们的心理是什么状态，他们的心怎样长的！（捶击桌子）其实很简单，他们这样疯狂地来制造恐怖，正是他们自己在慌啊！在害怕啊！所以他们制造恐怖，其实是他们自己在恐怖啊！特务们，你们想想，你们还有几天？你们完了，快完了！你们以为打伤几个，杀死几个，就可以了事，就可以把人民吓倒了吗？其实广大的人民是打不尽的，杀不完的！要是这样可以的话，世界上早没有人了。

你们杀死一个李公朴，会有千百万个李公朴站起来！你们将失去千百万的人民！你们看着我们人少，没有力量？告诉你们，我们的力量大得很，强得很！看今天来的这些人，都是我们的人，都是我们的力量！此外还有广大的市民！我们有这个信心：人民的力量是要胜利的，真理是永远存在的。历史上没有一个反人民的势力不被人民毁灭的！希特勒，墨索里尼，不都在人民面前倒下去了吗？翻开历史看看，你们还站得住几天！你们完了，快完了！我们的光明就要出现了。我们看，光明就在我们眼前，而现在正是黎明之前那个最黑暗的时候。我们有力量打破这个黑暗，争到光明！我们的光明，恰是反动派的末日！（热烈地鼓掌）

李先生的血不会白流的！李先生赔上了这条性命，我们要换来一个代价。"一二·一"四烈士倒下了，年轻的战士们的血换来了政治协商会议的召开；现在李先生倒下了，他的血要换取政协会议的重开！（热烈地鼓掌）我们有这个信心！（鼓掌）

"一二·一"是昆明的光荣，是云南人民的光荣。云南有光荣的历史，远的如护国，这不用说了，近的如"一二·一"，都属于云南人民的。我们要发扬云南光荣的历史！（听众表示接受）

反动派挑拨离间，卑鄙无耻，你们看见联大走了，学生放暑假了，便以为我们没有力量了吗？特务们！你们错了！你们看见今天到会的一千多青年，又握起手来了，我们昆明的青年决不会让你们这样蛮横下去的！

反动派，你看见一个倒下去，可也看得见千百个站起的！

正义是杀不完的，因为真理永远存在！（鼓掌）

历史赋予昆明的任务是争取民主和平，我们昆明的青年必须完成这任务！

我们不怕死，我们有牺牲的精神！我们随时像李先生一样，前脚跨出大门，后脚就不准备再跨进大门！（长时间热烈地鼓掌）

◎ 知识拓展

普通话水平测试试卷

一、读单音节字词(100 个音节)

麻	缺	杨	致	捷	谬	尊	凑	刚	炖	临	窘	滑
力	琼	拨	蜷	撞	否	酿	貂	聂	塔	撤	伤	嘴
牢	北	枫	垦	镰	御	稿	四	钧	鼓	掠	甩	呈
准	菊	摊	刑	舀	群	拴	此	让	才	棒	随	鼎
尼	险	抛	残	究	盘	孟	皮	俯	跟	膜	肾	宾
点	烘	阔	挖	火	虫	内	揉	暖	迟	耳	冤	晓
特	芯	舌	恩	并	矮	瓮	瞎	快	枉	桌	悔	松
灶	村	哑	换	冬	辱	扑	仄	前				

二、读多音节词语(100 个音节)

旋律	行当	文明	作品	共同	半道儿
从中	土匪	而且	虐待	日益	饭盒儿
民政	雄伟	运用	单纯	轻蔑	打杂儿
家眷	赞美	奥妙	海关	另外	人影儿
男女	热闹	开创	转变	夸张	牛仔裤
其次	搜刮	悄声	迅速	方法	拖拉机
首饰	坚决	破坏	天鹅	佛像	所有
珍贵	恰好	框子	测量	投票	川流不息

三、朗读作品(抽签选定)

四、命题说话(抽签选定)

任务二 态势语言训练

◎ 学习目标

通过本项目训练,使学生了解态势语言在秘书活动及口语表达中的重要性,把握使用态势语言的原则、方法,了解并掌握态势语言的类型、内容,使用态势语言的基本方法、技巧,做到行为准确,达到更好的表达作用。

知识目标

● 使学生了解态势语言在口语活动中的重要性,把握在口语活动中使用态势语言的原则、方法。

能力目标

● 掌握态势语言的基本方法、技巧,做到行为准确,达到更好的表达作用。

◎ **参考课时**

2 学时

◎ **导入案例**

秦小姐是一个很棒的电子工程师,在国家电视台工作时有着"能力小姐"的美称。为了事业的发展,她前往另一家广播电视公司应聘,却遭到了失败。不久,她又得知索尼公司招聘秘书,并收到了面试通知。为了不再错过机会,这次她请教了形象设计师。当秦小姐拿出自己面试时穿的衣服——一件带花边过时的衬衣、一件宽松化纤混纺的黑西服、一条棕色的肥大的西裤时,设计师说:"这身衣服让你看上去像个在北京郊区卖菜的大姐,你的技术再好,别人也会有疑问,她的能力和她的外表为什么不相称?她可能是个全面素质都优秀的人吗?"最后,设计师为她挑选了一套深蓝西服套裙,外加一件优质纯棉白衬衫。穿着这身衣服的秦小姐顺利拿下了索尼公司总经理秘书的工作。索尼公司的老板说:"从你一进门,你的神情和外表就告诉我你是我们所期望的人。"

对于一个人来说,穿衣打扮既是一件小事,但也不是一件太小的事,虽说是私事,但也涉及你的形象,进而影响到一个人与上下左右的人际关系。

我们经常看到这样的一些情况:企业管理人员在一个度假村进行的冬季销售大会上讲话,穿着家常衣服和休闲衬衣。一回到公司,经理穿上裁剪得当的制服进行演讲,员工们都能接受。但当这位经理穿着很休闲的衣服出席股东大会进行演讲时,那些股东却对这位经理的着装感到不满。

另外,在社交活动中,一个人如不能注意态势的细节,也容易遭遇失败。如小强是名牌大学秘书专业的毕业生,他多次通过了笔试关,但却在面试中屡屡失败。苦恼的他和自己的老师谈起了这问题。老师发现小强外表形象没有显著的问题,但是在和人交谈中,小强的目光总是闪烁不定,脸上缺少微笑,面部表情没有任何变化,显得过于严肃拘谨。于是,老师就对小强说:"第一,你的目光上下飘忽不定,注视我的时间没超过 5 秒钟就移到了自己的手上或别处,让人捉摸不清,也会让人对你的信任度产生怀疑,'好像你有什么事瞒着我?你有没有真实地回答我的问题?'第二,那样会让人感到不受重视,你没有给别人足够的尊重;第三,你是否在听我的问话?第四,你是否有足够的自信?尤其是作为未来的秘书人员,你更应当注意这一点,要恰当地运用面部表情和肢体语言向对方传递有效的信息……"

找到了失败原因的小强终于在下一次的面试中获得了成功,进入了一家国有大型企业。

◎ 理论知识

一、态势语言的含义

一个讲话者尤其是演讲者一上台,他的一举一动、一言一行就都会全部置身于大庭广众之下。这时,无论演讲者愿不愿意,几乎他的所有一切,包括品德、修养、学识、心态,还有习惯、语言、风度,甚至本人都不大清楚的小毛病等,都会显露无遗。就演讲而言,演讲者的表情、姿态和动作,不仅可以伴随着有声语言传达演讲者的情感,而且还可以单独表达有声语言所难以表达的更丰富、更微妙的情感,即运用态势语言。所以,讲话时应注意自己的一切言行举止、谈吐风度。

态势语言就是演讲者的姿态、动作、手势、表情等,它是流动的形体动作,是演讲者为表情达意所外现的情态和姿态,是流动着的形体动作,辅助有声语言运载着思想和感情,直接诉诸听众的视觉器官。它要求准确、鲜明、自然、协调,同时要有表现力和说服力。

二、态势语言的运用原则

为了更好地表达情感,态势语言的运用一定要遵循以下的原则:要有真情实感;要和有声语言紧密配合;表达情感要恰如其分。

罗马文艺理论家郎加纳斯:"那些巨大的激烈情感,如果没有理智的控制而任其为自己的盲目、轻率的冲动所操纵,那就会像一只没有舵的船一样陷入危险。"演讲家一定要善于控制自己的情感,而不能夸大地使用态势语言,否则演讲的效果就会受到影响。

三、态势语言的类型、表现及训练

演讲者在听众面前进行演讲,那就必然以其整体形象(包括体形、容貌、衣着、发型、举止神态等)即主体形象直接诉诸听众的视觉器官。而整个主体形象的美和丑、好与坏,在一般情况下,不仅直接影响着演讲者思想感情的传达,而且也直接影响着听众的心理、情绪和感官享受。所以演讲者的主体形象应是:在符合演讲思想情感的前提下,注重仪表、朴素、自然、轻灵、得体,力求举止优雅、神态大方、风度潇洒。这样才有利于思想感情的传达,给听众一个美的外部形象,有利于取得演讲的良好效果。

(一)仪表

多项研究证实,个人的仪表在公众演讲中起着很重要的作用。演讲者既是信息的传播者,又是听众的审美对象。演讲是演讲者真我的总亮相。仪表传递着信息,它是演讲者内在素质的体现,也表明对演讲的态度。如果演讲者的仪表不符合听众的审美要求,听众就会产生排斥心理。因此,正如应该根据听众和具体的演讲场合来调整自己的用语一样,演讲者必须注意适宜的衣着。对演讲者的仪表要求,包括身材容貌、服饰打扮两个方面。总的来说,演讲者的仪表要给人精神抖擞、心灵美的感觉。

身材容貌是先天的条件,包括端庄的面容、匀称的体型、正常的身高。

服饰打扮应做到整洁大方,庄重朴素,轻便协调,色彩和谐,配套齐全。用笛卡儿的话来说,就是着"一种恰到好处的协调和适中"的服装,就是美的。具体的要求是:一是要符合自己的年龄、职业、身份;二是要符合自己的脸型、肤色、身材的特征;三是要符合时代精神、民族审美意识和社会风尚;四是符合演讲的内容,具体演讲的时间、环境和氛围。

听众究竟会对着装有何感受呢? 一般来说,如果演讲者不修边幅,穿着变形的外衣和鞋子,口袋鼓鼓囊囊,塞满了自来水笔、铅笔、报纸、烟斗等;或者,女演讲者头发散乱,甚至衬裙还露在外面……听众对这样的演讲者会根本没有信心甚至会产生反感。有一次,一位担任大学校长的心理学家向一大群人发出问卷,向他们询问,衣服对他们产生什么影响,结果,被询问者几乎一致表示,当他们穿戴整齐,浑身上下一尘不染时,他们能清楚地知道自己穿得整齐,而且也可以感觉得到,这表明衣服对他们产生某种影响。因为得体的衣服使他们增强了信心并提高了他们的自尊心,同时他们的思想容易顺畅,他们的表达更容易取得成功。

一般的,男士有一套质地上乘的深色西装足以打天下,而女士的着装则要随时间而改变。白天工作时,女士应穿正式套装,以显示专业性,晚上出席酒会等社交场合则必须多加一些修饰,如根据季节选择服饰,换一双高跟鞋,根据服饰有选择地戴上有光泽的佩饰,如耳环、项链、戒指或胸针等,或围上一条漂亮的丝巾。

演讲者是在大庭广众之下演讲,他们的一举一动就好像是被安置在放大镜下,被聚光灯照射,他个人外表上、形象上哪怕是最微小的不调和之处,也会立刻被凸现或放大。

(二)眼神

眼睛是"心灵的窗户",不同的眼神往往表达不同的情感,如目光明澈,表明心怀坦荡;目光游移不定,表明心中有鬼;目光浮动,表明轻薄浅陋,呆滞,表明心事重重;目光坚毅,表现自强不息等。如果回避听众的目光,那一定会失去听众。有很多研究证明,如果演讲人回避听众的目光,甚至有可能被认为不诚实和不自信。如能恰当确切地用自己的眼神表达尤其是表达那些难以直接用口语表达的极其微妙的感情往往能从眼神得到传神的传达,所以视觉接触很重要。演讲者应善于用眼神来传达自己的情绪,把自己的心理变化、学识、品德、情操、性格、趣味和审美观等,毫不掩饰地呈现给听话者,使听众通过这心灵的窗户,探视到演讲者的美好内心世界及思想感情。

在大多数情况下,与听众建立交流联系的最快办法是和颜悦色地看着他们。

要善于用眼神传达出信心、真诚和责任感的含义,并用眼神告诉听众:"很高兴能够跟大家谈话。我相信自己的演讲内容,我也希望大家能跟我一样。"有经验的演讲者在演讲时,总是用眼睛热情地注视着听众,而听众也总是将目光凝聚在演讲者的身上,双方的相互注视,维系着听众的注意,传达着演讲者深刻而动人的思想,诚挚而严峻的意念,倾心而热烈的嘱托、期待与号召,以及热情而深沉的关怀、鼓励与呼唤。

当然,眼神要与其他的口语及态势语言相一致。

1. 眼神表达的时间

眼光停留在人脸部的时间若超出了 60％ 的时间长度,意味着对谈话者本人比对谈话内容更感兴趣;若小于 30％,则意味着对谈话内容和谈话者本人均不怎么感兴趣;而眼光停留在人脸部合适的时间为整个时间长度的 30％～60％。

2. 目光的投向

主要包括:

(1)近亲密注视,是指将视线停留在两眼及嘴部之间(三角)。

(2)远亲密注视,是指将视线停留在两眼及腹部之间(长方)。

(3)社交注视,是指将视线停留在双眼与嘴部之间的三角区域,对象为领导、朋友、谈判对象等。当然也要注意各民族的习惯和文化背景,如南欧人常把注视对方看成是冒犯,日本人在谈话时则喜欢注视对方的颈部。

3. 视线的角度

视线的角度能传递出丰富的情感信息,确切表明其态度。如正视,意味着对对方非常重视,或谈严肃的话题;俯视,相当于傲视,多表示高傲、得意或轻视等;斜视,表意丰富,可表示对对方的轻蔑、歧视或反感,也可表示俏皮、活泼或好奇;耷拉眼皮,意味着对某人毫无兴趣甚至厌恶。

4. 视线的长短与软硬的内涵

(1)直视　给人的感觉是眼神长而硬,表示关注或不满。

(2)盯视　给人的感觉是眼神长而硬,表示执著或憎恨。

(3)虚视　给人的感觉是眼神短而软,表示等待或探询。

(4)探视　给人的感觉是眼神长而软,表示爱怜或担心。

(5)闭目　给人的感觉是眼神视线全收,表示悲伤或思念。

5. 控制对方的眼神

有时用图画、实物、手势作辅助,以控制对方的眼神。

6. 眼神表示的态度

应主动自然,不能消极游移;亲切实在,不能故弄玄虚;画龙点睛,不要闪烁不定;恰到好处,不能迟滞、呆板或眼睛眨个不停。这样才能营造一个和谐友好的表达氛围。

7.眼神训练法

(1)前视法　目光一直向前流动,统摄全场。用弧形视线在全场流转,重点可流注在全场中间部位听众脸上。效果:"他在向我演讲。"

(2)环视法　将视线从会场的左右前后来回扫动,不断观察全场,与全体听众保持目光接触,增强双方的感情联系。然而应注意头部有规律摆动,并不易被人察觉。

(3)点视法　其视线有重点地观察个别听众或会场的某个角落,并与之进行目光接触。效果:对专心听讲者可起启发、引导、鼓舞的作用;对未专心听讲者可起批评和制止的作用。

(4)虚视法　指的是似看实未看,这可将注意力集中在演讲上。

(5)闭目法　指的是以短暂的闭目来表示某种特殊感情,如哀悼或对有贡献者的敬意。

(三)面部表情

雨果曾说:"脸上的神气是心灵的反映,脸有它雄辩的声音。"脸部的表情是自然、丰富的,具有极强的表现力,能带给听众极其深刻的印象。紧张、疲劳、喜悦、焦虑、无奈等情绪都无不清晰地写在脸上。这是很难通过本人的意志来加以控制的。演讲的内容即使很精彩,但如果脸部表情总缺乏自信,老是畏畏缩缩,演讲也就很难得到人们的认可。控制脸部表情的方法,首先不可垂头。人一旦垂头就会给人丧气之感,而且若视线不能与听众接触,就难以吸引听众的注意力。另一个方法是说话速度要缓慢,这样可稳定情绪,脸部表情随之也就得以放松,从而影响到全身上下也能够为之泰然自若起来。所以,要使自己的脸部流露出自然真切的表情。

眉毛也能表达人们丰富的情感,如舒展眉毛表示愉快,紧锁着眉头表示遇到了麻烦或表示反对,眉梢上扬表示疑惑、询问;眉尖上耸表示惊讶,竖起眉毛表示生气,眉和眼睛的活动很自然地联系在一起,因此有"眉目传情"的说法。

嘴的表情作用是通过嘴的开合、唇的内收外突及唇角的位置变化来实现的。如口角向下而嘴唇紧闭表示不满或不悦,嘴角平而嘴唇微闭表示平静、安详;嘴唇微开表示悲哀或痛苦,如果嘴唇大张,则表示畏惧、惊恐,如果口角平而嘴唇紧闭,表示坚决、果断,如果嘴唇微闭,则表示平安、谦逊;如果嘴唇微开,则表示注意、期望;双唇闭合撅起嘴表示生气了,紧闭内收表示忍耐,双唇咧开唇角向上表示高兴,唇角向下表示厌恶不满;口大张表示惊愕,目瞪口呆、双唇颤抖说明激愤等。

在脸色中,传递交际信息最复杂的是笑。笑脸上传递的信息往往是令人费解的:一个人喜欢某人某事时,会笑;不喜欢某人某事时,也会笑;一个人心里高兴时,会笑;一个人不高兴时,也会笑。甚至有时一个人根本不该笑时,也可能要笑。同时,与职业工作关系最紧密的也是笑,而且是微笑。"职业的微笑"是不出声音的,但通过面部略带的笑容来传递信息的一种脸色。这种脸色好似和煦的春风,使人感到温暖、亲切和愉快,营造出一种融洽和谐的交际氛围,否则,"人无笑脸莫开店"。而在职业之外的环境,微笑的含义十分丰富:高兴、愉悦、满足、乐意、友好、热情、亲密、欢迎、敬佩、赞同、鼓励、领悟、希望、期盼、请求,甚至还有自谦、内疚、致歉、否定、拒绝。当人们交谈时,微笑而专心地听取对方所说的一言一语,才能使对方情绪自然,畅所欲言,话题丰富。"笑是力量的亲兄弟",笑可以缓解人与人之间的关系,笑能表达出人类征服忧患的能力,笑能增强交谈双方的友谊,达到相互信任、相互理解。所以,微笑被称作是交际的灵魂,是最具魔力的表情。

（四）姿态

姿态是一个人的整体的外观形态,即俗话所说的"站有站相、坐有坐相"的"相"。演讲时的姿势应落落大方。演讲时的姿态会带给听众某种印象,如堂堂正正或者畏畏缩缩。演讲新手经常不知道演讲时身体该怎样动。有些人不停地在讲台上走来走去,担心如果停下来,自己会忘记一些话;有些人则不停地左右换脚站立,肩膀上下耸动,玩弄笔记本,或者把手放进口袋里摸硬币;有些人干脆就像石雕,笔直地站在讲台上,面无表情,自始至终一动不动……这些举止通常都是由于心理紧张而造成的。

演讲时要让身体放松,不要过度紧张。当站起身来准备讲话的时候,应该给人镇定的形象:身体站直,很自信,哪怕内心已经紧张到了极点也要挺直身体。走上讲台后,不要靠在讲台上,也不要急着马上就开始演讲,让自己有时间安定下来。调整一下姿势,摆成自己希望的样子,不出声地站好,等着听众安静下来听演讲。要跟听众建立视觉联系,然后开始演讲。结束演讲后也应该与听众保持视觉接触,这会让最后的演讲内容有时间为听众所理解接受。同时,演讲之前和结束后的动作,是在听众面前改善自我形象的最容易的办法,也是效果最明显的。

姿态的种类:站姿、头姿。

站姿　站得直,立得稳。挺胸收腹,两肩平直,腰部绷直,腿站直,上身与两脚同地面要基本垂直,微向前倾。为了稳定,两脚要分开与两肩同宽,身体的重心要放在两脚上。这样的立姿,可以使演讲者显得精神饱满,坚定自信。

头姿　头要正,颈要直,但要随着感情的变化适当地摆动或抬高或降低,如表现胜利、喜悦、自豪等心情时,可以昂扬起头部;表现悲哀、愤怒时,则应低头。

（五）手势

手势是演讲者用来表达思想感情的手和胳膊的动作及造型。手势往往有着个人的习惯。演讲中如何跟听众交流,手势也就有着自然、自发地表现,并突出演讲的要点。

演讲时如无动作,双手应该自然下垂身体的两侧。假如感觉很紧张,也不妨插在口袋里。许多著名的演讲家发表演讲时,会偶尔把手插在口袋中,如布莱安、罗斯福总统等。

运用手势,效果非凡。凡是看过电影《列宁在一九一八》的朋友,都会清楚地记得列宁当众演讲的雄姿和他那配合有声语言准确、恰当并具有雕塑感的各种手势,其中有这样的一个手势:在他演讲的同时,身体向前倾,头脸微仰,双目眺望远方,右手掌果断有力地推击出去,一瞬间完成的这个手势,让我们看到了一个伟大的革命家的远见卓识和宏伟气概,看到了他那坚定必胜的信念和一往无前的决心,它使多少人感到了激奋,受到了鼓舞,决心沿着他指引的方向勇往直前。正因为这个原因,列宁的整个演讲的雄姿被定格下来,成为永恒的印记刻烙在历史的画卷上,深深地印记在人们的心中。

运用手势时要注意:一要适当适度,二要自然舒展,三要准确简练,四要协调一致。

手势语的种类:

仰手式:掌心向上,拇指张开,其余几指微曲,手部抬高表示欢欣赞美、申请祈求;手部放平表示诚恳地征求听众的意见,取得支持;手部降低表示无可奈何。

覆手式:掌心向下,手指状态同上,这是审慎的提醒手势,演讲者有必要抑制听众的情绪,进而达到控制场面的目的,也可表示否认、反对等。

切手式:即手掌伸直全部展开,手指并拢,像一把斧子飕飕地劈下,表示果断、坚决、快刀斩乱麻。

啄手式:手指并拢呈簸箕形状,指尖向着听众。这种手势具有强烈的针对性、指示性,但也容易形成挑衅性、威胁性,一般是对相识或与演讲者有着某种关系的听众时才使用。

剪手式:是切手式的一种变形,掌心向下,手指同时叉开。这种手势表示强烈的拒绝、毋庸置疑,演讲者也可以用这种手势排除自己话题中涉及的枝节。

伸指式:即指头向上,单伸食指表示专门指某人、某事、某意,或引起听众的注意,单伸拇指表示自豪或称赞,数指并伸表示数量、对比等。

包手式:即五个手指相触,指尖向上,就像一个收紧了开口的钱包。一般强调主题和重要的观点,在遇到具有探讨性的问题时使用。

推手式:即指尖向上、并拢,掌心向外推出。表示力排众议,一往无前的气势,显示坚决和力量。

抚身式:用手抚摩自己身体的一部分,双手自抚表示深思、谦逊、诚恳;以手抚胸表示反躬自问;以手抚头,表示懊恼、回忆等。

握拳式:五指收拢,紧握拳头,表示示威、报复;有时表示激动的感情、坚决的态度、必定要实现的愿望。

演讲者的手势应是内在情感的自然表露,而不应是生硬的做作,做手势是为了帮助表情达意,如果达不到这个目的,就会显得画蛇添足。

四、言谈举止的礼仪训练

在西方有一句话："假如我要成为游刃有余的超级选手,我必然要思考每天社交礼仪的点石成金之术,否则我会在最需要尽情表现自我才华的时候身心疲软。"礼仪在社会生活中不仅是文明的标志,还是处世的根本。礼仪有助于形成积极的心态,养成高度的自制力和高超的领导才能,建立自信心,塑造迷人的个性,培养合作精神,保持身心健康。秘书尤其要注意出入社交公共场合的社交礼仪,其语言举止要得体大方。秘书的一言一行一举一动,不仅影响着同一时空活动的公众,还直接影响着单位的形象。

松下公司董事长松下幸之助原来是一个街头小贩,不拘小节,穿着打扮随便,后来一个理发师批评他说:"你随随便便的样子,别人怎么能相信你的产品很精良呢?"松下幸之助从此就十分注意仪表了。这既塑造了他的企业形象,又体现了他的礼仪教养。后来他成为"经营之神"、"管理之神"。

(一)仪态

在礼仪中,仪态是很重要的一环,人们常常凭借一个人的仪态来判断其品格、学识及道德修养的程度。仪态是礼仪的体现,风度优雅、举止得体的人在任何场合,都会得到人们的欢迎和爱戴。

在仪态中,要求自然舒展,充满生气,端庄稳重,和蔼可亲。对于秘书而言,更是应使自己的神态容貌神采奕奕,态度行为热情大方、从容稳健,言谈举止得体出色,展现出自己充沛的精力和活力。

具体的,可从坐姿、站姿、走姿三方面来体现仪态:

坐姿:与人交谈时,要"坐有坐相"。上身要挺直,有时要微坐表示谦恭,身体微向前倾表示洗耳恭听;双手放在沙发扶手或两膝上。半躺半坐、摇腿、跷脚都会给人放肆、懒散之感,令人生厌。尤其作为女士,入座时应用手把裙子向前拢一下,坐下后上身保持挺直,头部端正,目光平视前方或交谈对象。坐下的时候,背部贴在椅背上,如果坐的是很深的沙发,则需要尽量往里坐,但以腿能安定为准,双膝应并拢。

站姿:人体站相美是举止的重要组成部分。社交场合,身体不要歪在一边,不要坐在桌子边或坐在椅背上,更不能一只脚踏在椅子上。优雅的站姿是头摆正,身挺直,双手自然下垂,挺胸收腹。与人交谈时,男秘书不要双手插在裤袋里,也不要双手交叉抱在胸前,这容易给人傲慢的印象。女秘书则尤其要注意站得端正、稳重、自然、亲切,上身正直,头正目平,面带微笑,两脚靠拢,脚呈 Y 形;如果站立过久,可将左或右脚交替后撤一步,但上身仍须挺直,伸出的脚不可伸得太远,双脚距离不可过大,变化也不能过于频繁。

站立时,全身不够端正,双脚又长又大或双脚随便乱动、无精打采、自由傲慢的姿势都会被看做不雅或失礼。站着等人的时候,还要注意被等的人可能来的方向,如果你不注意地东张西望,被等的人走到面前才如梦初醒似的吓一跳,那是不礼貌的。

走姿:走的姿势千姿百态,敏捷、矫健、灵活、轻松,给人留下好印象。行走的时候,要挺胸、抬头、收腹,脚要直,步伐不要太大,如拿着手提袋则也不要随便晃悠,捡拾东西时无论是穿裙子还是长裤,不可仅把腰弯下,而把臀部翘得很高,而应该把两膝并拢再蹲下,才会显得文雅得体。

(二)风度的修养

风度是个人内在的气质、修养,通过其言谈、举止、神情、姿态、服饰、兴趣爱好等的外化。风度美是体现了个人的理想化的人格境界。

◎ 能力训练

1.训练眼神,表达下面的这些感情:高兴、伤心、愉快、愤怒、郁闷等。

2.试分析,在社交场所,有两位漂亮的秘书小姐,一位双手交叉在胸前,坐在沙发上,左腿跷在右腿上,面无表情地看着前方;另一位只坐在沙发的前半边,双手衬在身体的两侧,脚尖点地,面带微笑,眼睛里充满着快乐的神色。请问,一般的是哪位最先有人来搭讪?为什么?

3.小李要替经理去机场接一位外国来的朋友,作为女秘书,是着套装还是套头毛衣加迷你裙呢?为什么?

4.叙述一段生活中的趣事,叙述人称可以是"我",也可以是"他"、"她",但是要突出"趣"。

要求:时间为2～3分钟;

过程的设计:上台—站稳—行礼—演讲—结束行礼—稳步下台—回到座位。

注意登台时站立的姿态,并设计手势语进行表现。

◎ 知识拓展

1.手的语言

在动作语言中,手的动作是传情达意最有力的手段。手的词汇十分丰富:

◆ 双手紧绞在一起,表示精神紧张;

◆ 双手指尖相合,是充满自信;

◆ 手指敲打桌面,或用笔在纸上涂画,表示不耐烦、无兴趣;

◆ 擦手,有所期待,跃跃欲试;

◆ 摊开双手,是真诚坦率;

◆ 握拳,表示决心、决定、不满或愤怒;

◆ 用手指头,表明厌倦;

◆ 以手掩嘴,表示吃惊或不愿意旁人听见;

◆ 手插入口袋,表示不信任;

◆ 捏弄手指,心中紧张,缺乏自信;

◆ 脱下帽子,将头发往后一按,急于事情成功;

◆ 不自觉地用手摸脸、鼻子等,撒谎的反映;

◆ 抚摩下巴,说明老练、理智;

◆ 突然用手掐灭将吸完的烟,是下定决心;

◆ 拿着烟不动,让烟白白烧着,表明在紧张思考问题。

2. 不雅的"站相"

◆ 两脚并拢,昂首挺胸,很有精神,却显呆板,不能给人自然美;

◆ 两脚叉开,不能给人谦虚的感觉;

◆ 呈"稍息"姿态,一只脚还不停地抖动,给人不严肃、不稳重的印象。

◆ 摆弄衣角、纽扣,低头不面向听众,给人胆怯之感。

◆ 耸肩或不停地晃动身体,扭腰,将手插入口袋,给人懒散的感觉。

◆ 摸鼻子,擦眼睛,用手拢头发,给人不端庄、不清洁的印象。

◎ **相关链接**

握手的礼仪

◆ 标准的握手:其姿势应该是用手指稍稍用力,握住对方的手掌,对方也应用手指稍稍用力回握对方,时间约 1～2 秒;如果有异,便有了除问候与礼貌外的附加意义。

◆ 握手太轻,是冷淡、不热情。

◆ 用力较重,说明热情、诚恳。

◆ 握手时拇指弯向下方,表明不愿让对方完全握住自己的手,是对对方的藐视。

◆ 用两只手握住对方的一只手,并且左右摇动,是热情、欢迎、感激的体现。

◆ 一接触对方的手旋即放开,是冷淡和不愿合作。

握手时,主动者一般为:男女握手,看女士是否有意愿,男子不得先伸出手,一般男子只要握一下女士的手指部分即可,男子要摘下帽子、脱下手套;主客间主人先伸出手;上下级之间,上级应先伸出手。

项目四　会说——各类实用口语表达训练

任务一　演讲口才训练

◎ 学习目标

通过本项目训练,使学生了解演讲的重要性,掌握演讲的要旨、方法和技巧,使自己在演讲知识的学习和训练中提升自己的精神境界,积极投身到宣传真理的行列中。

知识目标

● 了解演讲的社会意义,掌握演讲的要旨、方法,提升精神境界。

能力目标

● 具体掌握演讲的要旨、方法及技巧。并善于用一些辅助的手段增强演讲的效果。切实掌握赛场命题演讲和即兴演讲。

◎ 参考课时

4 学时

◎ 导入案例

公元前 2080 年左右,一位法老对即将继承王位的儿子麦雷卡语重心长地说:"当一个雄辩的演讲家,你才能成为一个坚强的人……舌头就是一把利剑……演讲比打仗更有威力。"

真诚的演讲最能感动人,有一种发人深省的感人力量。

美国著名的将军麦克阿瑟在两次世界大战中均建立了赫赫战功,受到全美国人民的爱戴。1962 年,他被授予美国军事学院最高荣誉——西尔韦纳斯·塞耶荣誉勋章。授勋仪式是在他的母校——著名的美国西点军校举行的。麦克阿瑟当时发表了一篇著名的演讲,他演讲的题目是《责任—荣誉—国家》,对于这样一个重大的主题,这位伟大的将军是这样开篇的:

"今天早晨,我走出旅馆的时候,看门人问道:'将军,你上哪儿去?'一听说我到西点时,他说:'那是个好地方,您从前去过吗?'

这样的荣誉是没有人不深受感动的。长期以来,我从事这个职业;我又如此热爱这个民族,这样的荣誉简直使我无法表达我的感情……"

　　演讲的开头如此平易近人,拉家常一般,全然没有许多煽情演讲的那种做作和模式化。由早晨与看门人的一段对话,又自然地讲到了荣誉感,讲到了对国家、对人民的责任……但这场演讲就是深深地打动了所有的听众。

　　最奇特的是丘吉尔在他生命中的最后一次演讲。这是在一所大学的结业典礼上。演讲的全程大约持续了二十分钟,但全程他只讲了两句话,而且都是相同的:坚持到底,永不放弃!

　　这场演讲成为演讲史上的经典之作,并非丘吉尔的故弄玄虚,台下的听众都被他一向以来的人格魅力所感染、被他一直以来的生命之音所震撼,丘吉尔用他一生的成功经验告诉人们:成功根本没有什么秘诀,如果要有的话,就只有两个,第一个就是坚持到底,永不放弃;第二个就是当你想放弃的时候,请回过头来照着第一个秘诀去做:坚持到底,永不放弃! 这样简短的演讲居然达到了这样为人所称赞的境界,完全是因为这样的演讲是真正达到了天人合一的境界,演讲口为心声,才能达到真正震撼人的效果,这也是演讲的至高境界。

◎ 理论知识

　　口才在现实社会中具有强大的作用,而演讲更是首当其冲,为时代发言,为真理发言,为人间的正义树立旗帜。古今中外,演讲在注解着历史,在影响着历史。被称为"仅次于上帝的演讲家"林肯,更是以他的演讲把他的事业推到巅峰。"世纪演讲家"丘吉尔第二次世界大战时的一篇演讲,使在场的几千名听众激动不已,并通过广播使几百万人入迷,对激励广大的国民与法西斯血战起到了不可估量的作用。人类历史上许多著名演讲家,他们演讲时的神采飞扬、纵横捭阖,让语言发挥了极大的作用,让演讲与雄辩成就了他们的事业,并为人类留下了一笔极其可贵的财富,是后来者取之不尽的资源。大师们的演讲往往异彩纷呈、精妙绝伦,让后来者望洋兴叹,有一种高山仰止、可望而不可即的感觉。

　　在 2008 年美国总统大选中,民主党候选人奥巴马一举击败共和党候选人麦凯恩,成为美国历史上第 56 届总统,也是美国历史上第一位黑人总统。奥巴马精于演讲,只要他在台上振臂一呼,台下往往听众云集,演讲现场,许多民众忘情地跟着他高喊口号,甚至有的人会因为兴奋过度而昏倒。可以说,奥巴马之所以能够竞选获胜,很大程度上得益于他非凡的演讲能力。

　　上海、北京、青岛等地举办的"演讲口才训练讲座"很火爆,尤其是 30 岁左右的年轻人更是热衷。可以说,培养演讲口才能力已成为个人好前程的敲门砖。

　　在竞争激烈的社会,若有会演讲的口才就能增加很多成功的机会,或许这就是很多人士热衷参加演讲口才训练的原因所在。

　　许多的专家、学者都有这样的说法:演讲是人生获取成功的最佳途径之一。演讲是一个人思想及各种才华技艺的集中体现,是一个人综合素质的展示。通过演讲训练,能提高口头表达能力,并随之提高其全面分析问题和解决问题的能力。尤其在竞争激烈的当今社会,演讲对个人的成长和成材是十分有利的。这样的一种社会实践活动,有着不可估量的现实作用。

一、演讲的含义及作用

演讲是演讲者在特定的时空环境中,借助有声语言和无声语言等艺术表达手段,借助个人的主体形象,针对现实社会的某些问题,或围绕某个中心,面向广大听众发表意见、抒发情感、阐明道理,从而影响和感召听众的一种现实的社会语言实践和信息交流活动。

因此,这种社会活动因其强烈而广泛的社会作用,无论是演讲者还是听众,在演讲活动中都能从中得到教益,受到启发。具体的,它有着以下几方面的作用。

(一)促使自己迅速成材

演讲家并不是天生的,而是后天实践造就的,是经过艰苦的多方面的努力才成功的。当我们看到演讲家在讲台上口若悬河、滔滔不绝地讲述的时候,我们自然会对他那悦耳的声音、和谐的语调及优美的态势语言等由衷地发出赞叹,这是讲台上的功夫,而比这更重要的演讲工夫,那就是他必须具备站在时代前沿的精深的思想、渊博的学识和丰富的阅历。当然,作为一个演讲家,他还必须具备敏锐的观察力、丰富的想象力、准确的判断力、敏捷的思维能力、迅速的应变力及较强的记忆力,这更需要艰苦的磨炼。可以说,是多方面的刻苦学习与磨炼造就了一个演讲家。所以,演讲对于促进人的成材有着极大的作用。

(二)激励自己多作贡献

一个人的思想精深,学识渊博,但却说不出,未免令人遗憾。著名作家茅盾、数学家陈景润分别在文学和数学领域都有卓越的贡献,但口头表达能力较差,在一定程度上影响了他们的影响力,而鲁迅、闻一多先生不仅能写,也能说,他们就是充分运用演讲这一迅速直接的传播工具来宣传真理、揭露邪恶的。

(三)融洽人际关系

演讲者经过长期的训练和实践,不仅在演讲台上可以表现出他们文雅举止,他们丰富的知识、敏捷的应对、良好的修养都很容易冲破种种人际关系的障碍,比一般人更能迅速、有效地与人交往和沟通。同时,演讲家通过演讲活动可以广泛地接触各阶层、各地区的人士,扩大自己的交际面。

(四)发挥良好的教育和审美作用

成功演讲传递着大量有益的信息,传递着美感,包括人格美、情感美、哲理美、意境美、形式美、语言美、仪态美等,使听众在对事物的美丑直接感知中受到熏陶感染,在精神愉悦的前提下将有益的信息内化为自己的一种行动。演讲对广大民众尤其对青年一代进行前途、理想、道德、纪律的教育是一种很好的形式。如李燕杰的《塑造美的心灵》的演讲,曲啸的《心底无私天地宽》的演讲,对于陶冶广大青年的情操,塑造美好的心灵,树立远大理想,起到了积极的教育作用。

（五）激励人们进取

演讲能在人的心理活动中调动和保持人的积极性,演讲者通过对人的动机的心理诱导与激发,引起共鸣,从而唤起人们对工作、学习和事业的高度责任感,激发人们的主动性、积极性和创造性。

二、演讲者必备的四种能力

戴尔·卡耐基说过:"只要遵循正确的方法,作周全的准备,任何人都能成为出色的演说家。"

（一）敏锐的观察力

准备演讲时,有了敏锐的观察力,就能从生活中获取大量的素材,来反映生活本质和社会主流;在演讲中,有了敏锐的观察力,就可以通过观察听众的表情,掌握听众心理及现场的气氛变化,及时调整演讲;在演讲后,有了敏锐的观察力,就可以从周围的反应中,综合分析自己演讲的成败得失,使自己的演讲日臻成熟。

（二）丰富的想象力

在演讲中,想象力就如同"点金术",有了它,就可以"思接千载,视通万里"。想象能使演讲的内容充实、新颖而多彩,能将各种各样的事物与演讲主题巧妙地组合起来,增强演讲的深度、广度和感染力。

（三）较强的记忆力

演讲者在演讲前的准备阶段博览群书,吸取丰富的知识,掌握了大量材料和信息。在编写演讲稿时,需凭较强的记忆力,迅速、准确地将演讲稿的主要材料、观点、事例等牢记在心,演讲时才能做到口若悬河、滔滔不绝。

（四）良好的表达力

演讲如果离开了口语表达能力是不可思议的。演讲的语言承载着演讲者的思想和信息,语言的美与否,直接影响到演讲的效果。由于演讲是一种特殊形式的传播手段,它主要依赖有声语言的表达来诉诸听众的听觉,因此它不同于一般的书面语或口语,它是经过艺术加工后的特殊的语言形式,要求准确简洁、明白晓畅、形象生动,同时还应高雅通俗。如林肯的《葛底斯堡演讲》,通篇仅有十个句子,但他所要表达的思想、情感却是清晰完整,并极具震撼力。

三、成功演讲的要素

（一）成功演讲的基本注意事项

有个哲学博士和一个海军退役的小伙子同时演讲,博士是某大学的教授,而小伙子是退役士兵,开了家小货运公司。但演讲的结果是,小伙子的演讲获得了成功,他的话比大学教授要受欢迎得多。为什么听众被普通的小伙子的演讲说服而知识渊博的哲学博士却并不受欢迎呢? 教授说的是非常漂亮的英语,他有教养、懂分寸,说话永远是清楚而合理,但独独缺少了一件要素——具体。他的话总是泛泛而论,不曾举过任何例证,也从不涉及任何个人的经验。他只是说些抽象的意念,用逻辑把它们组合在一起罢了。而那个货运公司的小老板,讲的话却明确、具体,栩栩如生,他谈的都是平常切身的事,他告诉我们一个重点,然后用他在生意上碰到的事情来说明。他会形象地形容他接触的人、头痛的事,他的用语新鲜有力,听起来很有意思,而且确实使人获益匪浅。

一般的,听众主要会被三个原因说服:感觉到演讲人有很高的可信度(能力、性格);被演讲人的证据所说服(具体的、全新的证据,客观可靠的资料,特殊的事例);相信演讲人的推理(因果推理、类比推理)。因此,成功演讲要有三项基本要素:一是充满自信的心理素质;二是诚挚真实的情感;三是运用自如的演讲技巧。

使自己的演讲更具吸引力,应注意做到:

第一,限制你演讲的主题。不能离题,也不能重点太多,否则容易使听众不知所云,并难以抓住你演讲的重点。如少于5分钟的演讲,其重点最好控制在一、两个;而半小时长的演讲,重点也只能控制在四、五个左右。

第二,充分准备,有备无患。在准备演讲稿时,限制了主题之后,下一步就要深入了解主题,培养自己谈这方面问题的权威感,要学会试着询问自己并准备相关的材料:我为什么不相信它?我在真实生活中看见具体例证了吗?我到底想要证明什么?它是怎么发生的?

思考上述问题的目的是,让自己在对事实有进一步的了解后,说的话才会有分量,别人才会注意听。

第三,用举例来说明使演讲生动:人性化,有人情味;人格化,尽量使用名字;明确化,细节不可疏忽;具体化,真实感人;戏剧化,善于利用对话;具象化,增强演讲的说服力和生动性。

第四,懂得如何应变与控制场面。控制感情,掌握分寸;从容答题,妙语解脱;巧妙穿插,活跃气氛;将错就错,灵活处理。尤其在说错话或忘词时,一要忌搔头挠耳,二要忌冷场过久。在演说中冷场15秒以上,听众群中就会有零星的笑声;冷场30秒以上,就有少数听众的笑声;再长一点,听众就会不耐烦。

演说过程中,如果是遗漏了个别字句的小错误,只要是无伤大雅的,还是不予更改的为好。如果是讲了一段之后突然忘了下一段该说什么,那该怎么办呢?一是可以换掉话题,用上段结尾中的句子来发挥;二是向听众提出问题;三是如果实在是大脑一片空白,就应该临时编一段较为完整的结束语,有礼貌地结束。

第五,一定要使自己的演讲简洁。如林肯的《葛底斯堡演讲词》,仅有10句话,从上台到下台不过两分钟,可结束后掌声却延续了10分钟。当时很快就有报纸评价说:"这篇短小精悍的演说是无价之宝,感情深厚,思想集中,措辞精练,字字句句都很朴实、优雅,行文毫无瑕疵,完全出乎人们的意料。"还有美国前总统尼克松的《人类历史上最珍贵的一刻》(当时是1969年7月16日,美国"阿波罗11号"宇宙飞船发射成功,7月21日乘坐该飞船的两名宇航员在月球首次登陆,尼克松的这篇演讲,就是通过电视发表的),也是他诸多演讲中颇具特色的一篇:"因为你们的成就,使天空也变成人类世界的一部分。而且当你们从宁静海对我们说话,我们感到要更加倍努力,使地球上也获得和平和宁静。在人类历史上这个最珍贵的一刻,全世界的人都已融合为一体,他们对你们的成就感到骄傲,他们也与我们共同祈祷,祈望你们平安返回地球。"

第六,演讲还要通俗易懂,即指语言要用通俗的说法,并尊重多数人的语言习惯,使其规范化。清晰的语言是保证信息传输的根本条件,也是演讲的首要特征。概念要准确,表意要清晰,才能真实地反映出现实的面貌和思想的实际。这样才能为听众所接受,从而达到宣传、教育、规劝、影响听众的目的。

(二)成功演讲家必须具备的性格

亲和。这是吸引听众的具有魔力般的因素,让人愿意接近你,并被你的内容所感染、所鼓动,这也是演讲者人格魅力之所在。

愉快。要使听你演讲的人感到愉快,这样他才会愿意继续倾听下去,因为听你讲话是一种快乐,甚至是一种享受。

诚恳、可靠与关怀。美国强生公司曾发生泰诺胶囊下毒事件。事件发生后,强生公司总裁柏克出现在电视上,向公司股东和全国民众保证他们对强生的投资和自己的生命安全可以放心。他一派领袖气度,结果在他担任总裁的九年内,强生的赢利增长三倍。他看来非常诚恳,值得信赖,同时流露出另一种重要特征——关怀他人。

深入人心。诺贝尔文学奖的一位得主威塞尔是一位非常善于心灵沟通的诚恳的演说家。他的演说深入人心,而且使人颇为着迷。

热忱。为什么商厦里化妆品柜台往往生意最好,主要就是因为那些专柜小姐不仅漂亮,而且她们对自己的产品深具信心,对顾客极为热忱。

权威。权威意味着"我知道我对这一切都非常了解",并且告诉听众:"我能分担你的重担。"这能给听众充分的信任感。

四、演讲的技巧

(一)塑造一个良好的演讲形象

英国的政治家及名作家摩尔利爵士在谈到演讲时说:"就一场演讲来讲,最重要的三大要素:是谁发表这场演讲,他如何进行这场演讲以及他讲了什么。在这三大要素中,排在最后面的,重要性反而最低。"演讲者的形象是演讲者思想道德、情操学识及个性的外在体现,是演讲者的仪表、举止、礼貌、表情、谈吐的综合反映。演讲者一上场,就会把自己的形象诉诸听众的视觉,直接影响听众的评价和审美。所以,演讲者希望自己得到听众的认同,应该特别注意自己的一举一动,给人以完美的印象。演讲中若希望将自己的个性和风格发挥到极致,就必须先得有一个良好的状态。一位显出疲态的演讲者在讲台上是没有吸引力的。

1.走进会场

一般的演讲会场,走进时要面带微笑,不论听众是否在注意你;如果是重要的演讲者或被请的,往往是由大会主持者陪同,则更要雍容大度,谦和诚挚,用目光语和微笑与听众交流,步履稳健地走向安排好的座位。

2.就座前后

演讲者如需提前上台就座,演讲者将和大会主席或陪同人员一起走到座位前,演讲者应先以尊敬的态度主动请对方入座,对方也会礼貌地恳请演讲者入座,这时方可坐下。坐下后不要前探后望,也不要和台上台下的熟人打招呼。

3.介绍之后

主持人或大会主席介绍之后,演讲者应自然起立,并向主席点头致意,并要由衷地从面部、眼神表示出谦虚之意和感激之情。

4.登上讲台

演讲者向主席点头致谢后,稳健地走到台前,自然地面对听众站好,端庄大方,举止从容,精神饱满,也可面露微笑,尤其是女性演讲者。

5.演讲开始

演讲开始前,先以友好、诚恳、恭敬的态度向听众敬个礼,以表示对听众的致意。然后不要急于开口,暂停几秒钟,以亲切、尊敬的眼光遍视一下听众,表示光顾和招呼的意思,这能起到组织听众、安定听众情绪的作用。同时深吸一口气,平静一下自己的心情,以免心率过速。

6.站姿

若会场没有演讲台,演讲者一般以站在前台中间为合适,这可以统观全场,最大限度地注意到周围听众的情绪,使处在不同位置的听众都能从各自的角度看到演讲者的表演。另外,站位也要考虑光线,要让光线照到脸上,使听众看到演讲者的真实表情,但必须合适,不能刺激演讲者,使他看不到听众。

站姿没有固定的模式,但较好的有两种:一是前进站法,即一脚在前,一脚在后,两足呈 45°角,身躯微向前倾,给人一种振奋、向上的感觉。二是自然式站法,即两足平行,距离与肩等宽,给人一种注意力集中、精神抖擞的印象。

7.走下讲台

演讲完毕,应说句"谢谢大家,再见",接着向听众敬礼致意,向大会主席致意,然后走回原座,坐下后,如果大会主席和听众以掌声向演讲者表示感谢,则应立即起立,面向听众致礼,以表示回谢。

8.走出会场

大会主席陪同演讲者往外走的时候,听众常常出于礼节鼓掌欢送,这时演讲者更应谦虚,用鼓掌或招手表示答谢,直到走出会场。

（二）谋划好演讲的角度和侧重点

演讲稿是演讲时所依据的讲话文稿，是对演讲内容和形式的规范和提示，它体现着演讲的目的和手段。

严格地讲，演讲是演讲者与听众、听众与听众的三角信息交流，演讲者不仅以传达自己的思想、情绪和情感为满足，还必须能控制住自己与听众、听众与听众情绪与交流。所以，为演讲准备的稿子就必须具备以下三个特点。

1.针对性

作者应提出听众所关注的问题，根据演讲的不同对象、不同场合，设计不同的演讲内容。最有效的方法是从现场找感觉运思行文，运用精心锤炼的生活化的口语，通俗晓畅，进行适合现场的表达。同时要适合于现场听众的鉴赏水平，说出他们乐于倾听的话。善于调控，围绕演讲的目的和内容，在开头、过渡、展开、收束等各个环节上有意识地运用调控技巧，适当设置能触发听众想象、情感、意志、经验等的兴奋点，如在行文上，设置悬念以引人入胜，运用蓄势的手法导向情绪的共鸣点，形成一个个激荡人心的漩涡，还可以点缀一些精妙的小夜曲，以调节心理，活跃气氛，化隔阂为亲密，化挑剔为欣赏。张弛有致、擒纵自如地驾驭现场，调控听众，引领听众的参与。

2.可讲性

演讲的本质在于"讲"，而不在于"演"，它以"讲"为主，以"演"为辅。可讲性是作为前提条件的。

3.鼓动性

演讲是一门艺术，好的演讲有一种激发听众情绪、赢得好感的鼓动性。要做到这一点，首先要依靠演讲稿思想内容的丰富、深刻。一篇见解精辟、有独到之处、能发人深省、语言表达形象生动、富有感染力的演讲稿是演讲成功的前提。

（三）确定好演讲的类别

1.能使人有所知的演讲

目的是传达信息、阐明事理，使人知道、明白。如语言学家王力的演讲《诗词的基础》，讲了作诗前的准备、文章的体裁、构思、选材等，使听众明白做诗的基本知识。

特点：知识性强，语言准确。

2.能使人有所信的演讲

目的使人信赖、相信。如恽代英的《怎样才是好人》，不仅告知人们哪些人不是好人，也提出了三条衡量好人的标准，通过一系列的道理论述，改变了人们以往的旧观念。

特点：观点独到、正确，论据翔实、确凿，论证合理、严密。

3.能使人有所激的演讲

意在使听众激动起来,在思想感情上易产生共鸣。如美国黑人领袖马丁·路德·金的《在林肯纪念堂前的演说· 我有一个梦》,用他一连串的"梦想"激发了广大黑人听众的自尊、自强,激励他们为"生而平等"而奋斗。

4.能使人有所乐的演讲

目的是活跃气氛、调节情绪,使人快乐,多以幽默、笑话或调侃为内容,借题发挥,一般常出现在喜庆场合。一般语言诙谐,内容幽默。

(四)谋划演讲的篇章结构

1.选择好话题

这是成功演讲的第一步,即解决"讲什么"的问题。

生命对于人们的启示是人们所关注的话题。人人都会关注生命,关注自我,因此当你去诉说生命对你的启示时,他人自然会成为你的忠实听众。谈自己熟悉的事情。从自己的生活里程中寻找富有生命启示的题目。如早年成长的历程,早期坚苦卓绝的奋斗,自己的嗜好和娱乐,不同寻常的经历,特殊的知识领域,信仰与信念。

选择自己热切想要倾诉的演讲话题。因为这是经过自己深思或深切关注的内容,因而演讲时他就能全身心地投入,而且在这样的热情支持下进行的演讲,一定能获得几乎所有听众的拥戴。如卡耐基就曾碰到过这样的一个推销员在演讲:他坚信山胡桃木有一种神奇的力量,山胡桃木的灰烬能在新犁过的土地里长出兰草。而兰草的种子价格不菲。而当时所有在场的听众在他热情的演讲感染下,一个个地动摇了他们原先的信仰,怀疑起自己原有的常识和观点了。所以,演讲者首先一定要点燃起对自己所演讲话题的狂热,才能调动起人们的兴趣。历来的演讲和雄辩,其最大的吸引力皆出于一个人坚定的信念和真切的感觉。就有这样的两个演讲者,一个是一位律师,得天独厚,仪表出众,说话流畅可嘉,但是在他演讲结束后听众都说:"好个精明的家伙。"他给人感觉是虚浮。在他满口耀眼漂亮的词句之后,似乎没有一点真情实感。而另一个是保险公司的推销员,个子很小,外表毫不起眼,还不时停下来思索着要说什么字句,可是当他说起话来时,没有一个听众怀疑他不是字字出于真心的。又如林肯的演讲,真诚深挚,万古长在。若就法律知识而言,有多少人超过他,而且他缺乏优雅、顺畅和情致,但是他在盖茨堡、古柏联盟及华盛顿国会山的演讲,却是历史上无人能超越的。

对选择的话题充满热忱。唯有对自己所选题目是真心所感、真心所想时,诚意才会完全显露。

略略超越听众理解范围。要让听众在听完你的演讲后,都可以从中吸取有益的东西,而每次所得,就意味着心智发展又向前跨出了一步,同时也能慢慢地领悟出其他有待深入了解的事物,使其在你的召唤下有所提高。

2.拟订强有力的标题

好的标题一要能概括反映内容,二要鲜明、响亮,三要含蓄蕴藉。因此,标题的写作要求是:揭示主题,提出问题;划定范围;有积极性;有适应性;有感情色彩;要生动。

标题写作应避免:冗长,这不仅不醒目,也不易记;深奥、晦涩费解;宽泛、不着边际。

3.明确演讲主题

主题是演讲的灵魂,它决定演讲的思想性,制约材料的取舍和组织。演讲的主题应该是演讲者对客观事物的由浅入深、由表及里、由感性认识到理性认识的结果。所以,主题应做到:集中、鲜明、正确、新颖、深刻。

主题要集中,是指一篇演讲只能有一个主题。演讲者必须围绕这个主题展开阐述,否则中心不明。德国著名的演讲家海茵兹·雷曼说:"在一次演讲中,宁可牢牢地敲进一个钉子,也不要松松地按上几十个一拔即出的图钉。"

主题要鲜明,是指主题要贯穿于全篇,能够给听众留下深刻的印象,引起强烈的反响。

主题要正确,是指其观点见解具有积极意义,能使听众受到教益,取得良好的社会效应。

主题要新颖,是指见解独特,对听众具有吸引力,能激起听众的兴趣和注意。

主题要深刻,是指提出的主张和见解能揭示事物的本质,能使听众受到启迪,从感性认识提高到理性认识。

一般的,应选择现实生活中人们急需回答和解决的问题;选择自己有真知灼见的主题;选择正确的并能反映事物本质和规律,能推动人类社会发展、人类进步的主题;选择新颖的尤其是站在时代前列、有创新精神的主题。

4.认真筛选材料

演讲中应尽可能地选用生活中新鲜的事实材料。

选择材料的原则:主题原则,以主题为依据,选取能充分、恰当地展现主题的材料;典型原则,选取具有典型的材料;真实原则,选取真实、可靠、具体的事实材料;趣味原则,选取新鲜、有趣的材料;合身原则,选取符合演讲者身份的材料。

5.谋划好篇章结构

要讲究结构的逻辑。

(1)称呼

尊称＋问候,如"朋友们:大家好!"

(2)开场白

可开篇入题,或借题发挥,或提问设问,或引用比兴等。常用的是设问法和情境法。

　　复旦大学曾举办过《青年与祖国》的演讲比赛。当时由于种种原因，会场嘈杂难静。这时有位同学上台了。他刚讲了开头，就立即扭转了混乱的局面，紧紧抓住了听众的心。他说："我想提个问题。"台下的听众立即被他这种新奇的开头形式所吸引，他停顿了一下，继续说："谁能用一个字来概括青年和祖国的关系呢？"这时，台下听众议论纷纷，情绪活跃，他立即引导说："可以用'根'来概括这种关系。"接着，他讲述了上海男人名字喜欢用"根"字的原因，并归纳说："我们青年有一个共同的姓，就是'中华'；有一个共同的名，就是'根'。'中华根'应该是中国青年最自豪、最光荣的名字！"话音刚落，全场顿时掌声雷动，这样的提问开头，新颖别致，出人意料，让人耳目一新，激起了听众浓厚的兴趣。

　　好的开头是成功的一半。演讲是一种临场发挥的艺术，也是一种需要和观众互动的艺术。这就是说演讲需要富有吸引力才能完善和成功。

　　巧设开头，石破天惊。如可先给人紧张怀疑；或报导惊人的事实；或用实物刺激听众注意。

　　自嘲开路，幽默搭桥。如胡适一次演讲的开头："我今天不是来向诸君作报告的，我是来'胡说'的，因为我姓胡。"话音刚落，听众大笑。这样自我解嘲的方式，以诙谐幽默的自我介绍开场，缩短了与听众的距离，活跃了气氛。

　　即景生题，巧妙过渡。一上台就正正经经地演讲，会给人生硬突兀的感觉，让听众难以接受。不妨以眼前的人、事、景为话题，引申开去，把听众不知不觉地引入到演讲之中，可以谈会场的布置，谈当时的天气，谈此时的心情，谈某个与会者的形象等。但这不是故意绕圈子，东拉西扯。

　　讲述故事，顺水推舟。用形象的语言讲述一个故事作为开场白，可以引起听众的莫大兴趣。选择故事要遵循这样几个原则：要短小；要有意味，促人深思；要与演讲的内容有关。

　　制造悬念，激发兴趣。人们都有好奇的天性，一旦有了疑虑，非得探个究竟，为了激发听众的强烈兴趣，可以使用悬念手法。在开场白中制造悬念，往往会收到奇效。制造悬念不是故弄玄虚，既不能悬而不解，在适当的时候应解开悬念，使听众的好奇心得到满足，而且也使前后内容互相照应，结构浑然一体。有位老师举办讲座，开始时会场秩序比较混乱，学生对讲座不感兴趣，老师转身在黑板上写了一首诗："月黑雁飞高，单于夜遁逃。欲将轻骑逐，大雪满弓刀。"写完后他说："这是一首有名的唐诗，广为流传，并被选入中学课本。大家都说这首诗写得好，我却认为它有点问题。问题在哪里呢？等会儿我们再谈。今天，我要讲的题目是《读书与质疑》。"

　　学生的胃口被吊起来了。全场鸦雀无声。演讲即将结束的时候，老师说了："这首诗的问题在哪里呢？不合常理。既是月黑之夜，怎么看得见雁飞？既是严寒季节，北方哪能有大雁！……"

（3）主体

这是演讲的关键部分，核心所在。应做到条理清晰明白，并在每一个层次前或后都有语言标志，注意在高潮到来时运用排比和点明主题的态势语言等。真正成功的演讲家，从来不考虑用什么铿锵有力的语言或精致的词句，他更清楚的是要给听众留下怎样鲜明的印象。因此，必须使演讲的内容合情合理地推进，一直到得出正确的结论。

（4）结束语

演讲的结束语是演讲中最具战略性的一部分。当演讲者结束演讲后，他最后所说的几句话，将仍在听众的耳边回响，这些话将在听众的心目中保持最长的记忆。真正成功的演讲家，非常重视结束语给人留下深刻的印象。

演讲大师李燕杰在《国家、民族与正气》的演讲结尾是：

青年朋友们，爱我们的国家吧……最后，用几句名人名言作为结束语：

谁不属于自己的祖国，他就不属于人类！

爱国主义的力量多么伟大呀！在它面前，人的爱生之念，畏苦之情，算得了什么呢？

我无论做什么，始终在想着，只要我的精力允许我的话，我就要首先为我的祖国服务。

真正的爱国主义不应表现在漂亮的话上，而应表现在为祖国谋福利、为人民谋福利的行动上。

这段报告最后采用名人名言结尾，恳切热情，紧扣演讲题旨，升华主题，字字句句掷地有声。

在演讲中，最能显示出演讲者是一个缺乏经验的新手，还是一名演讲专家，还是一个笨拙的演讲者，还是一个极有技巧的演讲者的，就是对演讲开头和结尾的把握。一些很有名的演讲家，语言能力极好，但总是把演讲的结束语全部背下来，其目的就是要更好地进行演讲。

结束语的设计：一可概括要点，揭示主题；二可抒发感情，激励人心；三可展望未来，鼓舞斗志；四可饱含哲理，发人深省。

（五）演讲语言

演讲的语言是一种最高境界、最完善和最富有审美价值的口语表达形式，除了具有一般的书面语和口语表达的特点外，它还具有自己独特的语言表达规律。

1. 准确性

演讲语言，应对内容表达准确。使用普通话，语音清亮悦耳，圆润甜美，发言准确清楚，吐字清晰，语速快慢适宜，节奏富于变化，流畅自然。思想明确，语词丰富，富有感情色彩和恰到好处的表达。

2.简洁性

用最少的字句准确地表达思想和感情。演讲前一定要对演讲的内容认真思考,明确中心,锤炼语词,精益求精。

3.通俗性

口语化、个性化、形象化,并有幽默感。

4.声音美

声音的音质与措辞对整个的演讲影响明显。人若有一副好嗓子当然不错,但是没有金嗓子也能发表精彩的演讲。如林肯的嗓音尖利刺耳,丘吉尔有严重的口吃。因此,每个人完全可以克服先天的弱点,而根据自己的特点把自己的声音发挥到极致。据研究,声音低沉的男性比声音高亢的男性,其信赖度更高。因为声音低沉会让人有一种威严沉着的感觉。不论怎样,重要的是让自己的声音清楚地传达给观众,即使是音质不够理想的人,如果能够禀持自己的主张与信念的话,依旧可以吸引听众的热切关注。说话的速度也是演讲的要素。为了营造沉着的气氛,说话稍微慢点是很重要的。

5.妙用修辞

演讲的修辞对演讲的表现力起到了积极的作用。一般可以使用的修辞有以下几种。

(1)形象生动的比喻

新鲜、隽永、精彩的比喻,是启迪、说服听众,获得听众理解、支持和掌声的有效方法之一。比喻可以使抽象的概念形象化、深奥的道理浅显化、复杂的事物简单化,而且听起来妙趣横生、耐人寻味。如鲁迅《在未有天才之前》:"天才并不是自生自长在深林荒野里的怪物,是由可以使天才生长的民众产生、培育出来的,所以没有这种民众,就没有天才。譬如想有乔木,想看好花,一定要有好土;没有土,更没有花木;所以,土实在比花木还重要。花木非有土不可,正同拿破仑非有兵一样。"鲁迅把天才与民众的关系,比作拿破仑与士兵、花木与土的关系,说明没有民众便没有天才。这种生动有力、言简意赅的比喻,不仅起到了摆事实、讲道理、以理服人的作用,而且增添了语言的形象生动。

但使用时要注意对思想情感表现的贴切、新颖。

(2)富于气势的排比

排比可以增强语势,加大感染力度,并且使演讲的语言节奏明朗,旋律优美。通过排比,可以净化思想、加强语势、增强语言的节奏和旋律美的效果,可以使说理细密严谨,叙事集中完美地表现事实,抒情则使感情激昂奔放。如梁启超《少年中国说》:

"少年智则国智,少年富则国富,少年强则国强,少年独立则国独立,少年自由则国自由,少年进步则国进步,少年胜于欧洲则国胜于欧洲,少年雄于地球则国雄于地球。"

这里的排比,一句胜于一句,一句重于一句,层层递进,造成了动人心弦的雄健语势,淋漓尽致地表达出了演讲者的热切希望和饱满的激情,具有"震撼心魄"的魅力。

黑人领袖马丁·路德金也常常用排比,使演讲的音调、语音、速度、音量,一步步提高、加快、放大,使演讲更鲜明有力,富有感染力。尤其著名的是他的演讲《我有一个梦》,通过五个排比段"我梦想着,有那么一天……"使演讲的内容层层递进,使全文更添感情色彩,深深地吸引了听众,这深深植根于美国现实土壤中的理想,具体、亲切、令人向往,淋漓尽致地表达了千百万黑人对自由平等、消除种族歧视的渴望,丰富的想象,美好的憧憬,使听众在遐想之后,更增添了为种族平等而斗争的力量:

今天,我对大家说,我的朋友们,纵使我们面临着今天与明天的种种艰难困苦,我仍然有个梦想,这是一个深深植根于美国之梦的梦想。我梦想着,有那么一天,我们这个民族将会奋起反抗,并且一直坚持实现它的信条的真谛——"我们认为所有的人生来平等是不言自明的真理"。

我梦想着,有那么一天,甚至现在仍为不平等的灼热和压迫的高温所炙烤着的密西西比,也能变为自由与平等的绿洲。

我梦想着,有那么一天,我的四个孩子,能够生活在一个不是以他们的肤色,而是以他们的品性来判断他们的价值的国度里。

我梦想着,有那么一天,就在邪恶的种族主义者仍然对黑人活动横加干涉的阿拉巴马州,就在其统治者拒不取消种族歧视政策的阿拉巴马州,黑人儿童将能够与白人儿童如兄弟姊妹一般携起手来。

我梦想着,有那么一天,沟壑填平,山岭削平,崎岖地带铲为平川,坎坷地段夷为平地,上帝的灵光大放光彩,芸芸众生共睹光华!

…………

(3)明晰隽永的对比

对比可以进一步阐明事理,使人们听得明白、有趣,这对提高演讲的效果具有重要的作用。

如《强者之歌》:"亲爱的同学们,同在一辆车上,有人在奋进,有人在沉思,有人在昏睡,有人在挥霍,还有人可能中途下车、销声匿迹……

生活给予我们每个人的,可能不像天平称量过的那么均衡、准确,我们学习、工作和生活的环境和条件,也有许多不相同,但是通向理想、成功的道路只有一条,就是我们用什么动力、以什么样的方式前进!"

演讲者将持不同生活态度的人加以对比,更能使人明辨是非真伪,从而清晰地阐明了演讲的主题:要做强者。

4.引领启发的设问

设问是演讲中常用的渲染性强、吸引力大的修辞。它可以通过有效地启发人们的思考来吸引住听众，从而使演讲产生更好的效果。

如闻一多的《最后一次的讲演》："李先生究竟犯了什么罪，竟遭此毒手？"这里不是有疑而问，而是无疑而问。接下来是论证李先生其实没有罪，有罪的是国民党反动派。使立论显得更清晰流畅，铿锵有力。

设问就是提出问题，但并不要求别人回答，主要的目的是为了启发人们去思考。这样的演讲方法，能把听众的注意力吸引到演讲者的身上，集中精力听演讲。

如美国独立战争前夕，国务卿裴特瑞克·亨利在弗吉尼亚召开的关系美国命运的第二次大陆会议上审时度势，力排众议，发表了《诉诸武力》的著名演讲："我们的同胞已经身在疆场了，我们为什么还要站在这里袖手旁观呢？先生们希望的是什么？想达到什么目的？生命就那么可贵？和平就那么甜美？甚至不惜以戴锁链、受奴役的代价来换取吗？全能的上帝啊，阻止这一切吧！在这场斗争中，我不知道别人会如何行事，至于我，不自由，毋宁死！"

演讲中连续用了六个设问句，加强要与宗主国英国斗争的语气，唤起北美十三洲的人民的斗志。他的演讲一结束，全场马上响起了听众"拿起武器"的呼声。

使演讲具有明快流畅的诗意语言，让听众在美的诗的语言中，享受美的快乐，令人回味无穷。演讲的诗意，需要的是格调高雅、情感充沛、修辞优美、耐人寻味，并具有音乐感的文字。将诗的语言、诗的韵味、诗的凝练及诗的意境融进去，这样的演讲就一定能获得美妙的效果。

（六）培养具有个性魅力的演讲风格

自从《百家讲坛》推出"品三国"系列之后，易中天迅速成了家喻户晓的人物。他，究竟有什么"魔力"受到如此的追捧，产生了如此大的号召力？在人们的印象中，一个教授，一位学者，是关门做学问的，如今却能够在一夕间"走红"，走近大众，有什么诀窍吗？他靠什么打动人，说服人？这其中有很多的原因：他的学识、他的观点、他的分析、他的妙语……都有与众不同的地方，所以引起了人们的兴趣，并进一步认同其所述的观点。而这一切，最根本的原因则是与他的个性演讲分不开的。易中天先生的个性演讲首先体现在他的观点新颖上，而其次就是他的语言个性。

在一个人事业成功的各种因素中，个性的重要性远胜过他智力的高低。而个性是风格的基调，没有个性，也就无所谓风格了。演讲过程中最重要的因素就是演讲者一定要突出的表现自己，展示自己独特的个性魅力，从而达到与众不同的演讲效果。演讲风格是一个演讲者成熟与否的标志，也是决定演讲成功到什么程度的重要标志。演讲者在充满个性魅力的演讲实践活动中，既可以锻炼自己的口才，也可以帮助演讲者树立自身的独特形象。个性的艺术魅力是永久性的，历史上那些优秀的演讲，就曾经感染、打动过不同时代的无数的听众。个性演讲的艺术魅力的存在,是由于演讲内容的实质反映了社会生活的真实性和深刻性,演讲的形式展示了演讲者的高超表现力和高度感染性。个性魅力演讲就是指演讲者通过有声语言和态势语言,在特定对象和特定的环境中,陈述自己的观点和主张,体现出富有个性特征的讲话风范、语言格调和形体动作,突出地表现自己的主体形象,从而达到影响、说服、感染他人的目的。个性的演讲风格和语言是演讲者的生命。只有是个性演讲,它所要传播的文化、知识、信息等才会达到意想不到的效果。个性是一种艺术,有艺术就能产生美感,并不再是简单的标新立异了,因此会得到听众的热烈反响,只有做到恰到好处,把个性魅力表现得淋漓尽致,才是达到演讲的最佳艺术境界。

（七）与听众互动

听众的态度是演讲成功的关键,因此要善于把听众紧紧地吸引、聚集在你的演讲中。

演讲中如何和听众交流并产生互动呢?

1.富有亲和力

演讲的态度是让演讲发挥最佳效果的关键之一。投入激情,真诚地面对,是使听众产生信任感的基本条件。

2.运用各种感受方式

有些人喜欢与视觉有关的东西,比如墙上的图表、讲义、幻灯片等。而有些观众则喜欢能听的东西,比如口头陈述、小组讨论等。还有些人要行动起来印象才会特别深刻,他们喜欢做事、模拟或者扮演角色,喜欢带有触觉和动感的活动,对于亲自参加的游戏、解开的谜底、自己画出的图表、自己操作过的设备都会记忆犹新。因此,把握听众的特点十分重要,必须在演讲开始之前,对听众进行科学的分析,并根据分析的结果,选择合适的交流方式。

3.将听众融入演讲的各个环节

演讲开始前,可以在座位上放一张问卷或调查表;放一个号码,在演讲的最后阶段举行抽奖;放一个谜语,在稍后的演讲中公布答案,或者为猜中者颁发奖品;放一张列有要点的清单,希望观众给出他们的意见或想法;放一本即将介绍内容的新产品或新服务的小册子。当然无论是哪种方式,都应该有助于演讲信息的有效传递,帮助听众了解演讲的主题。

4.以提问吸引听众

演讲过程中,最常用的方式是向听众提问和鼓励听众展开讨论。根据不同的目的,可以提出不同的问题:

启发引导式提问:"你的这个问题很好,谢谢你把它提出来,还有谁经历过同样的情况?"

直接提问:"××,如果这种问题发生在你身上,你将怎么处理?"

开放式提问:"在未来的一年里,你们希望看到哪些变化?"

封闭式提问:"你们希望客户推迟订单吗?"

煽动式提问:"在过去的一个季度中,我们产品因定价过高而影响了销售,这一点得到了市场部门的认同,各地的经理也为此常常抱怨。所以,我想问问董事们,对于这一高价定价策略,你们有何意见?"

至于讨论形式,可分组展开讨论。集体讨论可以激发创造性思维,听众可能会因各自的观点展开激烈的争论。因此,在请代表陈述各自观点后,对其中的几种观点予以评述、引导,使听众自然得出有利于演讲主题的结论。在讨论中,演讲者要注意控场,主持好、把握好,并促进互动,使演讲内容连贯、主题一致。但以下的产品推介会是不成功的:

为了使更多的听众了解公司的新产品,推销人员小强在产品的推介会上鼓励听众上台试用新产品。小李的本意是想活跃现场气氛,与听众互动,结果导致听众涌向讲台,会场秩序混乱。推介会不欢而散。

虽然小强将互动融入演讲中是很值得鼓励的,但是互动的方式一定要科学,必须把握听众的特点,根据其特点来选择互动的方式。无论采取何种方式,演讲者都必须能控制好场面,使演讲顺利进行。

5.巧妙说服听众

作为演讲者,其目标是试图改变听众的想法,使其同意演讲者的观点,并且是因为同意了演讲的观点而有所行动。演讲的目标也许是捍卫一种思想,推销一种产品,或者激发人们的行动。因此,演讲能否说服听众是演讲是否成功的重要标志。说服是一种战略活动,正如商人或军事领袖要运用战略,以获取一笔业务或者赢得一次战斗,演讲人也必须运用战略来赢得听众。

(八)努力练习,增强信心

美国俄克拉荷马州的参议员汤姆士小时候是一个瘦瘦高高、弱不禁风的人,他感到十分苦恼。考上大学后受命参加一次演讲比赛,这个平时面对陌生人都不敢开口的人突然之间要面对众多的人演讲,他感到万分焦急,但他在母亲的指导下,采用了自我暗示:"过于脆弱无异于庸夫,所以你要用头脑来取胜啊!好好努力吧!会成功的!"结果他取得了第一名。

这次演讲也影响到并决定了他以后的成功。

演讲时的信心是演讲成功的关键因素。如对自己都不充满信心,如何期望听众对你的信任和信心。所以,演讲时,要使自己的声音听上去自然、自如并充满自信,目光明亮坚定,抬起眼睛,扫视会场,保持和听众的注意力及节奏。并在演讲前反复多次用心地演练,学会让自己的声音打动人,有气势,语言生动有力。演讲时永远要记住,听众不是敌人,尤其要相信大多数的听众是带着诚意来,并期冀着从你那里得到意料之外的收获。所以,更应该将目光投注在那些热情注视着你的人的身上,从他们热情的目光中,你往往能得到理解、共鸣,并获得激情和非凡的力量。

演说前,不妨用这样的话来鼓励自己:

只要勇敢地开口说出、说好第一句话,就没事了。

他行,我也行。

他行,我更行。

不会出错的。

潇洒地表达,我能成功!

五、演讲的类型

(一)命题演讲

命题演讲是由别人拟定题目或演讲范围,并经过准备后上台所作的演讲。

一般,它包含两种形式:全命题式演讲和半命题式演讲。全命题式演讲的题目一般是由演讲组织部门来确定。半命题式演讲是指演讲者根据演讲活动组织单位限定的范围,自己拟定题目进行的演讲。

1. 特点

主题鲜明,针对性强,内容稳定、结构完整。

2. 注意点

(1)事先写好讲稿。精心写作,最好是自己动手写稿。美国前总统尼克松就说:"在担任副总统的 8 年时间里,我的讲稿都是自己写的。"他还特别强调:"演讲者要摆脱困境,只有花时间自己写讲稿。"自己写演讲稿,才能对自己演讲的内容进行严密的思考,想得明白,想得深刻,并讲得明白和深刻,讲得得心应"口",符合自己的表达习惯,并最后体现出自己的风格。

(2)充分地准备演讲。不仅是熟记讲稿内容,还要对演讲的内容进行精心设计,对语气、语调、节奏、停顿甚至态势语都要细心揣摩、反复推敲、精心处理。

(3)大胆自信登台演讲。善于营造适合自己讲稿内容的氛围,并善于酿造演讲的高潮。

(二)即兴演讲

生活中的每一个人都有可能随时被邀请进行即兴演讲。而一个想要成功的人更应当尝试着在各种场合中,做好随时上台讲话的全面准备。

即兴演讲是演讲者在事先无准备的情况下,就眼前的场面、情境、事物、人物临时起兴发表的演讲。如婚礼祝词、欢迎词、聚会演讲等。

1. 特点

有感而发,时境感强,篇幅短小。要求演讲者紧扣主题,寻找角度,迅速组合,言简意赅。其突出的特点是即时性,这是激情的喷涌,是心灵的流淌,是睿智的迸发,是思想的火花,是知识的展示,是能力的外化。

2.即兴演讲的技巧

即兴演讲的优秀表现是：神情自若,胸有成竹,侃侃而谈,干脆利落,不时闪烁出智慧的思想,如泉水汩汩不断,使听众碰撞出感应的火花,演讲的内容适合现场气氛,适应当时的时间及听众的情趣,主题明确,论据环环相扣,围绕主题不蔓不延,言简意赅,雅俗共赏,并且使听众有所收益,经久不忘。

即兴演讲的成败关键在于演讲者的思维是否敏捷,语言的组织能力怎样,能否抓住需要阐述的关键问题。具体可从以下几方面入手。

(1)选择好一个适当的话题并扣题而发

选题别致,例如,一些为听众所喜闻乐知的话题;一些带有较浓厚专业色彩的政治、经济、社会等话题;立足时代,抓住社会焦点,适合听众的心理和需求;寻求奇特的共鸣点,力求观点的新颖独到。

(2)善于寻找触媒,巧妙发挥

即兴演讲最怕的是无话可说,有话难说。无话可说,就要注意平时的积累材料,博闻强记;有话难说,则要注意组织好材料,理清线索。

其实任何材料都可作为良好的即兴演讲的材料。如可以谈食物、谈饮料、谈天气、谈生命、谈爱情、谈同情心、谈责任感、谈真理、谈光荣、谈证券市场、谈流行服装、谈足球……一般的方法如下：

逐层深入法。以说话文题为中心逐层展开。如：

《马路安全》,可以先讲不小心造成的悲剧,由此引发过马路不小心是因为缺乏了安全意识,再由此引发增强安全意识的重要性,希望大家遵守交通规则的内容。

《春天,我们期待美丽……》,可以先讲讲春天美丽的景色,我们对美丽自身的期待,由此引发如何使自己更美丽的主题,再由此讲述美丽的秘诀及具体方法,这样的内容一定会引起人们的兴趣。而不能像普通的美容话题,直接介绍化妆品对皮肤等的美容,容易引起人们的反感。

正反对比法。围绕题目选正、反两方面的事例进行对比论说,易引起人们的关注。

平行展开法。一些即兴演讲话题如果立足理论角度难以展开,可多用事例来组合。在事例较多的情况下,可把这些事例稍稍排队然后按时间顺序或位置移动一个个地说出,再适当地总结,上升为理性的观点。

层层递进法。在表达一些较短的即兴说话时,可以运用关联词把材料组接起来以展开思路。如《女人的资本》的思路可以这样设定:女人不仅能怎样,而且能怎样,又能怎样,更应该怎样。这样可以使材料聚而不散。

纵向扫描法。紧扣题目或情境,从纵的角度,按时间的顺序进行组材:过去怎样,现在怎样,将来又怎样。

感情沟通法。选择与听众息息相关的或最能为听众所接受的话题展开,引起听众的强烈的感情共鸣。这种方法一般适合属于同一层次、同一类型的听众和场合里。

听众分类法。根据不同的听众情况临时调整演讲的角度和重点,包括对内容的组织、语言的表述等。

环境烘托法。巧妙地利用当时当地的环境特点来渲染会议的气氛,激发听众热情的一种演讲方法。这种演讲方法灵活生动、富于情感,但描绘的环境特点必须与主题思想相吻合,切不可牵强附会、卖弄文采。

话题承接法。就上一个发言人所提出的某些问题、某些观点的一个或几个方面提出自己的新的见解。

综合归纳法。演讲者对其他人已经发言的内容进行综合,分析其特点,进而表明自己的观点或态度的一种演讲方法。

自我介绍法。适合于演讲者与听众初次相交或后者对前者的身份、工作和生活经历不很熟悉的情况。演讲者介绍的情况应是听众想了解或是与会议主题内容相关的。

(3)内容新颖,别具一格、有见地

使听众能感受到"听君一席话,胜读十年书",使演讲具有较强的感染力。要善于抓住关键内容,确立了中心后就可以在丰富多彩的生活中寻找材料进行演讲。如一位教师在参加迎接新生的会议上,临时被请以教师代表的身份给新同学讲几句话。他巧妙地抓住一个中心——"新",进行现场发挥,演讲道:

亲爱的新同学,你们好!

大家带着父母的希望,带着朋友新的祝愿,也带着自己新的理想,来到了一个新的地方。在这新的学期里,衷心希望大家以新的语言、新的行动、新的风貌、新的一切去适应新的环境,开始新的学习,展示新的生活以掌握新的知识,增加新的技能,取得新的成绩。相信大家三年之后,将以新的姿态、新的风采站在父母、朋友、社会的面前。那时,你可以骄傲地说:"新的生活又开始了!"

这段即兴演讲发之于心,并善于在现场发掘话题,一气呵成,自然生动,成功至极。

(4)构思要敏捷

要能围绕主题确定好层次,并组织好素材及基本的脉络。

(5)语言活泼、简练,有力度感

演讲者若很有精神,出言机智、流畅,声音强而有力,他的外表一定是他内在的精神力量的某种体现。同时,借助手势,可以使演讲更能吸引人的注意。这正如戴尔·卡耐基所说的:"一旦我们的生理充好电,有了力气,也就很快会使我们的精神开始起作用。所以,演讲的时候要完全投入,要讲得活泼有力量,这样必受欢迎。"

对渲染主题有用的话就说,与主题无关的话就坚决不说,切忌画蛇添足;表达要准确,尤其不能不负责任地信口开河;分清对象。

(6)心绪要平静

善于驾驭听众的信心。即便出现了口误或会场的骚动,也不能紧张,要善于补正和补充说明,缓和会场的气氛,消除即兴演讲的尴尬场面。

3.如何使即兴演讲具有鼓动性

演讲的目的是要鼓动人们。因此,只有做到以理服人、以情动人、以势引人,才能达到目的。

(三)论辩演讲

论辩演讲是在法庭、辩论场上的演讲。它是以论证或反驳为具体表达方式,以论清是非、辨别曲直为基本目的,各方就同一话题持对立的见解阐述己见、批驳对方所进行的思维及话语的交锋。一般可分为生活论辩、专题论辩、赛场论辩三种。

生活论辩是以日常生活中的各种问题为中心开展的论辩。一般都是以眼前发生的事为辩题而展开论辩。很随意,不需准备,即兴而发。如家庭、邻里、师生之间、公众场合等都有可能随时发生此类论辩。

专题论辩是就某一指定论题,在专门的场合进行的论辩。包括外交论辩、法庭论辩、学术论辩、论文答辩、决策论辩等。这类论辩往往有明确的观点、充分的论据、透彻的分析论证过程、有力的辩驳语言。一般这类论辩都是经过充分的准备,氛围严肃,语言精确。

赛场论辩是在辩论赛上所进行的论辩演讲。这种辩论形式非常有益,赛场上双方舌战异常激烈,各自捍卫着各自的立场观点,尽管是抽签决定,但是参赛的双方往往是认真投入,即兴发挥,所以这种演讲形式更有益于锻炼人的思维能力、应变能力和语言表达能力。

对辩手来讲,辩论取胜至关重要的是思维能力、知识底蕴和经过训练的辩论技巧。

1.思维能力训练

辩论的过程是思维的物化和流露的过程。同时,辩论也为思维提供了更为广阔的实践天地。

作为论辩的思维,首先要具有本质性,它需要透过事物的现象看本质;其次要具有逻辑性,要以充分的论据材料,对论题进行逻辑性的论证;第三要具有敏捷性,辩论场上,人们的思维节奏必须是快速的,迅速抓住对方的破绽进行反驳,及时竭力维护己方的观点。

在辩论中,要遵守逻辑规律,如同一律、矛盾律、排中律、充足理由律等,才能保证辩论双方的思维具有真实性、充分性、确定性和连贯性。

同时,为了更充分地论辩,还须进行各种思维训练,如想象力、联想力、演绎思维及归类思维的训练,并在知识积累、思维训练的基础上,上升为灵感思维的形成,使得在论辩演讲中始终能灵思妙想、新意迭出,把握论辩的主动。

2.知识积累

辩论资料的积累和收集,是辩论的基础。只有广泛地收集资料,尽可能地占有资料,知己知彼,方能百战不殆。辩论的资料有事实资料、数据资料、理论资料等。对资料的收集要求做到典型、准确和生动,使资料能充分地证明自己的观点。

3.辩论技巧

首先,要讲究谋略,注意团队合作,合理分工,知己知彼,攻防兼备。

其次,注意立论技巧,力求立论严密周全,避实就虚。

第三,要善于运用简短明晰、险而不凶、快而有当、尖而不散、准而无隙、美而不浮的语言表达,达到良好的辩驳效果。同时,恰当地运用语言技巧,巧妙地增强辩驳力度,如请君入瓮,巧设陷阱,诱其说"是";也可巧用语义双关、变换语序,李代桃僵;或巧借触媒,借题发挥;或刚言震慑等。

(四)竞聘演讲

竞聘演讲是竞聘者为了实现竞争上岗,就自我竞聘条件、未来的施政目标和构想所发表的公开演讲。竞聘演讲广泛地运用于政府机关招聘公务员、企事业单位招聘经理和员工、承包工程招标的场合。其作用主要是制造舆论、推介自身、争取自己的愿望达成。随着时代的发展,这种演讲形式越来越被人们认可,显示出越来越重要的社会意义。

竞聘演讲对内容的设定非常重要,这是竞聘成功的关键。所以,首先要写好竞聘演讲稿。竞聘演讲稿要写得目的明确、内容具有竞争性并体现演讲的技巧性的特点。在写作过程中,要做到实事求是,明确具体;调查研究,有的放矢;谦虚诚恳,平和礼貌。

1.竞聘演讲稿的内容和结构

(1)称呼

尊称＋问候,如"尊敬的各位领导、各位同事:大家好!"

(2)开头

开门见山,营造友善和谐的气氛,明确演讲的目标,简练、明白、具有新意和吸引力。如:

"今天,我怀着不平静的心情,登上了这个特殊的舞台。首先感谢组织、领导给我提供难得的学习锻炼和参与竞争的机会,同时,也感谢同事们对我的理解、信任和支持。我将以良好的心态积极参与这个职务的竞争,勇于接受大家的挑选。"

(3)主体

一要介绍自我的个人简历,包括自然情况、工作、经历、获得的相关的荣誉等。介绍简要,突出重点及自己的特点,善于展示自己的长处和优势,如已有的政绩,突出的特长,表里如一的品质,求真务实,以唤起听众的理解和支持。

二要讲述竞职的理由和实施的目标,要具有竞争性。巧妙充分地说明"他不行,我行"或"他行,我更行"。理由要充分,目标要明确,重点要突出,主次分明,忌面面俱到、唠唠叨叨。内容要具体,宜近不宜远,符合实情,贴近实际,让人真切感受到你描画的蓝图的美好。如:

办公室工作若简单地概括起来即为:搞好协调、当好参谋、做好服务。当然,这说起来容易,做起来难。要想做好就更难。根据本职位的性质和职能要求,我觉得自身具有一定的优势,愿意竞争这个岗位。主要理由是:

其一,我热爱这项工作。虽然这项工作繁杂,巨细无遗,默默无闻,甚至很辛苦,付出很多却难以看出成效和成绩,但我有充分的思想准备,而且有投身这项工作的良好愿望和高度的热情。

其二,我受党的培养教育多年,有"认认真真办事、实实在在做人"的作风和一颗忠诚于党的事业、服务于人民群众的责任心及事业心。这是我做好一切工作的前提和保证。

其三,我有多年在办公室工作的体验和经历,有一定的实践经验,熟悉办公室的工作情况,进入角色要快一些,对顺利开展工作有利。基本具备职位所要求的思想政治素质、工作业务水平以及具体的操作技巧和经验。这是我做好工作的根本保证。

其四,我具有"以人为本,人格至上"的现代道德行为理念,处事一向公道正派,待人热情诚恳,能始终围绕"人性关照、人文关怀"这个宗旨和做人原则来做人办事。当然也会努力使领导满意、让群众放心。

其五,更重要的是,有领导的关心、爱护和鼓励,有同事的帮助、协作和支持,为我做好工作创造了有利条件,也增强了我的勇气和信心。

假如组织和大家信任,能给我一个施展的平台,我有决心、有信心担当此重任,并以树立五种基本意识作为保证。

树立学习意识。着力提高全体人员思想政治素质和业务知识能力。一方面要坚定信念,增强党性,解决办事"靠得住"的问题;另一方面要刻苦钻研,业务熟练,解决办事"有本事"的问题,成为本质工作的行家里手。

树立全局意识。只有着眼全局,树立全局"一盘棋"的思想,正确处理好个人与集体、局部与整体的利益关系,做好服务,才能圆满完成好组织和领导交办的各项任务。这是做好工作的基本大前提。

树立创新意识。新世纪是创新的时代,需要我们不断探索和创新。只有与时俱进,才能改变那些不合时宜的思想观念和传统做法,以增强工作的主动性、预见性和创造性。这样才能跟上时代,和时代合拍前进。

树立奉献意识。要有甘当绿叶做好配角、勇挑重担、无私奉献的境界和胸怀。从小事做起,从自身做起。摆正位置,扮好角色,到位但不越位,补台但不拆台。

树立团结意识。只有讲团结、求人和才能凝聚人心，集中智慧，充满生机，形成合力。只有讲团结，靠大家力量，才能提高工作效率，发挥整体作用，当好参谋助手。

我相信有了这五种意识，一定能够担当起这个重任。

（4）结尾

明确表明竞聘后的态度，一要写出自己竞聘后的决心和信心，请求有关部门和代表考虑自己的愿望和请求；二要表明自己能官能民的态度。态度要自然真诚可信，富于情感、言近旨远。如：

假如我竞职如愿，将不辜负组织、领导和大家对我的信任、期望，以此为新的起点，努力履行诺言，实现奋斗目标，积极为局工作作出新的贡献。

假如我竞争落选，我也不会灰心丧气，因为能够勇于参与竞争，对我来说就是一次自我挑战和磨砺意志的考验，一次难得的学习和锻炼，一次重新认识自我和战胜自我的检验。从中找出不足和差距，今后的进步和提高才能更快，我会努力锻炼成为一名让组织和领导信任、让群众满意的同志！谢谢！

2.竞聘演讲中的答辩

竞聘中，经常会有听众提问，对此，竞聘者须进行答辩并要善于解疑。能否解疑，主要体现在能否回答听众最关心的问题。有两类问题要特别关注：一是关于演讲者自身的，因为人们可能对于演讲者的情况有这样或那样的传闻或猜测，甚至误解，在演讲中不待听众提出就要主动加以说明，以便解除误解；二是关于工作上的，人们特别关注单位的一些难题，看竞选者有什么解决的良策。对于这些问题不能回避，而应对症下药，实事求是地加以回答和说明，能解决到什么程度就说到什么程度，尽量和群众求得共识，并使群众建立信心。

一般的，答辩应简短，针对性强，并宜以诚恳的态度、温和平静的语调来辩述自己的观点。内容中要不失时机地感谢曾协助过你的人，如你的同事、你的朋友、家人，并向听众真心诚意地说"谢谢各位"。

3.竞聘演讲要有气势

竞聘演讲本身就是公开的亮相，是让领导和群众认识竞争者的舞台。因此，不仅演讲内容重要，竞聘者的形象和气质也不能忽视。在整个演讲过程中，必须表现出一种强烈的自信和得体的风度，努力塑造出让群众信赖的良好形象，在听众的心目中留出一个靠得住的好印象，这样才能让他们投你一票。

首先，竞聘者要注意自己的外在形象，注意使衣着与所竞聘的岗位相一致。其次，上台亮相要有风度，要有朝气，面带微笑，充满信心，而不能无精打采，也不可目空一切、不可一世。

4.竞聘演讲中的忌讳

忌信口开河、杂乱无章；忌狂妄自大、目空一切；忌妄自菲薄、过分谦虚；忌吐词不清、含混模糊;忌服饰华丽、求新求异。

◎ 能力训练

1.指定主题演讲选题

面对金融危机,我们的思考

"3·15"谈维权

春天,我们期待着……

人人为我,我为人人

假如我是市长(校长、班长、团支书……省长)

中国(浙江、上海、杭州……)如何提高国际竞争能力

谈谈文凭和水平

时代需要你推销自己

永远不要说放弃

做文明城市的主人

2.即兴演讲参考材料

(1)感人的歌声留给人的记忆是长远的,无论哪一首激动人心的歌,最初在哪里听过,那里的情景就会深深留在记忆中。环境、天气、人物、色彩,甚至连听歌时的感触,都会烙印在记忆的深处,像在记忆里摄下声音的影片一样。

请以:"留在我心中的歌"为题,结合自己的生活实际作即兴演讲。

(2)传说古时候有一位画家收教了三个学生,为了检验学生的成绩,就以"深山藏古寺"为题让学生作画。第一个学生画的是整个寺院,四面是千仞高山,悬崖峭壁;第二个学生画的是古寺的一角,周围峰峦起伏,松柏挺立;第三个学生画了数节石阶和一条小溪,溪边有一个挑水的和尚。

结果,第三个学生画的画被画家评为最佳作品。

请你从画家的命题要求和学生的作画构思两方面分析该学生的画为什么会被评为佳作?(200字以内)

(3)相传佛祖释迦牟尼曾经用这样的问题考问他的弟子:"一滴水怎样才能不干?"弟子冥思苦想,谁也回答不上来。是呀,一滴水太微不足道了,一阵风就能把它吹干,一撮土就能把它吸干,怎么会不干呢? 最后,佛祖告诉弟子:"把它放到江、河、海洋里去。"

根据上述材料,确立论点,然后进行辩证分析推出结论。

(4)一天,上帝带教士去一个房间,见许多人正围着一口煮着食物的大锅坐着,他们又饿又失望。每个人都有一只汤匙,但是汤匙柄太长,所以没法把食物送到自己嘴里。后来,上帝又带教士去了另一个房间,见也有一大群人围着一口煮着食物的锅坐着,不同的是,这里的人看起来既饱足又快乐,而他们的汤匙跟前一房间里

的那群人的一样长。教士奇怪地问上帝："为什么同样的境况,这个房间里的人快乐不已,而那个房间里的人却愁眉苦脸呢?"上帝微笑道:"难道你没有看到,这里的人都学会了喂对方吗?"

请参悟此寓言,谈谈你的感受。

(5)俗话说,有钱能使鬼推磨。在这里,金钱似乎是万能的。但是,也有人说,钱可以买到房子,却买不到家;钱可以买到珠宝,却买不到美;钱可以买到药物,却买不到健康……对此,你有何想法?请自拟题目演讲。

(6)美国著名企业家卡耐基"成功之路"中有这样一则小故事:

一英国鞋厂推销员与一日本鞋厂的推销员同时到达太平洋某岛国推销产品。他们抵达后不久,都向自己的上司拍了电报。前者的电文是:"此地人均不穿鞋,故产品无前途,本人即回。"后者的电文是:"此地人均光脚,亦无穿鞋历史,产品潜力极大,拟常驻此地。"请就此题材,谈你的看法。

(7)田野里有一种小动物,叫做"鼹鼠",它学有五种本领:飞、走、游泳、爬树和掘土打洞,但它一样也没学好。飞又飞得不高,走又走得不快,游又游得不远,爬树爬不到树顶,掘土打洞也是浅浅的。它名义上学了五种本领,却一样也不中用。请你适当联系自己或周围的实际,谈谈自己的想法。

(8)"有父子二人,居山村,营果园。父病后,子不勤工作,园渐荒芜。一日,父病危,谓子曰:园中有金。言讫而逝。子翻地求金,无所得。甚怅然。而是年秋,园中葡萄、苹果之属皆大丰收。子始悟父言之理。"

以上是一篇文言文小说,请你把它扩展成一篇故事,然后用普通话讲给同学们听。

(9)"勿以恶小而为之,勿以善小而不为"这话很有道理,请你以此为题,结合生活实际,作即兴演讲。

(10)苏格拉底的学生对他说:"老师,您的知识这么多,您一定没有烦恼……"苏格拉底说:"不,错了,知识是一个圆,烦恼是它的半径,知识越多,圆就越大,半径也越大……"

你是否也有同感?你现在有烦恼吗?常烦恼些什么?如何摆脱这些烦恼?请谈谈你的体会。

3.反驳训练

碰到以下情况,你怎样回答:

(1)经过一场激烈的争论,作家对厨师说:"你没有从事过写作,因此你无权对本书提出批评。"

(2)一位衣着时尚的女子拉着一条狗上了公共汽车,狗脚很脏。该女子客气地问:"售票员,如果我给狗买张票,它可以像乘客那样坐上椅子吗?"

(3)某人孤傲脱群,别人劝他时,他认为:"狮子老虎总是独来独往的,只有猪呀、羊呀的,才是成群结队的。"

(4)一对情侣在公园里散步,男青年看到娇妍宜人的桃花不由自主地折了一支送给姑娘。公园管理员见后质问他:"你为什么折花?""这花太美了。我折花是因为我爱花!"管理员:"岂有此理! 这公园里的花,怎么可以随便折呢?"男青年嬉皮笑脸地说:"你错了,知道'花开堪折直须折,莫待无花空折枝'这句名言吗?"姑娘附和了一句:"是啊,陶渊明还'采菊东篱下'呢,难道'菊'不是花?"

如果你是管理员,该怎样批驳这对情侣?

(5)一位小伙子上公共汽车,不按秩序排队,而是横钻竖挤。一老者批评他,他还狡辩:"我这是学雷锋的钉子精神。"

如果你也在场,将如何驳斥?

(6)顾客:我是看了广告到这里来买汽车的。为什么这些汽车上没有车灯,而广告上的那辆却有车灯?

经理:是的,先生,可是广告上的那辆车的价格并不包括车灯,如果要买车灯,价格要另外加上去。

顾客:它不包括在汽车的价格里? 这种做法很不老实。既然车灯已登在广告上,那就应该包括在你的售价里。

经理:是啊。在我们所登的广告里,车上的驾驶室座位上还坐着一位金发姑娘,可是我们在出售汽车时,并不给买主提供一位姑娘。

顾客:……

请你以顾客的身份反驳经理的观点。

(7)一顾客在商场吸烟,营业员对他说商场中不能吸烟。顾客说:"商场不能吸烟,那为什么要卖烟呢?"

如果你也在场,将如何驳斥?

(8)电影院里,一对青年男女边看电影边聊天。邻座观众要他们别在电影院中谈恋爱,以免影响他人。那女子说:"我说你这个人这样不道德,你买了票是专门来听咱俩谈恋爱的吗?"

如果你也在场,将如何驳斥?

(9)甲:有两个人到我这里作客,一个很干净,一个很脏。我让这两个人去洗澡。你想想,他们两个当中谁会去洗澡?

乙:那还用说,当然是那个脏人。

甲:不对,是干净人。因为他养成了洗澡的习惯;脏人认为没有什么好洗的。你再想想,是谁洗了澡呢?

乙:干净人。

甲:不对,是脏人,因为他需要洗澡;而干净人身体干干净净的,不需要洗澡。如此看来,我的客人中谁洗澡了呢?

乙：脏人。

甲：又错了，当然是两个人都洗了。干净人有洗澡的习惯，而脏人需要洗澡，怎么样？他们两人到底谁洗澡了呢？

乙：看来是两个人都洗澡了。

甲：不对。两个人谁都没有洗。因为脏人没有洗澡的习惯，而干净人又不需要洗澡。

乙：你每次说的都不一样，而且还都有道理。

甲：是的，这就是我的本领。

乙：……

如果你是乙，该如何与甲展开辩驳？

4.举办辩论赛

参考辩题：

人生机遇与奋斗，哪个更重要

明天，民工子女比得过还是比不过城里孩子

信息时代人际关系更加亲密了还是疏远了

英语四、六级考试是利大于弊还是弊大于利

网上交友是利大于弊还是弊大于利

黄金周休假方式是利大于弊还是弊大于利

超男超女是否玷污艺术

人的一生是从事一种职业好还是从事多种职业好

"追求完美"是优点还是缺点

净化网络的关键在于道德自律还是并不在于道德自律？

◎ 知识拓展

1.演讲的最高境界——神、情、气、文

神——精神、主题或骨气。如屈原"路漫漫其修远兮，吾将上下而求索"。"神"在忧患意识和爱国精神。以"神"为本，紧扣时代脉搏，展示时代的波澜和风云，敢于做普罗米修斯式偷火给人类的殉道者和圣者的猛士，这才是演讲词能激起千层浪的"石子"的"神"。

情——真情。须情真意切，动之以情，情发自然，情应有度。

王国维：故能写真景物，真感情者，谓之有境界。

气——气势、气魄。气势磅礴，以气动人，有气势美。"文非气不重"，演讲为一整体的流动过程。它的气势美就蕴含在此流动过程之中并自然地体现出来。气可分柔浊和清刚。气势美的表现形态就是一种崇高美——刚毅、强劲、雄浑、激昂甚至悲壮的美，显现出磅礴的气势和战斗风采，给听众以信念和力量。如《我有一个梦》,浩然正气;《最后一次讲演》,凛然正气;《少年中国说》,清刚盛气。

文——语言是神、情、气的载体。

(1)语言需形象化、生动,人听后如历其境、如见其人、如触其物、如闻其声。

(2)凝练含蓄。"言近而旨远,辞浅而义深。"

(3)富有音乐性,音调和谐,节奏鲜明,流畅、明白,具听觉的美感(节奏美、韵律美)。

(4)短句的运用。言简意赅,铺排,灵动,气势磅礴,遒劲有力,有动人心魄的雄健语势、表情自然。(短句顿挫、铿锵、急促)

(5)辞格的运用。使内容气韵生动,如《我有一个梦想》。对比能明辨差异;排比气韵流畅,激情澎湃;设问能引起悬念;引用增强可信度;反复起强调作用;比喻形象生动、通晓明白。

演讲词的"神、情、气、文"四位一体,其美包括精神美、感情美、气势美和语言美四种形式。(张邦卫)

(选自《演讲与口才》1995 年第 10 期)

2.有损辩论风度的几种表现

风度是一个人内在素质与外在表现的综合显现。

(1)外形夸张。应给人稳重、干净、利落感。

(2)过分表现自己,易破坏整体形象。应注意与队员密切配合。

(3)用带"刺"的话攻击对方。应施"君子之风"。

(4)对对方辩手指名"追击"。

(5)辩论中无视对方,无视观众。(何小兰)

(选自《演讲与口才》1995 年第 6 期)

3.辩手心理发展三阶段

(1)对话心理

刚刚跨入辩论大门的朋友经常持有的一种心理。在这种心理驱使下,辩手试图通过阐释自己的观点来使对方俯首称臣。其深层动机是说服对手。

该心理产生的根源正是在于他没有认识到对手的不可说服性。这里的"不可说服性"不是指对手的论证无懈可击,而是心理上的不可说服。很少有一支辩论队会当场认输的,对手的"不可说服性"是由辩论的规则决定的。辩论的规则规定:辩论只有一个胜者,对手不可能让你舒舒服服地摆好架势,自己俯首帖耳地聆听教诲,对手也不可能稍有退让就会导致全线的崩溃。只要认识到这一点,一支队伍在心理上就具有不可说服性,也就决定了对话心理难以奏效。

对话心理的表现形式有很多,如颠来倒去地反复述说;忧虑焦急,溢于言表;烦躁不安,急于收场等。其中较为典型的有两种:

①"自我中心主义"心理。这样的辩手一般自我感觉较好,上场前准备充分,对

己方论点论据有着必胜的信心。上场后也不管对方说什么,把准备好的东西拿出来,一股脑地全部抛出去了事。即"翻斗车心理"。

②"他人中心主义"心理。这与前一种恰恰相反,辩手对自己的观点一笔带过,将主要的精力放在逐条驳斥对方上,希望在每一点上都能将对方击倒,从而大获全胜。这样的结果,容易给人没有根基随波逐流的感觉。即"浮萍心理"。

上述两者貌似迥异,但其实质是相同的,它们都犯了没有认清自己与对手相互关系的错误,或者过于主观,或者过于被动。要克服之,必须认识到:

- 己方论证是有力的。
- 即便如此,对手也是不会认输的。
- 虽然对手不会认输,但仍然要坚持己方的观点。
- 己方的胜利不在于击倒对手,而是靠点数得分。

对话心理是一个辩手成长过程中必经的心理阶段,在大多数情况下都不用着急,通过多次实践,就可慢慢纠正过来。

(2)对抗心理

辩论是对抗的技艺。一个辩手经过一段时间的实战训练,就可以从对话心理过渡到对抗心理,这是辩手们通常持有的心理状态,在辩论赛场上最为常见。

处于对抗心理下,说明辩手已经大致了解了辩论,知道自己与对手处于水火不相容却又相辅相成的关系,不再一味攻击,而转为十面埋伏。

对抗心理首先要求辩手树立牢固的自信心,其次要把这种自信心贯彻到赛场中的每分每秒中去,要从对手的每一个环节中去找错误,不仅对逻辑、理论、事实、价值而言,即便是对对手的口误和失态举动都应尽量加以利用。在整个论辩过程中,每个辩论队员都应该像是一只高度警觉的猫,瞪大眼睛,竖起耳朵,有发现老鼠的动静便果断出击,务求一击成功。对抗心理之下的辩论是本能的辩论。

正因为处在这样一种高强度的对抗心理下,所以在比赛中容易引起兴奋点,使对抗心理状态下的辩论高潮迭起、跌宕生姿。

对抗心理引发辩论形式上的对抗,这里要澄清的是:并非只有严厉质问、穷追不舍才是对抗的形式,对抗的形式是多种多样的,既有正面交锋,又有旁敲侧击,或是讽刺挖苦,或是奚落调侃,只有在对抗心理之下才可以发挥出技巧的极致,这恐怕便是所谓的"急中生智"吧。

对抗心理并不是一种守株待兔式的消极心理,最高明的对抗是主动进攻。对抗心理能够奏效的一个关键是要求辩手有很强的对象感。辩论不是为了说服对手,但这并不是说辩论就不需要说服力,辩论中要说服的是评委和观众,他们才是辩手所诉诸的对象。定时发言是正面的摆事实、讲道理,自由辩论则是通过攻击对方来巩固自己,必须牢记不管哪种形式都要体现出对抗性,那样才是辩论;不管哪种对抗都是表演给评委和观众看的,这样才能赢得辩论。

（3）超对抗心理

即当你面对对手时，要觉得自己对这个题目全知全能，而对方是无知的，你不是在和他辩论，而是在教导他。如果他反驳，那是说明他没听懂，你可以再教他一遍。记住，你始终是老师，对手始终是学生。这是超对抗心理的实质。根本不与对手争谁对谁错，而是超越对错之上的指点和评价。这样的辩论才能达到孙子兵法中"不战而屈人之兵"的境界。

不过超对抗不是不对抗，要想获得超对抗的心理，必须有超对抗的准备，想人之所想，备人之所备，出其不意，一举成功。准备中的最关键之处是立意要高，使对方的发言难以超越这个境界。这种心理上的压力，其效果要超过任何一种技巧和对抗，这便是超对抗的力量。

超对抗由对抗而来，是更高层次的对抗；对抗由对话而来，是更激烈的对话。其实对话心理、对抗心理、超对抗心理之间有着密切的内在联系，是辩论心理发展的几个阶段：对话心理之下的辩手是与评委观众的对话；超对抗心理之下的辩手则是在与真理对话。

（季翔《辩论赛中辩手心理三阶段》，《演讲与口才》1995 年第 4 期）

4.论辩气质

气质是人的高级神经活动类型在方式上的表现，它不依赖活动的内容、目的、动机，使人在多种多样的活动中具有显著的个人色彩。而一个人的性格、情绪、对外界刺激的反应等都依赖于气质，不同气质的人在辩论中就会有不同的心理状态，而这些心理状态有的有利于辩论，有的却不利于辩论。如多血质、胆汁质的人较适宜于辩论。因其符合辩论要求辩手反应性、主动性、情绪兴奋性要高、反应速度要快的要求。这样的人在论辩中较容易发现问题，敢于发表自己的见解，比较容易掌握辩论的主动性。

相反，黏液质、抑郁质的人则不太适宜参加公开场合的辩论，因为这两类气质的人兴奋性较弱，反应速度缓慢，性格内向，会影响自己辩论能力的发挥。对这两类气质的人来说，要提高自己在公开场合中论辩的能力，就要下决心改变自己的气质。

多血质：生动、活泼，对外界刺激反应迅速，情绪兴奋性高，具有外倾性。

胆汁质：富有精力、情绪兴奋性高，也比较强烈，反应速度快，外倾性。

黏液质：安静，动作迟缓，反应速度慢，情绪兴奋性较低，较少在外部表现心理状态，即具有内倾性。

抑郁质：不够生动活泼，对外界刺激反应不强烈，反应速度慢，情绪兴奋性低，内倾性。

◎ 相关链接

精彩演讲稿及评析

范例一

我有一个梦想

——在"自由进军"集会上的演说

[美]马丁·路德·金

我很高兴,今天能和大家一起参加这次示威游行。它必将作为美国有史以来为争取自由所举行的最伟大的示威游行而名垂千秋。

100年前,一位伟大的美国人——我们现在正站立在他的灵魂的安息处——签署了《解放宣言》。这条重要法令的颁发,在一直忍受着不义与暴虐的火焰烧灼的千百万黑人奴隶的心中,竖起一座光明与希望的灯塔。《宣言》似令人欢愉的黎明,即将结束种族奴役的漫漫长夜。

但从那时至今,已经有100年历史了,可黑人仍无自由可言。100年后的今天,黑人的生活仍旧悲惨地为隔离的桎梏和歧视的链锁所捆缚。100年后的今天,在浩瀚的物质财富海洋之中,黑人仍旧在贫困的孤岛上生活。100年后的今天,黑人仍旧在美国社会的一隅受苦受难,并且发现自己竟然是自己所在国土上的流放者。因此,我们今天来到这里,把这种不体面的身份戏剧性地表演一下。

就某种意义而言,我们是来首都兑现期票的。当我们共和国的"建筑师"们撰写《宪法》和《独立宣言》中的富丽堂皇的篇章时,他们是在写一张"期票",每个美国人都是这张期票的合法继承人。这张期票是一允诺,即所有的美国人——非但白人,还有黑人都保证拥有不容剥夺的生活的权利、享受自由的权利和追求幸福的权利。

但是现在,很显然,就有色公民而论,美国却一直拒付这张期票。美国没有承担如期兑现这张期票的神圣义务。黑人满怀期望地得到的竟是一张空头期票,这张期票被签上"资金不足"的字样。然而我们绝不相信,正义的银行会破产。我们绝不相信,在美国,储存机遇的巨大金库竟会"资金不足"!

所以,我们来兑现这张期票来了,来兑现一张将给予我们堪称最高财富——自由和正义的保障的——期票。

我们来到这个尊为神圣的地点,其又一目的是提醒美国政府,现在是最为紧迫的时刻。现在既不是享用缓和激动情绪的奢侈品的时刻,也不是服用渐进主义麻醉剂的时刻。现在是从黑暗荒凉的深渊中崛起,向阳光普照的种族平等的道路奋进的时刻。现在是把以种族歧视的流沙为基础的美国重建在兄弟情谊般的坚石之上的时刻。现在是为上帝的子孙实现平等的时刻!

如果再继续无视时机的紧迫,就将导致我们国家的不幸。不实现自由与平等,黑人的完全合法的不满情绪就不会平息;令人心旷神怡的金秋就不会降临;炎炎酷暑就不会消逝。1963年不是尾声,仅是序曲。

如果美国政府继续一意孤行,就会使那些幻想黑人只要发泄一下不满情绪就会满足的人猛醒。在未授予黑人以公民权之前,美国既不会安宁,也不会平静。反叛的飓风将会不断地撼动这个国家的根基,直到迎来光辉灿烂的正义的黎明。

可是我必须站在通往正义之宫的温暖入口处的人们进一言,我们在争取合法地位的进程中,决不能轻举妄动。我们决不能为了满足对自由的渴望,就啜饮敌意和仇恨。我们必须永远在自尊和教规的最高水平上继续我们的抗争。我们必须不断地升华到用精神的力量来迎接暴力的高尚顶峰。

已经吞没了黑人共同体的新的敌对状态令人不解,但它绝不应该导致我们对所有白人的不信任——因为有许多白人兄弟参加了今天这个集会。这就告诉我们,他们已经逐渐认识到他们自己的命运与我们的自由是休戚相关的。

我们不能独自前进。而当我们前进的时候,我们必须宣誓永远向前,义无反顾。有些人向我们这些热衷于获得公民权的人发问"你们何时才会满足?"答案是明确的:只要黑人还是警察的骇人听闻的恐怖手段和野蛮行为的牺牲品,我们就不会满足的。只要我们因旅途劳顿而疲惫不堪,想在路旁的游客旅馆里歇息,或在市内的旅馆投宿而不被允许,我们就不会满足的。只要黑人的基本活动范围还是局限于从一个较小的黑人区到一个稍大的黑人区,我们就不会满足的。只要我们的孩子还是被标写着"只限白人"的牌匾剥夺人格和自尊,我们就不会满足的。只要密西西比的黑人不能参加选举,而纽约黑人的选票还无实际意义,我们就不会满足的,不会的,不会的!除非平等泻如飞瀑,除非正义涌如湍流,我们是不会满足的。

我并非没有留意到,你们之中有些人是从巨大的痛苦与磨难中来到这里的。有些人来自狭小的牢房,还有些人来自那对自由的要求竟会招致迫害的风暴接二连三的打击,竟会招致警察兽行般地反复摧残的地区。而你们却一直富于创造性地、坚韧地忍耐着。那么,就怀着一定能获得拯救的信念坚持下去吧!

回到密西西比去吧!回到阿拉巴马去吧!回到南卡罗来纳去吧!回到乔治亚去吧!回到路易丝安纳去吧!既然知道这种境况能够而且必定改变,那么就回到我们北方城市中的陋巷和贫民窟去吧!我们决不可以在绝望的深渊中纵乐。

今天,我对大家说,我的朋友们,纵使我们面临着今天与明天的种种艰难困苦,我仍然有个梦想,这是一个深深植根于美国之梦的梦想。我梦想着,有那么一天,我们这个民族将会奋起反抗,并且一直坚持实现它的信条的真谛——"我们认为所有的人生来平等是不言自明的真理"。

我梦想着,有那么一天,甚至现在仍为不平等的灼热和压迫的高温所炙烤着的密西西比,也能变为自由与平等的绿洲。

我梦想着,有那么一天,我的四个孩子,能够生活在一个不是以他们的肤色,而是以他们的品性来判断他们的价值的国度里。

我梦想着,有那么一天,就在邪恶的种族主义者仍然对黑人活动横加干涉的阿拉巴马州,就在其统治者拒不取消种族歧视政策的阿拉巴马州,黑人儿童将能够与白人儿童如兄弟姐妹一般携起手来。

我梦想着,有那么一天,沟壑填平,山岭削平,崎岖地带铲为平川,坎坷地段夷为平地,上帝的灵光大放光彩,芸芸众生共睹光华!

这就是我们的希望! 这是我返回南方时所怀的信念! 怀着这个信念,我们就能从绝望的群山中辟出一颗希望的宝石。怀着这个信念,我们就能变我们祖国的嘈杂喧嚣为一曲优美和谐的兄弟交响乐。怀着这个信念,我们就能共同工作,共同祈祷,共同斗争,甚至哪怕共同入狱。既然知道有朝一日我们终将获得自由,我们就能为争取自由共同坚持下去! ……

评析:马丁·路德·金(1929—1968),美国黑人律师,著名黑人运动领袖,出色的演说家,被誉为"黑人之音",美国《展示》杂志将他列为近百年世界最具有说服力的演说家之一。其政治主张核心是非暴力主义,一生致力于黑人争取平等权利的运动。1964 年荣获诺贝尔和平奖。1968 年 4 月 14 日被种族主义者刺杀身亡。

1963 年 8 月 28 日,美国 25 万群众聚集在林肯纪念堂前,举行了美国历史上最伟大的一次民权集会。马丁·路德·金是这次运动的领导人,在会上,他发表了这篇著名的演说。

全文以号召黑人群众为实现自由与平等,为争取公民权而共同斗争为中心议题,以《美国宪法》和《解放宣言》为依据,猛烈抨击了种族歧视政策,思想深刻,极富雄辩的色彩和力量。他的雄辩才华在这篇演讲中得到了淋漓尽致的发挥。通篇感情激昂,说理透彻,文字优美,文采斐然,气势恢宏,激情澎湃。为了增强语势,提高感召力,大量使用了短句和呼唤语,大量使用整句,尤其是"我梦想着,有那么一天……"五个明显具有宣泄作用的排比段更使全文增添感情色彩,这深深植根于美国现实土壤中的理想,具体、亲切、令人向往,酣畅淋漓地表达了千百万黑人对自由平等、消除种族歧视的渴望,鼓动性极强。丰富的想象、美好的憧憬,使听众在遐想之后,更增添了为种族平等而斗争的力量。

(转引自包镭编著《演讲词与口才技能实训教程》,北京大学出版社 2007 年版)

　　范例二

葛底斯堡演讲

[美] 林　肯

87 年前,我们的先辈们在这个大陆上创立一个新国家,它孕育了自由之中,奉行一切人生来平等的原则。

现在我们正从事一场伟大的内战,以考验这个国家,或者任何一个孕育于自由和奉行上述原则的国家是否能够长久存在下去。我们在这场战争中的一个伟大战场上集会。烈士们为使这个国家能够生存下去而献出了自己的生命,我们来到这里,是要把这个战场的一部分奉献给他们作为最后安息之所。我们这样做是完全应该而且非常恰当的。

但是,从更广泛的意义上来说,这块土地上我们不能够奉献,不能够圣化,不能够神化。那些曾在这里战斗过的勇士们,活着的和去世的,已经把这块土地圣化了,这远不是我们微薄的力量所能增减的。我们今天在这里所说的话,全世界不大会注意,也不会长久地记住,但勇士们在这里所做过的事,全世界却永远不会忘记。毋宁说,倒是我们这些还活着的人,应该在这里把自己奉献于勇士们已经如此崇高地向前推进但尚未完成的事业。倒是我们应该在这里把自己奉献于仍然留在我们面前的伟大任务——我们要从这些光荣的死者身上吸取更多的献身精神,来完成他们已经完全彻底为之献身的事业;我们要在这里下定决心,不让这些死者白白牺牲;我们要使国家在上帝福佑下得到自由的新生,要使这个民有、民治、民享的政府永世长存。

评析:1863 年 7 月初,林肯领导的北方军队与南方奴隶主的军队在葛底斯堡展开了三天激战,北方军队取得了历史性的胜利。为了纪念在这次战役中牺牲的勇士们,国会决定在这里建立烈士公墓。11 月 19 日,林肯作为总统被邀请在公墓落成典礼上发表了这篇演讲。

这篇演讲词最突出的特点如下:

1. 思想深刻。其一,在演讲一开始,林肯站在历史的角度,热情地讴歌了一个崇高的思想——自由和平等。在这个场合下发表这样的言论,意义重大。其二,林肯把烈士的死同国家追求文明政治制度的历史以及人类文明的未来联系在一起,暗示出烈士献身的伟大意义和崇高价值,这些烈士是在维护统一并把社会推向前进的战争中英勇牺牲的,因此,他们圣化了这片土地。其三,林肯提出了建立和维护"三民"政府,即民有、民治、民享的政府,这一思想将铭刻于历史。正因为林肯的演讲深刻反映了光辉思想,才产生了巨大的震撼力和说服力。

2. 感情真挚。林肯的演讲自始至终激励着每一个听众,他旗帜鲜明地提出了我们的国家奉行一切人生来平等的原则,拉近了自己和听众的距离,沟通了听众的心灵;然后他又说"那些曾在这里战斗过的勇士们,活着的和去世的,已经把这块土地圣化了",热情讴歌了烈士们的光辉业绩,引起了听众的情感共鸣;同时,他和听众站在同等的高度,下定最大决心,不让这些死者白白牺牲,让所有在场的人感受到了作为总统的林肯对死者的深切缅怀之情,和对生者的殷切激励之情。整篇演讲宛如一首深情的诗歌,在听众的耳边吟唱。

3. 语言精练。在林肯演讲之前,埃弗雷特已经做了长达两个小时的演讲。林肯结合实际,对其长篇大论做了高度概括。全篇演讲只有 10 个句子,译文不到 600 个字,却把自己的政治主张——"奉行自由和平等原则"、这次集会的目的——"要把这里奉献给他们作为最后安息之所"、对烈士的缅怀——"勇士们在这里做过的事,全世界永远不会忘记"、对今人的激励——"要使国家在上帝的福佑下得到自由的新生,要使这个民有、民治、民享的政府永世长存"四层含义作了精辟的阐述,所讲的内容博大精深。

据史料记载,这篇著名的演讲共用了两分十五秒,期间五次被热烈的掌声打断。演说结束,全场爆发出经久不息的掌声。第二天,《斯普森菲尔德共和党人报》立即发表了评论,说:"这篇短小精悍的演说是无价之宝,感情深厚,思想集中,措辞精练,字字句句都朴实优雅。"美国人把这篇演讲词作为中小学的必读课文,牛津大学把这篇演说用金字铸在了校园里。

(选自《演讲与口才》2006 年第 1 期,高云评)

范例三

没有胜利就没有一切

[英]　温斯顿·丘吉尔

上星期五晚上,我接受了英王陛下的委托,组织新政府。这次组阁,应包括所有的政党,既有支持上界政府的政党,也有上界政府的反对党,显而易见,这是议会和国家的希望与意愿。我已完成了此项任务中最重要的部分,战时内阁业已成立,由五位阁员组成,其中包括反对党的自由主义者,代表了举国一致的团结。三党领袖已经同意加入战时内阁,或者担任国家高级行政职务。三军指挥机构已加以充实。由于事态发展的极端紧迫感和严重性,仅仅用一天时间完成此项任务,是完全必要的。其他许多重要职位已在昨天任命。我将在今天晚上向英王陛下呈递补充名单,并希望于明日一天完成对政府主要大臣的任命。其他一些大臣的任命,虽然通过需要更多一点的时间,但是,我相信议会再次开会时,我的这项任务将告完成,而且本届政府在各方面都将是完整无缺的。

我认为,向下院建议在今天开会是符合公众利益的。议长先生同意这个建议,并根据下院决议所授予他的权力,采取了必要的步骤。今天议程结束时,建议下院休会到 5 月 21 日星期二。当然,还要附加规定,如果需要的话,可以提前复会。下周会议所要考虑的议题,将尽早通知全体议员。现在我请求下院,根据以我的名义提出的决议案,批准已采取的各项步骤,将它记录在案,并宣布对新政府的信任。

组成一届具有这种规模和复杂性的政府,本身就是一项严肃的任务。但是大家一定要记住,我们正处在历史上一次最伟大的战争的初期阶段,我们正在挪威和荷兰的许多地方进行战斗,我们必须在地中海地区做好准备,空战仍在继续,众多的战备工作必须在国内完成。在这危急存亡之际,如果我今天没有向下院做长篇演说,我必须能得到你们的宽恕。我还希望,因为这次政府改组而受到影响的任何朋友和同事,或者以前的同事,会对礼节上的不周之处予以充分谅解,这种礼节上的欠缺,到目前为止是在所难免的。正如我曾对参加本届政府的成员所说的那样,我要向下院说:"我没什么可以奉献,有的只是热血、辛劳、眼泪和汗水。"

摆在我们面前的,是一场极为严峻的考验。在我们面前,有许多许多漫长的斗争和苦难的岁月。你们问:我们的政策是什么?我要说,我们的政策就是用我们全部能力,用上帝所给予我们的全部力量,在海上、陆地和空中进行战争,同一个在人类黑暗悲惨的罪恶史上所从未有过的穷凶极恶的暴政进行战争。这就是我们的政策。你们问:我们的目标是什么?我可以用一个词回答:胜利——不惜一切代价,去赢得胜利。无论多么可怕,也要赢得胜利。无论道路多么遥远和艰难,也要赢得胜利。因为没有胜利,就不能生存。大家必须认识到这一点:没有胜利,就没有英帝国的存在,就没有英帝国所代表的一切,就没有促使人类朝着自己目标奋勇前进这一世代相因的强烈欲望和动力。但是当我挑起这个担子的时候,我是心情愉快、满怀希望的。我深信,人们不会听任我们的事业遭受失败。此时此刻,我觉得我有权利要求大家的支持,我要说:"来吧,让我们同心协力,一道前进。"

评析:丘吉尔,英国杰出的政治家、军事家、历史学家、文学家、演说家,曾获诺贝尔文学奖。1940年5月10日,他在德国法西斯大举进攻荷兰、法国和比利时之际出任英国战时首相,可谓是临危受命。在第二次世界大战中,他以卓越的政治和外交智慧、用动人心魄的声音和最富有战斗力的语言,在英国只剩下三样东西(皇家空军的勇气、莎士比亚的名言、丘吉尔的演说)的危难时刻,稳定民心,鼓舞士气,激励斗志,被民众誉为"反法西斯斗士"、"英国人抵抗的灵魂",他领导英国人民打败了德国法西斯。1940年5月13日,也就是德国法西斯军队发动向荷兰、法国和比利时大举进攻的第三天,英国下院举行特别会议,刚出任首相并完成组阁的丘吉尔在会上发表了这篇演说。以"诗一般的语言,铁一般的意志"慷慨陈词,这与其说是政府首相的就职演讲,不如说是一个有良知和正义的政治家的宣言——代表着不甘屈辱的民族、国家和民众,向邪恶的法西斯黑暗势力彻底宣战的战斗宣言。演说分两部分。前一部分主要报告新政府组阁的情况,后一部分阐明新政府的政策和态度。无论是陈述还是议论,都充满坚定的信心和顽强的斗志,以充满激情的语句给听众以情绪的感染。演说的最后部分,用"问"、"答"的语句把演说推向高潮;用气势磅礴的排比句向听众晓以利害,更加有力地激励了人们与侵略者血战到底的坚强意志。演讲表达了一个强人勇担大义的雄心、敢于牺牲的决心,表达了一个斗士务求必胜的信心,尤其是"我没什么可以奉献,有的只是热血、辛劳、眼泪和汗水"更是将演讲推向高潮,打开了感情之门,释放了积蓄已久的情感。而最后的号召,"来吧,让我们同心协力,一道前进。"坚定豪迈,极富感染力和号召力。

这篇演讲词篇幅尽管简短却隽永深刻,情理交融,辞藻虽不华丽却文采斐然,激情飞扬,处处闪烁着智慧的光芒,激荡着正义的力量,彰显着道德的高尚,演绎着理想的完美,融思想性、艺术性、战斗性于一体,成为世界演讲史上脍炙人口的经典之作。

(选自《演讲与口才》2006年第5期,朱国风评)

范例四

请将解决人类的不平等视为己任

［美］　比尔·盖茨

我要感谢哈佛大学在这个时候给我这个荣誉。明年,我就要换工作了(注:从微软公司退休)……我终于可以在简历上写我有一个本科学位,这真是不错。哈佛的校报称我是"哈佛大学历史上最成功的辍学生"。我想,在所有的失败者里,我做得最好。

哈佛的生活令人愉快,也充满了挑战。虽然我离开得比较早,但是我在这里的经历、在这里结识的朋友、在这里发展起来的一些想法,永远地改变了我。

但是,如果现在严肃地回忆起来,我确实有一个真正的遗憾。我离开哈佛时,根本没有意识到这个世界是多么的不平等。人类在健康、财富和机遇上的不平等大得可怕,它们使得无数的人们被迫生活在绝望之中。

我在哈佛学到了很多新思想,也了解了很多科学上的新进展。但是,人类最大的进步并不是来自于这些发现,而是来自于那些有助于减少人类不平等的发现。不管通过何种手段,减少不平等始终是人类最大的成就。我花了几十年才明白了这些事情。

在座的各位同学,你们比以前的学生,更多地了解了世界是怎样的不平等。在你们哈佛求学的过程中,我希望你们思考一个问题,那就是在这个新技术加速发展的时代,我们怎样最终应对这种不平等以及我们怎样来解决这个问题。

Melinda(注:盖茨的妻子)和我曾经读过一篇文章,里面说在那些贫穷的国家,每年有数百万的儿童死于那些在美国早已不成问题的疾病,麻疹、疟疾、肺炎……我们震惊了。我们想,如果几百万儿童正在死亡线上挣扎,而且他们是可以被挽救的,那么世界理应将用药物拯救他们作为头等大事。但是事实并非如此。那些价格还不到一美元的救命的药剂,并没有送到他们的手中。

如果你相信每个生命都是平等的,那么当你发现某些生命被挽救了,而另一些生命被放弃了,你会感到无法接受。我们对自己说:"事情不应如此。如果这是真的,那么它理应是我们努力的头等大事。"

如果我们能找到这样一种方法:既可以帮到穷人,又可以为商人带来利润,为政治家带来选票,那么我们就找到了一种减少世界性不平等的可持续的发展道路。这个任务是无限的,它不可能被完全完成,但是任何解决这个问题的尝试,都将会改变这个世界。

我也遇到过那些感到绝望的怀疑主义者。他们说:"不平等从人类诞生的第一天就存在,到人类灭亡的最后一天也将存在。——因为人类对这个问题根本不在乎。"我完全不能同意这种观点。我相信,问题不是我们不在乎,而是我们不知道怎么做。

哈佛是一个大家庭,这个院子的人们,是全世界最有智力的人类群体之一。我们可以做些什么?哈佛人有没有可能将他们的智慧,用来帮助那些甚至从未听过"哈佛"这个名字的人?我们最优秀的人才是否在致力于解决世界最大的问题?哈佛是否鼓励她的老师去研究解决世界上最严重的不平等?哈佛的学生是否从那些极端贫穷的地方认识了什么?那些世界上过着最优越生活的人们,有没有从那些最困难的人们身上学到东西?

这些问题并非语言上的修辞,你必须用自己的行动来回答它们。可以这样说,全世界的人们几乎有无限的权利,期待我们作出贡献。

同这个时代的期望一样,我也要向各位同学提出一个忠告:你们要选择一个问题,一个有关于人类深刻的不平等的问题,然后变成这个问题的专家。如果你们能够使得这个问题成为你们职业的核心,那么你们就会非常杰出。你们每个星期只用几个小时,就可以通过互联网得到信息,找到志同道合的朋友,发现困难所在,找到解决它们的途径。不要让这个世界的复杂性阻碍你前进,要成为一个行动主义者,将解决人类的不平等视为己任。要是再弃那些你可以帮助的人们于不顾,你就将受到良心的谴责。你们还必须尽早开始,尽可能长期地坚持下去。它将成为你生命中最重要的经历之一。

我希望,当30年后你们再回到哈佛,在那时你们评价自己的标准,不仅仅是你们的专业成就,更包括你们为改变这个世界深刻的不平等所作的努力以及你们如何善待那些远隔千山万水、与你们毫不相干的人们。

最后,祝各位同学好运。

评析:这是比尔·盖茨2007年6月7日在哈佛大学的演讲。他的演讲以"解决人类的不平等"为主题,慷慨激昂,发人深省,给人以崇高的理想主义教育;他的演讲技巧娴熟。

语言上亦庄亦谐。开篇即给人幽默诙谐之感,如他调侃的"我终于可以在简历上写我有一个本科学位",接着引述校报所评价的"哈佛大学历史上最成功的辍学生",并再次调侃"我想,在所有的失败者里,我做得最好。"此语一出,让所有了解他曾是哈佛辍学背景的人不禁莞尔。这种自嘲式的调侃,使得演讲谐趣横生,引起听众的兴趣。然后,在营造出融洽的气氛后,比尔·盖茨在谐上恋战,寓庄于谐,由谐而庄,渐渐深入主题,进而引发严肃的思考。他以"哈佛的生活令人愉快,也充满了挑战"过渡,语气开始庄重起来,并进入主题——解决人类的不平等。

论证入情入理。如在论证"人类在健康、财富和机遇上的不平等大得可怕"这一道理时,谈到和妻子在读到过的一篇关于贫穷国家儿童生存境遇的一篇文章时,他对人类的命运的关爱之情溢于言表;在向哈佛学子传播"要成为一个行动主义者,将解决人类的不平等视为己任"之理时,他又真情呼吁:"要是再弃那些你可以帮助的人们于不顾,你就将受到良心的谴责。你们必须尽早开始,尽可能长时期地坚持下去。"所有这些词句,发人深省,是理之效;让人震撼,是情之动。可以说,比尔·盖茨的这篇演讲词之所以如此深刻感人,这种情理交融的表达方式的使用是很重要的。

节奏有弛有张。从宏观角度剖析,不难感受他的演讲具有张弛有致的节奏美,如其谐庄相间以及假设、反证、排比式的反问……语段给人有"大珠小珠落玉盘"的节奏感,为整篇演讲增添了无限的艺术魅力。

尽管比尔·盖茨富可敌国,但他的这篇演讲,折射出他的普世情怀,为他增添了无限的人格魅力,使他更得到了世人的尊重。

（选自《演讲与口才》2008 年第 2 期,王永凯评）

范例五

讲自己所做的,做自己所讲的

陈安之

感谢王利芬主持人及田潮宁先生的推荐,你们借苹果公司创始人乔布斯在斯坦福大学的演讲,提醒了每一位创业者及企业家——面对困难的时候,让信念帮自己挺过去,直到成功!

因为成功者愿意——

做一般人不愿做的事!

做一般人做不到的事!!

做一般人不敢做的事!!!

世上没有努力是白费的!世上没有经验是白费的!任何好处、坏处、困难痛苦、成功与失败的经验,都是在为未来架设更成功的桥梁!

乔布斯在这次公众演讲中讲道:他 17 岁因经济问题决定退学,才可以去进修自己感兴趣的课程,从而为创立苹果公司打下了基础。但他怎么也没有想到的是:自己辛辛苦苦创立了九年的苹果公司,居然炒了自己的鱿鱼,但这也逼他创立了一个伟大的 Pixar 电影公司,推出了世界上第一个用电脑制作的动画片《玩具总动员》,影响了全球亿万人。如果他不被苹果公司开除,世界的电脑动画电影还不知道今天会怎样呢!

乔布斯的这次演讲,为什么这么令人感动,令人心灵震撼?就像"赢在中国"栏目的各位嘉宾和评委,为什么从他们口中说出来的话,会令人异常振奋?

这就像马云所说的:"成功学"是用心来感受的,有一天你成功了,你讲任何话都是对的!只有杀过敌人的人,才可以复制出强猛的勇士;只有经历过成功的人,才能教别人成功!

我一直在灌输并强调一种"演讲精神"——"讲自己所做的,做自己所讲的"。

这才是真正的演讲,才是最令人感动的演讲,才是最伟大的、最能令众人心灵震撼的公众演讲!伟大的演讲——是演讲者生命历程的自然流露,是由内而外的力量,不是靠刻意去模仿几个外在的动作和姿势、语气,就可以成为大师级人物的。

要改变别人,先改变自己;要帮助别人,先帮助自己;要帮助企业,先帮助自己改变家庭的命运。自己没有的,就没有办法给别人。

乔布斯说:良药的味道太苦了,但病人需要这个药。

你需要去找你所爱的东西!对于工作是如此,对于你的爱人也是如此。你只有相信自己在做一件伟大的工作,你才能怡然自得。如果你现在还没有找到,那么继续找,不要停下来,全心全意地去找,当你找到的时候,你就会知道"生命的真正意义"。

所以,当乔布斯被诊断出癌症时,医生让他准备后事,他没有放弃,因为"坚持是一种习惯"……后来,他奇迹般地痊愈了,现在他又奇迹般地重回苹果公司当起了老板。

乔布斯说,要成功,就要"保持饥饿,保持愚蠢"。因为只有这样,我们才会有毅力"做一般人不愿做的事!"——苦苦地求学,24 小时地工作……

我曾经也是一个失败者,十几岁时,跟随亲戚到美国留学,后当餐厅服务员、在电脑店打工、推销菜刀、卖汽车……被炒鱿鱼的事情一次次发生,我只好频繁地更换工作。每次失败,我都马上发誓:我一定要做个成功的人!于是,我拼命地大量阅读各类教人成功的书籍,寻找致富的方法。

终于,一堂课改变了我的命运,我遇到了恩师安东尼·罗宾(Anthony Robbins),我的人生才从此开始改变。

当时,安东尼也是在一次公众演讲会上,讲起了他的故事:他在 22 岁时穷困潦倒,住在破旧的房子里,洗碗只能在浴缸里洗,后来因为接触了一门"神经语言"课程,从此改变了命运。几年后,他就搬到了别墅里,拥有了豪华轿车和私人直升机。

他的讲话膨胀了我成功的欲望。他说:"这世界没有失败,只有暂时停止成功。""过去不等于未来。"……

我坚信——他可以,我也一定可以!

我开始决定帮安东尼·罗宾工作,可我呈上简历后,几乎都毫无回音。于是,我找到总经理说道:"当我把简历交给你的时候,就表示我已经下定了决心要这份工作,而且一定要,为了不必麻烦,你还是现在就录取我吧!"但是,那位总经理仍然摇头,要我等明天的答复。

那时我心想,我不能等到明天啦!我难道还要继续失败下去?便问他说:"公司里谁的销售业绩最棒?我会超过他!"听到这,他说:"你 7 月 12 号可不可以飞去宾州(美国东部州)工作?"我大叫一声:"没问题!"我知道,我的命运即将改变。我疯狂地工作,每天站着打 100 个陌生客户电话,打不完就不吃饭,很快我成为了公司最棒的销售人员。

因为人要"保持愚蠢",才会"做一般人做不到的事,做一般人不敢做的事!"——你才会真正去相信某些东西,像美国梦工厂的电影《阿甘正传》里的阿甘一样,执著地,不为闲言、恐吓、诱惑所动,一根筋地向前跑,最终,他比一般表面聪明的人成就更伟大。

我们机构23岁的大学毕业生徐鹤宁的信念是:"要成功,先发疯,头脑简单往前冲!"她平时每天在各大企业中义务免费演讲训练达三四场,没有享受过节假日,结果一不留神,她就闯成了"成功训练机构"常年的销售冠军,第一年就为父母在广州买了江边豪宅,第二年奖了自己一部宝马跑车……因为她做出了一般人只想到、而没有做到的业绩。

我很欣赏一句话,是与我至今已经合作了六年的梦工厂董事长王阳曾写过的感悟:"人先因思想伟大,而后令行为伟大;人先因困难巨大,而后令工程巨大……失败和灾难就像台风、像雷阵暴雨一样,表面很恐怖,但只要你不轻言放弃,很快就会风和日丽——毕竟,晴天总比阴天多!"王阳是一个对事业有坚定信念的人,六年来,我见他曾经经历过"台风和暴雨",但我从未见过他有负面的表现,与他姓名一样:王阳——阳光的阳。

所以,言行一致——就是"讲自己所做的,做自己所讲的"!这就是最有说服力的演讲,就是最成功的人生!

"赢在中国"的冠军,也应当会是一位"言行一致"的人,因为投资给这样的人风险不大,收获却一定会很大……

评析:陈安之,当代中国著名的励志演讲专家。曾发表过上千次励志演讲。2006年8月13日,陈安之先生作为特邀嘉宾,在中央电视台经济频道"赢在中国"栏目面对现场数百名参赛选手和广大电视观众发表了一场催人奋进的演讲。它有两个特点:

1. 哲理性的语言

为吸引听众,演讲者以排比段推出"因为成功者愿意——做一般人不愿做的事!做一般人做不到的事!!做一般人不敢做的事!!!"递进的句式,凸显成功者的艰辛与伟大:"世上没有努力是白费的!世上没有经验是白费的!任何好处、坏处、困难痛苦、成功与失败的经验,都是在为未来架设更成功的桥梁!"好处、坏处、困难痛苦、成功与失败相互对应,点出"经历即财富"的哲理;"要改变别人,先改变自己;要帮助别人,先帮助自己;要帮助企业,先帮助自己改变家庭的命运。"三要三先,讲述"自己没有的,就没有办法给别人"的朴素道理;"保持饥饿,保持愚蠢",与"满招损"、"骄傲使人落后"、"心态归零"等道理何其相似;"失败和灾难就像台风、像雷阵暴雨一样,表面很恐怖,但只要你不轻言放弃,很快就会风和日丽——毕竟,晴天总比阴天多!"用自然界的阴晴来比喻失败与成功,并借用自然界晴天比阴天多的事实告诉听众：只要不轻言放弃，成功自会到来。

2.鲜活典型的事例

抽象地讲"讲自己所做的，做自己所讲的"，听众也许很难信服。演讲者因此就选用了真实、鲜活的事例：乔布斯被自己创建的公司炒了鱿鱼而推出了影响亿万人的电脑动画电影；安东尼穷得在浴缸里洗碗后因接触"神经语言"的课程而迅速富裕；自己听了安东尼的演讲而疯狂工作；23岁的大学生徐鹤宁"要成功、先发疯、头脑简单往前冲"的信念等，这些事例或为听众熟知，或发生在演讲者自身或周围，全为成功人士的真实事迹，材料鲜活，极富传奇色彩，与其他的材料相比，更具有说服力和感染力，充分论证了"言行一致"的道理，引发了听众对成功的热切追求和对"演讲精神"的全面理解。

（选自《演讲与口才》2007年第四期，蔡顺华点评）

范例六

我们都是被上帝咬过的苹果

柳宛辰

朋友们：

三年前的一个夜晚，我失去了这个世界上最亲最爱的人——我的母亲。当她在我的怀里闭上双眼的时候，我整个人都崩溃了。从那时起，我对生活充满了恐惧，觉得自己是世界上最不幸的人。后来，我离开了家乡和亲人，只身来到了宁波，开始了孤独的人生之旅。熟悉我的同事都知道我很脆弱，又多愁善感，写出来的文章更像是在泪水里泡出来的一样。那是因为，当时的我只能看到失望与孤独，看不到生活的希望和快乐。

我26岁生日的那个晚上，一位大连的好友在电话里向我讲了一个《被上帝咬过的苹果》的故事，那是我收到的最好的生日礼物。它教我重新开始了自己的人生，教我怎样看淡从前的痛苦经历，更教会了我如何在逆境中挑战自己的命运。

在这里，我愿意跟在座的各位共同分享这个动人的故事：有一个小男孩，从小双目失明，他深深地为自己的缺陷而感到烦恼、沮丧，认定是老天爷在处罚他，觉得自己是这个世界上最不幸的人了。后来，一位老人告诉他："世上每个人都是被上帝咬过一口的苹果，我们的人生都是有缺陷的。有的人可能缺陷比较大，那是因为上帝特别喜爱他的芬芳，所以那一口咬得比较大而已。"男孩听了很受鼓舞，从此把失明看做是上帝的特殊偏爱，因为自己这只苹果比别的苹果更为芬芳，所以上帝特地咬了一大口！于是，他开始向命运挑战，开始了勤奋和拼搏的历程。若干年后，他成为了一个著名盲人推拿师，为许多人解除了病痛，他的事迹也被写进了小学课本。

有人说，每个人都是上帝精心设计的一个作品，早已被上帝安排好了一切。也有人说,上帝是个吝啬鬼,决不肯把所有的好处都给一个人:给了你美貌,就不肯给你智慧;给了你金钱,就不肯给你健康;如果你是个天才,就一定要搭配些苦难……世界文化史上著名的三大怪杰:约翰·弥尔顿是个盲人,但却写出了精美绝伦的诗歌,世代流传;天才小提琴演奏家帕格尼尼是个哑巴,却谱出了美妙浪漫的音乐,被誉为19世纪"小提琴之王"和浪漫主义音乐的创始人贝多芬,双耳失聪,却创作出了世上最美妙的钢琴曲,成了让无数人敬仰的音乐大师。如果用"被上帝咬过的苹果"这个理念来解释,他们全都是由于上帝的特别偏爱,而被狠狠地咬了一大口啊!

把人生缺陷和苦难看成是"被上帝咬过一口的苹果",这个理念太奇特了,尽管它有点自我安慰的阿Q精神。可是,人生不如意十之八九,这个世界上谁不需要找点理由自我安慰呢?而且这个理由又是那么幽默可爱。"被上帝咬过的苹果"的故事完全是可以从某种意义上理解为,是情商决定了小男孩的命运。小男孩把那个"被上帝咬过的苹果"的故事作为自己生活的动力,扫去了隐藏在心中的阴霾,给了自己顽强生活下去的勇气和信心。那份难能可贵的乐观精神,使他实现了自我超越,让自己成了命运的主人。而正是那种类似"阿Q精神"的自我安慰,激励了这位生活的弱者,使他昂扬地向强者的领地迈进,一步一步走向了成功,最终改变了自己的命运。

我之所以喜欢这个"苹果"的故事,因为它一直在我失望、灰心的时候给我信心与勇气。每当受伤、难过的时候,我会擦干眼泪,告诉自己——"没有什么可以阻止我,一定要坚强地走过去,一切都会好起来的。要知道,雨后的天空最为美丽,泪后的人生最为灿烂。"失意的时候,我仍会微笑着对每个经过身边的人道一声"您好",仍会微笑着去迎接生命中的每一天。

认真品读过《情商决定命运》这本书后,今天站在这高高的演讲台上,我不得不承认自己以前是个"低情商者",是情商决定了我以前的悲观命运。通过"苹果"的故事,让我更加深刻地理解了情商对于人生命运的重要意义,让我学会了重新看待自己的人生,把握自己的命运,使我对生活充满了渴望与信心。现在,作为万达集团宁波商业管理公司通讯员的我,深知自己的责任和义务,那就是要紧握手中这支笔,去及时报道项目的工程进度,展现公司的新貌,积极做好万达集团三大战役之一的"宁波战役"的战地记者工作,给辛苦奋战在最前线的同事打气、助威。

朋友们,如果让我重新选择的话,我希望上帝咬我的那一口更大一些,因为那是上帝特别喜爱我这个苹果的芬芳,那么我的人生也将更加美好、更加精彩!

谢谢大家!

（此演讲获大连万达集团"情商决定命运"读书演讲比赛特等奖）

评析:

如何看待情商在生活中的作用,这是每个人,特别是初涉人世的年轻人不可回避的现实问题。以这样的话题作主题演讲,最易落入"假、大、空"的俗套。这篇演讲却把握有度,既有情有物又有理,显得很有特色。

1.言之有情

"言贵从心",演讲中要有真情实感才动人。演讲词开篇,作者讲述了丧母之痛,人生独旅之苦,诉说内心的脆弱和困惑,把一个"对生活充满了恐惧"、"看不到生活的希望和快乐"的自我展示在听众面前,真实的经历,真挚的感情,自然能够感染听众和读者。

2.言之有物

演讲者由"被上帝咬过的苹果"这个故事切入,讲故事带给她人生的激励,再联想到约翰·弥尔顿、帕格尼尼、贝多芬等名人的生活际遇,这样由"我"及人,巧妙地阐述"人生是有缺陷的,每个人都是被上帝咬过一口的苹果"的理念,豁达超然,顺理成章,富有新意。

3.言之有理

演讲者借"苹果"的故事,回顾自己从"只看到失望和孤独"到"微笑着去迎接生命中的每一天"的坎坷心路历程,认识到"情商决定了我以前的悲观命运,而现在我要大声地说,我要让情商来改变我以后的命运"。最后,演讲通过"希望上帝咬我的那一口更大些"来说明自己已经走出了低情商的阴影。以故事说"情商决定命运"之理,寓人生体验和感悟于故事之中。不但深刻,而且生动。

（选自《演讲与口才》2007年第四期,东方牧点评）

范例七

遇不怀才的时候

廖济忠

青年朋友们:

在我们青年人当中,最容易见到遇不怀才的人,最容易听到怀才不遇的话,不少人会眼看世界,撇嘴论英雄。我不禁想问,我们真的怀才不遇吗?

鲁迅笔下有一种"恨恨而死"的人,他们一面说些怀才不遇的话,一面有钱的便狂嫖滥赌,没钱便喝几十碗酒。先生质问他们:"四斤的担,您能挑么?三里的道,您能走吗?"我们也不妨自问:我能干些什么?我又能做些什么?

怀才不遇是时代的不幸,遇不怀才是个人的悲哀。然而,孔子不遇,一代宗师的名位无人敢替;屈原不遇,五月端午的怀念自古不变;李白不遇,斗酒百篇的才气穿透历史……遗憾当遗憾,成就依然沉甸甸的。看来,本事二三两,傲气四五斤,装出一副怀才不遇的模样并不高雅,也不时髦。

遇不怀才的时候,要老老实实地承认自己不是怀才不遇,而是遇不怀才。现在是经济战国时代,无须"士恨不生战国"的虚叹。人们常说,当今世界面临三大危机,即生态危机、人口危机、能源危机,其实世界上还有一个同样应当引人注意的危机,这就是人才危机。难怪有人把人才危机称之为世界第四危机。广州今日集团花 1000 万元,购买马俊仁教练一个滋补健身饮品配方。深圳三九集团创业时只有五个人和一个小棚,他们依靠科技,不断开发新产品,几年间便发展成闻名遐迩的企业集团。市场经济的实践证明,谁拥有人才,谁就拥有发展优势,拥有质量效益。君不见,招聘广告铺天盖地,招聘特使有如穿梭,交流盛会此起彼伏。人才,越炒越热,条件非常优惠:给房子,给职称,给待遇,给条件。市场是天生的平衡派,知识越多越有用,能力越强越挣钱。问题是,你敢应聘吗?你能被聘吗?也许你无心去应聘,在本职岗位也不是没有证明自身的机会。著书立说、发明创造、改革创新、增收节支,你都可以干。什么是人才?凡是以自己在某个领域的特长对社会的进步作出了一定贡献的人,都是人才。同时,那些空有文凭并无真才实学的人,能吹不能做事的人,自认有才却无法证明的人,就不能称之为人才。孔子云:"不患无位,患能以立。"不患而遇、而遇不才,这话说得多好呀!

　　遇不怀才的时候,不能凑凑合合地做点事,无聊之极地混日子。不少青年朋友生活比上不足,比下有余,称不上饱汉,可也不是饿鬼。口里说:"活是不干的,钱是要拿的,调是不走的,处分是要闹的。"其实心理活动挺复杂,想锅里的,又舍不得碗里的;不满意碗里的,可又没有勇气去争锅里的,在优越感与失落感的夹缝里干瞪眼,咽唾沫,我看这些朋友,要么安下心来,做好本职工作,力争有所成就,要么"壮士一去不复返","难酬蹈海亦英雄"。反正不能凑凑合合,不能混日子,美国超级企业家艾柯卡,因功高震主,在 1978 年 10 月 5 日,也就是他 54 岁生日的时候,被福特公司辞退。如果他就此"提前退休",也可凭其功高财富,颐养天年。如果他要重振旗鼓,则前途莫测,可能身败名裂,但也可能再创辉煌。经过一番激烈的思想斗争,艾柯卡选择了后者,结果他成功了,使濒临倒闭的克莱斯勒公司崛起为汽车行业的新巨人。他这种敢于向自己挑战,不断追求事业的精神,难道不值得我们好好学习吗?

　　还有,遇不怀才的时候不要用"人过三十不学艺"的借口来麻醉自己。是的,随着经济的发展,有些知识升值了,有些知识贬值了。我是学历史的,我曾认为,人不能不懂历史,但作为一门专业是可悲的。很巧,我一位同事是北大哲学系毕业的,他对我说:"人不能不懂哲学,但是作为一门专业是可悲的。"于是我想,我们已懂了不能不懂的学科,再根据需要学一些适用的东西,不就会如虎添翼吗?更何况,那些没有专业的人还不照样干成了大事业?克林顿并非总统专业毕业,牟其中也并非富翁专业毕业,专业只为人的发展提供一个基础,但社会的发展一日千里,分新秒异,以不变应万变就会被淘汰、被冷落。把僵化的教条和陈腐的知识当成只涨不跌的股票,在市场经济的今天,仍以权威行家的身份自居,幻想不费半点力气就能大把大把地分享经济发展的红利,只能是可笑可悲的白日做梦。

　　朋友们,成功者之所以看起来光芒耀眼,是因为你自己蜷缩在阴暗之中。走出来吧！青年朋友，大步向前走。在社会主义市场经济的大舞台上显露身手、建功立业。不过，有一种烦人的感觉将与你相伴——你，永远怀才不够！

谢谢大家！

（选自《演讲与口才》1994 年第 12 期）

评析：这篇演讲稿针对当今人们求职应聘遭遇失败现状进行分析，鲜明深刻地提出之所以遭遇求职失败并不是怀才不遇，而是遇不怀才的观点。

这篇演讲词角度新颖，不是从一般的求职失败是因为社会就业形势紧张等原因而论，而是从自身提出了让人能深深思考的问题，观点新颖。

思路清晰，鞭辟入里。从"在我们青年人当中，最容易见到遇不怀才的人，最容易听到怀才不遇的话……"入题，犀利地揭示"怀才不遇是时代的不幸，遇不怀才是个人的悲哀。"进而，阐述，作为年轻人，"遇不怀才的时候，要老老实实地承认自己不是怀才不遇，而是遇不怀才。""遇不怀才的时候，不能凑凑合合地做点事，无聊之极地混日子。""遇不怀才的时候不要用'人过三十不学艺'的借口来麻醉自己。"，最后提出号召："朋友们，成功者之所以看起来光芒耀眼，是因为你自己蜷缩在阴暗之中。走出来吧！青年朋友，大步向前走。在社会主义市场经济的大舞台上显露身手、建功立业。不过，有一种烦人的感觉将与你相伴——你，永远怀才不够！"内容环环相扣，层层递进，让听众随着讲稿的思路一同感受，从而使主题鲜明突现。

语言朴实，感情真挚，犀利而深刻，极富感染力和震撼力。有力地唤起年轻人为了拥有自己的美好未来，不再沉迷于哀叹，而是奋起。

范例八

少点陶醉　多点反省

张亨达

同志们：

陶醉，像一个索命的幽灵，在中国大地上徘徊了上千年，它吞噬着一代又一代中国人的灵魂，是我们中华民族的一条劣根。只有挖掉这条劣根，我们的改革才能成功，我们的球籍才能不被开除。

我说陶醉是我们民族的一条劣根，这是有据可考的。大家知道，"四大发明"使我国一举成为世界瞩目的文明古国。于是，人们醉倒了，大清王朝以为中国才是大地的主人，地处中央，四周不过是猪狗般的蛮夷，就连民族英雄林则徐也说洋人的手和脚是伸不直的。殊不知中国发明的火药，却被英军用来轰开了中国的大门。无数"刀枪不入"的壮士，血染沙场尸横遍野，也未能阻挡住中国被迫成为殖民地。更可悲的是，前人的血肉之躯，并没有唤起人们的反省。已经进入社会主义的中国人，还躺在"四大发明"的"席梦思"上做着美梦：三年困难时期想到它，"十年动乱"中忘不了它，经济濒临崩溃时又提到它。倘若倒在洋枪洋炮下的英灵有知，也会为今人流泪的！再有，到北京去的中国人，一经登上八达岭，就觉得扬眉吐气，似乎整个世界都在他的脚下了。于是又陶醉在修筑土城墙的黑头发、黑眼睛、黄皮肤的龙的传人的梦中了。怎知这陶醉中，那黄头发、蓝眼睛、白皮肤的"洋鬼子"已经筑起了一道"电子长城"！陶醉是自我满足的表现，它使人安于现状，不求进取。无疑，它是一杯不能畅饮的鸩酒！

在改革给中国带来一些生机和希望的时候，一些人又开始陶醉起来，上下一片喝彩声，这样好吗？恕我不敢苟同。实践是检验真理的唯一标准。我们正在摸着石头过河。改革的一些方针、政策正在实践过程中，并未得到最后验证，怎么能一味叫好、陶醉呢？少想成绩，多看问题，才能使人睡不着，才有时代的紧迫感。想想吧，为什么中国留不住中国人才，美国却拥有华人高级知识分子10万之众？为什么取得德国哲学博士学位的中国研究生归国后奔波了三个月竟然找不到工作？为什么闽东会有800位教师弃教，百余所学校被迫关门？为什么党内"美食家"日渐增多，"感情投资"禁而不止？为什么一句"海关开闸，香港可以自由去"的谣言，就可以使5万余众大陆公民背井离乡洪水般涌向沙湾，去投奔那个"自由世界"呢？为什么在当家做主的社会主义国家里，就连通货膨胀物价上涨也奈何不得呢？还有，中国外资借贷债台高筑，日货充斥市场等，这些还不足以引起我们反省吗？有什么值得我们去骄傲、去陶醉的呢？

西方人把中华民族叫做现代阿Q。对于这个"美称"，难道我们不感到可恶、不感到可耻吗？战后的德国、日本，在一片废墟上崛起，靠的是什么？靠的就是民族耻辱感，在自我反省中一步步登上经济大国的宝座。可以说，我们的改革也是在自我反省中找到一条出路。刚刚有点转机，就昏昏然，陶醉起来，这不是对改革的不负责任吗？陶醉是和政治上的无知、生活上的贫穷连在一起的。我们中华民族不能再为取得一点点成绩，就永无止境地陶醉下去了。再陶醉，就只有等着挨打，就只有等着被开除球籍！

让我们团结起来，根除陶醉，增强反省，埋头苦干，为建设一个民主、自由、富强的社会主义强国而努力工作吧！

评析：这是一篇很有说服力的演讲稿，开篇提出观点，接着依次论证观点。在论证过程中，作者既从纵的方面——中国的历史和现在相延续进行论证，又从横的方面——中国和世界其他国家相对照进行论证。在论证中恰当地选用典型事例，使论证充实不流于空泛。结尾处再以号召性结论收束全文。整篇演讲结构严谨，脉络清晰，文气贯通，气势磅礴，不愧为一篇佳作。

（转引自包镭编著《演讲与口才技能实训教程》，北京大学出版社，2007年版）

范例九

施恩不图报

黄　灿

大家好！

当我最后一个到达这次大赛组委报到的时候,老师惊讶地问:"你是哪个学校的学生呀,今年多大了?"我告诉他:"我是一个有五年教龄的教师。"作为教师,我想我对"施恩不图报"这句话有着最深切的感受。

我想,在座的各位,我将来的同行们,一定非常想了解当你刚刚走出师范大学的校门、跨入工作岗位的时候,会是怎样一种情况? 那么,就请听听我的描述吧!

当我刚刚走上工作岗位,当我面对一大群孩子的时候,我的心中真是涌起了无比的自豪和骄傲,因为有那么多赞美教师的光环照在了我的头上,什么教师是人类灵魂的工程师啦,教师是春蚕啦,教师是红烛啦! 我真是得意极了。可是,我有这样的疑问,既然是红烛,为什么要流泪呢? 难道他要让别人记住,他曾经在黑暗里给人们带来过光明,难道他是要让人记住他的奉献、他的施恩,难道他想获取回报吗? 这样的问题,我不止一次地问过我的启蒙老师——一位平常的山村教师,他给我的回答非常简单:"红烛虽有泪,燃烧却无悔;教师是清贫,施恩不图报。"

我的这位老师啊,可也曾经有过"施恩想图报"的时候啊,那时当他年轻的时候,也是他刚刚当老师的时候,在一个贫困的山区里,当了三年的教师。各位同学,你能想象那种生活吗? 没有电视,没有电灯,甚至连最基本的杂志书报都不能按时取到。三年后的一天,这位老师终于有机会调到县城了,他高兴极了,背上行囊,来不及通知一声他的学生,在一个黎明悄悄地走下了山。就在他走到一片草丛的时候,一不留神,被一个草节的死结给绊住了,死结旁有一张照片,那是他和学生们唯一的一张合影。还有一张纸条,上面这样写的:老师,我恨你,我恨所有城里来的老师,因为你们忘了山沟里也有想念书的娃娃。这位老师,捧着纸条,呆呆地站着。一秒钟,两秒钟,他默默地转过身去,只见山坡上有一片红色的云向他飘过来,那是十三条鲜艳的红领巾在向他挥舞,那就是我们在向他发出真诚的渴望、期盼的召唤。我们这位老师,最终还是留在了我们的身边,而这个写纸条的人,就是我。

在他这种"施恩不图报"的精神的鼓励下,我也和当年的他一样,走上了人民教师这个光荣的工作岗位,在这儿我才真正地体会到了施恩不图报的含义。因为我们选择了教师本身就是选择了平凡,就是选择了清贫。但是我们收获的是人世间最真、最美、最纯的真情啊!

在从教的五年时间里,厚厚一大摞贺年片当中有这样一句话我永远记得:"老师,我是一棵小苗,您是一场春雨。"在这句话的后面我写上了另外一句话:"孩子,你是一棵小苗,我就是灌注小苗的清泉。"这就是我,一位施恩不图报的教师的回答!

评析:本文为即兴演讲,获得 2000 年"红河杯"全国演讲大赛即兴演讲一等奖,题目是现场抽取的。演讲自然、感人、平实。

(转引自包镭编著《演讲与口才技能实训教程》,北京大学出版社,2007 年版)

范例十

胜诉西雅图的一段精彩答辩

龚永强

背景材料:1990 年北京亚运会之后,中国星华事业集团公司总裁李伟先生提出准备在 1991 年或 1992 年举办"北京国际职业拳击冠军赛"的设想。后由外国朋友牵线搭桥,星华集团与美国维勒公司就有关事宜达成了共识。1991 年,按照合同规定,中方将 310 万美元订金如期汇至美国,但这 310 万美元却被维勒公司总裁、美国名律师维勒和美国大律师特里丝等人瓜分了。1992 年 9 月 25 日,中国星华事业集团公司正式将诉状递呈美国西雅图联邦地区法院,起诉维勒、特里丝诈骗等 6 条罪状。1994 年 3 月 8 日,"维勒公司诈骗案"开庭审理。但被告精通法律,十分狡猾,一开庭就占据了主动——提出请陪审团审理。按照美国民事庭惯例,民事诉讼,选择法官审理,须由原告、被告双方商定;而选择陪审团审理,则一方提出,另一方不得更改。于是法庭从某一街区随机抽选了 50 名公民入庭。在听完他们各自陈述的简历之后,再由双方选出 12 名组成陪审团。只要你是美国公民,就有参加陪审团的均等机会,而不管你的身份是什么。此案的审理,陪审团成了关键。成员复杂的陪审团能否审出公道? 我方心中无数,连我方聘请的五位美国律师也都心里没底。而且开庭以后一连三日,双方唇枪舌剑,高下难分。面对大量的人证、物证,狡猾的维勒、特里丝百般狡辩、抵赖,无中生有地造谣、诽谤,甚至还想将显而易见的商业诈骗硬涂上一层政治色彩,以混淆视听。形势显然对我方极为不利。然而,我方审时度势,稳扎稳打。第四日,当被告律师询问原告之一的中国星华实业集团公司 28 岁的国际部经理龚永强先生时,龚永强准确地抓住了时机,通过自己的答辩,巧妙地争取了陪审团,从而扭转了劣势,并为我方最终的胜诉打下了坚实的基础:

被告律师:龚先生,你为什么今天坐在这里?

龚永强:(稍作思考)我为什么坐在这里? 维勒夫妇、特里丝夫妇是我们两年前的合作伙伴,我们对他们是那样的信任,像朋友一样,像亲戚一样。不幸的是,今天我们竟相会在这样一处场合,这是不该发生的事情! 我们不远万里,远涉重洋,来到这陌生的国度、陌生的法庭,面对陌生的面孔,就是为了寻求正义! 两个美国人偷走了我们 310 万美元,欺骗了我们的真诚情感。这对于中国人来说是一种极大的屈辱! 而我们今天还要坐在这里,花钱、花精力和时间来证明我们是怎样被欺骗的。这就如同在我们流血的伤口上撒盐。此时此刻,我的母亲还在住院,李总离开他五岁的女儿……(说到这里,龚永强哽咽了,泪水模糊了双眼。)在中国,我们最崇拜两种人,一种是教师,他教怎样读书,怎样做人;一种是律师,他教人什么是"是",什么是"非"。然而,我们被骗了。欺骗我们的,正是贵国很有名的两位律师! 对此,我们不肯相信,所有善良的人,都不愿相信。然而,这却是谁也无法回避的现实。美国人民是伟大的,这样的人不属于这个伟大的民族;西雅图是美丽的,这样的人不属于这座美丽的城市!

(龚永强的语调变得异常激愤)请想一想,310万美元相当于3000万人民币。这对一些月薪只有50至100美元的普通的中国人来说,是怎样的一个天文数字? 中国人民辛辛苦苦的血汗钱,被这几个黑心人轻而易举地骗走了! 我为什么坐在这里? 我只觉得这是一件很悲哀的事,一件不该发生的事。我不明白,人类之间为什么会存在着欺骗?

评析:当龚永强的答辩结束时,陪审团的12个成员中有10个热泪滚滚,另外两位和法官们虽没有落泪,但眼里也都闪烁着泪光。而法庭上很多旁听者也情不自禁地低声抽泣。这一切都显示着善良和正义! 为什么龚永强的答辩会具有如此挽狂澜于既倒、扶大厦于将倾般的巨大力量呢?

1. 龚永强知难而上,通过解决主要矛盾推动解决全部问题的进程。他的答辩紧紧围绕着争取陪审团的支持这一目的,答辩中并不侧重于法理、法条的阐述和引申,而是注重唤起在场人们的正义感和同情心。

2. 以情动人,激起人们的共鸣,使之向星华集团的立场靠近。当律师问他"你为什么今天坐在这里"时,他敏捷地抓住了这个机遇,用饱含情感的语言道出了自己的诸多感慨,饱含着真切的感情,自然也就打动了陪审团成员的心。

3. 用对比说理,置被告于星华公司和陪审团于对立面。尤其在答辩的后半部,将律师理想的崇高性与维勒、特里丝的卑劣行径进行对比,美国人民的伟大、西雅图的美丽与维勒、特里丝的诈骗行为的对比,表现了极高的口语表达素养,产生了置被告于正义的对立面的强烈的效果。

龚永强的答辩大处着眼、小处落墨,为星华集团胜诉奠定了坚实的基础。从此以后,法庭的形势越来越明朗。1994年4月21日,在陪审团认定事实的基础上,法官作出了判决:中国星华实业集团公司全部诉讼理由成立,被告赔偿原告310万美元,并追加从1992年算起的12%的利息。中方胜诉西雅图,龚永强们捍卫了祖国和企业的尊严和权益。

(选自《演讲与口才》1995年第6期,胡习之点评)

范例十一

人格是最高的学位

白岩松

很多年前,有一位学大提琴的年轻人去向20世纪最伟大的大提琴家卡萨尔斯讨教:怎样才能成为一名优秀的大提琴家?卡萨尔斯面对雄心勃勃的年轻人,意味深长地回答:先成为优秀而大写的人,然后成为一名优秀而大写的音乐人,再然后就会成为一名优秀的大提琴家。

听到这个故事的时候,我还年少,对老人回答中所透露出的含义理解不多。然而,在以后的工作生涯中,随着采访接触的人越来越多,这个回答在我脑海中便越印越深。

在采访北大教授季美林的时候,我听到一个关于他的真实故事。有一年秋天,北大新学期开学,一个外地来的学子背着大包小包走进了校园,实在太累了,就把包放在路边。这时正好一位老人走来,年轻学子就拜托老人替自己看一下包,自己则轻装去办理手续。老人爽快地答应了。近一个小时过去,学子归来,老人还在尽职尽责地看守着。学子谢过老人,两人分别。几日后北大举行开学典礼,这位年轻的学子惊讶地发现,主席台上就座的北大副校长季美林,正是那一天替自己看行李的老人。

我不知道这位学子当时是一种怎样的心情,但我听过这个故事之后却强烈地感觉到:人格才是最高的学位。后来,我又在医院采访了世纪老人冰心。我问她:"您现在最关心的是什么?"老人回答简单而感人:"是老年病人的状况。"

当时冰心已接近自己人生的终点,而这位在"五四运动"中走上文学之路的老人,对芸芸众生的关爱之情历经80年的岁月而仍然未老。这又该是怎样的一种传统!

冰心的身躯并不强壮,然而她这一生却用自己当笔,拿岁月当稿纸,写下了一篇关于爱是一种力量的文章,在离去之后给我们留下了一个伟大的背影。

当你有机会和经过"五四"或受过"五四"影响的老人接触,你就知道,历史和传统其实一直离我们很近。这些世纪老人身上所独具的人格魅力是不是也该作为一种传统被我们延续下去呢?

不久前,我在北大又听到一个有关季先生的清新而感人的新故事。一批刚刚走进校园的年轻人,相约去看季美林先生,走到门口,却开始犹豫,他们怕冒失地打扰了先生,最后决定每人用竹子在季老家门口的地上留下问候的话语,然后才满意地离去。

这该是怎样美丽的一幅画面! 在季老家不远,是北大的博雅塔在未名湖中留下的投影,而在季老家门口的问候语中,是不是也有先生的人格魅力在学子心中留下的投影呢?

　　听多了这样的故事,便常常觉得自己像只气球,仿佛飞得很高,仔细一看却是被浮云托着;外表看上去也还饱满,但肚子里却是空空的。这样想着就不免有些担心:这样怎么能走更长的路呢? 于是,"渴望老年"四个字,对于我就不再是幻想中的白发苍苍或身份证上年满60周岁,而是如何在自己还年轻的时候,能吸取优秀老人身上所具有的种种优秀品质。于是,我也更知道了卡萨尔斯的回答中所具有的深义。怎样才能成为一个优秀的主持人呢? 心中有个声音在回答:先成为一个优秀的人,然后成为一个优秀的新闻人,再然后就会成为一名优秀的节目主持人。

　　评析:白岩松是中央电视台著名的节目主持人,他的主持风格质朴自信,机智深刻,深受观众的喜爱。1998 年,白岩松参加了"演讲与口才杯"全国新闻界"作文与做人"演讲比赛,演讲该文获得了此次大赛的特等奖。

　　演讲的深刻思想宛如一连串的警示敲击着人们的心坎。通篇演讲寓情理于故事中,在一个个耐人寻味的故事中,听众对演讲者的观点感同身受,受到深刻的启迪。演讲者始终让听众明白了一个真理:要先学会做人,其次才能做好工作,然后才能取得事业的成功。演讲者选用的人和事,朴素但感人,并在诗一般、散文化的语言中,更是给人震撼:人格是最高的学位!

　　白岩松的这篇演讲言简意赅却寓意深长,朴实无华却感人至深。情与理巧妙地融会于故事之中,如和风细雨,滋润了听众的心田,让人格之灯的光芒照亮每一个听众的心灵。确实,在当今社会,一个人如果失去了高贵人格的支撑,那么他的任何成就都将黯然失色。这是白岩松演讲获胜的关键所在。

(选自《演讲与口才》2006 年第 10 期,王飙点评)

任务二　谈话口才训练

◎ 学习目标

　　通过谈话口才训练,使学生具有较高的语言感受能力和口头表达能力,从而在实际工作中能快速把握事物的本质,提炼要点,并能言简意赅、准确、清晰、深刻地表达意思。

　　知识目标

　　● 了解谈话的类型,理解谈话的特点,掌握谈话的原则,重点掌握谈话的技巧,使其在工作中有效驾驭语言工具,切实为秘书工作服务。

　　能力目标

　　● 通过学习,在理论知识的指导下,结合训练,切实提高谈话口才,并力求使谈话得体、有效。

◎ **参考课时**

4 学时

◎ **导入案例**

　　日本某公司总裁遇到一桩极为棘手的生意纠纷,他打算让资深的部门经理张先生去处理,又恐张先生误认为是将他降职使用。于是,这位总裁将张先生请到他的办公室,先把那件棘手的纠纷大概介绍了一番,然后让张先生推荐办理此事的合适人选。张先生一连推荐了几位,总裁都不甚满意。接着总裁探询式地提出了几个人选,张先生又觉得都难以担当此任。最后,不出总裁所料,张先生主动提出由自己去处理这桩生意上的纠纷。

　　这是典型地委婉迂回谈话的妙用。在这里,总裁没有借权势硬性地、简单地下命令,而是从强调工作的重要性和其他下属的难以胜任入手,婉转地表达了对张先生能力的信任和肯定,从而使其毛遂自荐,自动地承担了这项艰巨的工作任务。

　　在 2008 年 5 月 12 日四川汶川大地震后,中央电视台主持人和记者之间的一次对话直播,双方的访谈内容如下:

　　主持人:刚才我们通过一些短片了解了一下聚源镇中学的情况,现在我们就来连线此刻正在聚源镇中学,在都江堰采访的中央电视台记者××。××你好!

　　记者××:你好,主持人。

　　主持人:请你现在给我们介绍一下你现在具体的位置是在什么地方?

　　记者××:是这样的,我现在更正一下,我现在是在成都。因为现在都江堰的所有通信的信号都已经切断。所以我现在……呃……刚刚从聚源中学返回了成都,在一个酒店里在接受……呃呃……在做这个连线。

　　主持人:嗯,那我问一下你为什么要在这个地方返回成都呢? 你是不是到前线去了,返回成都的目的是什么?

　　记者××:呃……是因为要做我们这一个……一个……要把我们……(此时主持人赶紧打断)

　　主持人:我明白了我明白了。

　　主持人:那信号原来是通的,为什么这时候又断了呢,是出现新的灾情了吗?

　　记者××:啊……没有没有没有。是这样的,这个……呃……呃……现在那边的信号……有的时候这个会断,有的时候会好。他现在正在这个呃……抢修过程当中。我说的是这个手机的信号,说的是这个手机的信号啊。(基本跟灾情无关)

　　主持人:记者××你今天是否观察到了整个聚源中学的一些救援情况? 你是否在现场?

　　记者××:我今天下午和晚上都在现场。呃是这样的,我觉得这个中学的情况,呃,现在这个救援的情况呢,呃……整个的情绪氛围还是比较……应该还是个灾难吧,我觉得还是比较呃,比较悲伤的哈。就像这里的天气一样,我觉得今天的温度虽然在 18℃ 左右,但今天一直在下着雨,而且气温也非常的冷,那很多这个爸爸妈妈从昨天出事到现在,他们一直在学校的操场一直在等自己的孩子。呃……那今天我遇到了一个妈妈,她在这个学校已经等了 30 多个小时,她而且她今天告诉我说,她说因为这个学校是住校孩子一直在住校嘛,那刚好那星期天那天是她孩子的生日,那在她送这个孩子回学校的时候孩子特别高兴地跟她说了一句话,他说这是他 14 年以来遇……孩子是 14 岁哈,14,14 年以来的,呃……他妈妈送他的第一个生日蛋糕。然后今天(笑声)他妈妈说到这一点的时候,我真的我当时心里特别难过,因为我能够体会到她那种,他妈妈的那种,那种悲伤……(又被主持人打断)(够啰嗦)

主持人:记者××我想了解一下,今天因为有些学生被救出来了,那么对于那些被救出来的学生的家长,当然他们会感到很庆幸,但是对于那些他们的孩子还是在地下生死未卜的那些家长,他们今天又是……你今天观察他们又是怎么样的状态?

记者××:呃……我觉得是这样……呃……现在的情况比我想象的要……要好,因为我觉得,呃,很……现在的救援情况还是比较有序,因为很多这个……呃,我们也看到,解放军跟警察他们带着大量的仪器还有在这个已经奋战了有 30 多个小时都没有休息。那我觉得这个救援工作今天我也问了一下,救援工作呃应该是已经接近了尾声,所以我觉得呃,在接下来的这个过程当中应该还是比较,比较顺利的。而且,但是我特别想表达的一种情绪是这样,就是其实我今天到了这个都江堰之后我看到每一个人的脸上这种表情都是非常沉默,真的……这个脸上而且都带着一种疲倦,因为我觉得从昨天开始到现在没有人,没有人真正地睡过,所以昨天……今天有人在说,他说这个是一个对于成都来讲对于这个都江堰来讲这是一个不眠之夜。而且在这个城市当中就是很多这个不管是受灾的群众还是救护人员,30 多个小时都没有合眼……(被打断)

主持人:我想了解一下,刚才你说到了一个细节,你说对于聚源镇中学的这个救援工程已经接近尾声,因为刚才我们在演播室里面采访专家,他说在震后之后的 72 个小时都是黄金救援期,你为什么说已经接近尾声了呢?

记者××:呃……呃……因为是这样子,就是我今天晚上,因为我刚刚从那边回来大概一个……呃不到一个小时哈,那他现在呃已经……我今天问了一下我们这边的救援的人员,他现在呃……呃……就是说他现在死伤的人数现在正在统计过程当中,而且现场已经基本恢复了正常的状态。

主持人:好的,谢谢记者××从成都给我们带来的关于聚源中学救援的一些最新情况。

　　以上是发生在汶川地震时期的真实事情。虽然谈话双方并非秘书人员,但从这则谈话中让人感受到无论何种行业,谈话必须遵循一定的原则,更不可支支吾吾、敷衍塞责、答非所问。一个人的谈话水平也往往可以反映出一个人的职业道德与水准,有失水准的谈话只会给公众留下负面的影响,不仅个人印象大打折扣,更不利于工作的顺利开展。

◎ 理论知识

　　一、谈话的类型

　　谈话,是指为实现一定的目的而同一定对象进行某种问题、话题、思想或情感交流的口语表达方式。

　　(一)谈话类型

　　从内容的角度来分,主要有:采访性谈话、调查性谈话、启发性谈话、激励性谈话、劝慰性谈话、释疑性谈话、警告性谈话、批评性谈话、命令性谈话、咨询性谈话、汇报性谈话、研究性谈话等。

　　从谈话的方式来分,主要有三种:

　　主导式。问话者的言语多于答话者,引导答话者对问题进行回答,问话者对谈话的趋势和方向有大致的把握和引导。

　　研讨式。谈话者与谈话对象就一定的问题进行协商研究和探讨。

　　征求式。谈话者在谈话的过程中重在听取对方对问题的意见或看法,并对合理的见解予以采纳。

　　结合交谈的内容和方式来分,主要有:

　　正式谈话。预先有一定的目的,交谈双方约定具体的时间、地点甚至内容方面的事先安排等。例如洽谈、记者专访、学术讨论、法庭辩论等。

　　非正式谈话。目的性不是很强,时间和地点比较随机,谈话双方比较随意的一种谈话。例如讨论、议论、聊天等。

　　虽然谈话的类型和方式众多,但不管是哪种类型和方式的谈话,都不能只是"唱独角戏",而应是双向"交流"。

　　(二)谈话的特点

　　1.目的性

　　谈话不同于一般的拉家常,拉家常可以无目的、毫无边际地进行,而谈话是为了达到某一既定目的而进行的。

　　2.特殊性

　　谈话是一种双向的交流、对话,因而它会涉及对方的心理素质、文化素质、思想觉悟、理解能力等各个方面,所以谈话者谈话前和谈话中必须对这些问题加以考虑,从而促成谈话的顺利进行。

3.互动性

谈话是谈话者与谈话对象对某问题、话题、思想或感情的双向交流,经常是以双方互问互答、共同探讨等方式进行的,因而互动性很明显。

4.口语化

谈话所使用的语言,更追求口语式的表达,不必表现得文绉绉或规整华丽,因为口语更接近大众口味,并且易于表达,听者也容易理解,因而也便于交流。

二、谈话的原则

不管是何种类型的谈话,都必须遵循一定的原则,否则谈话不可能持续下去,甚至会不欢而散,因而达不到交流和解决问题的目的。

(一)平等谦让的原则

因为谈话是一种双向交流,也是一种平等交谈。交流双方不管身份、地位的高低,人格都是平等的,所以双方的话语权也是平等的,只有建立在平等的基础上,谈话才有可能顺利地进行下去,才可能达到预期的效果。如果在谈话中,时刻以居高临下的姿态和咄咄逼人的气势与对方交谈,则会让人感到说话者自以为是、官僚作风,让人生厌并产生极不情愿的抵触心理。但谈话者若能以平等谦让的语气与人交谈,哪怕其见解或想法并不成熟,但听者也愿意洗耳恭听,继续与其探讨,共谋解决问题的办法。因此,谈话双方想要顺利交谈并取得理想的谈话效果,交谈双方一定要遵循平等谦让的原则。

(二)就事论事的原则

所谓就事论事,就是指谈话要针对当时的问题,而不要牵扯上其他问题,并做到言简意赅,讲求效率,着眼于解决问题。即所谓话要说到点子上,不说废话,不节外生枝、漫无边际地乱扯一通,偏离主题太远,会给对方一种毫无主题不知所云之感,感到说话者在闲聊、在浪费时间。就事论事能保证谈话的简洁、适度和有针对性,进一步保证了谈话的高效性。因为它的主要特点就是直奔主题,直截了当,不拐弯抹角,不拖泥带水。把事情讲清楚,解决了问题,谈话也就到此结束了。秘书在实际工作中,可能经常接触到一些爱借题发挥的领导,碰到一件事情,领导可能先对此事评价一番,随后又牵扯到与此类似或者毫无关联的其他人或事情上,这时,秘书应该保持冷静的头脑,不能推波助澜,使谈话变得漫天撒网,而应该在适当的时候,使话题转回到主要问题的解决上,以达到预期的目的。

(三)文明的原则

文明程度是人们道德水准的体现。文明交谈可使谈话双方在谈话中彼此尊重,创造出一种轻松、和谐、文雅的环境,以便于彼此双方加深了解、增进情感,并最终使谈话取得圆满效果。做到文明谈话,秘书人员应该注意:在谈话中适当提及对方的称呼;有一些必要的客气话一定要经常挂在嘴边;眼光的落点要恰当;提出与对方不同意见时,要婉转,如"当然你的说法很有道理,但……"当对方发火时,必须控制感情,缓和气氛;注意倾听对方说话;不要随便打断对方的说话;不要摇头,摇头表示反对,哪怕是无意的摇头,也会给对方造成很大的压力;语言要礼貌,要使用基本的文明语言和礼貌用语。

三、谈话口才的技巧

(一)善聆听

学会并善于倾听其实是很容易的事情。只要你用心,在别人讲话时,倾心听取,适时回应,就能给人以充分的尊重,那么你也将得到更多的尊重,与人的交流将变得更愉快。

作为秘书,尤其要善于聆听,这样才能更清楚、更完整地领会对方的意思。一位不善于聆听的秘书,在别人说话的过程中,思想开小差,或者中途插话,打断别人讲话等,往往会令谈话双方陷入尴尬的境地。

当别人说话的时候,最有礼貌的表现是听对方把话说完。现在的人一般都有较强的表现欲,表现欲强的人为了表现自己的才能,喜欢在人前独占风头,容易在别人话没说完的时候就打断别人的话语,或者当别人谈到某一令自己感兴趣的地方时,自己便觉得遇到知音,知无不言、言无不尽、滔滔不绝、高谈阔论。

在公司的一次茶话会上,严总经理就上周本公司内部举行的一次职工运动会做了总结发言,并表扬了表现出色的110米跨栏运动员李斌,称赞他在运动场上的风度就像"飞人"刘翔。接下来是自由发言讨论,大家就本次运动会中运动员的表现对本公司员工精神的促进作用各抒己见。严总话音未落,小李心想:刚才严总点名表扬过跨栏运动员李斌,为了配合严总,我就也讲讲跨栏的李斌,再说,跨栏"飞人"刘翔也是自己最喜欢的运动员。于是,小李就打开了话匣子:"正如刚才严总所说,在本次的运动会上,李斌的表现真的很出色,像刘翔一样又快又稳。我们知道,刘翔是中国运动员的骄傲,他在雅典奥运会上以12秒91的成绩平了由英国名将科林·杰克逊保持的世界纪录……我们还知道刘翔的名字还是他的姑夫取的,刘翔本应叫刘吉(由于当时流行把父亲的姓氏作为姓,母亲的姓氏作为名)。刘翔父亲叫刘学根,母亲叫吉粉花,两字相加的……到了最后,姑父提出了刘翔的名字,'翔'和'强'在上海话发音差不多,加上'翔'有飞翔和吉祥的意思……"谁知,小李滔滔不绝地说这些内容的时候,严总的脸色渐渐地沉了下来……秘书小李对刘翔的了解确实很多,但她忘记了本次茶话会不是讨论刘翔,而是讨论本公司的员工形象和表现问题,她不但抢了严总的话茬,而且还离题甚远,其表现实在与其身份及当时的环境氛围、主题格格不入。

(二)想得仔细

谈话中,我们应该保持"不急着说"的心态。谈话不要想着赶时间,如果时间确实不够,或者临时有其他的重要事情,也不要急着乱说,特别是在还没有思考成熟的情况下,为了赶时间,匆忙丢下几句话,使谈话草草结束。情急之下的话语最容易成为别人的把柄。

如果确实出现了上述时间紧急的情况，最好是约定下次的谈话时间，或者向对方解释："这件事情比较重要，容我再想想，下次给你答复，好吗？"这样，就给自己留有一定的余地，可以有一定的时间再思考问题，也可以给对方更理想的答复，对谈话双方都有利。

（三）说得合理

谈话中问与答的合理与否，往往与前面所想是否仔细有关，只有仔细思考，针对问题仔细酝酿，才有可能作出比较合理的答复，使谈话合乎逻辑。如果缺乏思考，急于回答，可能会导致"牛头不对马嘴"、说话不着调、答非所问等结果。当然，除此之外，语言的组织和表达能力也很重要。一个不善于表达的人，即使思考谨慎、合乎逻辑，也不一定能完整地表达出自己想表达的意思，结果"口是心非"，实际与理想相距甚远。

（四）迂回导入

要注意问问题的方式。有时直接问问题并不见得是最好的，而采用间接方法反而会得到更好的答案。例如最近房地产公司为了销售某一处商品房做了不少广告，调查员想知道、想了解这些广告效果时，与其直接询问被调查者的看法如何，还不如用迂回方式去了解他们有多少人知道该处的房产情况。这就好比一家包子店，每天早上营业的时候，服务员总是问客人："您要不要包子？"客人便回答："要"或"不要"。这样，买包子的人只有总回答人数的约 1/2。后来，店里的另外一位伙计向老板提了一个建议，把询问话改成"您要几个包子？"老板接收了，并试着实行，结果发现，客人的回答不再是要不要包子，而是变成要几个包子。这样，包子店的生意比以前红火多了。新的问话方式针对"要几个包子"的问题是撇开了"要"还是"不要包子"的提示，而是直接将顾客带入思考"要包子"并且是"要多少"的设定的思维境地，使简单的交流达成理想的交易效果。

（五）不唐突冒失

谈话是双方的相互交流，不是单一的一问一答。在回答完对方的问题后，也可以问对方一些问题。但是，问题一般不要跳跃性太大。如：秘书小胡受本公司刘经理委托，到另一家公司找张经理办理一些业务，小胡到达张经理办公室后，很顺利地办理了相关业务，轻松之余环顾四周，发现张经理的办公室环境非常优雅，设备很高档，小胡情不自禁地赞美了几句，张经理也很高兴，说道："我们公司成立时间不久，硬件设备都还算高档。"小胡一听，随即问了一句："那待遇也不错吧？"……张经理无语……小胡顿时觉得自己言语失当……

（六）不穷追不舍

人都有好奇心。在谈话过程中，说话者不可能对谈话的每个细节都做到天衣无缝，因为说话者是在一边思考一边组织语言一边表达，因而难免顾此失彼，总有失误即"漏嘴"的时候,这时的失误最容易成为说话者的"把柄"而被听话者抓住。但是,要使双方正常地交流,使谈话得以维持,听话者对说话者的口头失误不应该穷追不舍,寻根究底,否则,容易使话题节外生枝,拖泥带水。

(七)适当配合

一天,某大学的系主任秘书小李正在办公室查阅文件,这时,本系的一位外聘兼职教师走进办公室,说是要找系主任。小李热情地招呼并安排她坐下,然后电话转告系主任这件事情。而系主任心里也清楚这位兼职教师是对所任教班级班风偏差而不满,当初安排教师时,优先安排了学院优秀班级给本系内部教师,但没料到该外聘教师会找上门来。此时,系主任也因为手头事务繁忙,确实不想见这位外聘教师,就干脆地对秘书小李说:"告诉她我不在。"就又忙她的去了。

殊不知,该外聘教师猜测系主任一定在,于是就径自去找系主任了。秘书小李见状,也随即跟了过去。三人对视,很是尴尬。这时,系主任灵机一动,干脆说此事是秘书小李当初安排的,小李惊愕地望了系主任一眼,正见系主任在向自己使眼色,意思是让小李默认此事,小李十分委屈,但为了顾及系主任面子,也强装笑脸,忙向该外聘教师解释原因,事情总算过去了。那天小李心里一直很别扭,后来一想,当领导的这样做也是出于无奈,当秘书的应注意维护领导的形象,否则将给工作造成不良影响。所以,她从不对人解释此事,听到议论,也一笑置之。

在日常工作中,维护领导的形象也是秘书工作者应具备的素质。领导可能由于工作繁忙和其他某些原因,不能或不大愿接见某些来访者,这是正常现象。秘书人员根据领导的意图以各种方式回绝来访者,也是工作需要。秘书小李遵照领导意图处理此事无可厚非。尤其难能可贵的是她在遭人误解时,也能从大局出发,坦然处之。当然,作为一个领导者应当实事求是,前后一致,尽量不要给属下出难题,当问题出现时,不要就使使眼色把责任推开,而要带头承担责任,尽管秘书是自己的下属工作人员,但毕竟不是"替罪羔羊"。

四、谈话的语言艺术

(一)谦虚

谦虚是一种美德,是一个人内在修养和品质在语言行为中的表现。

"谦受益,满招损","谦虚使人进步,骄傲使人落后","虚心竹有低头叶,傲骨梅无仰面花","百尺竿头,还要更进一步!"无数的名言警句都告诉了人们,谦虚可以使自己受益,也使他人受益,骄傲自满只是自欺欺人,于人于己无益。在现实的生活和工作中也确实如此,一个人即使才华横溢、满腹经纶,但当他若因此而孤傲鲁莽、不可一世,也不会有人愿意接纳他、靠近他,相反,只会拉开距离,产生鸿沟,为后人耻笑。

(二)诚恳

诚恳是与生俱来的品质,但也是可以通过后天培养的。遗传的因素可能使某个人天生就具有诚实善良的特性。如中国有句古话:人之初,性本善。意思是人本善良。可见,天生的诚恳善良是存在的。在现实生活中,由于各种纷繁复杂的社会关系以及个人的成长经历可能使一个人表现出不诚恳,甚至是虚伪的一面,但是诚恳的品质是可以通过后天的培养教育而形成的。这时,教育的作用是必需的、巨大的。一个人丧失了诚恳的态度,那么在日常生活和工作中,往往会敷衍塞责、瞒天过海,对人对事就没有一个良好正确的心态,更有甚者,可能会处处破坏、作恶多端、搬弄是非、无中生有,结果搞得鸡犬不宁,影响他人情绪,影响工作。一个人若具有诚恳的品质,那么他往往会表现得很谦虚、豁达,实事求是,情感上也善解人意,懂得尊重别人,遇事不遮掩,坦荡对待和处理,对工作中的问题,善于听取别人意见,也愿意表达自己的意见并尽可能提出中肯的建议。

(三)幽默

秘书工作是一项事务繁重、责任重大的工作,也是频繁与人打交道的工作。如果不讲究语言艺术,那么工作本身繁杂,再加上语言枯燥、干瘪,可能会在很大程度上影响秘书人员的情绪和心理。但如果变换说话的方式,讲究说话的策略,那么工作环境就好像被注入了快乐的因子,秘书工作可能也会因此更顺当。而说话的方式和策略可以通过幽默来实现。美国兰斯登在《有效的经验》一书中讲道:"跟阴郁的人在一起毫无乐趣可言,跟不能说笑的人为伴更是悲哀之至。乐观和幽默感可以使公司受益。这不但是对人与人的关系,而且对心理的健康也是非常重要的。"可见,阴郁是人生的大敌,而幽默则是快乐健康的催生剂,也是融洽人际关系的优化剂。其实,幽默的话语每个人都会说,都可以说,但遗憾的是有些人不善于说,从而达不到预想的结果。幽默,不同于轻薄,也不是乱说一通,更不是胡乱搞怪以哗众取宠。幽默常表现为一种语言艺术,应该用得适当,把握适度,不能伤害别人,更不能以损害他人形象为幽默原料,当然更不能伤害交谈的对方。但必须说明的是,正常、适当的幽默并不与工作中严肃、认真的态度和原则相冲突。

(四)赞美

赞美是一种高度的肯定。赞美的对象是他人或他物。自我称赞不是赞美,而是一种自我感觉良好的自诩。赞美,是日常工作中经常用到的一种沟通交流方式。事实上,每个人都有自己的优点和长处,而人们也同样有着对美的诉求,并且从心底里也是希望自己被他人或公众认同和肯定的,因为在被肯定和赞美中,自己会有一种荣誉感和成就感,而这正符合心理学家马斯洛认为的最高层次的需求。因而,善于沟通的人,往往在看似不经意中,恰到好处地肯定和赞美了对方,对方也会因这种赞美而感到激动和振奋,进而产生有进一步交流的愿望,交流谈话也因此变得更加顺利。

此外,适时适当赞美他人还能沟通自己与他人的感情。而一旦你与对方产生误会和隔膜时,最好的方式就是主动关心对方,肯定和赞美对方的优点和长处,对方也可能会因此而改变对原有误会的看法,从而化解了矛盾,使关系得以扭转。

虽然肯定与赞美他人看似只是一件口头的便利事,不需要任何代价,但这并不意味着就可以轻易随便地赞美他人。事实上,赞美他人也有一定的原则和技巧,"随口乱赞"、"张口即赞",不但不会达到理想效果,反而会适得其反。

真诚地赞美他人。就像与人交往一样,如果没有诚恳的心态,对方很可能不愿接受你的谈话交流,更谈不上建立良好的人际关系。赞美也同样如此,尽管赞美之词都是正面的话语,但是如果你不真诚,油嘴滑舌,言过其实,任意夸大,对方就会认为你是在刻意奉承,不真心,虚情假意,甚至怀疑你的人格,认为你是阳奉阴违之辈,矫揉造作之流,从而对你的谈话动机产生怀疑,有了这种感觉后,对方在跟你交谈时就会抱有提防的心态,谈话就会故意保留,使交流受阻。

减少模糊赞美。赞美需要具体,点到实处,笼统的赞美会让人觉得你在应付,并可能会怀疑你的审美鉴赏能力。例如,假如对方今天穿了一双新鞋子,你就不要说:"你今天的衣着打扮真得体。"更能让人接受的是:"你今天的这双鞋子很配你的这身衣服,这样的搭配看起来很得体。"

赞美他人还是必须具体。因为赞美时越具体明确,其有效性就越高。含糊其辞的赞扬会引起混乱,并引起一些误会。空泛、含混的赞美因为没有明确的评价原因,常使人觉得不可接受,并怀疑你的辨别力和鉴赏力;而具体的赞美因是有所指的,会让人听起来觉得更加真诚友好。这样的赞美就避免了空泛、含混、夸大,而显得更具体、确切。

◎ 能力训练

1.请同学们想一想自己在日常生活中是否经历过比较正式的谈话。请回忆当时谈话的话题和内容。结合所学知识,审视所谈话题和内容是否适合当时的环境,是否遵循谈话的原则,有没有触及交谈的禁区? 假若你们的谈话是成功而默契的,请总结并归纳你的经验。

2.有一位想当编辑的学生这样问主编:"请问当主编和当编辑各需要什么才能?"主编笑着答道:"当编辑需要会写稿和会编稿,如果什么都不会就只好当主编了。"另一位学生又问:"怎样才能当上女记者?"答曰:"当编辑部正好空出一个名额(性别要求:女)的时候。"请问,答句中使用了什么回答方式,这样的回答有什么好处?

3.情景活动题:请根据下面的情景进行谈话活动,注意设计对话的语言。

(1)请设计一场节假日拜访老师或领导时的谈话。

要求:时间长度控制在 15 到 30 分钟。注意礼节及语言。

(2)2009 年 10 月×日,是××大学的校庆日。学校想了解全校同学对校庆工作安排的意见,于是就派学生干部深入到各个年级、各个班级进行调查。如果你作为调查员去本系的一年级××班调查。请问你将从哪几方面入手进行调查？最先提什么问题？

（3）如果你被邀请参加一次联谊活动，并表演节目，你将如何介绍自己？

（4）小张在办公室吃早餐，主任要求他马上收起来。小张竭力为自己辩解："这又不是什么大不了的事，领导又何必小题大做呢？"主任严肃地说："这有关办公室和你个人的工作形象，怎么能说是小事？"小张越说越激动："我知道你一直看我不顺眼，总想挑我的毛病……"

假如你是办公室主任，你将如何批评小张呢？

4.假如有人来采访你，对于下面的这些问题，你会如何回答呢？

（1）或许你是个歌迷，你崇拜哪一位歌星呢？能谈谈你的看法吗？

（2）"风险和机会共存"。这样说来，每个人都应该有一点风险意识。你有风险意识吗？请举例谈谈。

（3）现代人注重自我价值的实现，你意识到这一点吗？你追求这一点吗？

◎ **知识拓展**

1.怎样和"性格一族"交谈

◆ 对性格敏感的人——尽量谈正事、谈大事。可围绕对方所熟悉的专业谈，切记不要涉及对方的情感经历、家庭生活等私生活方面的内容；不要涉及有伤对方自尊心的问题；不要与他发生借贷关系，并要注意放低自己的姿态。

◆ 与信赖型的人打交道——务必要诚实；也不要开说谎的玩笑。

◆ 与坚忍型的人打交道——多谈正事，不要扯谈。忠诚老实，不宜扯谎、打埋伏、要心眼。因这类人为人多正派、诚恳。有条件的话，应给予思想、健康方面的关心和帮助。

◆ 与任性型的人打交道——这类人很在意人们对他的尊重。所以要尊重他，但不要言不由衷，要用准确的语言肯定对方的长处，同时应注意，尽量选择对方心情比较愉快时与之交谈。

◆ 与情绪型的人打交道——这类人很难驾驭。而又偏偏特别热情，爱交朋友，如果你冷，会让对方觉得你瞧不起他；如果你热，又不知他什么时候因为什么不当心的事而发脾气。所以，要小心维持不远不近、不冷不热的距离。

◆ 与忧虑型的人打交道——多听对方倾诉苦闷。可能的话多给对方一些乐趣。如关系较为密切，可适当地批评其不健康的精神状态；如其所担心的事，主动为其撑腰壮胆。不要讥笑、瞧不起对方。

◆ 与自信型的人打交道——这类人每个都是一本成功学的著作，应该好好地去读，对其应该谦恭一些。

◆ 与果断型的人打交道——对春风得意的这类人，最好敬而远之，否则你易自取其辱;对方正处于困境的时候应给予关心和帮助。与其交流宜多听,不要与之争吵;即便他在教导你,也要谦恭地表示接受。

　　2.哪些人说话不受欢迎

　　◆ 灰暗。对事物和他人总是持否定态度的人;讲话方式和神态让他人感到压抑的人;总让人觉得他有所隐瞒的人。

　　◆ 不负责任。不愿承担责任,一旦出现某些差错便怪罪到他人身上的人;工于心计,只会以自己的利益为中心进行思考和行动的人;态度暧昧,常常使人感到不安的人。

　　◆ 不信任感。口若悬河,轻易地泄露秘密而不能令人相信的人;说话不算数、靠不住的人;爱说谎,嘴上说得动听却使人感到不踏实的人。

　　◆ 自我封闭。戒心十足,不能放松地倾听对方说话的人;强词夺理,只想保护自己的人;懦弱、退缩、装腔作势,使人觉得不坦率的人。

　　◆ 过分自卑。说话时含糊其辞,令人不知道他究竟想说什么的人;太拘泥于小事,过分敏感,让周围的人感到窒息的人;性情乖僻、爱溜须拍马的人。

　　◆ 消极。凡事退缩、没有勇气贯彻自己信念的人;喜欢孤独、不合群、缺乏想要搞好人际关系气概的人;总是保持着清醒而无动于衷的人。

　　◆ 轻薄。缺乏做人的内涵,不能使人感觉到那份深刻的人;喋喋不休、信口开河、很少为他人着想的人;品位低贱而不知羞的人。

　　◆ 以自我为中心。态度和礼仪等很少顾及他人的人;不理解自己的处境、过分固执的人;心术不正,或只想教训他人的人。

　　◆ 偏执。经常采取极端的态度,凡事爱作两极思考的人;还没有等他人说完就迫不及待地作出反应、不善于倾听的人;自己缺乏主见,所以举止残忍或动辄恐吓别人的人。

　　◆ 支配他人。喜欢施恩于他人,使自己处于有利地位的人;孤行己见,与他人难以通融的人;目中无人、傲慢的人。

　　(选自李青来译《说话不受欢迎的十种人》,《演讲与口才》2000年第1期,刊中报)

◎ 相关链接

　　1.忠言不逆耳,良药不苦口——讲究批评的艺术

　　"金无足赤,人无完人",每个人都会有过错,但对于过失的性质、危害、根源等,总不如众多的旁观者清。我们需要真诚的赞美,也需要善意的批评。赞美是鼓励,批评是督促,赞美如阳光,批评如雨露,两者缺一不可。一般来说,不是迫不得已,在公关社交场合不要随意批评别人;如非批评不可,也要尽量做到"良药不苦口",气氛尽可能宽松、活泼一些,既要使被批评者知道其缺点、过失,又要维护其尊严、

威信。因此,批评要以不伤人自尊为原则。

批评人时要心平气和,做到态度诚恳,注意场合和方法。委婉含蓄,巧用幽默;批评宜就事论事,使受批评者知道其缺点、过失,又要维护其尊严、威信。此外,批评时多用"我想"、"我以为",而不要打着公众的牌子。批评时以请求协作,不要用强迫、命令的态度,要在友好的气氛中结束批评。

实验显示:对人简单批评,愉快接受或愿意接受的人为 5.3%;先批评后表扬,愉快接受或愿意接受的人为 34.2%;先表扬后批评,愉快接受或愿意接受的人为 60.5%。

因此,批评要具有艺术性,批评时面带微笑,可减少敌意;宜欲扬先抑,先赞扬,后批评;委婉含蓄,巧用幽默;选择良机;批评别人可声东击西;不要当着第三者的面批评对方,要私下里进行;以检讨自己的不足批评别人,批评别人的时候自己首先承担一定责任;要指出批评有利的一面。如:

别人打破了你的东西,你批评他太大意时,可以加上:"当然也要怪我把东西放得太靠边上了!"以检讨自己的不足批评别人。批评别人的时候自己首先承担一定责任。

19 世纪意大利著名的作曲家罗西尼家里来了一位作曲家。他拿了一份七拼八凑的乐曲手稿向罗西尼请教。演奏过程中,罗西尼不停地脱帽。那位作曲家奇怪地问:"屋里太热了?"罗西尼答:"不,我有见到熟人脱帽的习惯。在阁下的曲子里,我碰到了那么多的熟人,不得不连连脱帽。"罗西尼巧妙地用"那么多熟人"来暗示曲子缺乏新意,抄袭太多。含蓄明确地表示了自己的看法和意见。

(摘自包镭编著的《演讲与口才技能实训教程》,北京大学出版社 2007 版)

2. 巧拒绝——沟通无障碍

这是使对方的要求和建议落空的一种语言行为。这是每个人都应拥有的权利。具体可采用的方法有:

◆ 晓之以理,直截了当拒绝。尤其是对一些不能接受的要求,无法承诺的事情,应该直截了当地予以拒绝,不能犹像,不可含糊,切忌模棱两可,使对方产生误解。但使用时要语气诚恳,要耐心地向对方解释你拒绝的理由,求得对方的谅解。

◆ 缓兵之计,委婉拒绝。

如:"这事有一定的难度,你看……"

"××同志也提出过这样的要求,我已经拒绝了,你看这事……"

"这事我一人做不了主,还得研究研究。"

或转移话题,寻找借口拒绝。对那些碍于情面、不便马上拒绝的某些要求可用此法。或转移话题,或答非所问,或寻找借口。

◆ 诱导否定——不用"不"字来说"不"。

使对方陷入自我否定之中,解除了拒绝者的急难。如:罗斯福在当选美国总统之前,曾在海军里担任过要职。一天,一位记者向他打听海军在加勒比海一个小岛上建立潜艇基地的计划。罗斯福向四周看了看,小声问:"你能保密吗?"那位朋友欣喜地答道:"当然能。"罗斯福笑着说:"你能,我也能。"

◆ 暗示拒绝。即用态势语达到拒绝的目的。对那些实在难以启齿的拒绝,可以用一些体态、动作、表情来暗示自己拒绝的意图。例如,用身体欠佳、疲劳、倦怠、打哈欠的举止来使对方感到不安;或中断微笑、目光老是往别处看,暗示对他人的要求不感兴趣,或频频看表、看墙上的挂钟,抑或是催家人做饭、倒水、催小孩睡觉、上学,催秘书备车等。

◆ 用沉默表示。可以不表态,而以一笑了之。

◆ 用拖延表示。如别人有约,你不想去,可往后推延。

◆ 用推脱表示。

如:客人请求换房,你可说:"对不起,这得由值班经理决定,他现在不在。"

有人想找你谈话,你看看表:"对不起,我正要参加一个会,改天行吗?"

◆ 用回避表示。如:

朋友请你看了一场电影,但片子很拙劣。出影院后朋友问:"你觉得这部片子怎样?"可以回答:"我更喜欢抒情点的片子。"

你正发烧,又不想告诉朋友让他担心,当朋友关心:"你试试体温吧?"你可以说:"不要紧,今天天气不太好。"

◆ 用反诘表示。

你和别人一起谈论国事。当对方问:"你是否认为物价增长过快?"你可以回答:"那么你认为增长太慢了吗?"

◆ 用语气表示。

当别人送礼品给你,而你又不能接受的情况下,你可以客气地回绝:一是说客气话;二是表示受宠若惊,不敢领受;三是强调对方留着它会有更多的用途等。

◆ 用外交辞令。

正如外交官常说的:"无可奉告。"

◆ 幽默作答。如:

你发现自己每月的工资被孩子零花掉大半,不由得大吃一惊,就决心管紧自己的钱包。正想着,孩子来到你面前:"爸爸,昨晚我做了一个梦,梦见你答应给我一百块钱买衣服。你肯定会成全我的美梦的吧?"

怎么回绝呢?

"那当然,说来真巧。昨晚我梦见把一百块钱给了你呢!"

（摘自包镭编著的《演讲与口才技能实训教程》,北京大学出版社 2007 版）

任务三 推销口才训练

◎ **学习目标**

通过本项目训练,结合具体情景,掌握推销的基本方法、技巧,做到语言与行为准确,达到有效推销的目的。

知识目标

● 通过讲授推销的语言特征和使用技巧,了解现代推销的一般规律,掌握在推销过程中应怎样结合推销对象的心理特征,运用恰当的语言技巧展开推销。

能力目标

● 根据学习目标,以推销的语言要求为基础,结合设置的情景状况,采用角色扮演法进行强化训练,安排学生扮演推销人员和客户,指导学生掌握推销过程中的语言使用技巧并感受其内在的奥秘,在情景演练中获得真切感受,从而进一步明确推销口才的重要性,提高其语言沟通和交际行为的能力。

◎ **参考课时**

2 学时

◎ **导入案例**

一个农夫在集市上卖玉米。因为他的玉米棒子特别大,所以吸引了一大堆买主。其中一个买主在挑选的过程中发现很多玉米棒子上都有虫子,就大惊小怪地说:"伙计,你的玉米棒子倒是不小,只是虫子太多了,你想卖玉米虫呀?可谁爱吃虫肉呢?你还是把玉米挑回家吧,我们到别的地方去买好了。"

买主一边说着,一边做着夸张而滑稽的动作,把众人都逗乐了。农夫见状,一把从他手中夺过玉米,面带微笑却又一本正经地说:"朋友,我说你是从来没有吃过玉米咋的?我看你连玉米质量的好坏都分不清,玉米上有虫,这说明我在种植中,没有施用农药,是天然植物,连虫子都爱吃我的玉米棒子,可见你这人不识货!"接着,他又转过脸对其他的人说:"各位都是有见识的人,你们评评理,连虫子都不愿意吃的玉米棒子就好么?比这小的棒子就好么?价钱比这高的玉米棒子就好么?你们再仔细瞧瞧,我这些虫子都很懂道理,只是在棒子上打了一个洞而已,棒子可还是好棒子呀!我可从来没有见过像他这么说话的人呢!"

他说完了这一番话语,又把嘴凑在那位故意习难的买主耳边,故作神秘状,说道:"这么大,这么好吃的棒子,我还真舍不得这么便宜地就卖了呢!"

农夫的一席话,顺此机会,把他的玉米棒子个大、好吃,虽然有虫但是售价低这些特点表达出来了,众人被他的话语说得心服口服,纷纷掏出钱来,不一会儿工夫,农夫的玉米卖完了。

◎ 理论知识

"商场如战场",在这个日益信息化、商业化的社会,"推销"似乎无处不在,它已不仅是一种手段,而更成为一门艺术。然而,新时期的现代"说客"应具备怎样的口才能力,才能在激烈的竞争中立于不败之地呢?

一、推销的口才特征

"句句动听,声声入耳","永远从客户的立场去思考,并从他的角度来看问题",这是推销口才最基本的特征。因为顾客十分注意推销员的言词,看你讲得是否有道理。一般说来,一个人言谈话语,往往能直接反映出其是否实在、办事是否可以信赖。谈吐之美,在于用词恰当,言之有物,如实介绍情况,有一种自然的吸引力,从而打动别人的心扉,使人听得入迷,自然就对你的推销深信不疑,买卖就能做成。如若瞎吹瞎擂,表现无知,或卖弄华丽的辞藻,言之无物,文不对题,都会使人造成轻鄙的感觉,不予信任,推销自然不会成功。因此,哪些语句,我们尽可能避免使用,哪些话题,我们需多加运用,是推销口才的着重点。

(一)打招呼——"动听"的第一步

首先必须明确这样一种认识——"有礼貌地打招呼是推销成功的第一步"。这一点看似容易,实际中却不容忽视。打招呼尽管人人都会,但要做到完善得体,还必须是个有心人才行。在人们的交往中,为建立良好的人际关系,有礼貌地打招呼被视为一个不可或缺的重要因素。在西方国家,一般说来,即使是亲密的朋友之间,礼貌也是比较正式的;在我国,亲密的朋友之间关系较为随便一些,但起码的一些礼节还是必不可少的。对推销员来说,所面对的客户多是初次见面的陌生人,第一次打招呼给人的印象较为重要。因而礼节是不容忽视的,应尽可能周全一些。一般打招呼,点一个头,或者稍微欠欠身就能说得过去。但如果一位推销员面对的客户偏偏对礼节比较讲究,那么他就可能认为这类打招呼的方式有失尊重,心里可能因为未能够被足够重视而很不是滋味——"我可是一个公司的总经理啊!""这家伙毛毛糙糙,不懂礼貌,怎么可以和他合作!"于是原本有的购买计划就会被放弃。对推销员来说,一次成交机会,可能就会因这一行为而失去了。所以,不用心注意而只是泛泛向顾客打招呼的推销员,成绩必然要打折扣。因此,毫不夸张地说,良好的打招呼是推销成功的首张通行证。一般说来,礼节性的打招呼应注意以下几点:

1.表现有礼的举止。

2.先主动向对方问候,发话。

3.声音要有精神,给人以精力充沛的印象。

4.称呼对方名字,让对方感到亲切。

5.面带笑容,消除对方的紧张情绪。

(二)避免使用导致失败的语言

无论哪一位推销员都希望自己成为一名成功的说服者,而不愿意失败。因此,我们都会本能地尽量避免使用带有负面性或者否定性含义的词语。所以在商谈时大家都会尽可能不使用引起对方戒备心理的话语,这样才不致使推销失败。

但另一方面,人们的潜意识里又常常有一种被侵害意识。即老是怀疑自己是不是会受到不利的对待,这种意识显然是否定的、负面的。通常,这种潜意识并不表现为明显的对话,而是作为一种恐惧、担心、紧张不安的心情表现出来,有时形成的模糊语言也多属"内意语",即下意识说出的一些话,比如:

1.或许他又不在家。

2.说不定又要迟到了。

3.利润也许会降低。

4.这个月也许不能达到目标。

据专家统计,我们在一天里使用这种否定性语句的次数大约为 200 多次。因此,这类的担心是普遍和正常的,重要的是在意识水平上战胜、抑制住这种心态,不让它表现在与客户交谈的话语中。但许多成绩不好的推销员往往做不到这一点,于是在谈话中把自己的不自信、担心和急迫的愿望暴露无遗。这种负面的效应传递给对方,往往会使客户产生怀疑,使进一步的沟通变得非常困难,推销也就宣告失败。

(三)动听话语的要点

成功推销的核心是运用肯定性的语言促使对方说出"是"、"是的",从正面明确向对方表示购买商品会给他带来哪些好处。言词方面的肯定性表现,应该作为一个人内在积极性的流露。所以,要想取得理想的推销成绩,必须从根本上成为一位真正积极的人,本身应该自觉做到积极的正面性思考和正面性的发言,使自己从内到外真正积极起来。在每个人的心目中,没有比自己更亲切、更重要的了,因而应尽可能叫对方的名字。当然,作为名字的替代,"您"字也应多加运用,而"我"字则应尽量少提。需要注意的是,为了表示与别人的亲切,我们可以适当地称赞对方,但切忌所有的话题都围绕客户,更不要吹捧过分,因为我们谈话的目的是要使客户对你产生好感,进一步使洽谈的气氛融洽。如果赞美对方太多,容易造成压迫感,甚至形成反感。下列是促使成功的常用语,注意反复练习:

1."您。"

2."放心吧!可以放心。"

3."这样是安全的。"

4."我们的态度是积极的。"

5."这值得接受。"

6."这是新的,新型的。"

7."我可以保证。"

怎么样? 如此的说法是不是容易接受得多? 如果你是客户,是不是会有看一下实物的愿望? 当然,要真正做到打动自己,打动别人,多加练习是必不可少的。用语并非固定不变,要点一定得牢牢把握。

（四）入耳的话题

推销的谈话当然并不是一开始就完全切入正题。如果打一个招呼就开始介绍自己的商品,迫不及待地反复强调自己的商品是如何如何好,然后就请购买,这种推销方式很难有好的结果。因此,选择适当的话题,缩短与客户的距离,使自己逐渐被客户接受,然后把话题引向自己的商品,这样才是推销口才的艺术。那么,如何选择让客户入耳的话题呢? 这里有一条原则不能忘记:在每个人看来,这世界上最重要的人就是自己,他所喜欢听的,当然是别人提他自己的事。

所以,如果想让客户接受你,就有必要多花些心思研究客户,对他的喜好、品味有所了解。可见,推销口才不仅是语言素质的提高,更是一个推销员综合能力的体现。曾有这样一位成功的推销员,为了在谈话中能够配合对方的嗜好,他总共努力培养了 25 种不同的兴趣和爱好。要知道,他是在了解到准客户对钓鱼、围棋、高尔夫、足球等有浓厚的兴趣,为配合与他们相关的话题而一一学习的。他的努力使他得到充分的回报,销售额的提高不在话下,并结交了许多商业界的朋友。

当然,关于对方嗜好的话题是最容易引起共同语言的,不过爱好毕竟是因人而异的,最有效的方法是培养那些引起人们普遍兴趣的项目。除此之外,还有一些资料,比如对方的工作、时事、孩子及家庭等,都是对方所关心的。这些都可以作为引起对方兴趣的话题,以此可以把推销导入成功的轨道。曾有问卷调查,得出的结果是:提起对方的嗜好 72%,提起对方的工作 56%,提起时事问题 36%,提起孩子等家庭之事 34%,提起影艺及活动 25%,提起对方的故乡及所就读的学校 18%,提起健康等 17%,提起理财技术及街谈巷议 14%。

（五）句句动听、声声入耳

推销口才要做到句句动听、声声入耳是不现实的,但内容和中心意思差不多的话,由于所用的说法不同,产生的效果可能会大不相同。因此,如何说得生动、亲切,让人易于接受,就有学问可言了。试看下面一个例子:

"请全家人一起来吃火锅,过一个温馨的周末吧!"这种说法让人备感亲切,因而极具诱惑力。

相比之下,"这是正宗肥牛火锅,是最高级的牛肉",这样的说法就显得蹩脚。

通常,只是反复强调一种商品的优点,未必能发挥太大的作用。因为不管什么商品,它的价值只有在使用之后才能得以证明,所以使用前的空洞说明说服力往往不会太大,真正高明的做法应当是主动向客户详细、生动、准确地描述商品。

比如,"这种传真机目前的速度已经达到 12 秒了"。这种专业性的说明叫人难以感觉到什么直接的好效果。若换一种说法:"使用这种传真机,每传送一张,在市内可以节省××元的费用,市外则可以节省××元。"这样说来,使人一听便可以知道它的好处了。

一般来说,说明购买某一商品会带来的好处时,应该围绕客户的需要,站在对方的立场上来考虑。一位顾客走进一家电器行,询问店员:"我该买大一点的冰箱呢?还是小一点的好?"一位有经验的推销员告诉她说:"这台大的比较好一些,夏天你不仅可以为每一个家人准备好冷毛巾,甚至还可以将您先生的家居服装放进里面,使他度过一个凉爽的夏天。相信您和您的家人都会为此感到高兴的。"于是,那位顾客欣然购买。可见,口才在销售方面具有多么重要的作用。

销售口才的动听入耳,不仅要考虑场合及说话的技巧,说话声调的抑扬顿挫、轻重也会对说话的内容产生影响,从而影响听者的感受,影响推销的效果。如同样是关于冰箱的保修问题:

1."我没有说冰箱可以保修!"

——没有强调任何部分,仅仅说明事实。

2."我没有说冰箱可以保修!"

——强调"我",显然是别人说的。

3."我没有说冰箱可以保修!"

——否认自己说过。

4."我没有说冰箱可以保修!"

——表示不是冰箱,而是其他产品。

5."我没有说冰箱可以保修!"

——虽然冰箱不能保修,暗示其他商品可以保修。

语气重点的不同导致了语义理解上的差别。因此,真正要做到推销口才的入耳与动听,还必须掌握各方面的知识与技巧。

二、推销的口才技巧

推销活动靠言语沟通,是双向交流。效果如何,在很大程度上决定谈话的艺术和技巧。

(一)投其所好——针对不同顾客采取不同推销手段

"口味"因人而异,出乎人的一种本能。孔子说:"食、色,性也。"除此之外人还有各种本能,具体如下。

1."算计"的本能

人类是会记账的动物。若无法告诉顾客,买了这项商品将有何利益的话,则无法销售成功。

2."自负"的本能

可以说所有的人都会从心眼里喜欢受到夸奖,而且一旦受夸奖,便以为自己真是如夸之好,于是喜气洋洋。到底何时、何处、以何方式才能满足顾客"自负"的本能,需要认真揣摩。

3.模仿的本能

"哦! 那一家也买了吗?"虽然不是讨厌输给他人,但这就是"如果别人买的话,我也购买"的模仿心理。这种方式对地区性访问非常具有效果,而且在女性中,特别明显。

4.恐怖的本能

想安定地过日子,想长久地生存人世,且健康、快乐,这些全基于恐怖的本能。

5.好奇的本能

人都有想早些看到、了解到未曾见过或尚未了解的事物的心理。推销员可运用提供新奇、第一手消息的方式来促进与顾客的亲密关系。

6.竞争的本能

这是不愿落于人后、要抢他人之先的心理,可以若无其事地告诉顾客:"××先生家正打算购买。"

优秀的推销商应该了解人们的各种本能,并使之为自己的推销服务,从而应用心理策略,使推销成功。在推销过程中,会遇到各种各样的顾客,因此,因人而异,有的放矢,才能获得成功。

某推销员正在推销甲、乙两座房子,他想卖出甲房子,因此他在和顾客 B 交谈时说:"您看这两座房子怎么样? 现在甲房子已经在前两天被人看中了,要我替他留着,因此你还是看看乙房子吧,其实它也不错。"顾客当然两座房子都要看,而推销员的话也在 B 心中留下了深刻的印象,产生了一种"甲房子被人看中,肯定比乙房子好"的遗憾。到这里,推销员已经很圆满地设下了一个圈套,也可以说是出色地完成了整个推销工作的一半了,就等顾客来钻这个圈套。过了几天,推销员兴高采烈地找到 B 说:"你现在可以买甲房子,你真是幸运,以前订甲房子的顾客由于银根紧,只好先不买房了,于是我就把这所房子留给了你。"听到这话,B 当然很高兴自己能有机会买到甲房子,现在自己想要的东西送上门了,眼下不买,更待何时,因此,买卖甲房子的交易很快就达成了。

(二)推销的口才原则

1.尽量避免命令式语气,多采用请求式语句

搭公共汽车时,一个人上来后,向坐着的人说:"喂! 过去一点,这里我要坐!"命令式的语气导致的结果往往是即使座位很宽松,对方也不见得乐意把位子空出来。如果他换个口气说:"对不起,能不能让我也挤一挤啊。"请求式的语句体现了说话者的客气,一般来说对方是很乐意帮忙的。

命令语句是表明了说话者单方面的意见,没有征求别人意见就勉强别人去做。请求式的语句是尊重对方,以协商的态度,请别人去做。同样的,在推销中,顾客问推销员,你们厂生产的牙膏还有没有货,推销员答:"没有了,这个问题下个月再谈。"这会令顾客不舒服而转向别的厂。但若是说:"本厂牙膏已全部订出去了,不过我们已在加班生产,您愿意等几天吗?"则极有可能会挽留住顾客。

2.少用否定语句,多用肯定语句

对推销人员而言,否定语句应视为其语言使用的禁忌,应尽量避免。在很多场合下,肯定句是可以替代否定句的,且效果往往出人意料。例如,顾客问:"这样的衣料没有红色的吗?"推销员若答"没有",这就是否定句。顾客听后反应自然是既然没了,我就不买了。但若答:"目前只剩下蓝色和黄色的了,这两种颜色都很好看",便成为一种肯定的回答。虽然两种回答都承认没有红色衣料,但否定似乎是拒绝,而肯定给人一种温和的感觉。

3.要用请求式的肯定语句说出拒绝的话

当顾客提出"降价"要求时,推销员说"办不到",那会立即挫伤顾客而使其打消购买欲望。如果推销员对顾客的要求经过分析后,认为是无理要求应该拒绝的话,可以说"对不起,我们的商品不二价,价钱是实实在在的,绝不会多要你一元钱"。这实际上是用肯定的语句请顾客体谅。做到拒绝顾客而又不使之反感,才称得上是掌握推销语言的技巧。

4.要一边说话,一边看顾客的反应

推销员切忌演说式的独白,而应一边说一边看顾客的反应,提一些问题,了解顾客需求以确定自己的说话方式。英国心理学家奥格登说:"说话的意义并不像字典上所查的那么固定,因为现实情况的差别,话语便会呈现不同含义。"

例如,某天张先生走出家门,抬头望了望天空,嘴里便自言自语:"天上有乌云哪!"他意思并不单指"云",而表示"要下雨了,出门需带伞"。此时张太太也同样看天说:"天上乌云密布了!"但这并不表示出门带伞,而是说"天要下雨了,我就不能把衣服晒到外面了"。

同样道理,不同推销员对不同顾客谈话,虽语句一样,由于顾客的理解力、想象力不同就会产生不同结果,所以推销员要时常用话试探顾客的反应。

5.要用负正法讲话

为了了解负正法,试看下例,并比较其效果:

(1)"价钱虽然高一点,但东西很牢固。"

(2)"东西虽然很牢固,但是价钱稍微高了一点。"

这两句话除了前后颠倒外,其余都相同,但是人们听了却有截然不同的感受,一般认为 A 较好,为什么? 因为两者侧重点不同,"A"把重点放在"牢固"上,顾客理解这东西是坚固才定这么贵的,于是认定其质量好,而增强购买欲。即:

①价钱虽高了一点,但是东西牢固。缺点→优点＝优点

②东西虽然牢固,但是价钱高一点。优点→缺点＝缺点

先说缺点,再重点说说优点的推销法,即负正法。在推销中往往效果很好。

6.言词生动,声音悦耳

(1)言词符合时代

时代不断进步,推销员必须跟上时代,以现代流行的言语同顾客讲话才能打动顾客。如20世纪50年代,人们的称呼都是"同志",以后又变为"师傅",现在则称"先生"、"女士"。

(2)注意说话中的停顿和重点

调查表明,谈话中的停顿、重点,语调和讲话速度对于成功的推销非常重要。在说话停顿时,顾客自然会对前后谈话的内容进行回顾。当你需要强调谈话的某些重点时,停顿是非常有效的(注意,在报价时是例外)。推销员还可以使用加强语气来强调某些重要问题,这比一长串形容词的效果好。

(3)声音悦耳

声音优美动听,抑扬顿挫,起伏有致,这样的声音能吸引人。

可以试着用录音机把自己的声音录下来,如发现自己的声音比想象的要更无力和含糊不清,那就得进行声音的训练。推销口才不仅要讲究说话的内容,也要注重其语言的形式。

(三)推销的口才细节

对于事关重大的一些讲话,只要对细节稍加变动,就会影响洽谈效果,因此要注意讲话的细节问题。所以,推销时不妨比较以下不同的说法,采用有效的说法:

1.把"我认为?"改为"您是否认为?",有助于达成交易。即应当避免以"我"为中心的语句。尽可能用以"您"为中心的词句。

2."您已经了解了很多情况,现在可以下决心了吧。"比"现在我向您证明"效果好。

3."我相信您已经认识到"比"你可能还没有考虑到"更能赢得顾客。

4.在洽谈过程中针对顾客情况,强调产品,两条优点比泛泛地罗列所有优点的效果好。

5.在一句话中同时介绍产品的几种优点比逐一介绍产品的优点效果差。

6.在推销中不要谈竞争产品的情况,更不要把你的产品同竞争产品相比较。

7.要了解到顾客说他相信这些,其实他相信的东西比承认的少。

8.对顾客表现出过分热情,往往会适得其反,影响达成交易。

推销过程中口才是重要的,但并非能解决一切问题,关键在于其所说之事、所言之物都须入情入理。作为一门学问,推销已形成一套系统的理论和方法,从对市场的分析、消费者心理的揣测到推销员自我素质的培养,皆着力于让推销员在推销

过程中有的放矢,言之有物。作为一门艺术,推销更可使人探寻无穷奥秘,获得百般乐趣。

◎ 能力训练

1.有一位顾客到百货大楼买高压锅。初衷是要价廉物美。在琳琅满目的高压锅货架上选中了一只,可准备付款成交时却突然变卦,理由是这种锅看起来容易爆裂而发生事故。为此,售货员与他争辩起来。顾客极为不满。营业部主任见状便走过来对顾客说了一番话,介绍了价格较高的具有双保险安全装置的高压锅。顾客心甘情愿地掏出了更多的钱买了高压锅。

请设计营业部主任的推销语言。

2.市××公司属下××大酒店有限公司地处市最繁华的商业大街,其于2001年10月28日正式开张营业,其在本市属第一家准四星级的大酒店,该酒店共有17层,是本市之最。经半年多的营销,成功让客户使用汇线通电话达162门,电信消费高达19500元,且生意红火,由于开始客房的上网客人较少,直至2003年才开始使用2M ADSL包月,并组网开通27间豪华套房,专门给外国客人入住,上网客人逐渐增多。博乐电信分公司高级客户经理登门拜访酒店张总,了解客户通信使用情况并考虑如何帮助他们做得更好。

请根据交谈对象的特点,设计博乐电信分公司高级客户经理的推销及服务的语言。

3.某保险公司的业务员到一客户公司去寻求业务发展,希望该公司的主管答应投保,但是该公司的所有上司都很忙,无法与他长时间地交谈。当他一看见其中的一位主管人员时,就缠着不放,侃侃而谈,不管对方工作的繁忙。本来,该主管只是看在介绍人的面子上才同意见面的。此时,已大生反感,结果,推销自然不成。

如果你是这位推销员,你该怎么说?

4.一对颇有名望的外商夫妇,在我国南方某商行选购首饰时,对一枚8万多元的钻戒很感兴趣,但觉得价格昂贵而犹豫不决。——

营业员A:"夫人,您戴上这枚钻戒就更加漂亮了!"这对夫妇笑笑走了。

营业员B:"某国总统夫人来店时,也曾看中了这枚钻戒,但她觉得价格昂贵而未买。"这对夫妇听了此话毅然做出决定,当即买下了这枚钻戒。

请分析营业员A和B的推销语言的特点。

◎ 知识拓展

上门推销的语言技巧

1. 接近顾客

良好的开端是推销成功的第一步,推销人员可以根据自己对顾客的观察和经验,精心设计接近顾客的方法:

①搭讪接近法。即有意没话找话说,以接近顾客。例如:"今天天气真不错!""哎呀!同志,看您累得一身汗,让我来帮你一把吧。"

②赞美接近法。即通过夸奖、恭维等方法取悦对方,达到接近的目的。例如"您老红光满面,身体真好!""您的孩子长得真漂亮! 几岁啦?""你们家布置得真别致!"

③征询接近法。即用谦逊的语气,以向对方求教的方式,达到接近的目的。例如:"小姐,听说你对化妆品很有研究,请问现在女孩子最喜欢什么牌子的化妆品?"

④正面接近法。即开门见山,通过自我介绍或他人介绍的方式接近对方。例如:"王经理,您好! 我是长江电器公司销售部的业务员,我希望能和您谈谈我们公司的新产品,您看行吗?"

⑤兴趣接近法。即通过一定的策略设计,引起对方的兴趣,从而接近对方,造成推销的良好气氛。例如,利用所推销商品具有的特殊性能作一些令人耳目一新的演示,引起观看者的兴趣,达到接近顾客的目的。

2. 推销商谈

推销商谈是商品推销的关键环节,它是推销人员运用一定的方法和技巧说服顾客购买商品的过程。在这一过程中,推销员要重点做好对本企业产品的宣传,还要对顾客在察看商品过程中提出的异议进行处理。

首先,宣传商品要针对顾客的心理灵活运用各种不同的方法:

①愉悦提示。即通过令人愉悦的语言诱发人的美好联想,使其产生购买欲。例如:"初恋的酸梅汤,两元钱一杯! 已尝过初恋味道的,喝一杯可以找回甜蜜的回忆;正在尝的,请比较比较味道如何;没有尝的,更应该尝尝!"

②名人效应提示。即借助名人效应来说服顾客购买产品。例如:"这是李宁牌运动服,要穿就穿名牌。"

③性能提示。即介绍产品独特的功能和特点来吸引顾客。比如:"一般来讲,你们女孩子既喜欢吃小食品又怕发胖,我们这种珍珠陈皮的配料有橘皮、珍珠、二酞糖、食盐,经过加工,味道很好,吃了以后能保持面部红润,身材苗条,另外我们用小袋包装,吃起来更方便。"

④利益提示。即向顾客说明购买、使用该产品能获得的好处,以此来打动顾

客。例如:"我们厂生产的小型拖拉机,既可以用于农业生产,也可以搞运输,两个月就能收回全部成本,一年可赚二万多元呢!"

⑤对比提示。即通过对同类产品价格、质量等方面的对比,使顾客在比较中坚定购买信心。例如:"张经理,我们公司的产品在价格上可以说是同类同质产品中最便宜的,我这里有几张价目单,您可以看看。"

3. 顾客异议处理

对顾客在推销人员提示和演示的商品或劳务时提出的反面意见和看法,即顾客的异议要进行适当的处理。处理顾客的异议是推销商谈的重要组成部分,推销人员必须认真分析顾客异议的类型及其主要根源,然后有针对性地使用处理策略。

常见的顾客异议及相应的处理意见:

①需求异议。当顾客的需求异议是虚假的或有需求而其实是自己没有认识到时,处理的关键是让顾客相信"这商品正是你需要的,您能从购买中受益",先让他动心,再向他推销产品。

②产品异议。处理的关键是推销员必须首先对自己推销的产品有充分的认识,然后再根据不同的顾客采用不同的方法,消除其异议。

③货源异议。推销员首先要了解顾客目前使用的产品品牌的供应厂商,若所用产品与推销品类似,则可侧重介绍推销品的优点;若两种产品不同,则货源异议并不成立,成功希望更大,这时重点是要向顾客说明两种产品的不同点,向顾客详细分析比较推销品可能给他带来的好处。

④价格异议。解决这种异议,推销员首先要给顾客以实事求是的印象,增强顾客对推销员的信任感;其次通过提示和分析产品的优点,使顾客感到物有所值,从而心理平衡地接受所给价格。

⑤服务异议。对待顾客的服务异议,推销员应坦诚接受并耐心解释,以树立企业良好的形象。为此,推销员要能听听顾客的牢骚,让其消气,并表示愿意向公司汇报,在今后改进。这种方式有利于拉住老客户,维持良好的供求关系。

⑥购买时间异议。购买时间异议的情况比较复杂,处理时要分析造成异议的原因,有针对性地加以解决。比如,顾客因对产品缺乏信心而产生迟疑,对这种情况,处理重点是向他重申产品对他的益处;有的是因为无最终决定权而产生购买的延迟,这时可以根据具体情况采取诸如激将等方法。

4. 达成交易

达成交易是指顾客最终完成购买行为的过程。推销商谈到了一定的程度,推销员要能熟练地识别和掌握成交信号,及时运用一定的方法,刺激顾客的购买欲望,增强顾客的购买信念,顺利实现交易行为。

推销员最终促成交易的常用策略有:请求成交法,"既然你喜欢,就买吧!";假定成交法,"您看我什么时候把货给您送去?";选择成交法,"您是要大包装的还是要小包装的？小包装用起来方便些,我看您还是买小包装吧。";激将成交法,"您是否还要征求过您先生的意见之后才能决定？";优惠成交法,"现在购买商品还可以享受八折优惠。"等等。

当顾客确有难以当场解决的困难,比如需要上级批准,不能立即成交时,也不能一味纠缠,而是应该留下后路。推销员可以说:"您什么时候来,我们都会竭诚为您服务。"另外,推销结束,不论是否成功,都应礼貌地与顾客道别,给人留下好印象。

◎ 相关链接

推销员的语言应注意哪些问题

◆ 注意称呼得体。艺术恰当的称呼能引起客户的重视。如对有头衔的客户,就要用尊重的声调说出客户的姓及头衔,如某经理、某主任;对于上了年纪的客户,则应热情乖巧地称呼老伯、阿姨等;对于上班族的职业男女则称呼为先生、小姐等。在称呼人时仪态大方,不卑不亢。在确定了称呼后,还要在推销过程中不断提及,前后保持称呼的一致,在语调上注意增强感染力。

◆ 注意把握分寸。对产品的评价在产品的功能、价值、质量方面要正确,掌握分寸,进退有度。如介绍药品可以说:"该产品对某某确有奇效,您不妨试一试。"而不宜过白、过于夸张。

◆ 注意适时激发。客户购买产品的目的是为了满足某种需要,对于不同的需要应使用不同的语言去激发。如推销防盗门则应着重激发客户的安全需要,应不失时机地使用诸如保险、耐用、经过检测、防腐、稳固、可靠等语言词汇,来激发客户保护身体、保护财产不受损失的安全需要,继而产生购买欲望。

◆ 注意突出重点。在推销过程中,要让客户明白产品的特别之处,要言简意赅,突出重点,而不要长篇大论,言不达意。在突出产品性能时,一是注意加强语气,注意声调;二是注意选择适当的词汇,最好是选择有鲜明感的词汇。如推销口红,则可以说:"即使嘴唇十分干裂,使用了这支口红后,同样可以增添高贵靓丽的神采。"

◆ 注意否定要巧。在推销过程中,否定用语及口气容易造成客户的反感对立情绪,从而破坏气氛,带有否定意义的反问句也会导致同样的结果。如"不好、不会、不可能、不见得、不要这样"等语汇切勿在推销辞中出现。如实在是不可避免要否定客户的观点,可以尽量使用肯定的语气,如将"不能"改成"应该",将"你的说法不对"改成"我认为……"尽量将客户拉到和自己同一面来,而不要对立。

◆ 注意道别艺术。推销结果不管成交与否,终了时要和客户说一声"再见"。如果说服了顾客,推销成功,向客户要说"谢谢",这样会给客户留下深刻的印象,同时为下一轮的推销创造契机;若推销失败,要自找台阶,自留后路,说上一句"生意不在情谊在,有机会我再来拜访您"。若是因为推销方式不佳而造成的,则可以向客户说"对不起,占用了您宝贵的时间,我没能把产品的优点完全表达出来。如果您有机会,相信您会进一步了解我们的产品的。"一个艺术的再见方式,正是下一次推销机遇的开始。

（摘自郭汉尧《推销员语言应注意的几个问题》,《演讲与口才》1998 年第 3 期）

任务四　求职应聘口才训练

◎ 学习目标

通过学习,了解求职应聘口语的特点,掌握求职面试语言及其技巧,为将来更好地进入社会寻找自己合适的位置做好充分的准备。

知识目标

● 了解求职口语的特点,并掌握求职面试语言及其技巧。

能力目标

● 掌握求职面试口语的特点及技巧。

◎ 参考课时

2 学时

◎ 导入案例

一次招聘现场会上,竞聘胜出了三位应聘者。在最后的竞聘中,招聘者终于使出了"杀手锏":"请问你们是愿做小公司里的主管呢,还是愿做大公司里的职员呢?请说明原因。"

1 号称愿做大公司里的普通职员,因为可以向优秀的人才学习,而 2 号、3 号都选择了前者,理由是在小公司做主管可以得到更多的锻炼机会。招聘考官立即向1 号发问:"请问你连小公司的主管都不愿做,又有什么资格进大公司呢?"尖锐的言辞让 1 号顿时哑口无言。

考官接着又向 2 号、3 号发起了进攻:"请 2 号、3 号注意,需要真诚地回答,你们现在应聘的这家企业与你们原来的工作单位相比是大公司还是小公司?"

这是一个极难回答的问题:若回答是小公司显然不符合事实;若回答是大公司,恐怕评委有更厉害的陷阱。3 号大概为了表现自己敏锐的思维,抢先回答:"我们应聘的这家企业,当然是大公司!"支持人立即反驳:"可是,你刚刚选择了做小公司的主管啊,而你现在居然想进大公司工作,这不是自相矛盾吗?"3 号被反驳得面红耳赤,嘴唇嚅动了半天,也没说出话来。

　　这时,考官和现场的人们的眼光都射向了2号。2号马上镇定下来。他沿用了3号的答案:"是的,我们应聘的这家企业肯定是大公司,它让我心仪了很久,但是……""但是什么?"招聘考官步步紧逼,不给他片刻喘息的机会。我不禁为2号捏了一把汗,心想他恐怕难免像前两位那样出丑。但见2号不慌不忙,用坚定的语气回答道:"在国内来说,这家企业无论是规模,还是品牌,与我之前服务的企业相比,都堪称大企业,但它与日本的丰田、德国的奔驰等国际知名厂家相比,还只能算是个小公司,我希望自己能有机会与同仁们一道,将这家'小公司'做大做强,让它有一天能变成'大公司',让这个品牌能走出中国,走向世界!"

　　多么巧妙的回答啊!2号的声音淹没在热烈的掌声中——看来,若要求职成功,除了不俗的实力,还需要高超的语言技巧,正是妙答助他应聘成功。

◎ 理论知识

一、求职应聘的准备及行动

（一）积累知识

确定目标,努力学习,以夸父追日的执著精神去奋斗,是走向成功的第一步。如进入大学,可以在大一、大二心无旁骛地学习专业知识和技能,打好基础、积累资本;大三、大四对专业知识进行把握和应用,厚积薄发,小试牛刀,在实践中检验所学的知识并进行及时的知识调整和巩固。

（二）自信执著

遇到招聘单位对某些内容的歧视性的规定时,仍要坚定信念尽心尽力地推销自己,用实力、真诚和执著去打动用人单位,说不定机会就在刹那间,说不定可以峰回路转。

（三）知己知彼

求职者在面试前应尽可能了解用人单位的详细情况,并把自己的简历整理好,以应对即将开始的面试。

求职应聘前应准备好相关的材料。

1.资料准备

知己知彼方能百战不殆。在应聘前,首先要"知己":了解自己在人才市场上处在一个什么位置;自己有什么特长和优势;自己能做些什么,不能做什么;自己最需要什么;有哪些有利和不利的因素;又准备怎么处理;然后必须"知彼",了解:用人单位的历史、现状、规模、产品、业务、规模、服务等基本情况;用人单位的经营理念、管理水平、发展目标等。对这些情况了解得越多,就越容易和用人单位的招聘者沟通,他们将更能相信应聘者对他们单位的兴趣和诚意,从而增加被录用的可能性。

2.了解招聘者

了解招聘者的类型很重要,可以投其所好,有针对性并有效地回答他们提出的问题。

招聘者一般有五种类型:

(1)简洁明快型。这类招聘者面谈时简洁明快,不说任何套话,也希望应聘者回答得简明扼要。对这种人最好的回答方法就是思维敏捷、条理清晰,让他觉得你跟他是一样干练的人。通常他们问话的内容变化不大,如能从先面试过的人那儿打听一下就更有准备了。

(2)温和亲切型。这类招聘者往往是年纪比较大的人,待人热情。遇到这类人要突出自己在人际交往中的能力,显示出善于与别人合作的精神。

(3)师长型。这类招聘者自信能凭第一印象就看出求职者的全貌。他喜欢知道别人应该如何如何,会不客气地指出应聘者的不足,但这并不意味着应聘者不能被录用。遇到这类招聘者,第一印象很重要,特别要注意谦虚谨慎,最好少说多听,如果能表现出对他的尊重和聆听他教诲后的受益匪浅,他会对应聘者有好感。

(4)专家型。这类招聘者往往是某一方面的专家,很重视应聘者对专业知识掌握的深度和广度,并且要求应聘者回答问题时概念准确、逻辑性强,对问题往往刨根问底,穷追不舍。应聘者必须实事求是地讲出自己的看法,要有理有据,切忌不懂装懂,贻笑大方。

(5)豁达豪放型。这类招聘者往往是一些老板和经理,他们谈笑风生,东拉西扯,提出一些古怪的问题来考察应聘者的应变能力。遇到这类人,应聘者要尽力回答得巧妙,把自己的机智、灵活、善辩甚至幽默的才能表现出来,这样才容易被赏识。

3.心理准备

一是要树立正确的择业观念。时下人才市场竞争激烈,就业形势严峻。有些求职者未能摆正心态,自我感觉过于良好,把自己当成人才市场的抢手货;有的一心只想到党政机关,不愿意到企业、公司;有的向往大城市和沿海发达地区,不愿意到有发展潜力的乡镇和欠发达的地区;有的过分计较得失和享受,却很少考虑自己能创造多少价值。不正确的择业观念在很大程度上影响求职者在人才市场作出正确的选择,这就明显影响着应聘者在面试时的表现。

二是要有健康的心理状态和良好的心理素质。面对用人单位的提问,要沉着应对,不慌不忙。千万不要有自卑心理,要展示应有的自信;不要惧怕失败,要坦然地面对面试的结果。这样,应聘者才能充分发挥自己应有的水平,获得应聘的成功。如:

张同学的大学求职意向是国际四大会计师事务所。经过层层筛选,他如愿进入了普华永道和安永华明的最后一轮面试,也就是要去见事务所的合伙人。能从数千大军中杀到见合伙人已经实属不易。然而,在见合伙人的时候,他特别紧张。在见普华的合伙人时,他叫错了合伙人的名字,并且临走时把包忘在了合伙人的办公室里。在见安永的合伙人时,由于是英文面试,他重复一个英文单词数遍,唯恐对方听不清楚,直至被那位合伙人亲自打断并说明他已经明白了张同学的意思,他才明白该适可而止了。结果两家国际一流的会计公司都在最后的阶段面试后将他拒之门外。

李同学面试中信集团总部时,面试官问他对中信了解多少。他想了半分钟后说:"我接到面试时还没来得及查看中信的资料,所以不太了解。"面试官对他说:"我们招人自然希望他能了解中信。你还是回去再多了解了解吧。"

赵同学在面试中国人民银行时,面试官问他为什么想来人民银行。赵同学心里想到:还不是因为你人民银行权力大,但是不方便直白地说这样的话。他一时没了主意,吭吭哧哧中,和该行说了再见。

从上面的案例中可以看出张同学精神紧张,缺乏自信,跌倒在自己最想去的公司前;赵同学和李同学对用人单位缺乏了解,回答不出常规问题。要想在面试中脱颖而出,给招聘人员留下深刻的印象,就要克服紧张,建立自信。要想自信,就必须知己知彼,对自己和用人单位都有客观的认识。求职应聘,是一个了解自己、了解用人单位,向用人单位展示自己的能力与素质的面对面的接触过程。只有做好了充分的准备,才能用特色和真才实学为自己铺设成功之路。

4.着装准备

求职面试时,求职者的穿着打扮往往决定着主考人员对应聘者的第一印象,并影响到面试的成败。衣着细节的讲究,能展示一个人的精神风貌和他的性格特征以及对工作的责任心等,对此要有足够的重视。一般说来,求职者的着装应与社会时尚相吻合,既高雅端庄,又大方得体,不能身着奇装异服,那样容易引起年纪较大的招聘者的反感。另外,要特别注意服装的整洁,服装可以不典雅高贵,但绝不可肮脏、邋遢。

相貌是天生的,但仪表却可以通过自身的努力来改变的。招聘专家表示,面试看仪表其实只需注意几个重点,一是头发,二是首饰,三是鞋子,有时会看看整体搭配的效果。如果能在具备实力的同时并注意仪表,那求职成功的可能性将大大提高。

项小姐学的是市场营销专业,但是毕业后找工作却屡次失败。项小姐非常不解——自己能说会道,模样不错,到底是哪个环节出问题了呢?她不甘心,又来到一家房地产公司应聘。招聘人员见到项小姐的第一个问题就是,你认为售楼小姐应该有一种什么样的形象比较合适?尽管项小姐说得很好,但那家房地产公司还是没有录用她。她打电话去问原因,对方毫不客气地告诉她,公司不需要穿得花枝招展的售楼小姐。项小姐仔细回忆起自己那天去应聘的装扮,才觉得自己那天的穿着打扮的确有些不合适。去保险公司应聘,她戴着一副偌大的波西米亚的耳环和大银手镯;去化妆品公司,她戴着黑皮宽带护腕和一副宽大的蜻蜓眼镜;去房地产公司时,她又戴着一顶欧洲风格的花饰草帽……

求职应聘的装扮是需要的,但要和应聘岗位和所处的场合相适应。项小姐的装扮无疑会让人对她能否踏实工作产生怀疑。

张林是某行政管理学院的学生,毕业后去一家中外合资企业应聘行政助理一职。应聘当天,张林为赢得面试考官的好印象,特意穿着合体的西装,头发梳理得干净整洁,俨然是一副高级办公人员的打扮。考官对他的形象很满意。而张林流利的普通话、机智的回答更是为自己赢得了不少加分。于是考官当场便通知他面试通过。就在张林满心欢喜地拿着资料准备离去时,一位面试人员语重心长地对他说:"今后穿庄重的西装时,最好把鞋擦干净,否则我们会觉得你很粗心。"鞋子虽然不起眼,但却能体现一个人做事的细心程度。如果男生穿的是西服,那么就应该穿一双干净的皮鞋,而且鞋的式样应是稳健型,鞋掌不能发出太响的声音。张林本来面试情况不错,但就是因为鞋的不干净,给考官留下了粗心的印象,这是很可惜的。

(四)虚心请教

在求职过程中难免会遇到这样或那样的问题,一个人总有这样或那样的不足,多向有经验的人士请教则会使你少走许多弯路。

二、求职应聘的注意点

一些求职者在应聘中失利,与其在求职前的准备不充分有关:有的自以为是,以名牌大学高才生自居,认为"皇帝的女儿不愁嫁";有的过于自负,觉得凭自己多年来的蓄积,能够随机应变,面试不过小菜一碟;有的虽无骄傲自满情绪,但是并不认真准备,稀里糊涂就去应聘了。面试最关键的就是"不打无准备之仗"。如果参加面试前对企业的文化、应聘单位的情况一无所知的话,很容易使自己陷入到被动的局面。

三、求职应聘语言的基本要求

面试是一场智力的较量。在这场较量中,只有真正具有实力而又深谙面试技巧和策略的人才能获胜。面试没有一个固定的模式,也没有完美的标准答案,但却有一个检验答案的共同标准——应聘者是否进行了理性并充满机智的谈话。

在招聘的实际中,招聘单位和岗位千差万别,主持招聘面试的考官也风格各异,故应聘者在具体的应聘中应根据实际情况灵活应对。但不管何种类型的应聘面试,都有一些必须普遍遵循的语言要求,按照这些基本原则和要求来设计应聘答问,将取得良好的效果。这些要求主要包括以下方面:

(一)礼貌谦和

礼貌是文明社会的基本要求,是有素质的人才必备的品质。我们注意了礼仪礼貌,不见得会给招聘者留下什么良好印象;但是如果没有注意礼仪礼貌,则百分之百会给他们留下很恶劣的印象,甚至被"一票否决"。因此,参加应聘,首先就要注意人际交往最基本的礼仪。其次要注意谦和。谦和是对用人单位和招聘主考的尊重,体现了应聘者不骄不躁、德才兼备的素质。我们的传统文化十分看重一个人是否谦逊,即使在强调自信,强调真才实学的今天,绝大多数人的骨子里还是认为,不管一个人的才学有多高,他都应该谦和,这样才是完美的。而如果本身水平很有限,却还自以为是,则不可避免地要遭到用人单位的否决。

(二)不卑不亢

有些应聘者在面试中措辞过于谦卑,把自己贬得一钱不值,而对用人单位大肆吹捧,以为这样就可以体现自己的"谦虚"和"诚意",殊不知用人单位需要的是自信而不自满的实干家,而不是低三下四的马屁精。与此相反,另外一些应聘者,尤其是一些名校"高才生"年轻气盛,优越感强,在参加一些应聘时往往显得过于自大,出言不逊,大言不惭,这很容易引起招聘者的反感。因此,我们在应聘中要不卑不亢,体现出良好的人格魅力。

(三)以诚相待

应聘中可以讲究一些语言技巧,但诚实永远是"大巧不工"的利器,最能赢得招聘者的青睐。诚信是用人单位在招聘新人时重视的品质之一,诚信也是社会交往赖以维系和发展的基础。在以人为本的时代背景下,人性化的选材用人,是用人单位的管理方式。在进行双向选择时,应当将自己真实的情况展现在用人单位面前,以自己的风采赢得用人单位的认同,进而与用人单位达成协议。求职者的费尽心机,总会有露馅的一天,到头来将是对自己最大的打击。

有些人在问到一些不懂或一知半解的问题时,强不知以为知,信口开河、夸夸其谈,还自以为"机巧善变",这往往会引起招聘者的不满,不仅怀疑应聘者的业务水平,甚至怀疑应聘者的品德。其实只要态度诚恳、以诚相待,即使面试中遇到个别难题回答不出来或者回答不好,也不会有太大的影响。当然,如果在实话实说过程中讲究一些语言技巧,体现应聘者良好的口才,会令招聘者刮目相看。如:

刘同学在简历的著作栏里写自己曾发表过一篇关于汇率稳定的文章,以期在面试时会有作用,结果这位同学在面试中国银行时,当主考官问起她对汇率稳定的观点时,她结结巴巴,说不出所以然。事实是,身为会计专业的她对金融问题根本没有什么研究,只是托金融的同学在所发表的文章后带了自己的名字。因此,她和中国银行失之交臂。

王同学一心想进国际性的咨询公司,但屡遭拒绝后,转而将目标锁定于国际会计师事务所。最后,只有安永给了她面试邀请。原本此机会已是弥足珍贵,但面试中,考官问到她还投递了哪些单位时,王同学将她投递过的单位如数家珍般一股脑儿亮出,表现出了极强的兴趣。但她就是没有表现出对安永的兴趣。此情此景下,考官也只能将她拒之门外。

张同学在面试中兴通讯时,一个劲儿地向主考官强调她特别想进入该公司。在解释原因时,她指出中兴通讯的良好背景有利于她今后的再次跳槽。最后,中兴通讯还是没有给她这个可以再次跳槽的机会。事后,张同学懊恼地表示她当时头脑发晕,但发晕的表现在面试时是绝不会被接受的。

上述案例说明,在面试中,既应保持诚实的态度,又不可过于说大实话。刘同学以他人的文章充数,面试中露出了破绽,失去诚信;王同学和张同学大讲实话,令用人单位寒心,一拒了之。

(四)幽默机智

机智是思维活跃、应变能力强的标志。机智的人更能应付工作中的突发事件;幽默的人亲和力、凝聚力强,更能在工作中融入团队、协调各方面的关系。因此,遵循了上述基本原则的前提下,应聘者如能讲究语言艺术,体现出自己随机应变的机智和幽默风趣的语言风格,一定能锦上添花,给招聘者留下深刻的印象,从而从众多的应聘者中脱颖而出,大大增加被录用的可能性。

四、求职应聘的语言应对技巧

应聘面试,既是对应聘者智慧的考验,更是对其口才的考验。在面试时,除了合适得体的衣着、沉稳的举止外,最关键的是如何应对。

(一)答好首问,"秀"出自己

"请介绍一下你的基本情况",这往往是招考官对求职者提出的第一个问题。尽管问题简单,但关系到应聘者给人的第一印象,因此要精心准备这一问题,亮出自己,为应聘打下良好的基础。回答时,应简洁地介绍自己的姓名、年龄、履历、特长等,但要注意不要强调自己的学校或单位是否有名气,而应重点突出自己的学习成绩和实际工作业绩,因为用人单位看重的是应聘者的能力。在谈到自己的特长或优势时,要回答得真实具体,令人信服。

作为应聘者要能够客观地分析自己,更了解市场和用人单位的需求。站得高,看得远,把自己的特长和优势与用人单位的需求密切地联系在一起,从而取得应聘的成功。

还要准备充分,积极了解用人单位的基本情况和用人需求,做到心中有数;并要学会能投其所需,有针对性地突出自己的特长和优势。

有位很有名气的老总说:看一个求职的人能不能胜任工作,面试答问的几分钟就能判断出来。因为一个人的气质、风度、学识和品行,完全可以在几分钟的时间中体现出来。所以,求职者一定要用自己的特色锁定考官的眼球,那么胜出的希望就会很大。

具体可以使用一些技巧来显示自己的独特魅力,"秀"出自己:

1.沉稳务实,彰显明智

很多求职者都有些好高骛远,希望得到较好的职位,有比较高的薪水,但不能很清醒地认识到自己的真正水平。

王豫到一家知名的公司应聘,选择了普通职员的职位。主考官愣了,问为什么?王豫回答说:"我觉得以我的能力还不足以对别人发号施令。"主考官微微一笑:"拿破仑说过,不想当元帅的士兵不是好士兵。您知道,来我们这里应聘的人大多都选择了经理的职位。""我想问一下,我前面有多少位应聘经理?"主考官说大概有30多位了。"既然有了30多位经理了,那么至少需要一位'普通职员'吧?我想我有胜任这一职位的能力和素质。如果我干得出色,那我也会从普通职员晋升为经理的。"众考官互相望了一下,点了点头。主考官站起来,伸出手表示祝贺,告诉王豫他是第一个被录用的人。

王豫在面试的时候真诚地表达了自己希望从适合自己的、较低的位置做起的打算,这与那些只想应聘经理的求职者形成了鲜明的对比。而那些求职者中,又有几人能真正胜任经理的职位呢?正因为王豫有着沉稳和务实的作风,才给考官留下了良好的印象。

2.避实就虚,彰显机敏

当遇到棘手的问题时,应学会及早从难题中脱身,体现出自己临场应变的技能,拨动考官的心弦。

肖苠去一家著名的企业应聘驻外推销公司的经理职位。主考官问:"肖先生,对您到我公司服务,您的家人怎么看?"其实,这是在问肖苠长期在外工作有没有后顾之忧。肖苠答:"谢谢各位考官对我生活的关心,我想我的家庭会对我的工作不遗余力地支持的。"

考官又问:"这么说您是有备而来的?您对在外工作已经做好了充分的准备吗?"肖苠说:"我想,各位考官坐在这里,也都是有备而来的吧?只不过,我们各有所取,您是为自己的公司认真负责,而我呢,也是为自己负责,选择一个能让自己获益并有发展的公司。相信我们的准备都是会有所收获的。"话音一落,主考官便点了点头说:"不错,你是所有应聘者中回答这一问题最好的一位。"

其实,大多数的求职者都是有备而来的。主考官这样问,并非刁难,而是要看肖苠怎样回答。如果肖苠说自己做好了求职成功的打算,那么考官则可能会追问他为何这么自信;如果肖苠回答说自己并没有做好去外地的准备,那考官就会觉得他的准备并不充分。面对这个两难问题,肖苠没有忙着去解释自己做了怎样的准备,而是避实就虚,将难以回答的问题化解为对考官工作认真负责的赞赏,同时也表明自己准备很充分。肖苠的机敏表现打动了考官,赢得了他们的好感。

3.轻松幽默,彰显睿智

幽默是智慧的体现。在面试的时候无意中展现一下自己的幽默,不仅能缓解紧张的气氛,还会因为别具特色而使考官对你刮目相看。

陆青参加某地方晚报的招聘。主编问:"对不起,陆小姐,我想知道,如果你落选了,你会怨谁呢?"陆青考虑了一下,回答道:"我不会怨恨评委,因为我相信你们的公平、公正。我也不会怨恨我自己,毕竟我已尽力了。但是——"陆青停了一下,微笑着说:"如果您一定要问怨恨谁的话,那我只能说,我怨恨名额太少了。"这时,所有的考官都笑了,主编笑着说:"不是名额太少了,而是应聘者太多了。陆小姐,祝你好运!"

面试的时候,每个人都希望用最好的表现赢得考官的青睐,于是大家都憋足了劲发挥出最高的水平,于是现场的气氛往往非常紧张。如果能恰当地使用幽默,不但可是缓解紧张的气氛,还能给考官带来轻松和愉快,更会让他们对你的印象深刻,记住你睿智的形象。用幽默给自己加分是个不错的主意。

4. 笑看成败,彰显豁达

"行到水穷处,坐看云起时"是一种从容,那么"古今多少事,都付笑谈中"则是一种豁达。参加招聘,总会有成功和失败,毕竟,招聘单位和考官各有所求,各有所好。成也不骄,败也不馁,是一个人良好素质的表现。豁达的人往往能成就大事业。

应聘某跨国公司的林苑顺利通过了笔试,进入了面试。考官与林苑谈了一会儿后说:"对不起,请您另谋高就吧。"林苑不卑不亢地起身微笑着说:"谢谢各位考官,我尊重你们的选择。招聘人才是择优录取的,每个单位都有它自己的用人标准和尺度。可能我真的不适合贵公司,再一次感谢各位考官,再见!"结果,考官叫住他,说:"林先生,恭喜你,你被录用了。"

很多时候,考官希望看到一个求职者在失败的时候会有什么表现。如果他能豁达、自信地面对失败,那么他可能有着非常好的心理素质。成功和失败是相互依存的。很多成功者都是以失败为起点,一个在起点上都坚持不住的人,何谈以后的漫漫长路呢?林苑能坦然面对失败,这种豁达和大度,正是他良好素质的体现,这样的人有承受失败打击的能力,也是一个能够搏击风浪的勇士。这样的人才正是需要长远发展的公司所需要的人才。

有一句老话:机遇是给有准备的人们。求职面试,机会可能一次次在我们的身边出现,能否把握住,就看你是怎么去争取了。要想在众多的应聘者中脱颖而出,就应该在面试中"秀"出自己,让考官看到自己独具魅力的一面。以积极、健康、上进的形象,让招聘者为你心动。

(二)体现高度,亮出自己

柳天是一名师专毕业生,1.6米的个头和厚厚的眼镜片使他在众多的求职者面前明显矮了很多。但是,柳天很勇敢,坚信自己的口才能为他赢得机会。恰好,有一中学来他所在学校招聘教师,要求是身高1.75米。柳天没退缩,而是大胆地挤进求职的队伍中,在应聘的长龙中,身材高大的同学把他夹在中间,女生也时不时地指点着他窃窃私语,但柳天仍坚持着。

轮到他面试时,招聘人员开口就问:"你没有看清我们的招聘要求吧?"柳天微笑着说:"也许从外表看,我的个头是不够,但是我相信我在知识方面的个头可能够了,请您先看看我的简历并给我30秒钟的时间自荐好吗?"招聘人员一愣,便翻开了柳天的简历,翻了几下,他便笑着说:"嗯,的确很有分量,只是你的身高……"他没有说完,另外一个招聘人员就对柳天说:"那请你谈一谈考官和应聘者的关系吧!"

柳天微笑了一下,说:"我只想谈谈我的心里话,如果语言上有冒犯,请原谅我的鲁莽。刚才我进来的时候,所有的人都在暗笑,我们的关系其实就是口腔里牙齿和舌头的关系:我来应聘,就是舌头,而考官则是牙齿——看到这条舌头长度不足,牙齿一咬就可以让舌头退回去。我如果有幸应聘成功而贵校的领导和所有的学生就是牙齿——无论何时,如果牙齿发现舌头做得不好,那就请锋利的牙齿把舌头咬掉好了。另外,关于个头到底有多高,我想这并不重要,真正的水平和能力才是最重要的——列宁、邓小平的个子都不高,但他们都是历史上的巨人。其实,换个角度来看,没有我们矮个子作陪衬,又怎么能显出高个子的高呢?我说话可能有所得罪,请原谅。我很感谢你们能给我这么长的应聘时间,这对我来说已经很满足了!"说完,柳天长长地出了一口气,谢了考官便轻轻地带上门出去了。

谁知,当他还走在校园里的时候,他的手机响了,这个学校说要录用他,而且他还是第一个被录用的。柳天快速地跑到招聘处,招聘老师笑着对他说:"你很棒,你成功地击败了所有的高个子选手……"

求职应聘中往往有许多情况,竞争激烈。如貌不如人,是劣势,但要注意逆向思维的方法把缺陷隐藏起来,而表现出自己的有利因素,从而博得招聘者的青睐。有的求职者自身条件并不理想,但是能以己之长去积极争取,也是有取得成功的极大可能性的。招聘单位尽管设置了许多门槛,但是他们不会拒绝勇敢并真正有才华的优秀人才。所以,柳天正是因为他敢于尝试,敢于"毛遂自荐",敢于积极争取,并确实是具备了优秀的才能,所以他成功了。

(三)讲究措辞,展示自我

1.用事实说话

巧言令色、哗众取宠不可取;泛泛而谈,难以给招聘者留下深刻的印象。因而,学会老老实实地用事实和数字说话不失为一个完全之策。在谈到过去的专业工作和学习经历时,应多用通俗语言,少用专业术语。但在面对专家型主考官时,回答问题可适当地、十分准确地用点专业术语。在谈及数据时,如果能把末尾的几位数字也准确地说出来,可以给人一种做事踏实、严谨细致的良好印象。

2. 提问有讲究

招聘者向应聘者提供提问的机会,既能更好地实现应聘者与招聘者之间的双向交流,营造相互尊重的良好氛围,也是测试应聘人员综合素质的一种方式。但是,许多应聘者在面对"你还有什么问题需要问我"或"还有什么需要我进一步说明"这类问话时,却显得措手不及,使下一轮面试机会"付之东流"。应聘面试不仅需要回答问题,有时也要主动地向招聘者提出问题。应聘者可提的问题主要有两类:一类是热爱和关心该单位的发展前途,对所谋求的工作有浓厚的兴趣的问题,以增加对方的好感;一类是关系到自己切身利益的问题,如"工作是否稳定"、"工作待遇和收入怎样"、"这个职位的工作范围"、"这个职位对工作者有哪些特殊的要求"等。提这一类问题一定要比较委婉,如果提得适当,可以给人认真务实的感觉;反之,则可能造成反感,还不知道要不要你,就有这么多的条件。而且提问前最好先征求对方的意见:"我可以提个问题吗?"得到许可后方可提出。

提问是有讲究的,提得不好,会给招聘者留下话柄,并对应聘者产生"不善交流、交际"的印象。在应聘时,有人这样提问:"你们单位还要某专业的人吗?""你们单位要女生吗?"(正确的问话:"女大学生到你们单位工作的多吗?")"你们单位要不要外地人?"这类提问恰好会给招聘者一个推脱的机会,而且从中也反映出应聘者本人的缺乏自信。

3. 答问讲策略

实话实说是回答问题的基本方法,但有时说大实话可能会给自己带来某些不利影响;或者答问过于朴素,难以给招聘者留下鲜明的印象。因此,答问要注意讲究策略,或巧妙掩盖自己的不足,或体现自己的机智和幽默。

4. 展现自信,推销自我

面试场合,求职者必须有自信心才有可能在竞争中获得成功,如果还未上阵就先怯场,那是很难成功的。大部分求职者面试失败的主要原因,通常就在于"怕"——害怕失败,而并非他们不符合应聘岗位的能力要求。作为一个求职者,在面试中强化自信心是很重要的。谦逊固然是一种美德,但在面试中,如果自己明明很拿手的工作却只说"差不多"、"还凑合"、"应该行吧"、"马马虎虎",那是很难让人满意的。求职者在应聘中要推销的第一个对象便是他自己,因此一定拿出足够的自信和勇气来面对应聘中可能遇到的任何困难和问题。

有的招聘安排得非常特殊,应聘者事先根本不知道自己已经进入了面试的阶段,如缺乏判断力、自信心和与人沟通的能力及锲而不舍的品质,自然会遭遇淘汰。

(四)不怕失败,超越自我

用人单位对求职人员的素质要求不断提高,不仅要求求职者具有外在美,而且要展示内在气质。这就要求应聘者在听到用人单位的夸奖时,头脑冷静;在被婉言拒绝谢绝时要道声谢谢;在遭到拒绝时,不要出言不逊;在可能受聘时,不要欣喜若狂、得意忘形。总之,要始终保持一颗平常心,在招聘者面前树立乐观向上、豁达大度的形象。这种形象的塑造,是求职者的胆识、才情的集中表露。如:

梁同学在求职之初,屡试屡败。一天下午,他走进就业指导中心寻求帮助。工作人员让他回忆前几次面试,自我感觉有何失误。想了一会儿后,他说在农业银行的面试中他过于紧张,说话没有条理;在光大集团面试中他没有说好为什么要加盟光大;在信息产业部的面试中,他没有回答好业余爱好是什么(他回答的是喜欢和朋友们喝酒聊天)。在反思以前面试中的不当之处后,工作人员让他在准备下一个面试时,除了专业知识的准备,还要做到:事前自己以正常说话的口吻简短地做两分钟自我介绍;对简历中每一方面的内容,都要做到心中有数;对所有应聘的公司要做到大致了解,并且一定要想"我为什么要来,我来了能做什么"这样的问题;面试时注意说话的语速和音调,以保证让面试官听清楚。一周后,他满脸欢欣地再次走入就业指导中心,说他参加了人民保险公司的面试,在主考官面前,神态自若,回答流利,有理有据,得到了面试官的一致好评。又一个星期后,他被人保录用了。

从中可以看出,每一次经历都是一个成长的机会,经历了失败能及时总结经验,在实力不断增强的基础上不断增强自信心,才能不断增加成功的砝码,到达成功的彼岸。同时,也要经常和同学及其他求职者交流,调节情绪,积累经验,以饱满的精神状态迎接下一次的挑战。

(五)善于聆听,虚心请教

求职应聘时还必须做一个耐心的听众,把自己对对方的尊重体现出来,是一种良策。善于听,既是对对方的尊重,也是回答好应聘问题的前提。有些求职者未能听清提问者的问题,答题牛头不对马嘴,招聘者很自然的有会对这个答非所问的应聘者不感兴趣。在求职中,很多人常犯的错误就是高谈阔论,自我表白,"我"字不离口,给人一种自以为是、唯我独尊的不良印象。这种应聘者普遍缺少倾听的耐心,对别人说些什么很少认真地去听,而多半是忙于考虑接下去的措辞,那就很难说服、打动对方了。由于无暇倾听,这些应聘者常常被拒之门外,与良机失之交臂。如:

一家中外合资企业的经理到某大学去招聘职员,他对20多名大学生进行了反复核查,从中挑选出三名进行最后的面试。其中的两名大学生在经理面前夸夸其谈,炫耀自己的能力如何高、如何强,并提出一大堆建议和设想。另一名大学生则与他们相反,他在面试时一味耐心地倾听经理的见解和要求,很少插嘴,只有当对方询问时,他才回答,而且很简练。在面试结束时,他才委婉地说:"我很重视您的要求,也非常赞同您的见解。如果我能被录用,还望您今后多多指导。"

三天后,这位善于倾听的大学生接到了录用通知,而那两位夸夸其谈者则被淘汰了。

被录用的大学生正是因为善于倾听,尊重才学见识都比自己强的经理先生,体现出礼貌和谦虚的美德,并注意在关键时候把握机会让经理认识自己的素质,从而被录用。

五、面试答问的禁区

1.忌不实

某地铁公司招聘总经理助理,优厚的待遇吸引了近千名大学毕业生前去应聘。经过了初试、笔试、复试后,最后剩下三个人由总经理亲自面试,余翔有幸在这三人之列。开始,总经理表情比较严肃,问了几个专业方面的问题,余翔都答得不错,总经理脸上渐渐有了笑容。

老总翻了翻余翔的简历,突然问道:英语水平怎样,有没有过国家六级?余翔听了一愣,招聘要求中没有这一点啊。他犹豫了一下,觉得到了最后关头,不能失去这个机会,于是点了点头:"还行,已经过了六级。"

"那好,Introduce yourself in English.(用英语介绍一下你自己。)"余翔一听头都大了,他专业不错,是班里的前几名,经常获得奖学金,就是英语成绩一直不太好,四级勉强及格,六级几次都过不了关。但事到如今,也只能硬着头皮用英语介绍自己了,他磕磕碰碰地说了两句,总经理打断他说:"好了,今天就到这里,有消息我们会尽快通知你。"但余翔知道,他再也不会接到公司的通知了。确实,后来公司反馈过来的意见是,其实职位对英语并没有特别的要求,专业能力和综合素质才是最重要的。这些余翔都还不错,但是缺乏用人单位最基本的素质要求:诚信。如果他能如实告知对方自己的实情,他录用的几率很大,但他已失去梦寐以求的职位了。

大学生为了求职,把求职目标向市场需求量大的专业拓展,但一定要注重平时的学习和积累,以一定的知识和技能作为基础。临阵了,不能不懂装懂。如果在面试中,问到相关的业务问题而自己又不清楚该专业知识时,不能不懂装懂,而要说"虽然信息管理和物流管理同属于经济管理学的范畴,但我必须承认,我与该专业的求职者存在着不小的差距。但我有信心消除这一差距!希望贵公司给我一个证明自己的机会。"坦诚而自信的话语,即使不能打动考官,但起码不至于让自己羞愧得无地自容。

2.忌"滑"

郑磊是大学里的文艺骨干,当了三年的学生干部,已经锻炼得十分成熟,让人感觉很有社会经验。临毕业时一家来学校招聘的外企让他很动心,他选择了行政岗位,因为这个岗位是他梦寐以求的。他志在必得:表现一定要出彩。面试时,郑磊为了显示自己渊博知识,天南地北地无所不谈,尽显其幽默风趣。遇到不会的问题则含糊其辞,拼命用其他话题来掩饰缺点,试图转移考官的注意力。结果,自以为很有把握的郑磊被毫不留情地淘汰出局。

成熟是优点,但把成熟不合时宜地乱展示,就适得其反了。这会给考官留下夸夸其谈、不实在、过于圆滑的印象。郑磊没有意识到，公司之所以招应届生，就是希望能招到朴实一些的应聘者，如果需要"成熟"的员工的话，公司宁可到社会上招收有经验的人员。

3.忌咄咄逼人

林霄是广州某重点大学新闻与传播学院的应届毕业生。大三就开始在一家报社实习。一年多下来，有上百篇稿件见诸报端。她觉得自己性格外向，脑瓜子灵活，天生就是干记者和编辑的料。所以某大型国企的内部刊物招聘编辑时，林霄毫不犹豫地投了简历，自我感觉这个岗位非她林霄莫属。

通过了资格审查和笔试，她一路过关斩将闯进了面试阶段。面试的一个重要环节是小组讨论，十个应聘者在一组，由主考官给出一个栏目的策划草案。大家一起讨论了一个半小时。林霄一心想要显示自己的实力，希望给考官留下一个深刻的印象，于是发言特别积极，一个人就占了半个小时的时间，而在接下来的讨论中，有时候别人一开口就被她打断了。她接过话头就滔滔不绝，遇到不同意见时更是争个不休。看到其他人面露不悦，林霄心想：那也没办法，竞争就是这样残酷嘛。讨论完毕，她自我感觉还真不错，回到家就开始准备上岗后大显身手呢。然而几天后，网上公布的录用名单上却没有她。

显然，过分张扬，乱抢话头，咄咄逼人，缺乏基本的讨论礼仪，导致了林霄这次面试的失败。小组讨论是近年来用人单位大都喜欢采用的一种面试方式，它可以综合考察求职者多方面的素质和能力，如创新策划能力、口语表达能力、交际沟通能力和专业知识水平等。一言不发固然不可取，但也不是说得越多越好，很多情况下，这样的考核方式，还是为了检验应聘者的团队合作精神。林霄应聘的岗位是企业内部的刊物编辑工作，需要编辑人员协调多方面的工作，文字和策划能力固然重要，但谦逊、真诚的谈吐和处世之道也是非常重要的。考官很难接受林霄这样咄咄逼人的说话方式和过分张扬的个性，她被淘汰出局也在情理之中。

4.忌故意卖弄

在全省公务员选拔考试中，黄斌以优异的笔试成绩进入了"三选一"的面试阶段。面试中，主考官先问了一个常规性的问题：你单位要组织五人去外地考察学习，为期三天，由你组织安排，你觉得在哪些方面要重点考虑呢？主考官话音刚落，黄斌就说：我在学校一直担任学生会干部，组织过很多次大大小小的活动，对于这方面比较熟悉。要组织好一次活动，首先是资金的到位，充足的资金，是活动顺利进行的保证。然后就开始谈他在学校组织的一次语言艺术大赛，如何在他的努力下，拿到了一个服装品牌的赞助……

主考官提醒他：偏题了，请回到面试问题上来。黄斌接下来说：考察学习有特定的目的，但绝不是为了学习而学习，学习过后的行动才是目的，就像薄熙来部长曾说过……主考官打断他：时间差不多了，面试结束。

最后的结果是:距离成功只有一步之遥,黄斌却惨遭淘汰。

在面试中,主考官问的是具体的解决办法,但黄斌却将其当成了展示自己知识面和长处的良机,大谈特谈自己学生时代的得意和辉煌,以为这番表现足以打动坐在对面微笑的考官。其实,针对提问言简意赅地回答才是最重要的。黄斌应该回答考官想知道的,所展示的能力也应该正好是职位所需要的能力。这样的回答才是对路的。而不合题意的回答,虽然是滔滔不绝,但答非所问,故意卖弄,只会失去良机。

◎ 能力训练

1.请你以"我很丑,可是我很优秀"为题,写一篇求职面试时的演讲稿。

2.语境练习。下面是面试中可能遇到的问题,你该怎样去回答呢?

(1)你最喜欢什么样的老板,什么样的工作? 最不喜欢什么样的老板,什么样的工作?

(2)你为什么要选择我们的专业? 你有何特长?

(3)谈谈你的优点和缺点吧。

(4)你认为你将要去干的这项工作对你来说是大材小用还是小材大用呢? 你有十足的把握干好这项工作吗?

(5)你怎么有这么长的一段时间没有工作呢? 你怎么至今还没有工作?

(6)你觉得自己在哪些方面还需要提高?

(7)你最讨厌是什么样的性格呢? 最讨厌什么样的人?

(8)你如果没有被我们聘用怎么办?

3.微软是世界著名企业,每年都会在世界各地招聘一批精英人物进入公司。应聘微软据说有5个经典问题,请你根据相关提示尝试着对这些问题进行回答:

(1)为什么下水道的窨井盖是圆形的?(着眼于考察一个人对事物的观察、分析能力)

(2)请问北京共有多少加油站?(或者:需要多少个加油站才合适?)(考察应聘者的分析、判断能力,预测和推测市场的能力。)

(3)你和你的导师(上司、同事)发生分歧后怎么办?(考察应聘者是否具有团结精神、协同能力。)

(4)给你一个极困难的问题,你该如何去解决它?(考察应聘者的智力和意志力,即在激烈竞争中求职者的心态、胆量、勇气、不怕失败的意志力——也被称为激情测试)

(5)你对什么感兴趣?(或者:你有过怎样的成功经历?)(这是一个如何将特殊技能与激情相结合的"情绪感染"的问题。)

4.一名大学生到人才交流中心求职,对用人单位说:"大学期间我学习非常刻苦,学习成绩在班上一直名列前茅。我当过班长、系团总支书记、系学生会主席,工作很出色。我在学生当中很有号召力,威信高,简直可以说是一呼百应。"用人单位听后印象欠佳。试分析这是为什么? 换成是你,你准备怎样介绍自己呢?

5.假设你刚辞去了在肯德基的工作,想到麦当劳去应聘。招聘者问你:"你为什么要离开肯德基? 它和我们不是一样的行业吗?"你准备怎样回答?

6.某省物资储运公司到某校招聘文职人员。招聘的基本要求是:身体健康,品貌端正,无不良嗜好,为人正直热情,大专以上文秘专业毕业,性别不限。招聘的素质要求是:能熟练地用普通话交谈,懂粤语、英语更好。能掌握机关常用事务文书、公文的写作。能写一手好字,熟悉电脑操作,中英文打字速度快。有一定的处理行政事务的能力。

该公司的人力资源部部长前去主持招聘,请根据部长在招聘中问话的内容,拟写出答话的内容。

部长:刚才我看过了你的档案材料,现在请你介绍一下:你在学校学了什么,哪些是当秘书的本钱,你有什么长处?

学生:(   )

部长:我们单位主要是搞运输的,员工特别是搬运工人,他们的素质都不高,职工中不良的习气也很多,抽烟喝酒,打牌赌博的都有。你刚出校门,怎样才能和广大工人打成一片,同时又能保持自己的良好形象呢?

学生:(   )

部长:这次我们来主要是招聘文员的。但到了公司后,可能会根据实际需要临时变动,比如让你搞外勤,到中转仓去,也可能会长期住在那里,你能适应吗?

学生:(   )

部长:写作是办公室秘书的基本功,但作为公司企业的秘书,你认为写作是不是最重要?

学生:(   )

部长:我们公司规定,新职工要签订聘用合同,至少为公司服务 5 年,如中途离职,户口要转回原籍,不知道你怎么看?

学生:(   )

◎ **知识拓展**

面试常见问题有哪些? 需怎样回答?

1.这项工作对你来说有什么重要意义?

回答要点:应聘者应该说说工作的具体好处,而不要说薪水,比如可谈工作的挑战性、成就感以及表明自己想作出的贡献。

2.你为什么要到本公司工作？

回答要点：可以谈一下这家公司的名望、所提供的待遇及工作条件，强调想到这家公司工作是你深思熟虑的选择。

3.我们凭什么要录用你？

回答要点：应自述自己的专业水平、工作技能以及为这家公司工作的热情；要提及自己过去的工作经历，以证明自己有能力干好这份工作。

4.如果聘用了你，你能工作多久？

回答要点："只要职位适合我的能力，使我学有所用，工作有长进，我可以一直干下去。"

5.我们能为你提供职业发展的前途吗？

碰到这样的问题，应聘者可以回答："我相信，一旦我适应了公司内部的运作过程，你们一定能为我提供一条事业发展的道路。能否说说有关情况？"这也许能使应聘者获得更多的信息，明白很多事情。

6.你最突出的特长是什么？

应聘者可以用以下的方式回答，如："我能够明白需要做什么，并努力去做"、"我愿意作决定"、"我善于与人合作"、"我能有效地安排自己的时间"等。应谈与从事某项工作有关的优点，而不是泛泛而谈自己所有的特长。

7.你最明显的弱点是什么？

应聘者可以确认一至两个"安全"的弱点，如："我对自己的要求过于苛刻"、"我期望他人能超常工作"、"我喜欢快节奏地工作，如节奏不快，我就会持批评的态度"等。这些弱点可以被认为是可取的素质，回答这个问题的策略就在于要让所说的弱点也能被人看成是一种优点。

需要提醒的是，一般的，有时主考官问完这个问题后，会故意延长时间，不动声色，此时，紧张应聘者会滔滔不绝地说下去。曾有一个人搜肠刮肚地罗列出了自己的8大弱点，结果工作泡了汤。所以，说完一两点后就应该停下来。

8.在以前的工作中，你不喜欢什么？

回答要点：可以谈谈自己所不喜欢的事情，但要注意的是，应避免谈及任何有关自己以前雇主的事情。

9.你在业余时间干什么？

应聘者回答这个问题，要提及多层面的兴趣——积极的和宁静的、社会的和个人的，不宜说单一兴趣。

10.你所受的教育或经历中有什么欠缺？

在面试之前，应聘者就要想好这些不足之处，应从正面阐述它们，这样在谈论自己各种优点时，就会发现这些欠缺微不足道。

11.5 年之后,你想达到什么目标?

尽管求职者说想当董事长是不够恰当的,但很少有雇主希望自己的雇员满足于现状。因此,应聘者可以这样回答:"五年后,我要在公司中具有较高的职位。"

12. 你希望什么样的薪水?

如果在面试开始时问到这个问题,应聘者最好说:"是否在决定了我是不是合格人选以后再来谈论这个问题。"但如果面试人对应聘者真的感兴趣而问到这个问题时,应聘者可以讲真话,或许雇主一方可能会尽量满足应聘者的要求。如果应聘者需要这方面的详情,可以问:"能提供贵公司的有关薪水的情况吗?"

13. 如果……你该怎么办?

这个问题是专门用来测试反应能力的。比如:"在限时报表时,你的电脑突然坏了,你怎么办?"这时如何回答该问题并非很重要,重要的是应聘者回答这个问题的思路,应聘者应该保持冷静,可以这样说:"我可以这样做……"然后提出几种可供选择的方法。

14. 你喜爱什么样的职位?

各公司的职位头衔和职责都不相同,应聘者应先说明你的技能,如:"我善于计算……",再提出需要这些技能的职位,如"出纳"等。

15. 你能告诉我有关你本人的情况吗?

回答这个问题之前,应首先表明应聘者乐意谈论自己,并且询问面试人想知道自己哪方面的情况。如果弄清楚了这一点,应聘者就可以回答。这个问题为应聘者提供了推销自己的大好机会。

16. 你为什么放弃你的前一份工作?

事实上,考官知道大多数人放弃工作多半是因为他们讨厌自己的上司,但是考官并不想听这种逆耳的"实话",因此,回答这个问题最好是以工作上的理由,例如,"我想在职业上谋求更大的发展。贵公司实力雄厚,是这一领域的佼佼者"等。

17. 你有信心与上级处理好关系吗?

有些人对这个问题踌躇不决,不知如何回答。建议这样回答:"我只关心工作和工作成绩。就人际能力而言,我几乎可以和所有人相处。"

这个问题有时有一种更尖锐的提法:"谈谈你相处过的最糟糕的上级。"这时回答要措辞谨慎,重点在于讲述你们处理问题时方式上的分歧,而不要掺和个人的好恶。

18. 你对本公司和本工作还有什么问题?

绝大多数雇主都喜欢求职者对其公司感兴趣,因此这也是应聘者表达自己兴趣和热情的最佳时机。

◎ **相关链接**

1.怎样让你的求职信一下子打动招聘方

求职信是传递求职信息、表达求职意愿的"使者"。写得好,很能吸引招聘方,从而赢得面试机会。下面的这封求职信发出后一周,写信人就接到了收信人 IBM 公司销售部莱文先生的面试通知。该信信文如下:

IBM 公司销售部

尊敬的莱文先生:

爱迪思·温特丝小姐告诉我贵公司缺一名秘书,我想申请这个职位。

我知道您需要一名速写很快、又能处理大量信件的秘书。我毕业于富特黑专科学校,专学速写。毕业后先后在一家干货零售公司、一家保险公司做过秘书。

我的英文书写速度每分钟 145 个字。在我现在的工作中,我每天要处理 40～60 封信件。不论是富特黑专科学校求学时,还是在现在的工作中,我都训练自己不用他人指导而独立处理日常信件。

我在现在的西南人寿保险公司工作也干得不错,但我最近刚拿了学位,想干一份有挑战性、收入不菲的工作。爱迪思·温特丝小姐对工作的热情,更让我确信我会喜欢这份工作。内附的简历有助您作决定。

如果您方便,每天下午我都有时间来洛杉矶面谈,愿我有机会来与您面谈!

真诚的劳拉·爱德蒙

这份求职信做到了:

一是真实感人。首先求职者态度真诚,其次内容真实,再次在该公司工作很好的中间人的穿针引线。

二是朴实自然。信文没有虚泛的议论和抒情的渲染,也没有炫耀性的语句、华丽的辞藻,只是围绕招聘单位的需求,集中讲自己的相关条件、能力、工作经历,以事实说话,以能力说话,朴实自然。

2.求职,别输在细节上

有一家广告公司的人力资源部经理在一次聚会的闲聊中提到,自己在前些天的面试中,淘汰了一位求职者,没给他复试的机会。他的理由是:"那位大学生打扮朴素,几乎看不出有什么修饰,这倒没什么,问题是,他穿的是白衬衫,领口黑糊糊的。"别人不解,他解释说:"他应聘的岗位,以后需要积极联系客户,开展业务,因此必须把自己最好的形象展示给对方,让人家及时发现自己的闪光点。可是,谁愿意和一个邋里邋遢的,连自己的衣着都打理不好的人合作呢?还有,他这样穿是对我们公司的不尊重。相亲都要好好打扮一番,而他这样的穿着,说明他并不重视这次应聘面试,这样的人,能把公司的业务当成大事吗?"

还有一次,在招聘会上,一位满脸通红的大学生摇摇晃晃地来到一个摊位前,问："你们公司还需要人吗？"招聘者马上客气地回答："对不起，您恐怕不太适合我们招聘的岗位，还是到其他展位上看看吧。"待这个学生离开后，招聘人员都摇着头说："都喝成这模样了，还敢来应聘？"对于这类喝了酒来的应聘者，招聘单位都是坚决不给机会的。因为在求职这样重要的事上，竟然敢喝了酒过来，说明是一点都不懂得约束自己，不懂得"要事为先"的道理，将来到工作岗位上了，也难免自由散漫，这样怎能胜任工作呢？

一次面试，在公司的接待室里，一个学生模样的人始终都在抽烟，全然不顾工作人员的提醒和其他应聘者的态度。当叫他来答问时，他还是叼着烟过去了，直到走到考场门口才把烟掐了，而且还随手把烟扔在地上。结果，虽然他面试表现不错，但还是被刷下了。

面试并非只"应"一两道题，工夫在题外。不仅仅是一两个知识点，更包括自己的修养、言谈举止，甚至与人交流对话的分寸感等细节，正是所谓的小节不注意，求职难有为。

报社要招聘编辑、记者了。主编亲自出马主持面试，考题是主编向应聘者请教一两个问题，从回答中看应聘者的综合素质和交际能力。

来应聘的都是大学生，多为计算机专业、中文专业的本科生。还有两个研究生。应聘进入考场后，略作寒暄便进入正题：

"你学的是什么专业？"

"计算机专业。"

"请教你一个问题：'伊妹儿'是什么？"

"任总不是开玩笑吧？"

"我是诚恳的。人老了，还得赶形势，只好向你们年轻人学习了。"

"那好，我就实话实说了……"应聘者多用这句话开头。

见应聘者操作不方便，我又与他换了座位。往下，主编就开始在内心对应聘者开始斟酌取舍了。多数应聘者很热情，有的竟反客为主，索性夺过鼠标，嘴里不停地说，给人的感觉是他并非在有针对性地解惑，而是在尽情地卖弄他的才学；有的甚至是不顾几次叫停，又是博客又是门户网站地滔滔不绝……当然这样热情的人一个也没有被留下，留下的人中有一位最令人满意的。他在实话实说后，清晰沉稳地说：

"'伊妹儿'是一个英语单词'电子邮件'的音译。"

"不知创建这个译名的是谁，译得如此活泼诙谐。"

他答："是的，时代感挺强的。可惜隐名埋姓了。"

看我不发问了，他欠欠身子，问："我可以走了吗？"

主编点点头："谢谢你！今后还有很多的问题要请教你呢。"这其实是暗示他通过了。

他离开座位,先退后一步,然后转身走出屋门。临出门了,他说了一句:"任总这个年纪了,还学计算机,值得我学习!"出门后轻轻把门带上。

这位学生在应对面试时,头脑十分清晰、清醒,举止应对很有分寸,不像有的人锋芒毕露甚至忘乎所以。相比之下,他很谦虚,有内涵,能斟酌着回答问话,并用精确的语言准确地表述。而与其他人恨不得把"数年之所学用于并尽显于一时"大不一样。后来的实践证明,他的计算机操作水平在社里是首屈一指,对工作很尽心,很快他就做到了部主任的位置。

任务五 谈判口才训练

◎ 学习目标

通过本项目训练,掌握谈判语言的基本特征,了解谈判语言使用的注意事项,掌握谈判技巧,做到语言准确,谈判行为切实有效。

知识目标

• 通过讲授谈判语言的特征、语言使用的禁忌以及谈判中提问和回答等的技巧,使其掌握谈判活动的一般规律。

能力目标

• 根据学习目标,按照谈判的要求进行情景实训,采取重点强化训练的方式,指导学生掌握在谈判前如何做到知己知彼,并安排学生分组训练,明确谈判问题的回答技巧,使其在情景演练中获得真切感受,从而感受谈判语言的特色以及所需的基本技巧,通过提高其话语表达的质量来提高其语言沟通和交际行为的能力。

◎ 参考课时

2 学时

◎ 案例导入

律师纳尔逊和合伙人合作盘下了一座旅馆,需要添置设备,合伙人委托他买电脑。有种型号的电脑正是他们需要的,但是钱不够,与电脑商开价相差很多。纳尔逊先让电脑商把电脑性能再详细地说了一遍,并请他本周晚些时候为他的合伙人再次演示。电脑商甚为高兴,在不经意间透露自己想在旅店推销这种电脑打开销路。纳尔逊听后并未有所表示,只是含糊地暗示要是电脑果真如对方所说的那么好用,则的确在这一行可能不乏销路之类。一周后,演示完后,纳尔逊告诉电脑商合伙人已原则上同意买下这台电脑,但是成交价规定了一个上限:最多不得超过11500磅。纳尔逊表示说:"到了这个钱,就一个子儿也不会再加了。"还拿出了合伙人会议的记录给对方看,说那是大家的一致决定。纳尔逊遗憾地对对方说,电脑价格是11500磅,加上使用培训费500磅和一年维修费1900磅,加到一起是13900磅,早超过了11500磅的线了。还告诉他:合伙人已指示自己,要找别的厂家看看有没有价格更为合适的电脑。他对对方说,你这种机器的确先进、适用,遗憾的是自己的其他合伙人不大懂行:"这不,下周又约了别的厂家来演示机器了。"电脑商赶紧为自己辩护,说是卖价并未超出限额(还是11500磅),并让步说,机器软件可以免费提供,培训费也可以酌情减少,还说,付款期限也好商量。但纳尔逊在总价不能超过11500磅这一点上寸步不让。还一直表示对这台电脑很是满意,并很遗憾地表示:另找便宜的电脑的确"多此一举",但预算所限自己无能为力。电脑商便向纳尔逊说,还得和上级商量一下才能做出决定。三天后,电脑商打来电话,说是公司愿意以"特别"优惠价10500磅出售,"为了表示对本产品的信心,1900磅维修费也可以推迟一年交付。"但对方也有个条件:得允许他们在向其他旅馆推销产品时以你们已经用过作为招揽,并且对"特别"优惠予以保密。

◎ 理论知识

谈判是经济活动中必不可少的一项活动,它可以促进双方达成协议,是双方洽谈的一个重要环节。谈判的过程实质就是谈判者运用语言进行协调磋商、谋求一致的过程。而在谈判中如何把思维的结果用语言准确地再现出来,则反映了一个谈判者的语言能力,如果谈判的技巧不合适,不但会造成双方发生冲突,有可能会导致贸易失败,更有可能造成经济上的损失。语言运用是否得当,往往能决定一次谈判的成败,因此了解并掌握好谈判中语言的技巧是双方达成协议的关键所在。

一、谈判的语言特征

谈判语言是在商务谈判领域中使用的一种特殊语言,它不同于文学、艺术、戏曲、电影等使用的语言,也不同于日常生活用语。

(一)谈判的语言特征

一般而言,谈判语言具有如下基本特征。

1.客观性

商务谈判语言应具有客观性,是指谈判过程中的语言表述要尊重事实、反映事实,不弄虚作假、凭空想象,不要使对方感到你没有诚意,从而失去与你合作的兴趣。谈判语言的客观性具体表现在买卖两个方面。从卖方来看,语言的客观性主要表现在:介绍本企业情况要符合实际;介绍商品性能质量要有事实依据,有条件的最好能出示样品或当场进行演示;报价要恰如其分,既尽力满足己方需要,又不能忽视对方利益;确定支付方式要考虑对方要求,采用双方都能接受的方式等。从买方来说,语言的客观性主要表现在:介绍己方财务状况,购买时不要夸大其词;评价对方商品的质量要依据事实、中肯可信、恰当可行;还价要合情合理,压价要有根有据,无论交易成功与否,要让对方感到己方的诚意。

2.针对性

谈判语言的针对性是指语言要围绕主题,对准目标,有的放矢,才能切中要害,不要漫无边际地四处游击。谈判语言的针对性具体来说,包括针对某次谈判、针对某项具体内容、针对某个具体对手、针对对手的具体方面等。商务谈判涵盖的内容很广,这就要求谈判语言要有针对性。针对某次谈判来说,谈判内容一旦确定之后,就要认真准备有关资料,同时还要充分考虑到谈判时将要使用的相关语言甚至行话。要有选择地、有针对性地使用谈判语言,才能有益于谈判活动的顺利进行。

3.逻辑性

谈判语言的逻辑性是指谈判者的语言要符合逻辑规律,表达概念要明晰,判断要准确,推理要严密,要充分体现其客观性、具体性、连贯性和思辨性。论述要有说服力,这就要求谈判者要有缜密的逻辑思维能力。在谈判过程中,无论是陈述问题,撰写备忘录,还是提出各种意见、设想或要求,都要注意语言的逻辑性,这是紧紧抓住对方,进而说服对方的基础。

4.论辩性

谈判语言论辩性在某种程度上就是论辩的艺术,通过对谈判议题的辩论,才能拓展问题的外延和内涵,使问题更加明晰,便于找到双方差距,进而找出解决办法。只有通过辩论才能展示谈判者的逻辑思维力量对有关问题的独到看法。解决问题的想象空间以及独特的人格魅力,只有通过辩论才能说服对方,辩论的目的不仅在于明晰问题,更在于解决问题。因此,谈判语言的论辩从一开始便融入谈判的本质中,谈判者为此必须要掌握语言的运用技术,才能在辩论中取胜,才能迈向谈判成功的彼岸。

(二)谈判语言七忌

谈判是经济合作双方为实现某种交易或为了解决某种争端而进行的协商洽谈活动。谈判双方的说话方式与言谈技巧,对于谈判的进程与结果都起着举足轻重的作用。商务谈判语言的"七忌",可帮助商务谈判人员减少语言失误,提高语言技巧。

1.忌欺诈隐骗

有些人把商务谈判视为对立性的你死我活的竞争,在具体洽谈时,不顾客观事实,欺、诈、隐、骗,依靠谎言或"大话"求得自身的谈判优势。如一位业务员同一家商店进行推销洽谈,业务员为了促销,在介绍产品质量时声称已经获得"省优"和"部优",商店看样后认为有一定市场,于是双方达成买卖意向。商店后来了解到这种商品既非"省优"也不是"部优",产品虽适销,但商店也怕上当受骗,于是未与其签订合同,一桩生意告吹。可见欺骗性的语言一旦被对方识破,不仅会破坏谈判双方的友好关系,使谈判蒙上阴影或导致谈判破裂,而且也会给企业的信誉带来极大损失。所以,谈判语言应坚持从实际出发,应给对方诚实、可以信赖的感觉。

2. 忌盛气凌人

有的谈判者由于自身地位、资历"高人一等"或谈判实力"强人一筹",在谈判中往往颐指气使,说话居高临下、盛气凌人。有一位大公司的业务经理在同另一家企业谈判出售产品时,发现对手是几位年轻人,随口便道:"你们中间谁管事? 谁能决定问题? 把你们的经理找来!"一位年轻人从容答道:"我就是经理,我很荣幸能与您洽谈,希望得到您的指教。"年轻人的话软中带硬,出乎这位业务经理的意料。这位业务经理本想摆摆谱,没想到谈判刚开始就吃了一个小小的败仗。盛气凌人的行为易伤对方感情,使对方产生对抗或报复心理。所以,参加商务谈判的人员,不管自身的行政级别多高,年龄多大,所代表的企业实力多强,只要和对方坐在谈判桌前,就应坚持平等原则,平等相待,平等协商,等价交换。

3. 忌道听途说

有的谈判者由于与社会接触面大、外联多,各种信息来源渠道广,在谈判时往往利用一些未经证实的信息,如"据说"、"据传"等作为向对方讨价还价的依据,缺乏确凿的实际材料,其结果很容易使对方抓住你的谈话漏洞或把柄向你进攻。就个人形象来讲,也会使对方感到你不认真、不严谨、不严肃,不值得充分信赖。在一次业务洽谈中,某买方代表为了迫使对方降价,信口便说:"据说你们单位的产品返修率一直高于同类产品,能否给我们在维修费用上再提高 2 个百分点?"卖方回答:"这说明您对我们的产品并不了解,据最近统计,我们的产品返修率仅为 1‰,大大低于同类产品,我们不但不能提高维修费,正设想在原来的基础上降下 1 个百分点。"买方遭到迎头痛击。

4. 忌攻势过猛

有的谈判者在谈判桌上争强好胜,一切从"能压住对方"出发,说话锋利刻薄,频繁地向对方发动攻势,在一些细枝末节上也不甘示弱,有些人还以揭人隐私为快。一位年轻采购员在采购某商品时,自认为生产厂家有求于零售商店,在洽谈交易条件时不断向对方发动攻势:"第一,产品必须实行代销;第二,厂家必须对产品实行'三包';第三,厂家必须送货上门;第四……"最后对方说:"上述条件我方均可以破例接受,鉴于我方产品在市场上的优势地位,我方只有一个条件,即贵方必须保证设专柜销售本厂产品并保证高质量的售后服务,否则我们将寻找新的合作伙伴。"结果使采购员很被动。

在谈判中攻势过猛的做法极容易伤害对方自尊心。遇到生性懦弱的人可能一时得逞;遇到涵养较深的人,尽管暂时忍让,让你尽情表演,但他欲擒故纵,到关键时刻将迫使你付出代价;遇到强硬、进攻性很强的对手,小的进攻就会惹起更大的反击,反而对自己不利。因此,在谈判中说话应该委婉,尊重对方的意见和隐私,不要过早锋芒毕露、表现出急切的样子,避免言语过急过猛、伤害对方。

5.忌含糊不清

有的谈判者由于事前缺乏对双方谈判条件的具体分析,加之自身不善表达,当阐述自身立场、观点或回答对方提出的某些问题时,或者语塞,或者含含糊糊、模棱两可,或者前言不搭后语、相互矛盾。如:"我们这种产品出厂价是每吨 1000 元上下","运输费用应该由我们负担,但你们也应该负担一部分","同行业的盈利水平大约是 15%,我们可以低于这个水平出售"等。这些模棱两可的语言容易给对方留下一种"不痛快"、"素质不高"的感觉,也容易被对方钻空子,使自己陷入被动挨打的境地。所以,谈判者事前应做好充分的思想准备和语言准备,对谈判条件进行认真的分析,把握住自身的优势和劣势,对谈判的最终目标和重要交易条件做到心中有数。同时做一些必要的假设,把对方可能提出的问题和可能出现的争议想在前面。这样,在谈判中不管出现何种复杂局面,都可以随机应变,清楚地说明自己的观点,准确明了地回答对方的提问。尤其是在签订谈判协议时,能够把握关键,使合同条款订得具体、完善、明确、严谨。

6.忌枯燥呆板

有些人在谈判时非常紧张,如临战场。因此说话时表情呆板,过分地讲究针对性和逻辑性。这对谈判是很不利的。商务谈判不同于某些对立性强的军事、政治谈判,它是一种合作性交往,应该在一种积极、友好、轻松、融洽的气氛中进行。因此,谈判者在正式谈判开始前应善于建立一种良好的谈判气氛,比如随便谈谈双方的经历,谈谈对方感兴趣的社会热点、趣闻轶事、典故等,使谈判自然地进入正题;在正式谈判过程中也应恰当地运用一些比喻,善于开一些小玩笑,使说话生动、形象、诙谐、幽默、有感染力。通过活泼的语言创造并维持一种良好的谈判气氛,这对整个谈判格局及前景会起到重要的促进作用。

7.忌以我为主

在人际交往中说话以我为主、以我为中心是有些人的通病,在商务谈判中表现更突出。在洽谈时,有些人随意打断对方谈话,抢话说;有些人在对方说话时左顾右盼,或不屑一顾;有些人自己说话时滔滔不绝,不考虑对方的反应和感受;尤其当洽谈某些交易条件时,只站在自己的立场上,过分强调自身的需要,不为对方着想。如当一场谈判开局时,一方夸夸其谈,离题万里,无法进入正题,另一方打断对方说:"行了,我没有时间听你的天方夜谭,还是来真格的吧!"这种做法极不礼貌,极容易引起对方反感。所以,谈判者应学会倾听别人谈话的艺术,对别人的谈话应表现出浓厚的兴趣,多进行一些角色互换,语言应委婉,留有商量的余地。这样既表明自己有修养,容易赢得对方的喜爱,同时也能更好地了解对方,摸清对方的底细和意图,一举多得。

二、谈判的口才技巧

谈判是"谈"出来的。在谈判的过程中,观点的表达、意见的交换、看法的磋商都离不开"谈"。谈判的成败在很大程度上取决于谈判水平的表现技巧。

（一）谈判的陈述技巧

谈判中的叙述包括"入题"和"阐述"两个部分。

谈判刚刚开始时，谈判的双方都有一种紧张的心理，尤其是一些重大谈判项目或是谈判新手，都会感到心理负担很重。在这种情况下往往会出现冷场，或突然入题使双方不知所措，使谈判陷入僵局。为了避免这种情况的发生，在谈判刚开始的时候可以采取如下语言策略：第一，迂回入题的方法，如从介绍本企业情况入题，也可以从谈论本行业现状甚至于谈论天气、新闻等方面入题；第二，先谈细节，后谈原则性问题，如当我们谈到重大原则问题时心情都比较紧张，可以先谈一些具体细节问题，使双方比较平和地进入谈判过程，为谈判的后期工作创造较好的气氛；第三，先谈一般原则、后谈细节问题，如一些大型的经贸谈判，由于需要洽谈的问题很多，这样往往需要双方高级人员先谈判原则问题，然后基层人员就其细节问题进行谈判。

在陈述过程中要注意正确使用语言，要求语言准确易懂、简明扼要，具体条理、发言要紧扣主题，措辞得体、不走极端，注意语调、语速、声音要适中，停顿和重复得当，并注意第一次就要说准，并始终如一。陈述时要实事求是，与对方坦诚相见，以求得对方的真诚合作，要观察对方反应，随时调整自己的谈话内容、语气、声调，以适应对方而变化。要善于使用解围用语，使自己从被动中走出来，如当谈判出现僵局时，为了避免这种情况发生，我们可以在陈述时加进这样的话："我相信，我们都不希望前功尽弃。"不以否定性的语言结束陈述，以人们听觉习惯考察，在一般场合，他所听到的第一句话和最后一句话给他留下的印象最深，对他的情绪影响也最大。所以在陈述问题时，不应用否定性语言结束陈述，这样可以调动双方的积极情绪，有利于谈判顺利进行。

（二）谈判的提问技巧

谈判中经常运用提问技巧作为摸清对方真实意图、掌握对方心理变化以及明确表达自己意见观点的重要手段。通过提问，可以引起对方的注意，对双方的思考提供即定的方向；可以获得自己不知道的信息、不了解的资料；可以传达自己的感受，引起对方的思考；可以控制谈判的方向等。

谈判时要把握提问的时机。提问时机把握的好有助于引起对方的注意。一般情况下，发问的时机有三个：一是对方发言完毕之后提出；二是在对方发言停顿、间歇时提问；三是自己发言前后提问。前两者是为了不打断对方发言，而第三者则是为了进一步明确对方发言的内容，此目的是为了探测对方的反应。

有经验的谈判者总是密切注意与细心观察对方的言谈举止，分析对方的心理状态及变化，适时、适当、得体的发问，从而成功地驾驭谈判过程。常见的发问方式有四种：

一是直接提问。直截了当地向对方提出你所要了解的问题与信息。例如："贵公司给予我们最优惠的价格是多少？你们厂的产品类有多少?"等。这种提问方向性明确,获得的答案也明确,其语言要求是准确、具体,有的放矢。

二是一般发问。这是一种常用的商榷性的提问,对答案也没有严格的限制,范围可大可小。例如:"合同有效期定一年是不是短了些?""送货上门有什么困难吗?"这种提问意在加强与对方的信息沟通,以便共同商讨问题、解决问题。

三是诱导性发问。这是在归纳、总结双方的发言内容之后,紧接而来的启发性提问,具有强烈的即兴色彩。例如:"这样做你们不是也获利15％吗?""难道还有比这更理想的方案吗?"这种发问意在将对方的思路与想法引导到于己有利的立场上来,常用反诘句式,其结果是诱使对方说出肯定性的答案。

四是征询性发问。当对方与己方的看法已渐趋一致,为了使对方同意自己的观点而设计的一种求同发问。例如:"我们的建议想必你方会同意吧?""对于协议的内容,你们还有什么补充吗?"这种发问语气友好、亲切,一般在妥协阶段运用较多。

谈判时要注意提问的方式。提问的目的仅仅是为了弄清事实真相,获取信息或启发对方思维,因此,提问时态度要诚恳、合情合理,注意对方的心境,尤其不能指责对方的人格和荣誉。同时,提问时不要连续发问,要掌握提问的语速和语调,要给对方留出一定的时间思考和表达意见,以免导致对方厌倦、乏味或不愿回答。

(三)谈判的答复技巧

谈判过程中,回答对方提出的问题是一件很有压力的事情。因为在谈判桌上谈判人员回答的每一句话都有重要意义,对对方来说意味着一种承诺,对谈判起着至关重要的作用。所以,谈判人员在回答对方提问题时心情都比较紧张,有时会不知所措,陷入被动局面。一个谈判者水平的高低,很大程度上取决于其答复问题的水平。因此,答复也必须运用一定的技巧。

首先,回答问题之前,要给自己留有思考的时间;其次,把握答复提问的目的和动机,针对提问者的真实心理答复;第三,不要彻底地回答对方的提问;第四,对于不知道的问题不要回答;第五,有些问题可以通过答非所问、以问代答来给自己解围;第六,"重申"和"打岔"有时也很有效。

下例是四种"没有答复的答复"方式:

例一:在答复您的问题之前,我想先听听贵方的观点。

例二:很抱歉,对您所提及的问题,我并无第一手资料可作答复,但我所了解的粗略印象是……

例三:我不太清楚您所说的含义是什么,是否请您把这个问题再说一下。

例四:我们的价格是高了点儿,但是我们的产品在关键部位使用了优质进口零件,增加了产品的使用寿命。

例一的应答技巧,在于用对方再次叙述的时间来争取自己的思考时间;例二一般是属于模糊应答法,主要是为了避开实质性问题;例三是针对一些不值得回答的问题,让对方澄清他所提出的问题,或许当对方再说一次的时候,也就寻到了答案;例四是用"是……但是……"的逆转式语句,让对方觉得是尊重他的意见,然后语锋一转,提出自己的想法,这就是退一步而进两步。

另外,运用答复时要注意以下几点:第一,不能不加思考,马上回答;第二,不能在未完全了解对方提出的问题时就仓促作答;第三,不要不管什么问题,总是予以彻底回答;第四,不要不问自答;第五,不要在回答时留下尾巴;第六,不要滥用"无可奉告"。

(四)谈判的说服技巧

说服即设法使他人改变初衷,心悦诚服地接受你的意见,这是一项非常重要的技巧,在谈判活动中起的作用很大,同时它也是一项较难掌握的技巧,其技巧性很强。

1.在说服谈判对手时,谈判人员应注意不要只谈自己的理由,要给对方留有发表意见的时机。

2.在研究对方的心理及需求特点时,要强调双方立场、期望一致的方面。

3.要态度诚恳,平等相待,消除对方的戒心和成见。

4.不要操之过急,急于求成。

5.要先谈好的信息和有利的情况,再谈坏的消息和不利的情况,对于有利的信息要多次重复。

6.说话用语要朴实亲切,富有感染力,不要过多地讲大道理。

7.强调互相合作、互惠互利的可能性和现实性,激发对方在自身利益认同的基础上,接受你的意见和建议。

谈判不仅是经济生活中的一个重要手段,也是社会生活中不可缺少的交往协调方式。美国谈判学会会长尼伦伯格曾说过:"只要人们为取得一致而磋商协议,他们就在谈判。"从这一点去理解,生活无处不谈判,世界就是一张巨大的谈判桌。经济谈判中的原则与技巧,在生活中同样适用。

◎ 能力训练

1.北大方正集团浙江公司关于电脑销售的谈判

小章是北大方正集团××公司的销售经理,最近××医院上门咨询,欲在2008年6月采购一批方正商祺N220台式电脑,数量为245台。小章经过了解,该医院确实要在7月前采购到位这批电脑,而且还了解到该医院以往所采购的台式电脑全是方正系列的产品,因电脑维护的问题,该医院倾向于继续采购方正电脑。小章很高兴,为此,他开始积极准备与该医院商务谈判的各个方面事项。

经过精心准备,小章及同事于 2008 年 3 月 15 日与该医院进行了两次艰难的谈判,最终与该医院就电脑的配置、设备及价格上都已经达成了一致协议,但交货时间紧迫,医院要求在 2008 年 5 月底前必须将一切准备工作完成,且在 6 月份一个月内方正的所有电脑必须到位。小章与公司总部进行了紧急磋商,最后答应如期交货并安装调试。

训练内容及要求:

根据上述背景材料,进行模拟谈判。

(1)确定谈判阵容,分组进行模拟商务谈判。

(2)谈判前,要求同学对商务谈判涉及的产品进行调查并收集相关情报;各组拟订商务谈判方案、谈判的执行计划并准备好谈判所需的相关资料。

(3)注意谈判语言及技巧的使用。

训练提示:

(1)谈判要做好事先准备,进行情况、资料等收集,并完善方案。

(2)谈判过程中注意礼仪、语言技巧的使用以及各组人员根据分工进行配合。

(3)在主题内容不变的原则下,以底线为基础,灵活根据情况修改价格或交货时间,注意不能越权。

附:北大方正集团××公司关于电脑销售的谈判方案。

一、谈判双方公司背景

1.北大方正集团公司分析

北大方正集团主要从事系统集成方案设计与实施、网络综合布线、工程建设、软件发开、技术培训、设备维修等。……

2.××医院分析

××医院是……

二、谈判的主题及内容

1.购买 245 台方正商祺 N220 台式电脑,主要是价格及配置。

2.货物的交付时间。

3.产品的维修服务要求。

4.定金的支付、违约的赔偿问题。

三、谈判目标

以合理的价格完成 245 台方正商祺 N220 台式电脑销售。

四、谈判形式分析

1.我方优势分析:(略)

2.我方劣势分析:(略)

3.客方优势分析:(略)

4.客方劣势分析:(略)

五、谈判的方法及策略

1.谈判方法:把横向谈判和原则型谈判相结合。

2.谈判策略

(1)突出优势。(略)

(2)底线界清。(略)

(3)了解对手。(略)

(4)随机应变。(略)

六、谈判的风险及效果预测

谈判风险:(略)

七、谈判预算费用

(略)

2.某公司待遇苛刻,下级职员苦不堪言,身为老板的也承认。但是,为了自身的利益,他自然不愿主动调整。如你的职位是经理之职,部下推你去跟老板谈判,提高待遇。试模拟这场谈判,由两人分别扮演老板和经理的角色,尤其作为经理的你应如何赢得这场谈判。

3.一位商人是某公司的顾客,有一笔 3000 元的账却不同意付,显然他是忘记了,因此会计部门一再去信催他来付清,他一怒就乘火车亲自赶来,跑进经理的办公室,他说不但不偿还那笔欠款,而且从今往后不再买公司一块钱的东西。那位经理该如何对付这位商人,不失礼貌地让他认识到自己的错,还清欠款,又让他多订货物。试模拟这场谈判,由两人分别扮演商人和经理的角色,尤其作为经理应如何赢得这场谈判。

4.《红楼梦》中的凤姐,既是大家庭的管家,又是左右逢源、周旋于各种人物之间的游客。其成功之处与基辛格法则有惊人的相似之处,见风说风,见雨道雨,而自己的内心永远只有自己一个人知道。假如你是一位处理问题的专家,你会如何学习并运用基辛格法则去解决问题或者谋取利益?

◎ 知识拓展

五种谈判术

1.环境造势谈判术

环境造势在外交活动中颇有用场,它往往能给人施加设定的心理影响,从而推动谈判按预定目标进行。1969 年美国西文石油公司董事长哈默,为了他在利比亚的石油利益——每天的开采量和价格,而同利比亚政府谈判。他的谈判对手是利比亚的第二号人物贾卢德。一天,贾卢德在谈判时,竟带去一支机关枪,"粗心大意"地把枪口朝着哈默。精于谈判的哈默明白,这是贾卢德利用环境造势。这种傲慢实际上是表明了贾卢德内心的虚弱。贾卢德辱骂哈默,但哈默却平静地站起身来,将双手放在年轻的贾卢德身上,表现出父辈对年轻人的谅解态度,终于双方签订了协议。这次谈判,主方以环境造势争取精神控制与客方缓和气氛变被动为主动的外交较量,双方各有所获,但都不是彻底成功或彻底失败:哈默保住了他在利比亚的开采特权,而利比亚得以将税率增加 8%,每桶油价多收 30 美分。外交上环境造势,包括内部环境和外部环境。然而 1987 年夏,南非矿业工会与业主的谈判则主要是外部环境造势。矿业工会与业主在为提高矿工工资 30%的谈判中所使用的环境是不断扩大和蔓延的罢工浪潮以及在谈判地的示威游行,业主代表则不断利用宣布开除罢工工人和关闭部分矿山相威胁这场矿山工人为争取福利而进行的斗争,严重地打击了南非已经脆弱的经济,这次激烈的谈判最后以双方都作出了一定的让步而告终。环境造势不单有剑拔弩张、杀气腾腾、显示实力之为,在企业社交活动和商业谈判中,除为了显示实力引起对方注意"过了这个村,没了这家店"等情形外,更多的是造就和谐、欢悦、心安理得的气氛,诸如陪同、观光、宴请、跳舞等。

　　与环境造势相关的还有谈判地点的选择、座次的排列、语言的使用等,这些对于外交都是十分重要的因素。关于地点:最好选择在己方。人类是一种有领域感的动物,和自己所拥有的事物有着不可分割的联系。熟悉的房间、挂像、沙发、地毯以及熟悉的过道和洗手间,就某种意义讲,都是无言的谈判"伙伴",是一种力量,使你力量倍增。在陌生的环境中谈判,会使人孤单、使人分心、压抑,有时还会使人震撼。有人说"家即堡垒",就是因为熟悉的环境能产生极大力量。假如不得不离开"家"去谈判,除非万不得已到异地谈判,否则应选择"中立"的地方。在下述情况下,可以考虑到对方所在地进行谈判:一是需要到那里看一看,通过实地实物的观察,感受对方的力量;二是我方希望谈判拉长,变"短跑"为"马拉松",多跑几次对方场所,还可以联络感情;三是即使在对方"领地"谈判,已是胜券在握。

　　关于座次:座次的安排代表着许多意义,座次是环境造势中的具体因素。皇帝的座次高高在上,造成高贵、权威、尊君抑臣之势;有客来访,如果主人高座,客人低就,将造成一种不平等之感,如果虽属无意,但客观效果是很不礼貌的。所以集体谈判,双方最好面向而坐,各方的助手分居主谈判的两侧。这样能迅速传递信息和有效控制自己的队伍,并加强本阵营"战时"的团结。由于座次安排代表着某种意义,所以你可以透过座次排列及其微妙变化,判断对方的权威与否。也可以对己方座次安排,有计划地掩藏本阵营的主宰人物,让他在谈判中"观战"、"幕后操纵"谈判。关于谈判语言:语言也是环境造势的一部分,越是重要的、艰难的谈判,越应使用自己最熟悉的语言。这样做有助于自身临场发挥而不至于因言语问题斟字酌句分散精力。在这一点上,法国人特别懂得它的益处,使用本国的语言的态度也最强硬。在对手不能接受共同使用己方最熟悉的语言时,要善于利用自己的翻译,自己的翻译能给你思考的时间,还可以帮助您修补破损的篱笆。

2. 因人而异谈判术

"见人说人话,见鬼说鬼话",通常是贬义,用来骂当面一套、背后一套之人。但在外交谈判中,面对不同的对象以变应变却是高招。因人而异,见机而变,一把钥匙开一把锁,是谈判大师的标志之一。同时,与不同国家、不同地区的对手谈判,应使用不同的对策。因此,对各国各地区贸易伙伴的谈判特点应有所了解,要懂得"入国问禁,入境问俗"道理。比如,美国人很自信,喜欢单刀直入打"速决战"迅速把谈判引向实质阶段。主张一个问题一个问题地谈,解决了上一个问题再谈下一个,以便最终解决全盘问题。只要报价得当,两三个回合就可拍板。如果时间太长,就会对美国公司失去吸引力。他们一般也不搞请客送礼,谈判时间可以在吃早点的时候开始,边吃边谈。他们非常赞赏那些精于论价还价,为争取经济利益而施展手法的人,并把实际物质利益上的成功作为获胜的标志。德国人的谈判特点是准备工作充分,喜欢明确表示希望做成交易,准确地确定交易的形式,详细地规定谈判的议题,然后准备一份涉及所有议题的报价表。这份报价表一旦提出,讨价还价的可能性就不在了,因为他们不大热衷于让步的方式。法国人在贸易谈判中有三个主要特点:一是立场极为坚定;二是坚持在谈判中使用法语;三是明显地偏爱横向式谈判。这就是说,先谈原则再谈具体问题,先为协议勾画出一个轮廓,然后再达成协议,最后确立协议上的各个方面。他们都有戴高乐式的依靠坚定的"不"字以谋取利益的高超本领。英国人的特点则是,在业务上有些松松垮垮。他们的谈判往往准备不充分,但谈判人和善、友好、好交际,容易相处。他们对建设性意见反映积极。印度人喜欢讨价还价,而且完全是市场上你争我吵的那种讨价还价的方式,如果不这样,他们会认为这称不上是一次成功的谈判。中东地区的人具有沙漠的传统风格,在他们的眼里,信誉第一重要,来访者必须先赢得他们的信任。他们特别重视谈判的开端,往往会在交际阶段花费许多时间,经过长时间的、广泛的、友好的会谈,增进彼此之间的敬意,也许会出现双方共同接受的成交的可能性。于是似乎是在一般的社交场合,一笔生意竟然做成了。日本人则善于打"蘑菇战"。他们在实施拖延战术的过程中,会想方设法地了解你真正的意图,他们在回答问题时常用的词语是"可能"、"或许"。你若急于求成他就压价,能把你磨得筋疲力尽,有时能拖到临上飞机前才能接受你的价格,有人把忍耐称为日本人的一种美德,不过,日本人的这一招是十分厉害的,往往使他的贸易伙伴猝不及防,又怕又敬。苏丹人谈生意,也是打"蘑菇",总是一味地讨价还价,再好的货物也一样要降价,是表示自己有面子、受尊重,再好的货物若不略微降价,也难成交。另外,苏丹人的生活步调缓慢,从谈判到成交需要一段时间,很可能等到真正成交时,货物成本已经上涨了许多,使本来有利可图的生意,变成了亏本买卖。所以,在双方谈判报出价格时要把时间因素算进去。瑞典商人一般对一项贸易决定也是相当缓慢的。因为瑞典国内市场规模较小,几乎每个人彼此都认识,一旦犯了错误,可能会身败名裂。所以下决心时不得不非常谨慎。瑞典人有较强的自尊心,但也很讲道理,跟他们谈判最恰当的办法是用旁敲侧击的方式向他们提供建议,引导他们快速作出决定。只要你能在"理"上站住脚,就能获得成功。在贸易谈判中,不同国家和地区的商人都有着不同的风格和作法。有的是与某个国家和民族的生活习惯有关,有的做法纯属是为了达到某种目的而玩弄的谈判技巧,如果不加以提防就会上当。例如日本施展的所谓"蘑菇战",从表面上看是在拖延时间,而实际上是在寻找恰当的时机,乘人不备,出奇制胜,最后还赢得了时间。

3.擒"王"谈判术

"射人先射马,擒贼先擒王。"谈判是不流血的战争,为了赢得胜利,切莫忘了抓住对方的关键人物,中美谈判前,毛泽东说:"同美国打交道要找尼克松。"为什么?第一,他是总统,有决策权;第二,他一贯反共,在美国无需避嫌。同关键人物特别是权威人物直接谈判,可以减少中间环节直接突破。"擒王谈判术"的哲学理论,大凡有经验的谈判者都乐于躬行的。当遇到对方的权威人物时,他们便会认为这是天赐良机,会为能直接进攻对方的最后一道防线、最后一个堡垒而振奋,他们清楚,此时谈判,得寸为寸,得尺为尺。因此,他们会把全部兵力(精力)投进去,争取快成功、成大功。值得注意的是,商业谈判的真正权威,不会像陆口临江亭的鲁肃、渑池会上的秦王、西安事变中的蒋介石那样都是知名"挂牌"的。在很多情况下,需要分析、捕捉,先识后"擒"。谈判对手如果是拍胸脯、夸海口,你当心受骗;一般来说,真权威不需要把"权威"二字挂在嘴上,他的一言一行都在显现出他的力量。为了做到分清真假"猴王",你必须学会察言观色;必须学会咨询,到"灵霄殿"——权威机关去核实,到西天——职能机关去了解;你还可以询问与对方交过手的人,让他们谈感受,了解谁是权威,这同抓住关键人物谈判同等重要,你一旦心中有数麻烦自然少多了。

4."糊涂"谈判术

清代诗人郑板桥诗云"聪明难,糊涂难,由聪明而转入糊涂更难。"所谓糊涂外交,是指管理者以假乱真——装糊涂,大事清楚,小事糊涂,故意犯错误,心理取胜的外交术。这种策略是建立在清晰、自觉、主动的基础上的由聪明而至糊涂的出奇制胜术。刘备在"曹操煮酒论英雄"中只好装糊涂,给对方一种朦胧,使自己的利益在朦胧中得以保护。在军事斗争中装糊涂,示假隐真,可以调动"敌人"。经常因酒误事的莽张飞,在曹军名将张郃的寨前"每日饮酒,饮至大醉,坐于山前辱骂",孔明派人送成都佳酿五十瓮到军中,张飞更是"大开旗鼓而饮",张郃认为有机可乘,当夜下山抢寨,来到寨前遥望张飞大明灯烛正在帐中饮酒。便一马当先,大喝一声杀入军中,一枪刺倒,却是一个草人。被张飞大败。

这种装糊涂故意犯错误的外交术,常常让爱要小聪明的对手真犯错误。比如,有的人在谈判中,故意丢失文件、便条、备忘录,让你拣读研究;故意传播小道消息(小道消息的传播速度通常快过官方消息),使你如获至宝,按他"规定"的路子,改变策略;有的人故意算错账,在你漫不经心时浑水摸鱼;有的人故意在合同条款上遗漏惩罚条款,为违约打下伏笔等。装糊涂的最大特征是"故意",形式是"疏忽",结果总是别人吃亏。

5.基辛格穿梭谈判术

曾经做过美国国务卿的基辛格是世界公认的国际谈判大师,他在退出政界以后仍在商界谈判中施展他的天才。基辛格最会使用"一对多"的战术。他先告诉对手 A 一个"机密",又告诉对手 B 一个"机密",再告诉对手 C 一个"机密"。他深信对手 A、B、C 之间会互相封锁消息,而且要在很长时间以后才会相互公布各自掌握的所谓的"机密"。在这之前,基辛格已通过穿梭谈判达到了自己预期的目的。

就像布什总统的国务卿贝克在海湾战争时期赴海湾各国发动一场穿梭谈判旋风一样,尼克松总统的国务卿基辛格在中东问题的斡旋中采取了典型的穿梭谈判法。当时,美国关心的是整个中东石油产区的交通要道霍尔木兹海峡的安全不受苏联威胁,巴列维国王主政的伊朗关心的是本国军事力量的强大,而沙特阿拉伯国国王费萨尔关心的是美元作为沙特阿拉伯财政的依靠。基辛格向巴列维保证,美国向伊朗提供一切必要的先进武器,只要伊朗阻止苏联势力南下威胁霍尔木兹海峡,而伊朗为了大量购买美国武器,准备提高石油出口价格,双方达成协议。基辛格又向沙特阿拉伯允诺,美国在财政上支持沙特,但要求沙特在海湾地区支持美元作为各国储备货币体系,费萨尔国王同意支持美元储备体系,却要求美国制止伊朗的石油提价行为,基辛格一口答应,双方又达成协议。过了几个星期,基辛格又抵达德黑兰,他继续同巴列维讨论加强该地区军事力量问题,却对伊朗连续提高石油价格的问题只字不提。过了好久,沙特国王费萨尔才明白了基辛格的两面派手法,可这时,伊朗的军备计划已经实施,美国的预期目标已经达到,至于中东各国经济军事力量均衡被打破造成的严重后果,那已是下一步的议题了。

(选自 http://www.bokee.net/company/weblog_viewEntry/592756.html)

◎ **相关链接**

如何与各种血型的人谈判

◆ 如何与多血质型人谈判

多血质型人在外交谈判中的特点为:富有讨价还价的能力;该出手时就出手;态度热忱,外向奔放;对业务兢兢业业。

由于他们的气质有乐于吸收新事物、新思想,重实际功利,勇于冒险创新,守信,重视效率等特点,在谈判中会形成如此的风格。

他们认为自己的商品好、质量好，理所应该要高价，他们不会便宜，也不会等顾客上门，他们会积极地采用各种方法进行宣传，以便使买方知道他们的商品，了解他们的商品，最后买他们的商品。

多血质型的人有时间观念，在他们看来，时间也是商品。由于他们的时间观念很强，因此谈判时，他们非常注意效率。他们喜欢井然有序，不喜欢在事先没有任何联系的情况下突然闯进来的人。他们在谈判前必须要事先预约。在谈判时，从不讲废话，直接进入谈判正题。

他们有团体意识和成功愿望。谈判前，重视建立人际关系。他们重视对谈判对手的信任，而不重视条文。因此，让他们信任很重要。

多血质型的人喜欢创造信任气氛的谈判形式。他们对谈判程序和进度，持温和的态度。

多血质人在拖延战术时，会设法了解谈判对手的意图。你若急于求成，他就会拼命杀价，把你磨得筋疲力尽，有时到你临走时才接受你的条件。

所以，谈判者最好不要透露真实想法，以免被谈判对手紧抓不放。

◆ 如何与胆汁质型人谈判

胆汁质型的人的谈判风格与众不同。他们认为，谈判时要现实，能得多少就要抓住多少。在商业上，即使谈判对手是一个亿万富翁，也难保证会有变化。人、社会、自然，在不断地发生着各种变化，只有抓住各种利益才是最最实际的。

他们谈判时不会承认自己有失误，表示愿意负责，直到确信己方有误时才负起责任处理。为了使谈判顺利进行，他们信奉在谈判中是与不是要清楚地表示，同时表示出我方的态度，面对面地让对方了解我方的诚意。因此，他们认为在谈判中，最好与对方面对面地交谈，不用电话，因为电话交易模糊，对方也看不到我方的态度。

他们的长处在于，在摸底阶段很坦率，在谈判中能提出具有建设性的意见。在提条件阶段精于讨价还价。在和他们谈判时，应该对他们坦诚，采取灵活和积极的态度。

在谈判中，他们先对市场调查，搜集信息，做到知彼知己，百战不殆。

他们喜欢谈判场合良好的气氛。因此同他们谈判除了业务外，还可以聊聊生活或社会新闻等，以产生亲密和谐的氛围，使谈判顺利进行，谋求双方的利益均衡。

◆ 如何与抑郁质型人谈判

抑郁质型人谈判的特点是准备工作做得充分而完善。抑郁质型人多明确表示他希望做成交易，断定交易形式，规定谈判议题，备份涉及议题的报表。在谈判中，他的陈述和报价清楚、明确和果断。

他们不太爱采取让步的形式，他们的谈判方式表明，他们考虑问题周到，准备充分，但是灵活性和妥协性较缺乏。

　　经验丰富的谈判人员如果运用这种谈判谋略,威力就会很大,其威力在报价阶段最为明显。他们一旦提出了报价,讨价还价余地就会缩小。

　　与抑郁质型人打交道,最好在他们报价前先摸底,并作出你的陈述,这样可以阐明立场。但要做得快速,因为他们在谈判前做了思想准备,他们会迅速地把谈判引入磋商阶段。

　　他们尊崇合同、条约、协议,信守其中的各项规定。他们要求协议上的字句要准确。他们认为,不管发生了什么,都不能毁约。他们很难背信弃约,如果背信弃约的话,也会追查到底,承担后果。

　　◆ 如何与粘液质型人谈判

　　粘液质型人谈判的特点是不刻意追求,一副无所谓的样子,沉默少语,讲话时慢条斯理。他们的谈判准备往往不充分、不周到。他们在开场陈述时坦率,愿意使对方得到他们的立场、要求和信息等。

　　粘液质型人谈判时和善友好,容易相处。他们在谈判过程经常提出建设性意见,对谈判对手提出的建设性方案能积极反应。

　　在谈判桌上,粘液质型人与对手建立人际关系的方式很独特,开始时保持一定距离,而后慢慢接近融洽。因此,在谈判中你千万不要操之过急。

　　如果他态度强硬,当对方要他作出让步时,注意不要使他丢了面子。同样,我们从原来的立场后退,也不必硬撑。谈判达成的协议,必须是他认为保全了面子或增了光的协议。

　　粘液质型人谈判时,很高兴对方对他的家庭有兴趣。你送一件小小的并不高级的礼物,意义也很大。因为对粘液质型人来说,礼物是送给自己的,而订货单是集体所得,对他的价值就不大。粘液质型人的讨价还价也是非常出名的。

项目五　善说——秘书口才的职业感觉训练

任务一　秘书口才的职业意识训练

◎ 学习目标

　　通过本项目训练,结合秘书工作实际,培养学生具有较强的职业意识,掌握秘书工作中语言沟通的基本方法、技巧,做到行为准确,达到有效沟通。

　　知识目标

　　● 通过讲授秘书职业意识的重要性,使其掌握秘书沟通中应注意的事项,切实根据环境和场合的变化合理使用语言工具。

能力目标

● 根据学习目标,首先明确秘书人员的身份意识,以情境设计为训练方法,使学生理解说话的分寸和力度,并在具体事例中感受其内在奥秘,获得更为直观的感受,从而进一步明确秘书身份的特点以及秘书语言使用中所需的基本技巧,通过提高其话语表达的质量来提高其交际行为和对工作的适应能力。

◎ 参考课时

2 学时

◎ 导入案例

在毛泽东身边工作的人员都知道,毛泽东看重人品,喜欢老实人。毛泽东身边工作人员,大都老老实实,勤勤恳恳。毛泽东不喜欢的是自作主张,做事事先不报告,爱出风头,喜欢投机钻营的人。

毛泽东曾批评陈伯达:"我和你相处这么多年,不牵涉到你个人,你从来不找我。"可见,毛泽东对陈的油滑心态是多么深刻的洞察和鄙弃。

胡乔木在 1959 年庐山会议和"文化大革命"中基本上"过关",主要也还在于毛泽东平时对胡乔木印象不错,认为胡乔木是个老实人,说乔木跟他一二十年"总还是一介书生",这句话颇为传神,也说明毛泽东对人的诚实是看得很重的。

◎ 理论知识

一个秘书能否经常意识到自己是"秘书",意识到社会对秘书角色的期待,是能否进入秘书角色、适应岗位的关键。了解秘书角色,注重培养秘书的职业意识,加深秘书对自己的认识,对开发自身潜能,促进领导活动,改善工作作风,提高办公效率,都具有很强的现实意义和理论意义。

一、树立高标准的秘书口才意识

(一)秘书工作的职能决定了秘书需要口才

任何机关、企事业单位的组织系统都是由领导部门、职能部门和秘书部门(办公部门)三种机构组成的。领导工作的职责在于决策和组织指挥,是决策机构;职能部门在于具体贯彻执行领导的决策和处理各种业务,是执行机构。决策机构和执行机构需要上下沟通、信息反馈;各职能部门之间需要互通信息、平衡协调;本单位与各有关单位也需要信息交流、相互联系。秘书部门的职能就在于承上启下、协调左右、沟通内外、传递信息。在日常工作中,秘书要调查研究、汇报情况、传达指示、提出建议、协调商谈、应对宾客、电话联络等,所有这些工作职责说明,秘书工作除了一部分要使用文字外,大量使用的是口头语言,秘书不仅要"妙笔生花",还要

"能说会道",因此秘书的口语表达能力不可忽视。

（二）秘书必须善于说话

善于说话有利于协调关系,有利于信息的快捷传递,有利于树立单位的良好形象。秘书变成为善说者,应从以下几方面去努力。

1. 去虚假,讲真话

秘书人员在领导身边直接为决策服务,无论是提供信息、协调关系,还是处理事务、解决矛盾,都应去虚假、讲真话。

首先要以真挚的感情说话,便于缩短与听者的距离,让人感到你是真诚、可信赖的。最重要的是,不论情况是好是坏,是喜是忧,都应如实地向组织反映。有时候,忧信息对领导的决策更为重要,它能帮助领导认清形势,"对症下药"。如美国前总统卡特在竞选时,他的高级参谋曾提醒说:"每三个选民几乎就有两个将拒绝卡特当总统。"这种把真实情况告诉上级,敢于报忧的勇气值得钦佩。事实证明,秘书只有正确处理好报喜与报忧的关系,如实反映情况,才能保证领导决策的正确。说假话、大话、空话是同秘书的身份不相称的。

对领导的失误与缺点,如何规劝,更需讲究艺术。古代的幕僚谋士有许多成功的经验可供我们借鉴。如汉成帝的谏官朱云,发现成帝的老师张禹,官封安昌侯,为人飞扬跋扈,贪赃枉法,朝廷无人敢上奏弹劾他,朱云决心冒死进谏。他向皇上列举了张禹的几大罪状,要求皇上依法处斩。汉成帝不仅没有责备张禹,反而下令要将朱云斩首。朱云慷慨陈词,他一手抓紧殿中的栏杆,一边责备成帝:"我死不足惜,但你圣明的朝廷,为何竟容得下这样的贪官做贤师?"他把栏杆都拉断了仍不屈服,终于使汉成帝认错,并处斩了张禹。秘书不仅要有"敢言"的决心,还应有"善言"的艺术,这样才是一个优秀的秘书。

2. 去武断,有分寸

秘书特殊的工作性质和工作环境,要求他们说话时应把握分寸,避免简单、片面、主观和武断。在有些情况下,多说一句添乱,少说一句欠缺。说深了,难以拔出;说浅了,不能奏效。分寸的把握较为复杂,涉及思想认识及语言运用等多方面因素。看问题不武断,是掌握分寸的前提。比如下级请求批准某项工程,领导因资金等问题不好解决,正在分析研究、全面衡量,此时下级询问结果,如果秘书回答:"这项工程领导不批。"这就是主观武断。假如领导最终批准了,秘书就很被动。秘书对这种情况应留有余地,可以这样说:"此事正在研究,很快将正式答复你们。"

说话有分寸,实际上是讲究表达艺术。话说出来要让人乐于接受,听得顺耳。特别是对重要问题的说明,需要格外注意措辞。为了使话说得有分寸,秘书有时还得借助委婉含蓄的表现手法。特别是对一些重大、敏感、不便直说但又不得不说的事情,采用商量询问的语气,能够避免被动。

3.去繁冗,讲效率

秘书说话,必须简洁明确,注意效果。比如有位秘书向人介绍厂里一位女工:"她现在 34 岁。进厂时才 17 岁,是我们厂刚建 8 号车间那会,那是 1985 年……"这里,他把推想女工年龄的过程都说出来了,这是多余的。"时间就是金钱,效率就是生命。"秘书要顺应时代潮流讲"短话",使自己讲出的话一语中的、逻辑严密,要用最少量的语词传递尽可能多的信息,使得说话耗费的时间与说话效果成正比,提高效率。

秘书说话要为听者着想,不能浪费对方时间。秘书接到上级办公室电话通知向领导汇报时,要以最快的速度把这一信息概括地输送给领导,而后再依时间、地点、主持人和会议内容的顺序述说。例如说:"局长,县办有会议通知。10 日上午 9 点在县政府第五会议室召开工资调整会议,由黎县长主持。"这样的传达给人一种精练的感觉。汇报工作时,如果用一句话可以说清的问题,用了两句乃至三句,不仅会耽误领导的时间,汇报的主旨还可能被废话淹没,贻误工作。

为了提高说话的效率,应当精心选词,使之以一当十,"言"半功倍。秘书还应注意在说话时少用修饰语、倒装句,不用隐晦、艰涩的词句,不带"这个"、"那个"等口头禅,做到通俗易懂,直抒胸臆。比如,办公室主任对秘书说:"这个会你就不必参加了——如果这份稿子没写完的话。"秘书先听到的是不让参加会议,在未听清原因时,有可能产生误解。现代社会生活的快节奏,还要求秘书长话短说,对所说的内容要分清主次,确定详略,有点有面,努力提高说短话的能力。

4.去尴尬,善机变

秘书的辅助地位及秘书工作的被动性,决定了秘书说话的语境千变万化,经常出现始料未及的情况,这时就需要临场调整内容,改变方式,机敏、巧妙地应付意外,以避免尴尬和失误。如:

阳光公司副总经理盛家禄因一项对外业务,与总经理黎云发生了争执;第二天,副总经理同戈秘书出差,在路上说起他与黎总的分歧,显而易见他是想得到秘书对他的支持与同情。此时,如果秘书说话不注意,就会使两人都陷入尴尬的境地。戈秘书从维护领导之间的团结出发,深情地对盛副总经理说:"上帝真是青睐我们阳光公司,让您和黎总一同降临我们公司。你们俩各有千秋,一个雷厉风行,一个和风细雨,真可谓珠联璧合。你们在一起相得益彰,我们阳光公司天天充满阳光。"戈秘书恰到好处的语言,促进了领导之间矛盾的化解。

秘书接触的众多对象中,难免有修养差、偏激执拗的人;或有意刁难、出言不逊;或自以为是、以势压人;或观点不同、故意添乱。对于这些复杂或突然出现的情况,秘书应处变不惊、镇定自若、应变适当。这种机变,不是见风使舵、八面玲珑的投机取巧,而是原则性与灵活性相结合的随机应变。当别人打听秘密时,应采用婉转拒绝的技巧,既不伤和气,又获得理解。如有人问:"今年年终奖发多少?"可以回答:"怎么? 又想增加私房钱的数目了。你现在究竟有多少私房钱?"既保守了机密,又不致损害人际关系。

总之,现代秘书要胜任工作,就必须重视说话,注意语言技巧,善于说话。会办事、会写文章、会说话的秘书,才是称职的秘书。

二、适时牢记"秘书身份"

作为一名合格的秘书,必须要有很好的职业悟性。做到眼里时刻有活,心中时刻有他人,特别是要有秘书的职业自觉意识。职业自觉意识要求秘书在任何时间、任何场合都能自然本能地显现出个人的秘书修养,时刻以"我是秘书"进行自我规范和约束。

纵观陈希同、王宝森案件以及铁英、黄超案件,发现他们有惊人的相似之处:首长和秘书双双落马。

这些触目惊心的问题,不是一句"臭味相投"就可以解释的。分析原因,有领导方面的,也有秘书自身的。

王宝森的秘书阎振利最为典型。他原来是市财政局的干部,曾因偷盗摩托车,被公安机关拘留,受过处分。据说,当时任市财政局长的王宝森对其并无好感。但阎振利很会"来事儿",他"积极报名支援西藏建设"。每次回家休假总要去看望王宝森,还带上些"土特产"。还帮王宝森安装浴盆、买电视机,揽下了王宝森的不少家务事。一来二去,赢得了王宝森的好感。王当上了副市长,阎振利从西藏返京后,王便辞去了原秘书,点名要来阎振利。

阎自恃是王的秘书,称王称霸,随意扣押请示报告,代替王发号施令。有一次竟擅自从海淀区财政局拿走 20 万元支票说"到时候有市财政局还"。

由此可见,一个称职的秘书同样是工作取得良好效果的关键。秘书人员应具备强烈的"身份"意识。

(一)要有平常心

秘书的职位很特殊,虽然不属于管理者和决策者,但因为工作直接对领导负责,所以常常给人一人之下、众人之上的错觉。正因如此,秘书才要保持一颗平常心:我只是单位的一名普通职员,我服务于我的工作。其他的我什么也不是。否则,很容易越俎代庖。

(二)强化工作能力

要爱岗敬业,工作脚踏实地,在工作中不断提升自己的素质,对自己负责的事情拿得起、放得下。要淡化自己的身份,时刻牢记秘书的天职只是做好领导的后勤。你唯一的标识就是你的能力。

(三)口风要紧

不该问的事不问,不该说的话不说。因为工作性质的关系,秘书的资讯会比较灵通一些,对领导的公事私事会知道很多,聪明的人都信奉有时候知道得越少越安全，当你不得不知道时，只能三缄其口才能明哲保身。不要向同事卖弄你的消息灵通，也不要不小心把同事的秘密说给上司听。

（四）善于人际沟通

秘书最重要的职能是上传下达。因为各种条件和因素的限制，领导和职工之间会出现不能很好地沟通和了解的情况，有时候一点点小误会也会严重影响团队之间的关系甚至工作的运作。这时候，秘书应该及时沟通，动之以情，晓之以理，把事情说清楚。两头煽风点火最要不得。

三、准确把握说话分寸：因人而异，因地而宜

在这个世界上，变是永恒的法则，如果你能做到见什么人说什么话，到什么时候说什么话，在什么位置上说什么话，遇什么场合说什么话，那就是达到了说话的变通境界。

（一）弹琴要看听众，说话要看对象

人们每天都在说话，且说话总是双向的，不论是在公共场合发表演讲，还是和别人随意交谈，除了说话的自己（说话人）以外，还有说话的对象（听话人）。所以，说话人就不能自己想说什么就说什么，说话时要看对象，从对象的不同特点出发，说不同的话，见什么人说什么话，从而营造和谐、融洽的气氛，更好地达到说话的目的。

所谓对象，一是指说话人。不同的说话人，地位、身份、性格、爱好、文化水平等都有差异，因此，同一内容，可用不同的语言来表达。二是指听话人。不同的听话人各方面也有差异，就决定说话人要根据听话人的不同情况采用不同的语言来表达。这就是所谓说话要看对象。

朱元璋做了皇帝。一天，他以前的一位苦难朋友从乡下赶到京城去找他，并对他说："我主万岁！当年微臣随驾扫荡芦州府，打破罐州城，汤元帅在逃，拿住豆将军，红孩儿当关，多亏菜将军。"

他说的话很好听，朱元璋心里当然很高兴。回想起来，也隐约记得他的说话里像是包含了一些从前的事情，所以立刻就封他为大官。

这时，朱的另外一个苦朋友得知了这个消息，他心想："同是那时候一块儿玩的人，他去了既然有官做，我去当然也不会倒霉的吧？"他也就去了。

一见朱元璋的面，他就直通通的说："我主万岁！还记得吗？从前，我们两个都替人家看牛，有一天，我们在芦花荡里，把偷来的豆子放在瓦罐里煮着。还没等煮熟，大家就抢着吃，罐子都被打破了，撒下一地的豆子，汤都泼在泥地里。你只顾从地下满把地抓豆子吃，不小心把红草叶子也一起吃进嘴里了，叶子卡在喉咙口，苦得你哭笑不得。还是我出的主意，叫你用青菜叶子放在手上一并吞下去，这样红草的叶子才一起下肚了……"

他说这些话，朱元璋嫌他太不会顾全体面，等不得听完就连声大叫："推出去斩

了！推出去斩了！"

可见，说话要看对象是多么重要。以前的朱元璋与当上皇帝后的不一样了，所以，说话的对象与以前的人也就不同了。在我们现代的生活中，如果不能做到说话看对象，轻则达不到自己想要的目的，严重的还会得罪一些本不该得罪的人，给自己今后的道路多添一些障碍。

说话要看对象，首先要对听话对象有所了解。对家人，对亲朋好友，你很熟悉，说话时自然会注意到不同特点。对初次相识的人，要做到这一点就不那么容易了。性别、年龄，很好看出来，身份、职业、文化修养等，则必须通过言谈话语去了解。因此，与陌生人见面，不要急于先说，而要先倾听对方的话语。如果对方说话很直，不会拐弯抹角，你也应该坦诚、实在，想到什么就说出来；如果对方彬彬有礼，你也应该文雅、和气、谦逊；如果对方情绪低落，不爱说也不想听，你就应该少说几句，或者干脆不说。总之，在了解对象的基础上，说出的话要有礼貌、合适。其次说话时还有一个因素是不可忽视的，那就是说话对象的年龄。就说问岁数吧，对不同年龄段的人就要使用不同的问法：

"你几岁了？"——问小孩；

"你多大年纪？"——问同龄人；

"您多大年纪了？"——问中青年；

"您高寿？"或"您高龄？"——问七八十岁老人。

俗话说："见什么菩萨卜什么卦，看什么人说什么话。"讲的就是这个道理。这里面有三点最值得注意。

1. 文化知识的不同

水平高的说话人对待文化水平低的听话人，不能文白夹杂，之乎者也，要用最朴实明白的语言，让对方一听就懂。对待文化水平相当或较高的听话人，说话则要讲究一点语言的修饰。在书面作品中，作者刻画的说话人如果水平很低，但如果他说的话很有文采，就不符合说话人的文化水平了。反之也是如此。

2. 身份地位的不同

同样的文化水平，但由于说话人和听话人的地位、身份悬殊，说话则不能太随便，说话人应考虑对方是什么身份，自己是什么身份，听话人能不能接受自己的意见。三思而后开口。

3. 双方关系的不同

说话人与听话人之间关系的亲疏程度不同，所以可以讨论的话题和使用的语言就有所区别。因此，说话人与听话人尽管文化水平相当，身份地位差不多，也须考虑一下双方的关系如何，然后才开口。

4. 性格的不同

一千个人就有一千种性格。在待人处世时，要学会对人的性格作具体分析，见什么人说什么话：对傲慢无礼的人说话应该简洁有力，最好不要跟这种人多谈，正所谓"多说无益"；对沉默寡言的人就要直截了当；对深藏不露的人，你只把自己预先准备好的资料拿给他看就可以了；对于瞻前顾后、草率决断的人，说话时要把话分成几部分来讲；对行动迟缓的人说话时要有耐心。只要你做到了这些，你就会赢得一个好人缘。

（二）说话要看场合

人们在进行社会交际时，除了准确的选择语言词汇，还应具备在一定时间、地点、场合说出恰当话语的能力。因而，说话还得看准时机，该早讲的不能晚讲，该晚说的不能先漏出去。如果交谈中发生了争执，秘书不可"火上浇油"，应抑制感情，"冷却降温"。

某服装公司经理因经济纠纷气冲冲地找与公司有业务往来的某纺织集团董事长，董事长因未考虑好对策，便派秘书前往接待。秘书耐心、仔细地听取该经理陈述意见后说："我们十分尊重您和贵公司，您所说的意见我将原原本本地向董事长报告。"该秘书就是采取了缓和挡驾的方法，说话时把握了分寸，没有就对方意见作实质性表态，为董事长考虑对策赢得了时间，也为今后处理纠纷创造了良好条件。

说话场合是不断变化的。在不同的场合要有不同的说话方式和不同的表达内容。可注意以下几点。

1. 利用特定场合说特定的话

在一定的背景环境下，同样的话语可以产生不同的效果。

解放前夕，陈毅同志在一次报告中说："我们有充分的信心可以预见，解放全中国已经不需要太长时间了！解放上海更是指日可待！（台下爆发雷鸣般的掌声）过不了几天（用生硬的上海话）就可以到上海白相白相了！"

这样的话在那个社会环境和具体场合显得十分得体，并且又鼓舞人心。

2. 利用情境意义作铺垫

有些比较难办的事件如果结合某一具体场合，也许问题就迎刃而解了。

某单位，要实现办公自动化，新购置了一批计算机和相关设备，但领导对机房安置空调一事迟迟未批。领导认为单位的同志大多没有空调，不宜对机房破例。虽然说明安装空调是出于保养机器而非个人，但仍不成功。过来几天，单位参观一个文物展览会，领导发现一些文物有破损，解说员解释是因为单位经费不足，不能够使文物保存在一种恒温状态，如有空调就可解决问题。领导听后，不禁有所感慨。

此时，一旁的计算机管理员，悄悄走过去，对领导低语："刘局长，机房能装空调吗？"

刘局长看他一眼，笑笑，拍他的肩膀说："就你鬼，回去后打个报告上来。"

3. 利用自然情境说话

交际总是在一定的时空环境中进行,若能结合自然情景来组织话语,便可激起听者的共鸣,收到更好的表达效果。

李瑞环同志在天津工作期间,国家足球联赛在天津举行,天津队参赛前正赶上下雨。李瑞环鼓励大家:"下雨了,你们要浑水摸'球',要快传多射,千万别拖泥带水。"

四、恰到好处掌握说话力度

俗话说"话不说不知,木不钻不透。"人生在世,"说"功非常重要,它通常是有事业心、有能力、有思路的具体表现。但说也要把握有度,做到说和做的协调统一。

一般来讲,在很多人相聚的情况下,人们都主张少说为佳,因为言多必失,会惹一些不必要的麻烦。从另一方面讲,也并不是话越少越好,要分角色,要分场合,要看形势。该说不说是失误,不该说乱说是错误,说话恰到好处识时务。

清乾隆皇帝喜游江南,有一次与侍臣纪晓岚到一寺庙,当爬阶梯时,乾隆皇帝问纪晓岚:"可有好话要说?"纪晓岚说:"一步比一步高!"下阶梯时乾隆皇帝又问纪晓岚:"可有好话要说?"纪晓岚说:"后面比前面高!往后面的一切比以前更好。"

说是表达自身主张的重要方式。人人都是社会之人,有自己的思想和见解,有自己看问题的独特角度,受知识、经历、阅历、年龄等方面的限制,在对同一问题的认识上,也是仁者见仁,智者见智,会得出不同的结论。

中国有一位国画名家俞仲林先生擅长画牡丹。有一次某议员慕名买了他亲手绘的牡丹,回去后很高兴地挂在客厅。一位朋友来访看到了大呼不吉利,因为这牡丹没有画完整,缺了一部分。而牡丹代表富贵,缺了一角岂不是"富贵不全"吗?议员一看也大吃一惊,认为牡丹缺了一边总是不好,拿回去想请俞大师重画一幅。大师听了他的理由,灵机一动,告诉这位议员,牡丹代表富贵,所以缺了一边,不是"富贵无边"吗?议员听了大师的解释,高高兴兴地又把画捧回去了。

每天每个人都会和同事、领导、朋友之间有些话要说。作为秘书,说什么、怎么说,什么话能说,什么话不能说,尤其应该"讲究"。可以说,在工作中"说话"是一门很深的艺术。很多时候,有些人吃亏就是因为没能掌握说话的艺术。如自己的同事穿了件新衣服,别人都称赞"漂亮"、"越来越年轻"之类的话,但是当人家问自己穿上效果如何时,如果你直接回答说:"你身材太胖,不适合。"或者说:"这件衣服的颜色不适合你的肤色,穿上不好看。"这样的话一出口,不仅会使当事人很不高兴,而且连原先赞美她的同事也觉得很尴尬。尽管说的是事实,但就是因为缺乏了一些技巧和艺术,所以不受人欢迎。

无论在工作还是在生活中,说话都是一门艺术。所谓"良言一句三冬暖,恶语伤人六月寒",有很多人,说的很多话,本来的立足点和出发点都是不错的,但由于不注意说话艺术,往往导致无谓的误解和争端,影响了人际关系。

经常会碰到这样的情况:有的人一肚子学问但却讷于言辞,但有的人不学无术却废话连篇。因而,交谈最根本的条件是:既要有充实而有价值的内涵,又要善于表达,使人听得痛快,而且回味无穷。所以"有话可说"的确不是一件特别容易的事,要达到"言之有物"的境界,就更要不断地充实自己、不断地学习。

言谈要恰到好处,主要应从以下几个方面做起。

(一)要对话,不要独白,避免"一言堂"

交际的基础是对话,有对话才有交流,有交流才能产生情感。其实一次成功的交谈,也像一场接力赛一样,每个人都是集体接力的一员,即要接好棒,又要交好棒,棒在自己手上时,要尽心尽力跑好,棒在他人手上时,应该为之喝彩、为之加油。如果把交谈变成一个人的独白,尽管你讲得眉飞色舞,口干舌燥,也没有人为你鼓掌喝彩,所以能说善侃者千万不要把自己的角色变成"一言堂主"。

(二)要宽容,不要排斥,避免狭隘偏激

在与他人交谈中,由于各人的阅历不同,所以对事物的认识也可能不一致,观点的分歧、碰撞、交锋是不可避免的,这本是很正常的现象。如果一听到对方提出不同的意见,就急迫地插话或打断他人的话,想要把自己的观点强加于人,这样必然给人留下狭隘偏激的印象。明智的做法应该是大度宽容,不要盲目排斥,人家观点与你不一致,你可以说服或被说服,可以妥协,也可以求同存异。智者千虑,必有一失;愚者千虑,必有一得。集思广益,取长补短,这样才能使一个人既得人心,又长智慧。

(三)要赞赏,不要炫耀,避免自我吹嘘

在与人交谈时,每个人都有表现的欲望,同时也有被发现、被承认、被赞赏的内在心理需求。如果一个人只热衷于表现自己,而轻视他人的表现,对自己的一切津津乐道,而对他人的一切不屑一顾,一定会给人留下自我陶醉、自吹自擂的印象。

(四)要适度,不要过火,避免低级庸俗

几对青年夫妇在一起吃饭,说到"妻管严"的话题,小李对秘书小何的妻子说:"听说你老公是典型的'妻管严',你可不能把自己的幸福建立在你老公的痛苦之上。"小何接过话头,一本正经地说:"在现代社会,怕老婆是一种美德,我自愿把自己的痛苦垫在我老婆的幸福之下。"一番话把大家逗得哄堂大笑,小何的妻子也报以幸福而满足的微笑。

秘书在工作中起到桥梁的作用,同时又处于一个特殊的位置,因此秘书人员的沟通与交流就存在独特性。秘书明确自身的工作性质,恰到好处地使用语言工具,是秘书能力的重要体现。

◎ 能力训练

王琳是 TMY 酒店管理有限公司的总经理秘书,公司最近在珠海新接管了一家四星级酒店,据传会从深圳 A 酒店的管理人员中抽调部分人员,公司有各种传言。王琳今天一上班就遇到了自己的老上级、市场部的汤经理,两人过去关系融洽。汤经理开门见山地说:"我们是老同事,今天我想问你,公司要从 A 酒店调一部分人去珠海,名单下来了吗?你是总经理身边的红人,不会不知道吧?给点内幕信息?你知道我女朋友周丽在 A 酒店,她要去了珠海,我岂不成了孤家寡人,帮帮忙,和总经理说说怎样?"

问题 1:这时王琳应如何作答?

三天后,调动名单下来,里面有周丽的名字,汤经理气鼓鼓地过来,一见王琳,就把名单往桌上一撂,说:"王琳,我这次不找你,我找总经理,我要和他谈谈。"

问题 2:这时王琳应如何处理?

问题 3:假设后来总经理知道了这件事,要王琳去找汤经理或周丽谈话,使周丽能去珠海任职,请问王琳又该与谁谈话更合适,并应该如何谈?

要求:模拟情景训练。分小组进行,每组 4～5 人,首先讨论,最后由一位同学扮演王琳,另一位扮演汤经理,还有一位扮演周丽,代表本组上台进行情景再现。

集中观摩演练,建立观察组,组长可由教师兼任或由教师指定一人,其余任选可由同学推选。观察组成员需对演练过程进行评判及点评。

训练提示:

1.针对设置问题的处理方式可以是多样的,但必须围绕秘书工作的原则。

2.情景再现时语言表达要流畅,并能针对环境变化有效组织语言。

3.各组在情景再现之后,可以先谈谈自己对设置的问题是如何思考的,以及自己在问题处理中运用了秘书工作的哪些原则或方法。

4.观察组在评判之前,对评判的标准进行说明。

◎ 知识拓展

赞美的力量

常言道:"良言一句三冬暖。"我们在说话的时候,要记得用变通的语言,使听话的人能接受你所说的话,而在这个时候,真诚的赞美,往往很容易被人接受。

1.良言一句三冬暖

俗话说:"良言一句三冬暖,恶语伤人六月寒。"人际间相处是平常的事,也是一件微妙的事。一张笑脸带着一声问好能带给他人好心情;相反,一句粗话恶语却会破坏人们良好的情绪。坏的情绪和好的情绪都容易传染。良好、自然的环境和融洽的人际关系是大家共同创造出来的,好的环境需要每个人共同创造和维护。不管是熟悉还是陌生,多说一些真诚祝福的话,脸上多绽放一片明媚的笑容,内心多一些善意,尽力做一些温暖人心的事情,这个世界上的人际关系也就更和谐了,我们的社会当然也就更和谐了。

古时候，有个年轻人骑马赶路，时至黄昏，住处还没着落，忽见前面来了一老农，他便在马上高声喊道："喂，老头儿，离旅店还有多远?"老人回答："五里!"年轻人策马飞奔，向前驰去。结果一跑十多里，仍不见人烟。他暗想，这老头真可恶!非得回去整治他不可。并自言自语道："五里，五里，什么五里!"

猛然，他醒悟过来，这"五里"不是"无理"的谐音吗?于是拨转马头往回赶。见那位老农还在路边等候。他急忙翻身下马，亲热地叫了一声："老大爷。"话没说完，老人说："你已经错过了路头，如不嫌弃，可到我家一住。"

俗话说："一句话能把人说跳，一句话也能把人说笑。"语言是思想的衣裳，谈吐是行动的羽翼。它可以表现一个人的高雅，也可以表现一个人的粗俗。言谈高雅即行动之稳健;说话轻浮即行动之草率。如果要接通情感的热线，使交际畅通无阻，就应该得体地运用礼貌语、称呼语和禁忌语。谈话中，习惯用礼貌语言，就会让人感到"良言一句三冬暖"，使感情顿时亲切融洽起来。

工作中，领导者鼓励下属最好的方式之一就是真诚而及时的赞美。譬如批评教育一个人，从称赞入手，往往比单纯批评更容易被人接受。因为"赞扬比任何谴责都更能使对方谦虚，而谦虚是接受批评的第一步"。

但是在很多时候，有些领导者却不太注意适时地给予赞美，对别人的工作成绩表现得太冷静了，认为干得好是理所当然的，忽视了个人之间的种种差异，忽视了个人在取得成绩过程中所付出的努力;还有的领导认为赞扬部属会使他们自我陶醉，滋生懒惰，不思上进;还有一些领导害怕表扬了一些下属，而引起其他下级在背后议论，说对下属不能一视同仁，对员工不平等。这些担心其实都是多余的。每个人都渴望得到赏识，得到赞美，无论是身居高位还是地位卑微，无论是晋升无望的即将退休的职工，还是刚入机关的小青年，这些人都概莫能外。

的确是这样，赞美能使古板呆脸增添笑容，赞美能使个人能力得到增强。要充分地发挥出赞扬的效应，必须是发自内心的、真诚的。赞美或赞扬的价值在于真诚。

但是，不要以为赞扬便是"良丹妙药"，包医百病。在对别人进行赞扬时，语言要发自内心，这是很严肃认真的，不能给人以造作感和过于随意感。如果你在赞扬下级时漫不经心，一边读报、喝茶，一边说着几句赞扬的话，不但不会起到赞扬的作用，反而会令下属产生反感，认为你是在敷衍他，对他不尊重，久而久之，即使当你严肃认真去赞扬下级时，下级也会不在乎和不理睬。"人不畏惧倒下，但最怕人格和威信再也提不起来"。而人格和威信的"倒地"也就在不经意的琐碎事中。因而，赞扬不能不关痛痒，更应该显示出其真诚的一面。

另外，如果以一种公开的方式进行表扬，会使赞扬的效果更加显著。一般人都尊重领袖，自己内心也有一种领袖感。单位里的每位同志都渴望"脱颖而出"，领导当众进行表扬正是为了让他们"出"。有了成绩的下级被表扬,就等于为他们树立起了一个榜样,会使其他的同志暗暗憋上一股劲,你追我赶,你赶我超,从而形成良好的氛围,在一件小事上整个单位都得到了最大的受益。相反的,领导如果只对下级进行私下表扬,暗暗努力的也许只有这名职工而已,达不到那种效果了。

任何一个人,一个工作岗位,哪怕最微不足道的人,他也是一个正常人,在他的内心里,是十分希望得到别人的承认,渴望得到赞美,被肯定的。你赞美了他,给对方以肯定,帮他认识到自己工作的重要性,使他因你的存在而感到快乐,我们没有任何损失,何乐而不为呢?

2.恭维要恰到好处

心理学家认为,每个人都有自卑的情绪。因此,人人都或多或少喜欢别人称赞。但恭维他人也应恰到好处,才能达到恭维的目的。恭维别人的要诀,是要恭维他真正在意的事,或强调他自己缺乏自信的事情。此外,间接的恭维效果最佳。

人总是喜欢奉承的。即使明知对方讲的是奉承话,心中还是免不了会沾沾自喜,这是人性的弱点。换句话说,一个人受到别人的夸赞,绝不会觉得厌恶,除非对方说得太离谱了。

奉承别人首要的条件,是要有一份诚挚的心意及认真的态度。言词反应了一个人的心理,因而轻率的说话态度,很容易被对方识破,而产生不快的感觉。

虽然高帽很好,但尺寸也得合乎规格才行。滥做过重的高帽是不明智的。赞扬招致荣誉心,荣誉心产生满足感,但是如果人们发现你言过其实的时候,常常因此感到他们受到了愚弄。所以宁肯不去恭维,也不要无边地夸大。

过分粗浅的溢美之词还会使你的名声和品味有所损坏。不论用传统交际的眼光看,还是用现代交际的眼光看,阿谀谄媚都是一种卑鄙的行为。正人君子鄙弃它,小人之辈也不便明火执仗应用它,即使被人号称的"拍马行家"或"马屁精",也都会对这样的行为嗤之以鼻。孔老夫子有话:"巧言令色鲜矣仁。"毛泽东生前也多次批评过吹吹拍拍、拉拉扯扯的庸俗作风。可见,阿谀谄媚者,无仁无义,真是俗不可耐。

一些不了解恭维的人,最好不要轻易地乱用。要等你找出他喜欢的是哪一种赞扬,才可进一步交谈。最重要的是,不要随便恭维别人,有一些人不仅不吃这一套,而且还对此相当反感。

其实,高帽也就是美丽的谎言,首先要让人乐于相信和接受,便不能把傻孩子说是天才一样的离谱;其次是美丽高雅,不能俗不可耐、低三下四,糟蹋自己也让别人倒胃口;再者便是不可白过滥,不动脑子,没有一点特点。

对于初次见面的人,哪一种赞美最有效呢?最好避免以对方的人品或性格为对象,而称赞他过去的成就、行为或所属物等看得见的具体事物。如果赞美对方"你真是个好人",即使是由衷之言,对方也容易产生"才第一次见面,你怎么知道我是好人"的疑念及戒备心。

如果赞美过去的成就或行为,情况就不同了。赞美这种既成的事实与交情的深浅无关,对方也比较容易接受。也就是说,不是直接称赞对方,而是称赞与对方有关的事情,这种间接奉承在初次见面时比较有效。如果对方是女性,则她的服装和装饰品将是间接奉承的最佳对象。

在交际手段中,恭维是很重要的一种,它能在瞬间沟通人与人之间的感情。任何人都希望能被人恭维或赞美,威廉·詹姆斯就说过:"人性深处最大的欲望,莫过于受到别人的认可与赞美。"

风云一世的拿破仑,有过这样的一段故事:一次,有位随从对拿破仑说:"将军,您是最讨厌别人对您拍马屁的吧!"拿破仑笑道:"是的,一点儿也不错!"好聪明的随从,好聪明的奉承。恭维上级,要恰到好处,特别是在别人都看不见的时候,更要不遗余力地当然也是隐秘地进行"恭维活动"。要有心制造机会接近上级。比如中午吃饭时,不要总是与同事聚在一起,而应当端着饭碗接近上级,忠实地聆听上级在席间的高谈阔论,并适当露一露感动、认同的表情。上级对这种比别人更接近自己、更能聆听自己言论的部下,肯定会给以带有感情色彩的更多关注和信任。每个人都有自尊,都希望别人对自己的优点有肯定的评价,如果证明你是真诚的,则不会使人感到虚假或敷衍,对方会认为你很体谅人,也会因此而对你亲近、表示友好,愿意与你合作的人也就越多。

恰到好处的恭维要注意四个方面:

(1)要注意场合,当对方愿意听、喜欢听的时候,你恭维他,对方才会很乐意接受。

(2)注意尺度,不要过分,过分的恭维会给人带来虚假的感觉。

(3)要有根据,要真正发自内心,恭维的内容很多,如容貌、体态、个性、人品、能力、兴趣爱好等,尤其是自己所感觉到的最好。

(4)要分清对象,区别对待,用词要适当。对方事业顺利,你可以恭维他有能力,预测他更大的成功;对方刚刚受到挫折,你的恭维语言就应该鼓励,如"一个人能经受磨难真是不简单","胜败乃兵家常事,你能这样乐观说明您的能力真的不一般","我对你的近况略知一二,我真佩服您的毅力"。

只有恰到好处的恭维,才能使双方的感情和友谊在不知不觉中得到增进,才会调动其交往合作的积极性。

3.真诚地赞美他人

在我们的生活中,每一个人都曾得到过别人的赞美,也曾赞美过别人。赞美就像协奏曲,那和谐悦耳的声音让人如痴如醉;赞美就像润滑剂,可以调节相互间的关系;赞美如同和煦的阳光,让人们感受到人间的温情。

古人云:"良言一句三冬暖,恶语一句六月寒。"说好话跟说坏话的结果一定是不相同的,为什么有的人不放弃说坏话而去说赞美的话呢?这并不是因为他们不愿意赞美,而是因为他们还没有掌握赞美这门艺术。那么,究竟怎样才能较好地把握住赞美的艺术呢?

首先,要真诚,要真诚而由衷地赞美他人。虚伪和做作是苍白无力的,唯有真诚地赞美才会春风拂面。虚情假意的赞美,往往被人认为是讽刺挖苦或者是溜须拍马,会让人感到恶心,被他人鄙视。俗话说:"心诚则灵。"真诚地赞美来自内心深处,是心灵的感应,是对被赞美者的羡慕和钦佩,能使对方受到感染、发出共鸣的关键。

其次,准确是赞美的灵魂。赞美要恰到好处为止,既不过分,也无不及。例如,某人本来已经达到了英语专业八级的水平,而你却赞扬他说:"你看人家某某,比我家孩子(正上小学一年级)强多了,不用说26个字母,就连48个音标都背得滚瓜烂熟。"这样的赞美也只能叫人哭笑不得吧。

第三,及时是赞美的甘露。很多人做了好事或者获得了成功,都很想得到赞美,但是世界上任何事物无不以实践、地点、条件为转移。很多事情,只要时过境迁,就没有办法再追回了。如果一位小学生今天帮助老奶奶过马路,没有得到表扬;明天拾到一万元的钱包交给了失主,也没得到赞扬,那么他以后就不能保证一定还会做这样的好事了。

曾经有一种很流行的说法,那就是"赞扬能使羸弱的躯体变得强壮,能给恐惧的内心以平静和信赖,能让受伤的神经得到休息和力量,能给身处逆境的人以务求成功的决心。"实验心理学对酬谢和惩罚所做的研究也表明,一个人受到赞美后的行为,要比换了训斥后的行为更为合理,更为有效。关于赞扬为何能促使动物和人类获得提高,在科学上这还没能够完全弄明白。不过,赞扬确实能够把人类和动物的某种能量释放出来。

如果你通过真诚的赞扬去激励对方,给对方打气鼓励的话,那么对方无论是孩子、妻子、丈夫,还是下属、上司、职工等都会自然地显示出友好和合作的态度来。赞扬之于人心,如阳光之于万物。我们的生活中,人人需要赞扬。这是出于人的自尊需要。经常听到真诚的赞美,能使其感到自身的价值获得了社会的肯定,对于增强自尊心、自信心也是有帮助的。

"锦上添花"不是最有效的赞扬,而是"雪中送炭"。最需要赞扬的不是早已美名扬天下的人,而是那些自卑感很强、被错当成"丑小鸭"的"白天鹅"。平时他们很难听到别人的赞扬,一旦被人当众真诚地赞美,就有可能尊严复苏,自尊心、自信心倍增,精神面貌焕然一新。对于任何一个最值得赞扬的,不应是他身上早已众所周知的明显长处,而应是那些蕴藏在他身上,尚未引起重视的优点。这种赞扬,为进一步开发他潜在的智慧与力量开辟了一个新领域,在攀登事业高峰的征途上会有很大帮助,能让他更上一层楼。

赞扬的效果还在于见机行事、适可而止,真正做到"美酒饮到微醉后,好花看到半开时"。

所以,请记住,如果你突然发现了一些别人身上的优点,那么就不要再犹豫了,请立刻告诉他。这个是最能赢得别人好感的方法。

莎士比亚曾说:"赞美是照在人心灵上的阳光。"

也正是因为这样,赞美具有一种不可思议的推动力量。对一个人真诚的赞美,正如沙漠中的甘泉一样让人的心灵受到滋润。而当你赞美他人的时候,别人也就会在乎你存在的价值,你对他人的赞美也让你获得一种不容易获得的成就感。在由衷的赞美给对方带来愉快以及被肯定的满足的时候,你也享受到了一份喜悦和生活的乐趣,这是非常难得的感觉。

当然,仅仅出自口中的赞美是不够的,你的赞美还必须是真诚的。实事求是,而不是夸张的赞美,真诚而不是虚伪的赞美。毫无根据的夸奖,会让人产生你在拍马屁或说至少有什么不可告人的目的。而且,实际上,那些只喜欢别人夸奖的人,并不一定适合做朋友。只有当你真的发现了别人身上的某些优点的时候,你才把它直截了当地说出来。这些优点并不需要是惊天动地的,一些细微处的赞赏可能更能感动别人。比如你发现对方今天穿了一件很漂亮的衣服,那就请立刻告诉她:"你今天穿上这身衣服,看上去真漂亮。"

实际上,为了不辜负你的赞美,受到你赞扬的人会在这方面竭尽全力。

丘吉尔是这样告诉我们的:"你想要其他人具有怎样的优点,你就要如何的去赞美他。"

反之,对于别人的缺点,你也应该学会用更加委婉的方式指出,使之听起来更像是赞美而不是直接的批评。

◎ **相关链接**

秘书提建议的技巧

1.要注意把握建议的特性

有的秘书人员的建议之所以没有被领导所采纳,很重要的一个原因就是建议的质量不高。因此,秘书人员必须在提高建议质量上下功夫,具体应把握和解决建议的七个特性:

(1)超前性。建议贵在有先见之明。这就需要秘书有科学预见,在新事物刚萌芽、新思想刚形成时,就能发现它、抓住它;在问题刚出现、倾向刚露头时,就能预见它的发展趋势和结果;在工作刚开展、行动刚开始时,就能看清下一步应该采取的对策,从而提出下一步的对策性建议。

(2)深刻性。一个高质量的建议必须是说理透彻,见解深刻,能揭示事物本质和规律的。这就需要秘书人员在掌握感性材料的基础上,经过去粗取精、去伪存真、深思熟虑、综合分析,概括出具有深刻性的建议来。特别是对领导最关注、最敏感、最集中精力抓的问题,更要多下功夫研究,想领导之所想,及时提出富有真知灼见的建议。

(3)长远性。即提的建议要具有很强的生命力。这就需要秘书人员高瞻远瞩,富有远见。一是要紧紧追踪国际社会的新动向、新形势,广收信息,博采众长,为领导决策提供有价值的信息依据;二是要根据未来事业发展的需要,为领导决策提供一些带有根本性和长远性的建议;三是要从机关或企事业单位建设的发展趋向和运动规律上思考问题,拿出长远之策。

(4)准确性。建议的准备与否,直接关系到领导决策的正误,关系到本单位的建设和事业发展的成败。所以,建议要准确地反映事物的本质和内在规律,准确体现领导的意图,准确地体现党中央的指示精神。建议中应力避"也许、可能、或许、似乎、好像、差不多、大概"之类的言辞,要准确无误,简明恳切,不含糊其词和模棱两可。

(5)针对性。一条好的建议应有现实指导意义,能解决现实中的一些重点和难点问题。这样,建议的针对性才强,才能被领导采纳。

(6)创造性。敢于标新立异的建议,具有独到的见解。秘书人员提建议应该想别人没有想过的问题,涉足别人未曾涉足的领域,研究别人没有研究过的问题。

(7)可行性。有些建议之所以不能转化为实际效果,其中很重要的原因是缺乏可操作性,无法应用。所以,秘书人员提建议,应该把重点放在研究和探讨一些具体、实在、管用的对策和办法上,特别是针对一些重大现实问题,在广泛地调查研究的基础上,及时地向领导提出可供选择的具体实施措施和办法。在领导和单位遇到难以解决的棘手问题时,主动地提供突破难题的方案或意见。

2.要灵活采用提建议的方式

一个好的建议,能否被领导采纳,不仅要看建议本身的价值如何,还要看用什么方式向领导提出。所以,秘书人员要灵活采用提建议的方式。

(1)口述式。这是秘书人员最常见的提建议的方式。通常在讨论问题、领导当面征询有关事宜时采用。秘书人员口述建议时,要注意运用准确的词语和尽量标准的语音,以平和谦恭的语气,自如地把自己的建议表达出来。

(2)文字式。这是秘书人员提建议的基本表达方式。通常对一些说理性比较强的问题,或者需要给领导留出时间进行思考的问题,或者需要留有字据备查的问题等,采用此种建议方式。采用这种建议方式时,文字长短,应以说明问题为宜,力求言简意赅。

(3)动作式。通常在不便口述和文字表述的情况下采用。这种建议方式,一般是秘书人员与领导比较熟悉,相互之间可以不拘小节,通过动作便能使领导"茅塞顿开"。比如,在领导进行案头工作时,秘书可以用点一下铅笔的动作向领导提出建议;当领导答复某个单位或个人的请示时,秘书人员可以用点头或摇头的动作向领导提出建议。

（4）直表式。秘书人员直截了当地向领导表述自己建议的方法称为直表式。这种方式适用于时效性、操作性很强的建议事项。秘书人员提建议时,要用肯定的语气、确切的言辞,三言两语就要切中要害、挑明主题。

（5）暗喻式。这是通过比喻等手法暗示自己的观点,表明自己的建议。这种方式通常适用于那些较固执、难通融的领导和在不便于直表的场合下采用。这就需要秘书人员注意了解和掌握领导的决策习惯和性格特点,善于从侧面使领导领会建议的正确用意。

（6）提醒式。这是秘书人员针对领导对某一问题的疑问和忽略,适时给领导以提醒,或者让其关注,或者让其明了。这种"敲边鼓"的做法,便于引起领导的兴趣和激发领导的灵感。当然,秘书人员提醒时不可啰嗦,更不可盛气凌人,要三言两语,点到为止。

（7）多案式。就是同时给领导提出有不同结构的多种建议以便领导选择。一般情况下,对那些认定性很强的建议事项,只提一个建议案即可。但对一些比较重要而又难以把握,特别是利弊条件相当的建议事项,秘书人员应提两个以上的建议案供领导参考。在确立此类建议时,秘书人员要注意分析各种建议案的优劣程度,并敲定一个主导建议案及基本案,其他可作为第二案、第三案等。在向领导提建议时,要谈出自己的倾向性意见,以便领导拍板定案。

（8）资料式。是指领导决策形成过程中,秘书人员经常地给领导提供各种咨询资料。这种资料,要紧紧围绕领导的决策内容,具有很强的针对性,做到有观点、有例证、有分析、有结论,切忌琐碎而不加选择地照搬、照抄、照送。

（9）修饰式。是指领导决策基本确定时,秘书人员围绕领导意图作修饰和补充性建议。这就需要秘书人员在不违背领导原意的基础上,创造性地添补、润色,意在使领导的决策更趋完善。

3. 要恰当掌握提建议的时机

一是领导需要时。即领导在百思不得其解或急需拿出对策时,秘书人员应不失时机地向领导提出建议。二是领导征询时。这时往往是领导为了印证自己的决策或是为了锻炼和提高秘书人员的谋划能力。三是领导情绪特别好、兴致特别高时。往往对建议的采纳率很高,而秘书此时就要抓住这发表意见和建议的大好时机。四是危急关头时。诸如接受紧急、危难任务后,秘书人员应根据本单位所担负的任务性质,快速向领导提出如何执行等建议事项。特别是在紧急关头,秘书人员应根据实际情况和已有的经验,大胆地向领导陈述应该采取的对策。五是任务转换时。每当单位任务变更,通常要领导进行决策,拿出措施和办法。此时,秘书人员要有高度的预见性和参与意识,向领导及时谈出自己的主张,保障领导适时地采取新的方法和步骤。

为了便于掌握提出建议的良好时机,秘书人员要注意了解领导的特点。如有的领导形成决策快速敏捷,有的领导决策的形成过程相对较长;有的领导性格急躁,有的领导则性格平稳等。如果秘书人员不了解领导的决策习惯和性格特点,在领导精力高度集中时,冒昧地提出一些建议,尽管这些建议并不错,也难以被领导采纳,还可能干扰领导的工作。相反,如果秘书人员掌握了领导的习惯和特点,并据此准备好建议,适时向领导提出,就可能被采纳。

平时,秘书人员还要注意与领导建立良好的关系,使领导对建议有信任感,以便在向领导进言时相对地可不顾及时机,这是保证建议被采纳的一个重要条件。

要取得领导的信任,对秘书人员来说,一是对自己的每条建议都要持慎重的态度,尽可能地提高建议的质量;二是养成敢于坚持正确建议的品格,尤其是在关键时刻,对一些重大问题,当确信自己的建议正确、重要时,要敢于申述自己的建议,以避免领导决策失误;三是要实事求是,知之为知之,不知为不知。只有这样,建议才能被领导所重视。长此以往,领导对秘书人员的信任感就会建立起来,从而为以后随时向领导提出建议打下基础。

4.要恰当使用建议的次数

关于提建议的次数,多有"三次建议权"之说。

秘书人员在使用建议次数时要注意把握以下几点。

(1)不能无意义地重复建议

通常,当秘书的建议未被领导采纳时,除由于对所提的建议的认识需进一步加深或情况发生变化,经过补充新的内容加以修正完善后,在必要时再次提的重复。一般不要连续提出内容相同或相近的建议,进行无意义的重复。秘书人员的建议未被领导采纳,就要认真进行反思,查找参不力、谋不深的原因,进一步加深对领导意图的理解,切不可自谓高明,反复申辩。同时也不要因为建议未被领导采纳而积怨气、发牢骚。这就需要秘书人员要有自知之明,特别要认清自己的身份以及"服从"的天职,懂得据"理"持强、反复争辩往往适得其反的道理。并加强个性修养,尤其是在领导拒绝自己时能欣然接受,愉快服从,仍旧恪尽职守。

(2)不能盲目地乱提建议

作为秘书人员,提建议时既要积极,又要稳妥,切不可随心所欲地乱提一气。然而,有的秘书人员从另一个角度提出建议被领导否定后,不加思考地又从另一个角度提出建议,一而再、再而三地乱提,具有很大的盲目性。同样的一条建议,只要突出建议的价值和讲究提建议的艺术,一次建议可能被领导采纳,反之,即使接二连三地提建议,次数再多,也可能不被领导采用。这就要求秘书人员一定珍惜建议权,着力在提高建议的质量和命中率上下功夫。一方面要养成深思熟虑的良好习惯,力求建议的科学性和合理性;另一方面要审慎、稳重,避免盲目性和随意性。

(3)不能机械地限定建议次数

由于秘书工作涉及面广,内部分工较细,即使分管的工作有大有小、有急有缓以及有性质上的差异,对秘书人员所建议的次数,不能通用一个标准衡量,应该区别对待。比如,对某项节奏快、历时短的工作,秘书人员可能只有一次提建议的机会,建议过时,劳而无功。也就是说只有一次建议权;对于集体建议或有序的多个建议的工作,对于需要反复研究甚至展开争鸣的工作,秘书人员提建议的机会是很多的,也就是说可以有多次建议权。因此,不能机械地、硬性地规定建议权的使用次数,应根据实际情况而定。

(摘自刘春国《怎样向领导提建议》,吴欢章主编的《秘书技能》,上海文化出版社 2007 年版)

任务二　秘书口才的思维能力训练

◎ 学习目标

通过本项目训练,结合实际,使学生掌握秘书思维的深刻性、独创性、批判性等特征,做到在工作中思维敏捷,强化语言表达能力,以利于工作的开展。

知识目标

● 通过讲授思维的能力结构、证明与反驳的方法、逻辑推理的相关技巧,使学生掌握思维的一般规律。

能力目标

● 根据学习目标,按照思维的规律特征,结合思维训练的方式、方法,运用具体话题,采取重点强化训练的手段,指导学生掌握思维创造性、批判性的技巧并感受良好思维能力的内在魅力,以逻辑思维为基础,进一步提高学生的口头表达能力,以更有利于今后的学习和工作实践。

◎ 参考课时

4 学时

◎ 导入案例

在美国的普林斯顿大学,一个男孩深深地爱上了一个女孩。但是,他一直不知道该如何向她表白,因为,他怕拒绝。一天,他终于想到接近女孩的好方法,于是,他鼓起勇气,向正在校园里读书的女孩走去。他对女孩说:"你好,我在这张纸条上写了一句关于你的话,如果你觉得我写的是事实,那么麻烦你送我一张你的照片好吗?"

　　女孩立即想到,这又是一个找借口追求自己的男孩。她想:无论他写什么,只要自己说不是事实,这样就可以了吗? 于是,女孩欣然答应了男孩的请求。

　　"如果我说的不是事实,你千万不要把你的照片送给我!"男孩急忙说。

　　"那当然!"女孩俏皮地回答。

　　男孩把那张字条递给女孩。女孩胸有成竹地打开字条。但是,随即她却皱起了眉头,因为,她绞尽脑汁也想不出拒绝男孩的方法,只好把自己的照片送到男孩的手中。

　　那个聪明的男孩究竟写了什么呢? 其实,他写的只不过是一句极其简单的话:"你不会吻我,也不想把你的照片给我。"

　　这个智慧的男孩名叫罗纳德·斯穆里安。后来,他成为美国著名的逻辑学家,而那个女孩,成了他的妻子。

◎ 理论知识

　　秘书工作的性质决定秘书人员应当加强语言能力、逻辑能力、思辨能力、认识能力、领会能力等诸种能力的训练。语言是表达思想、进行交际的工具,绝对离不开思维。甚至可以说,没有思维就没有语言,没有语言也表达不出思维结果。思维越深刻、越复杂,越需要语言加以正确表达,词汇越丰富、语言表达能力越强,表达思维的能力就越强。一个秘书人员,既要不断同领导人打交道,又要不断同各种普通人员打交道,如缺乏思维训练,其语言表达能力低,就会影响智能的发挥。

一、秘书思维的基本素质及训练

（一）秘书思维基本素质

　　思维素质,实质是人的思维的个性特征。思维素质反映了每个个体智力或思维水平的差异,秘书的思维素质主要包括深刻性、灵活性、独创性、批判性和敏捷性五个方面。

1.深刻性

深刻性是指思维活动的抽象程度和逻辑水平,涉及思维活动的广度、深度和难度。人类的思维主要是言语思维,是抽象理性的认识。在感性材料的基础上,去粗取精、去伪存真,由此及彼、由表及里,进而抓住事物的本质与内在联系,认识事物的规律性。个体在这个过程中,表现出深刻性的差异。思维的深刻性集中表现为在智力活动中深入思考问题,善于概括归类,逻辑抽象性强,善于抓住事物的本质和规律,开展系统的理解活动,善于预见事物的发展进程。超常智力的人抽象概括能力高,低常智力的人往往只是停留在直观水平上。

2.灵活性

灵活性是指思维活动的灵活程度。它的特点包括:一是思维起点灵活,即从不同角度、方向、方面,能用多种方法来解决问题;二是思维过程灵活,从分析到综合,从综合到分析,全面而灵活地作"综合的分析";三是概括—迁移能力强,运用规律的自觉性高;四是善于组合分析,伸缩性大;五是思维的结果往往是多种合理而灵活的结论,不仅仅有量的区别,而且有质的区别。灵活性反映了智力的"迁移",如我们平时说的"举一反三"、"运用自如"等。灵活性强的人,智力方向灵活,善于从不同的角度与方面起步思考问题,能较全面地分析、思考问题,解决问题。

3. 独创性

独创性即思维活动的创造性。在实践中,除善于发现问题、思考问题外,更重要的是要创造性地解决问题。人类的发展,科学的发展,其发明、发现、创新,都离不开思维的独创性品质。独创性源于主体对知识经验或思维材料高度概括后集中而系统的迁移,进行新颖的组合分析,找出新异的层次和交结点。概括性越高,知识系统性越强,伸缩性越大,迁移性越灵活,注意力越集中,则独创性就越突出。

4. 批判性

批判性是思维活动中独立发现和批判的程度。是循规蹈矩、人云亦云,还是独立思考、善于发问,这是思维过程中一个很重要的品质。思维的批判性品质,来自于对思维活动各个环节、各个方面进行调整、校正的自我意识。它具有分析性、策略性、全面性、独立性和正确性等五个特点。正是有了批判性,人类才能够对思维本身加以自我认识,也就是人类不仅能够认识客体,而且也能够认识主体,并且在改造客观世界的过程中改造主观世界。

5. 敏捷性

敏捷性是指思维活动的速度,它反映了智力的敏锐程度。有了思维敏捷性,在处理问题和解决问题的过程中,能够适应变化的情况来积极地思维,周密地考虑,正确地判断和迅速地作出结论。比如,智力超常的人,在思考问题时敏捷,反应速度快;智力低下的人,往往迟钝,反应缓慢;智力正常的人则处于一般的速度。

(二)秘书思维基本素质训练

1. 进行类比迁移,培养思维的深刻性

思维的深刻性是指思维活动达到较高的抽象程度和逻辑水平,表现在能善于深入地思索问题,从纷繁复杂的现象中,抓住发现事物的本质规律。通过对客观事物的充分检验,丢掉不符合实际的假设,保留切合实际的假设,才能为思维的深刻性创造条件。具有深刻性思维的人,善于钻研问题,不被表面现象所迷惑,能够抓住事物的本质与核心,并作出正确的预测。他们能从别人看来很简单而普遍的现象中,看出重大的问题来。动物见了食物流口水,这是司空见惯的现象,而俄国的生理学家巴甫洛夫却从中研究和创立了条件反射学说。

2. 展开联想、想象,培养思维的敏捷性

思维敏捷性是指一个人在进行思维活动时,具有当机立断地发现和解决问题的能力,表现为正确迅速地观察问题,思维过程的简洁敏捷。诸葛亮在"失街亭"后万分危机的情况下,能想到利用"空城计"来诈退司马懿的大军;曹操在战士口渴难挨的时候能想到望梅止渴;刘备在青梅煮酒论英雄时,能想到"巧借闻雷来掩饰"……这些都是思维敏捷性的具体表现。发挥想象对逻辑推理能力的提高有很大的促进作用。发挥想象,首先必须丰富自己的想象素材,扩大自己的知识范围。知识基础越坚实,知识面越广,就越能发挥自己的想象力。其次要经常对知识进行形象加工、形成正确的表象。知识只是构成想象的基础,并不意味着知识越多,想象力越丰富。关键是是否有对知识进行形象加工、形成正确表象的习惯。再者应该丰富自己的语言。想象依赖于语言,依赖于对形成新的表象的描述。因此,语言能力的好坏直接影响想象力的发展。有意识地积累词汇,多阅读文学作品,多练多写,学会用丰富的语言来描述人物形象和发生的事件,才能拓展自己的想象力。

3.通过多方思考,培养思维的灵活性

思维的灵活性是指思维活动具有较高的灵活程度,能善于沿着不同角度,顺着不同方向,选择不同方法,对同一问题从多方位、多层次、多侧面的认识。所以,养成从多角度认识事物的习惯,全面地认识事物的内部与外部之间、某事物同他事物之间的多种多样的联系,对思维能力的提高有着十分重要的意义。首先是学会"同中求异"的思考习惯:将相同事物进行比较,找出其中在某个方面的不同之处,将相同的事物区别开来。同时还必须学会"异中求同"的思考习惯:对不同的事物进行比较,找出其中在某个方面的相同之处,将不同的事物归纳起来。

4.敢于逆众开拓,培养思维的批判性

思维的批判性是指思维活动中对思维材料或信息进行选择和评价,不唯上,不唯书,也不唯众,正确认识,大胆质疑,敢于想别人之未想,立别人之未言。既以批判的眼光看待客观世界,也以批判的眼光看待主观世界;既以批判的眼光看待别人的思想,也以批判的眼光看待自己的思想;凡事问个为什么。思维的批判性是以思维的广阔性为基础的,只有广阔的思维,才能提出各种各样的假设,并使这些假设受到充分的客观事实的检验。具有批判性思维的人,在处理问题时,能够客观地考虑正反两个方面的意见,虚心地进行自我检查,坚持正确的观点,放弃错误的想法。这是一种既善于从实际出发,又善于独立思考的思维品质。缺乏思维批判性的人,往往走两个极端:或者自以为是,或者易受暗示。自以为是的人常常把第一个假设当作最后的真理,主观自恃,骄傲自大,刚愎自用;易受暗示的人,常常轻信轻疑,没有主见,人云亦云,随波逐流,容易上当受骗。马克思的信条是"怀疑一切",实质就体现了他思维的批判性。

5.注意突破陈规,培养思维的独创性

思维的独创性是指敢于超越传统习惯的束缚,摆脱原有知识范围的羁绊和思维定势的禁锢,善于把头脑中已有的知识信息重新组合,产生具有进步意义的新设想、新发现。要想有创造,就必须勤于思考,只有敢于标新立异的人,才能不断地开拓创新。

6.实行纵横训练,培养思维的逻辑性

思维的逻辑性是指遵循逻辑的规律、顺序和根据,使思考的问题有条有理、层次分明、前后连贯。推理有着概括程度、逻辑性以及自觉性程度上的差异,同时又有演绎推理、归纳推理等形式上的区别,而且推理能力的发展遵循一定的规律。因此,秘书人员思维的逻辑性不可能是一蹴而就的,需要经过理论的学习和实践的训练等多种方式进行完善。

二、秘书的思维能力及其训练

当谈到思维能力时,一般的人们会觉得比较抽象。其实,在日常的工作和学习中,我们已经在使用这种能力,它通常体现为对问题的证明和反驳的能力。

(一)证明能力与方法

证明能力表现为运用各种手段,有效求证自身观点的能力。

根据证明方法的不同,即根据证明是否直接从论据的真实性推出论题的真实性,证明可分为直接证明和间接证明。

1.直接证明

用论据的真实性直接确认论题的真实性,这样的证明叫直接证明。例如:

实践不仅是检验真理的标准,而且是唯一的标准。毛泽东认为,真理只有一个,而究竟谁发现了真理,不依靠主观的夸张,而依靠客观的实践。只有千百万人民的革命实践,才是检验真理的尺度。真理的标准只能是社会的实践。……正是实践,也只有实践,才能够完成检验真理的任务。科学史上的无数事实,充分地说明了这个问题。门捷列夫根据原子量的变化,制定了元素周期表,有人赞同,有人怀疑,争论不休。尔后,根据元素周期表发现了几种元素,它们的化学特性刚好符合元素周期表的预测。这样,元素周期表就被证实了是真理。哥白尼的太阳中心说在三百年里一直是一种假说,而当勒维烈从这个太阳中心说所提供的数据,不仅推算出一定还存在一个尚未知道的行星,而且还推算出这个行星在太空中的位置的时候,当加勒于1846年确实发现了海王星这颗行星的时候,哥白尼的太阳中心说才被证实了,成了公认的真理。马克思主义之所以被承认为真理,正是千百万群众长期实践证实的结果。……

这段文字,先引用毛泽东同志的话,接着列举门捷列夫的元素周期表、哥白尼的太阳中心说和马克思主义,这些都是被实践检验为真理的事实,由此,直接证明了论题"实践不仅是检验真理的标准,而且是唯一的标准"。

2.间接证明

由确认另一个或一些判断的假来确认论题的真,就是间接证明。

间接证明分为两种:

　　（1）反证法。通过确认论题的矛盾判断（即反论题）的假从而确认论题的真，这样的间接证明方法就叫反证法。

　　反证法的证明过程是：

　　论题：A。

　　反论题：非 A。

　　证明非 A 假。

　　所以，A 真（根据排中律）。

　　反证法在证明反论题"非 A"假时，可以列举事实说明反论题与事实不符，也可以列举出某种科学原理，说明反论题违背该科学原理。但经常用的是下面这种方法：先假定反论题真，然后由它引出荒谬结果，构成"如果非 A，则 B"这种充分条件假言判断。B 之所以荒谬，或者是与事实不符，或者是与公理、定理、定义矛盾，或者是与已知条件矛盾，或者是自相矛盾。因 B 是荒谬的，当然要否定掉。根据充分条件假言推理的规则，否定后件 B，就可以否定前件非 A，即反论题是假的。既然反论题是假的，根据排中律，原论题 A 就被证明真。

　　例如，毛泽东同志在《一切反动派都是纸老虎》一文中提出这样一个论题：

　　为了同敌人作斗争，我们在一个长时间内形成了一个概念，就是说，在战略上我们要藐视一切敌人，在战术上我们要重视一切敌人，也就是说在整体上我们一定要藐视它，在一个一个的具体问题上我们一定要重视它。

　　在提出论题后，他接着证明道：

　　如果不是在整体上藐视敌人，我们就要犯机会主义错误。……但是在具体问题上，在一个一个敌人的问题上，如果我们不重视它，我们就要犯冒险主义的错误。

　　这里就是用两个反证法分别证明了论题的两个组成部分："在战略上（或者说整体上）我们要藐视一切敌人"和"在战术上（或者说具体问题上）我们要重视一切敌人"。让我们以对论题前一部分的证明为例作一些说明。这里要证明的原论题是："在战略上（或者说整体上）我们要藐视一切敌人"（A）。作者没有直接去证明这个论题，而是提出了一个与原论题相矛盾的判断"不是在整体上藐视敌人"（非 A）作为反论题。先假定非 A 是真的："如果不是在整体上藐视敌人"，就可以引出"我们要犯机会主义的错误"这样的结果。这样构成了一个充分条件假言判断："如果不是在整体上藐视敌人，我们要犯机会主义的错误"。这个假言判断的后件显然是必须加以否定的。根据充分条件假言推理的规则，否定后件，就能否定前件，这样"不是在整体上藐视敌人"（非 A）就不能成立，就是假的。既然反论题非 A 假，那么原论题 A——"在战略上（或者说整体上）我们要藐视一切敌人"就真。

　　（2）选言证法

　　将论题作为选言推理的选言前提的一个选言肢，并运用否定肯定式，由确认其他选言肢为假，从而确认论题为真，这样的间接证明方法就叫选言证法。

这种证法的过程是：

论题：A。

或 A 或 B 或 C。

非 B、非 C。

所以，A（根据选言推理否定肯定式）。

例如，毛泽东同志曾这样论证过"实践是人的正确思想的唯一来源"。

毛泽东同志说："人的正确思想是从哪里来的？是从天上掉下来的吗？不是。是自己头脑里固有的吗？不是。人的正确思想，只能从社会实践中来，只能从社会的生产斗争、阶级斗争和科学实验这三项实践中来。"

这段论证用公式表示出来如下：

求证："人的正确思想只能从社会实践中来"；

已知：人的正确思想或者是从天上掉下来的，或者是自己头脑里固有的，或者是从社会实践中来的；

论证：人的正确思想不是从天上掉下来的，也不是自己头脑里固有的；

所以，人的正确思想只能从社会实践中来。

（二）反驳能力与方法

反驳也是一种论证。这种论证是用已知为真的判断去确认另一个判断的虚假性。反驳的三要素我们又称为"被反驳论题"、"反驳的论据"和"反驳方式"。

1. 直接反驳

用反驳的论据直接去确认被反驳论题的假，这样的反驳就叫直接反驳。

直接反驳主要有以下两种。

（1）从反驳的论据直接推出被反驳论题的假

比如，我们要反驳"人都是自私的"这个判断，可以这样来反驳："因为显然有人不是自私的，所以，说'人都是自私的'是错误的。"这里用的就是直接反驳。"人都是自私的"和"有人不是自私的"是具有相同素材的处于矛盾关系的两个判断，根据对当关系的直接推理，由"有人不是自私的"为真，自然可以确认"人都是自私的"为假。又比如，要反驳"有事物是静止不变的"这个判断，我们就可以用"任何事物都不是静止不变的"这个马克思主义的基本观点作为反驳的论据。根据对当关系的直接推理，由全称否定判断的真，自然也可以直接推出特称肯定判断的假。

（2）由揭露被反驳论题所包含的逻辑错误从而确认其假

如果被反驳论题自身有逻辑错误，我们就可以通过揭露这些逻辑错误，从而确认这些被反驳论题的虚假。例如，马克思在《哥达纲领批判》中引用了《哥达纲领》里这样一个证明：

劳动是一切财富和一切文化的源泉，而因为有益的劳动只有在社会里和通过社会才是可能的，所以，劳动所得应当不折不扣和按照平等的权利属于社会一切成员。

这个证明的论题是"劳动所得应当不折不扣和按照平等的权利属于社会一切成员"。马克思在批判它时指出："属于社会一切成员"也属于不劳动的成员吗？那么，"不折不扣的劳动所得"又在哪里呢？只属于社会中劳动的成员吗？那么社会一切成员的"平等的权利"又在哪里呢？

在这里马克思就是通过揭露这个论题（即被反驳论题）中的自相矛盾的逻辑错误来直接否定它的。

2.间接反驳

通过证明一个与被反驳论题具有反对关系或矛盾关系的判断（即"被反驳论题的反论题"）的真，从而确认被反驳论题的假，这样的反驳叫间接反驳。

间接反驳又分为以下两种：

（1）独立证明的反驳方法

这种间接反驳是用事实或道理证明被反驳论题的反论题真，从而确认被反驳论题假。

这种反驳的过程是：

被反驳论题：A。

被反驳论题的反论题：非A。

证明非A真。

所以，A假（根据矛盾律）。

例如，高名凯等主编的《语言学概论》在反驳马尔学派的"语言属于上层建筑"这一谬论时采用的就是这一反驳方法。作者写道：

曾经有不少学者把语言列入社会的上层建筑。苏联马尔学派的语言学家们是这种主张的代表。……

然而，语言并不属于上层建筑。斯大林曾从以下四个方面对这个问题作了精辟的说明：

第一，"每一个基础都有适合它的上层建筑"。上层建筑随着它的基础的变化、消灭而变化、消灭。"当产生新的基础时，那么也就会随着产生适合于新基础的新的上层建筑。"然而语言并不如此，基础改变了，它却可以基本上不改变。

第二，虽然上层建筑是由基础产生的，但它却不只是反映基础，而且积极地为基础服务，为一定的阶级服务。然而语言却根本不同。它不是某一种基础所产生的，也不是某一个阶级所创造的，而是千百年来在社会历史全部进程中为全社会所创造的。"语言的创造不是为了满足某一个阶级的需要，而是为了满足全社会的需要，满足社会所有各个阶级的需要。"它一视同仁地为不同的基础、不同的阶级服务。

第三，"上层建筑是同一经济基础存在着和活动着的一个时代的产物"，要随着这个基础的消灭而消灭，生命是不长久的。"至于语言，相反的，它是许多时代的产物"，"所以语言的生命是比任何一个基础、任何一个上层建筑的生命都长久得无比。"在一个社会的基础及其上层建筑经过几番更替的过程中，这个社会的语言可能一直保存下来。要在每次革命之后来一个"语言改革"，既无必要，也不可能。

第四，"上层建筑与生产及人的生产行为没有直接联系"。"……上层建筑反映生产力发展水平的改变不是直接发生，不是立刻发生的，而是在基础改变以后，通过生产改变在基础的各种改变上的折光来反映的。"语言则不然，它与生产、人的生产行为和其他一切行为都有直接联系，"因此语言反映生产中的改变是直接的、是立刻发生的，而不等候基础的改变。所以语言活动的范围是包括人的所有各方面的行为，它比上层建筑活动的范围要广泛得多、复杂得多，并且它的活动范围差不多是无限的。"

在这一段文字里，作者没有直接去反驳"语言属于上层建筑"这个被反驳论题，而是提出了一个被反驳论题的反论题："语言不属于上层建筑"，然后又从四个方面对这个反论题作了证明。这样，由于反论题"语言不属于上层建筑"真，被反驳论题"语言属于上层建筑"就必假。

（2）归谬法

这种反驳方法是先假定被反驳论题真，然后由它引出荒谬的结果，这样就构成了一个充分条件假言前提，根据充分条件假言推理的否定后件式，由后件的荒谬，就可确认前件——被反驳论题假。

这种反驳的过程是：

被反驳论题：A。

如果 A，则 B。

因为非 B。

所以，非 A（根据充分条件假言推理否定后件式）。

既然非 A 真。

所以，A 假（根据矛盾律）。

例如，鲁迅在《文艺的大众化》一文里写道：

倘若说，作品愈高，知音愈少，那么，推论起来，谁也不懂的东西，就是世界上的绝作了。

这里被反驳论题是"作品愈高，知音愈少"。作者先假定它是真的，由此"推论"出一个违背客观事理的假判断："谁也不懂的东西，就是世界上的绝作了。"这样便构成了一个充分条件假言前提："倘若说，作品愈高，知音愈少；那么，谁也不懂的东西，便是世界上的绝作了。"由后件的荒谬便可推出"并非作品愈高，知音愈少"。既然"并非作品愈高，知音愈少"是真的，那当然"作品愈高，知音愈少"就是假的了。

三、逻辑技巧的训练

逻辑与语言密切相关,人的思维的逻辑必须通过语言来体现;而语言表达又必须符合逻辑。因此在语言交际中,须十分注意运用逻辑技巧,只有这样,才能使自己的话具有说服力。

(一)演绎法

演绎法是一种从总原则出发,推及某一特定对象,以其特殊本质的逻辑推理方法。它包括三段论、选言推理、假言推理等。

1.三段论

三段论是演绎法中最主要的一种推理方法。它是由两个包含一个共同项的性质命题,推出一个新的性质命题的推理。只要前提真实,推理形式正确,它的结论就一定可靠。

例如,1944 年 9 月 8 日,毛泽东在中央直属机关为追悼张思德同志召开的会议上所作的《为人民服务》的演讲,其中有这样一段:

人总是要死的,但死的意义有不同。中国古时候有个文学家叫做司马迁的说过:"人固有一死,或重于泰山,或轻于鸿毛。"为人民利益而死,就比泰山还重;替法西斯卖力,替剥削人民和压迫人民的人去死,就比鸿毛还轻。张思德同志是为人民利益而死的,他的死是比泰山还要重的。

这段演讲,由三个直言命题组成:为人民利益而死,就比泰山还重。(大前提)张思德同志是为人民利益而死的,(小前提)所以,张思德同志的死,是比泰山还要重的。(结论)

2.选言推理

选言推理是前提中有一个选言命题,并根据选言肢之间的关系而推出结论的推理。由于前提中选言命题可以是相容选言命题,也可以是不相容选言命题,因此,选言推理又分为相容选言推理和不相容选言推理。

在日常生活、工作中,选言推理的运用是非常广泛的,间接证明中的选言证法,运用的就是选言推理的否定肯定式。在实践中,否定肯定式是用得较多的选言推理。看过《福尔摩斯探案集》的人都知道,福尔摩斯常用这种办法破案。他曾说:"相信那句古老的格言:当别的一切可能性都已告吹,剩下的一定就是真的,不管它是多么不可能。"这种方法在侦查工作中,也叫从否定中找肯定的方法。如:

某地一医疗所曾发生一起在早饭中投毒的案子,当时侦查员作出了一个选言判断:毒物可能是所外的人投入,也可能是所内的人投入。有了这个选言判断就可进行选言推理,以确定哪一个选言肢是真实的。后来根据发案前一天的晚上下大雪,且早饭前有三个人在院外扫雪,未发现雪地上的足迹,排除了所外人投毒的可能,从而推断投毒人是所内的人。后来破案证实了这个结论的正确。

3.假言推理

假言推理就是前提中有一个是假言命题,并根据假言命题前件与后件之间的关系而推出结论的推理。由于假言命题的不同,假言推理可分为充分条件假言推理、必要条件假言推理和充分必要条件假言推理。最常见的是充分条件假言推理。

例如,毛泽东同志在《将革命进行到底》一文中,在论述我们必须将革命进行到底这一论题时,就运用了假言推理。

毛泽东同志说:"现在摆在中国人民、各民主党派、各人民团体面前的问题是将革命进行到底呢,还是使革命半途而废呢?……如果要使革命半途而废,那就是违背人民的意志,接受外国侵略者和中国反动派的意志,使国民党赢得养好创伤的机会,然后在一个早上猛扑过去,将革命扼死,使全国回到黑暗世界。"

其推理形式是:

如果要使革命半途而废,那么,就是违背人民的意志,接受外国侵略者和中国反动派的意志,使国民党赢得养好创伤的机会,然后在一个早上猛扑过来,将革命扼死,使全国回到黑暗世界;

中国人民绝不允许违背人民的意志……使全国回到黑暗世界;

所以,决不能使革命半途而废。

应用充分条件假言推理的逻辑要求是,肯定前件就要肯定后件,否定后件就要否定前件;否定前件不能否定后件,肯定后件不能肯定前件。

(二)归纳法

归纳法是从个别性前提推出一般性结论的推理方法。根据前提是否涉及一类事物的所有对象,归纳法可以分为完全归纳推理方法和不完全归纳推理方法。

1.完全归纳推理法

即由一类对象的每个分子都具有某种属性而推出该类对象都具有某种属性的推理方法。在语言交际中使用完全归纳推理,可以使我们的认识从个别上升到一般。

例如,1941年12月7日,震惊世界的珍珠港爆发后,美国总统罗斯福在参众两院联席会议上发表题为《一个遗臭万年的日子》的演讲,其中一段演讲词:

昨天,1941年12月7日——一个遗臭万年的日子——美利坚合众国遭到了日本帝国空军部队突然和蓄谋的进攻。

……

昨天对夏威夷群岛的进攻,给美国海陆军部队造成了严重的损害……

昨天,日本政府已发动了对马来西亚的进攻。

昨夜,日本军队进攻了关岛。

昨夜,日本军队进攻了菲律宾群岛。

昨夜,日本人进攻了威克岛。

今晨,日本人进攻了中途岛。

因此,日本在整个太平洋区域采取了突然的攻势。

在此,罗斯福通过一个完全归纳推理的逻辑力量,促使国会在短短三十分钟内,就分别在参众两院通过了美国和日本之间存在战争状态的联合决议。

应用完全归纳推理要注意:每个前提必须真实;必须对一类对象的每个分子进行考察,不能遗漏。

2. 不完全归纳推理

即根据某类对象的部分分子具有某种属性,推出该类对象的全体都具有某种属性的推理方法。如果需要复杂的事例中概括出一般,或者是论证一般,并用一般给人以深刻的启示,就可以应用从个别知识前提推出一般性结论的不完全归纳推理。

例如,一篇关于《自学可以成才》的文章,作者就列举了爱因斯坦、达·芬奇、哥白尼、贝尔德、格罗夫、霍姆茨等世界名人自学成才的事例,以不完全归纳推理贯穿全篇,得出一般性认识——"自学可以成才"。

(三)二难推理法

二难推理法是由两个假言命题和一个选言命题为前提,推出一个直言命题或选言命题结论的推理方法。如:

有位领导干部年事已高,组织上决定让他退居二线,他很有些牢骚。前来做工作的同志,除了充分肯定他几十年的成绩之外,又说了一段话:"恕我直言,在我们领导下的这些人,如果至今还没有人能胜任我们的工作,那就证明我们是不称职的;如果有人能胜任我们的工作,而且比我们做得更好,那我们还有什么必要去争这份热情呢?"这位领导终于无话可说了。

这里运用的二难推理,其逻辑形式是:

如果至今还没有人能胜任我们的工作,那就证明我们是不称职的,所以我们应该离开。

如果有人能胜任我们的工作,而且比我们做得更好,那我们更应该离开。

无论有没有人能胜任工作,我们都必须接受退居二线的结论。

二难推理的推理技巧是尽管小前提中提供了两个可选择的可能,但实际上结论是必然的。也正因为如此,对方在两种可能性中进行选定时,常常处于两难境地。这种技巧在说话中具有不可抗拒的说服力。

应用二难推理要防止诡辩,请看下面一个二难推理的例子:

古希腊传说中有一个故事:一个埃及妇女看到自己在尼罗河畔玩耍的孩子被鳄鱼抓住,就请求鳄鱼把孩子归还给她。鳄鱼说:"如果你猜对我的心思,我就把孩子归还给你。"妇女说:"我猜你是不想把孩子还给我。"鳄鱼说:"你猜得对,但根据你说话的内容,我不把孩子还给你。"妇女又说:"我猜你是想把孩子还给我。"鳄鱼说:"你猜得不对,根据我们约定的条件,我不应该归还你的孩子。"妇女说:"你这不是故意刁难吗?"鳄鱼说:"不是我故意刁难,是你驳不倒我。"

这里,鳄鱼的诡辩术在于:它的前提使用的是两个不同的标准,既根据说话的内容又根据约定的条件,致使妇女进退维谷。怎样才能驳倒鳄鱼的诡辩呢?妇女也可以用"反二难推理法",即另外构造一个新的二难推理:

如果我猜得对,根据约定的条件,你应该把孩子还给我。

如果我猜得不对,则根据我说话的内容,你应把孩子还给我。

总之,我或者猜得对,或者猜得不对,你都应该把孩子还给我。

语言是交际的工具,也是思考的工具,更是思考能力的体现。口才与思维能力之间呈现出一种同步发展的关系,因此秘书人员的口才能力不是简单的语言选择能力,更是其逻辑思维水平的表现。

◎ 能力训练

对下面的成语进行逆向思维方式的演讲训练,以挖掘其相反、新鲜、生动的意义:

①言多必失	⑥知足常乐
②只要功夫深,铁杵磨成针	⑦愚公移山
③有志者事竟成	⑧后悔莫及
④班门弄斧	⑨开卷有益
⑤学海无涯苦作舟	⑩亡羊补牢

举　例:班门弄斧

原　　义:在鲁班门前摆弄斧头。

引　申　义:比喻在行家面前卖弄本领。

逆向立论:弄斧应该到班门,方能真正学对路。

(1)在逆向思维训练中要注意把握思维轨迹。

(2)要坚持"反弹琵琶"的要求,对该成语中的传统思维模式作出否定式的逆向论证。

(3)逆向立论应当比原成语更为深刻、更有积极意义。

(4)避免对原成语的曲解和抬杠的倾向。

(选自刘伯奎、王燕主编《口才与演讲——技能训练》p.224－p.225,中国人民大学出版社2002年3月第1版)

◎ **知识拓展**

提高逻辑推理能力的方法

1.养成从多角度认识事物的习惯

逻辑推理是在把握了事物与事物之间的内在的必然联系的基础上展开的，所以，养成从多角度认识事物的习惯，全面地认识事物的内部与外部之间、某事物同他事物之间的多种多样的联系，对逻辑思维能力的提高有着十分重要的意义。首先是学会"同中求异"的思考习惯：将相同事物进行比较，找出其中在某个方面的不同之处，将相同的事物区别开来。同时还必须学会"异中求同"的思考习惯：对不同的事物进行比较，找出其中在某个方面的相同之处，将不同的事物归纳起来。

2.发挥想象在逻辑推理中的作用

发挥想象对逻辑推理能力的提高有很大的促进作用。发挥想象，首先必须丰富自己的想象素材，扩大自己的知识范围。知识基础越坚实，知识面越广，就越能发挥自己的想象力。其次，要经常对知识进行形象加工，形成正确的表象。知识只是构成想象的基础，并不意味着知识越多，想象力越丰富。关键是是否有对知识进行形象加工、形成正确表象的习惯。再者，应该丰富自己的语言。想象依赖于语言，依赖于对形成新的表象的描述。因此，语言能力的好坏直接影响想象力的发展。有意识地积累词汇，多阅读文学作品，多练多写，学会用丰富的语言来描述人物形象和发生的事件，才能拓展自己的想象力。

3.丰富有关思维的理论知识

其实，推理有着概括程度、逻辑性以及自觉性程度上的差异，同时又有演绎推理、归纳推理等形式上的区别。而且推理能力的发展遵循一定的规律。因此应该多了解一些思维发展的理论知识，有意识地用理论指导自己逻辑推理能力的发展。

4.保持良好的情绪状态

心理学研究揭示，不良的心境会影响逻辑推理的速度和准确程度。失控的狂欢、暴怒与痛哭，持续的忧郁、烦恼与恐惧，都会对推理产生不良影响。所以，平时应该学会用意识去调节和控制自己的情绪和心境，使自己保持平静、轻松的情绪和心境，提高自己逻辑推理的水平和质量。

◎ **相关链接**

发散型思维训练

发散思维（divergent thinking）又叫辐散思维、求异思维。根据已有信息，从不同角度、不同方向思考，从多方面寻求多样性答案的一种展开性思维方式，与聚合思维相对应。发散思维是一种重要的创造性思维、具有流畅性、多端性、灵活性、新颖性和精细性等特点。

发散思维是不依常规,寻求变异,对给出的材料、信息从不同角度、向不同方向、用不同方法或途径进行分析和解决问题的。一词多组、一事多写、一题多解或设想的训练是培养学生发散思维的一个好方法。它可以通过纵横发散,使知识串联、综合沟通,使学生的解题思路开阔,妙法顿生,达到举一反三。

可以通过以下的方法训练学生的发散型思维方式:

培养学生敏锐的观察力。大凡具有杰出成就的科学家、艺术家和政治家,无不具有敏锐的观察力。我们要保护好小学生强烈的好奇心和求知欲,这是观察的原动力。要教会他们观察的方法和技巧,引导他们去观察社会、观察大自然,让他们在观察中发现问题、提出问题,使他们的创造性思维得到更多的锻炼和发展。

教会学生联想和善于想象。培养学生联想和想象是发展学生创造性思维必不可少的条件和重要内容。爱因斯坦说:"想象力比知识更重要,因为知识是有限的,而想象力概括着世界上的一切,推动着进步,并且是知识进化的源泉。严格地说,想象力是科学研究中的实在因素。"在大胆鼓励学生展开想象的同时,要丰富他们的生活经验,给他们提供自由想象、独立思考的情景条件,鼓励他们大胆幻想。

教会学生发散性思维。教师在教学中要多组织一些一题多解、多路思考的活动,看谁想的办法多就给予鼓励和肯定;也可以对语文课上的结尾进行扩散性思维。特级教师钱梦龙说:教学的艺术就是想方设法鼓励学生的艺术。他有一句名言:我提的问题没有标准答案,怎么想就怎么说。

任务三 秘书口才的倾听能力训练

◎ 学习目标

通过本项目训练,结合工作实际,使学生了解沟通交流过程中倾听的重要性,做到准确识别语音,正确识别语意,学会倾听,掌握倾听技巧,从而达到良好的沟通效果。

知识目标

● 通过讲授,使学生明确倾听意识的重要性,培养良好的倾听态度,理解倾听技巧,理解沟通过程中倾听的意义和作用。

能力目标

● 根据学习目标,按照倾听的要求,强化倾听意识,采用重点训练法,培养良好的倾听态度,指导学生明确语音识别语意把握的作用、根据倾听技巧进行情景演练,并从中获得真切感受,从而理解沟通中倾听的特点以及所需的基本技巧,并最终提高语言沟通和交际的能力。

◎ **参考课时**

2 学时

◎ **导入案例**

威尔逊任新泽西州州长时,他接到一个电话,说新泽西州的一位议员,也是他的一位好朋友刚刚去世了。威尔逊深为震动,取消了当天的一切约会。几分钟后,他接到新泽西州一位政治家的电话。

"州长",那人结结巴巴地说:"我,我希望代替那位议员的位置。"

"好吧",威尔逊对那人迫不及待的态度感到恶心,他慢慢地回答说:"如果殡仪馆同意的话,我本人是完全同意的。"

◎ **理论知识**

说话时,使听众注意力集中,是一门学问。听话时,集中注意力于说话者,更是一门学问。因为前者是一种才能,后者是一种品德。这种品德,包含着尊重、体谅与忍耐,并不是人人都能做到的。即使谈话者所说的内容很差,你也应该尽可能地维持风度地听下去。忍耐对你来讲只是一时的,如果你表现出不耐烦,对谈话人的伤害,却可能是永远的。聆听别人讲话,是一门很大的学问! 你只要学着去尊重、去容忍、去谅解,就必能因此而获得对方衷心的感激。克莱斯勒的行政主管李·亚科卡说:"一个伟大的公司与一个平庸的公司的区别在于前者拥有倾听客户意见的能力。"

一、语音辨识力

有声语言是人们在社会交往中凭借语言传递信息、交流思想和感情的一种言语形式。由于语言中的同音、近音、谐音以及方言语音的现象,都有可能使语意发生变化。因此,强调在交谈过程中强调对语音的识别能力。

(一)注意方言语音现象

我们在生活中使用的语言是普通话,但在各地,由于历史的原因,仍然出现方言音与普通话混淆的现象。在西南和吴方言中,人们把 zh、ch、sh 也读成 z、c、s。还有在西南方言的大部分地区、西北方言中,n、l 音是混读的。网上有不少关于方言语音的笑谈,如:"兔子们,虾米们,猪尾巴! 不要酱瓜,咸菜太贵啦!!"(翻译:同志们,乡民们,注意吧! 不要讲话,现在开会啦!!)

(二)注意同音、近音和谐音现象

汉语口语中,有一种特殊的语音现象,即字音相同或相近,意义却不同,如同音字和谐音字。

清人郑板桥在潍县做县令时,逮捕了一个绰号"地头蛇"的恶棍。恶棍的伯父和舅舅(与郑板桥是同科进士)带着酒菜连夜登门求情。在酒席上,进士提出要行个酒令,并拿起一个刻有"清"字的骨牌,一字一板地吟道:"有水念作清,无水也念青,无水添心便念精。"郑板桥更正道:"年兄差矣,无水添心当念情。"进士听了大喜。郑板桥猛然感到中了计,紧接着大声说道:"酒精换心方讲情,此处自古当讲清,老郑身为七品令,不认酒精但认清。"那两人见状,只好告辞。

二、语义的理解与把握力

汉语语言在词义方面存在多义性现象,词义有本意、引申义或者比喻义等。在语言交流中,就需要准确把握对方所使用的语义,才能使双方语意明确。

元嵩对魏文帝讲了一个故事:我小时候有个好朋友,那年灾荒,他没有地方去,就到一座大山里给一个老道当徒弟。那道士是有名的"活神仙"。那天,有一个老汉来求神问卜,这老汉有三个儿子,因家里生活不下去,分头到外地谋生。因为近处都在闹灾荒,可能走得远了,儿子们走了一个多月,都没回来。老汉着急了,来这里请"活神仙"指点迷津。那老汉摆好供物,烧了香,磕了头,静等着"活神仙"说话,只见那"活神仙"张嘴说了一个"一"字,下面的话再也听不清了。那老汉请"活神仙"把话说明白一点,"活神仙"说是"天机不可泄漏",摆摆手叫老汉走了,老汉走后,他们师徒二人便把供物拿来充饥。我那个朋友边吃边问他的师傅,光说一个"一"字到底什么意思? 他师傅神秘地告诉说:什么卜卦都是假的,正因为是假的,所以才不能把话说清楚,要含糊不清才好。比方这个"一"字吧,就奥妙得很:如果那三个儿子都回来了,那就是"一律回来";要是那三个儿子都不回来,那就是"一律不回来";要是回来一个,那就是"一个回来";要是回来两个,那就是"一个不回来"……

很清楚,这个"活神仙"就是利用"一"的多义性,使他所表达的概念游移不定。

日常交流中像"活神仙"这样故意坑蒙拐骗的不多,有时是因为话题敏感或忌讳等原因,很多人不直接说出自己真正的想法和感觉,他们往往会运用一些暗示来表达自己内心的看法和感受。比如姑娘说的:"男人的手臂等于女人的腰围。"或者是利用语音或语调的变化来表达不同的情绪。如:

问:我去给你买两件短袖 T 恤吧?

答1:好啊!(代表情绪:欢欣。太好了,我早就想买了!)

答2:好吧。(代表情绪:赞同。虽然我不是太需要,但我同意你的意见。)

答3:去买呗。(代表情绪:无所谓。买就买吧,随你的便。)

答4:买去呗。(代表情绪:不耐烦。你爱买不买,关我什么事。)

三、倾听的"听众意识"

如果能让自己养成积极倾听的习惯,那将获得极大的益处,我们会变得更受欢迎。大部分人宁愿做说话者而不是倾听者,很多时候,他们需要找到一个好的倾听者。只要积极地去听,就会记住更多人们说过的话。积极倾听和提问技巧是劝说别人向我们的立场靠拢的最简便易行的方式,也是影响他人思想和行为的最简便易行的方式。通过积极倾听,我们鼓励他人畅所欲言。在高速沟通的今天,信息就是力量,鼓励他人畅所欲言就意味着能获取更多的信息。如果相信信息就是力量,那么倾听就意味着增添力量。

简单地表示甚至什么也不表示,只要用心地、专注地、倾心地去听,就等于向别人致以最大的敬意。有长进的总是好的听者而不是好的说话人。尤其是在下列情况下,尤其要注意倾听。

(一)当我们需要对方提供信息时

这可能发生在我们做工作的任何阶段,我们提了一个没有明确答案的问题,他人在回答时道出大量有用的信息。这些信息使我们得以从容运筹去迎合他们的需要和要求。

(二)当某人的谈话对我们来说很重要时

他可能是我们的领导者、部门负责人或主管,也可能是伴侣或孩子。在工作中,发布信息的领导者如果总是因为我们不专心听讲而不得不重复他讲过的每一句话,那他必然会觉得受到轻视。

(三)只要是有可能产生误解的时候

这可能是因为所谈题目很复杂或对我们来说很新,也可能是说话人有我们不熟悉的口音,这些情况下我们更需要认真去听!

(四)当说话者有意无意地在声音里带上感情色彩时

这些感情也许是愤怒、失望、愉快或悲伤。这种时候我们很可能受其情绪的影响而忽略谈话内容。要分清那愤怒是针对我们的还是针对别人的,或者只是说话人对自己不满意。

四、良好的听话态度

我们越是听得认真并且积极响应别人,那么他人也就越是乐于倾诉和响应我们。别人说话时我们越是倾注更多的注意力,那么我们说话时别人也就愿意回报更多的注意力。良好的听话态度不是空洞的认识,它实际体现于听话者的状态。

(一)恰当的肢体语言

如果听话者态度开放、很感兴趣,那就表示他愿意接纳对方,很想了解对方的想法,说话的人因此就会受到鼓舞,并表现在肢体上,如脸上开始露出自然的微笑,双手自然地摆放,身体稍微前倾,常常看对方的眼睛,并适时地点头并附和。

在倾听过程中保持目光接触永远是值得的,这是向对方表明我们的专心致志。有的父母会向孩子说:"我跟你说话时你要看着我!"那就是因为我们想从别人的目光中估量我们所说的话产生何种反应。

(二)避免打断别人的谈话

当我们对所谈话题十分投入,或者等不及要说出心中的想法时,很容易养成打断别人谈话的毛病。这非常糟糕,有时我们会因此而大吃苦头!

善于听别人说话的人不会因为自己想强调一些细枝末节、想修正对方话中一些无关紧要的部分、想突然转变话题,或者想说完一句刚刚没说完的话,就随便打断对方的话。经常打断别人说话就表示我们不善于听人说话,个性激进、礼貌不周,很难和人沟通。

(三)作出相应的、积极的反应

积极倾听的一个重要事项,是让对方知道我们在听。我们用响应别人所言来做到这一点。也许只需加上"是的"或"我明白"甚至点点头这类的言行就够了。如打电话时不得不问对方"你还在听吗?"这是很尴尬的事。

(四)提出适当的问题

在不得要领的情况下,有时人们却会违心地说,"是的,我懂了。"没听懂就是没听懂,这没有什么不好说出来的,而且这样做总是有好的回报。一旦你没听清楚而搪塞过去,这样对谈话双方都不好。你不懂的内容越来越多,又不及时提出,这样谈话就不能正常进行了。及时消化对方的话语,能为你听完后的发言打好基础。

当然,应该尽量提实质性的问题。谈话中我们往往刚接触某些问题的表层就提出各种问题来。其实,就某一领域的某一话题提问要比东问一句西问一句好得多。比如在商务活动中你会问某人:"你们公司有多少分支机构?"他们回答:"十个。"如你接下来问"你们公司有多少雇员?"就不如问:"为什么要有十个呢?"后一个问题引来的答案会把关于这家公司的现状和未来统统提示出来。沿着第一个问题指示的方向一直问下去,这在获得信息方面是非常有效的,用于自问,会把潜伏在脑海深处的答案发掘出来。

(五)做笔记

记忆力是我们最宝贵的特性之一,但我们不可能在任何情况下随心所欲地回想起临时需要的一切。做笔记是辅助记忆的最佳手段。记笔记有三大好处:

1.立刻让对方感觉到被尊重;

2.记下对方说话重点,便于沟通;

3.防止遗漏。

某些情况下,做笔记之前征得同意是明智的。如果你希望录音,那是一定要征得同意的。

五、倾听技巧

当然倾听也是有技巧的,让对方知道你是否在注意听是很重要的。

(一)老老实实地听对方讲话是一种秘诀

让我们这样来考虑倾听。每个人有两只耳朵一张嘴,如果按比例来使用它们,那么当然是倾听要多。如果用钟表来记录我们在谈话中所占用的时间,对照我们给其他人留了多长时间,可以肯定我们以后会给他人留出更多讲话时间。听力高手的秘诀就是"老实地听对方讲话"。那么,老实的听对方讲话究竟是一种怎样的方法呢? 这看起来好像很简单,但其实却很难做到。

可以做一个试验:说一些很简单的单词,"28 岁、独身、女性、穿着黑色连衣裙和黄色浅口鞋,胸前佩戴着蔷薇花胸针"。

大家会怎么想象这个女性呢? 在调查的几百名成年男女中,七成的男性认为这个女性有一头长发,六成的男性和女性认为这是个美女。而且六成的人想象蔷薇花是红色的,三成的人想象成白色的,一成的人想象成黄色。其实这个问题没有正确答案,因为只是随便罗列了一些单词而已。如果一定要说正确答案,回答"不知道"才是最恰当的。

通过这个例子,大家可以看出人们是多么会凭自己的想象去看待事物。同样的,在谈话中,我们一样会发挥自己丰富的想象力,从而使听到的与认知的产生差异。因此,除非他问你,否则你就应该把自己的想法放在心里。没有必要去说那些对方并没有问到的事,老实地听和老实地说完全是两回事。无法"老实地"听,是因为将自己的感情和对方的感情混在了一起。说的一方表达的意见只是对方的意见,并不代表你的意见。这就是"自己和他人的区别"。如果认真地听,就能区分出对方究竟是问你还是希望你听他讲。老实地听对方讲话是一种秘诀。

(二)跟着说话人的节奏

听别人说话就要像打排球时的传球一样。这是对于集体谈话时非常重要的一点,但如果是一对一的谈话,还是有必要在传球时加入一点节奏感,如果缺乏节奏感,传递就无法继续,没有节奏感的谈话更不会谈得起劲。但是如果说到怎么样培养节奏感,这就需要我们跟着对方的节奏,传出一个对方容易接的球。听的方法也和这一样。配合说话人的节奏感,做出一些容易让对方说下去的回答。

因为是要听对方讲话,所以一旦你和对方说话的进程相反,就什么办法也没有了。要做到不和对方相反,就是不要去反驳他,也就是说不要说反对意见,如果说得简单一点,就是不要使用像"但是"、"可是"、"不过"之类表示转折意义的词。

"最近我看了一部叫××××的电影。真令人感动。"

"那部电影很精彩的。不过,我不太喜欢那个主演。"

"不,我觉得他很棒。"

"但是,他看上去有点做作,不太自然。"

"可是,我不这么认为。"

"是嘛……"

这样的谈话很容易不欢而散,而且在这里,话题也会改变。让我们把刚才的对话和接下来的不用"但是"、"可是"的对话作一个比较。

"最近我看了一部叫《××××》的电影。真令人感动。"

"那部电影的确很精彩。主要演的是什么呢?"

"讲了一个被冤枉的死囚的故事,他就因为有超能力所以被当成了犯人。"

"啊,那然后呢?"

"他被单独关在一个牢房里,大家都认为他是个冷酷的人。"

"难道不是吗?"

"一个人呆着当然会变得古怪,如果和大家在一起就会开朗了。看上去即使是死囚也还分坏的和好的。"

"是呀,以前大家认为死囚一定是坏人,看来错了。"

"很值得看的。"

(三)附和对方

附和就意味着肯定。听的一方通过"附和"这一行为告诉对方同意其说法。当然你不能说"不对,不对"之类的话,因为这不是附和对方。有些人说话时,会说"胡说,胡说……"之类的口头禅,虽然是无心的,但也会令人感觉不好,甚至会不高兴。因为这种话会让人觉得你不相信他说的话。比如,我们假设 A 说了句:"我喜欢吃果酱面包。"那么作为听的一方,你得到的信息就是"这个人喜欢吃果酱面包。"但这和你自己是否喜欢吃果酱面包根本就没有关系。就算你不喜欢吃果酱面包,你也可以接受对方喜欢吃果酱面包吧。因此根本没有必要去反对他。事实上,他喜欢吃果酱面包也是一件无可厚非的事。这时的附和于己无害,于人高兴,何乐而不为呢?

无论是谁,只要注意怎么去附和对方,就能成为听力高手。在对方说话时,不要一言不发地听,而必须要适时地加入一些附和对方的话,这样对于讲话的一方来说,也会更容易、更有兴趣再说下去。欧美人在听别人说话时不仅从语言上附和对方,还会加入一些肢体语言。比如点点头,摊开双手,或者睁大眼睛表示惊奇等。

(四)沉默和停顿的效用

如果只谈论果酱面包,人们还可以接受对方说的话。但如果提到足球,那些超级球迷一定会大大的赞扬一番,可是不喜欢的人也会把它说得一无是处。如果作为听的一方的你非常喜欢足球,而对方却说的和你的意见相反,那么这时你还能安静地听下去吗?或者有的人即使在这种情况下还能保持冷静的话,那么当你听到有人说你好朋友坏话时,你会怎么样呢?人们可以客观地看待和接受那些和自己关系不太大的观点,但如果一旦和自己有了联系,人们就无法再保持冷静了。即使你能控制住自己的感情,去迎合对方,那么你在态度上也一定会露出破绽来。如果你不想附和,但又不想直接地说出,那应该怎么样呢?这时,就可以采用沉默的方式,在谈话中形成停顿,停顿的时间一般为 30 秒。通常我们会认为 30 秒很短,但在谈话中,这个时间已经足够。沉默会使谈话的原有节奏发生变化,如果对方仍想继续谈话,就需对内容进行修正。这一方式也适用于对方提出问题时,你不必马上回答,采取停顿,对方也许就自己进行了回答。即使是你作答,短暂的停顿同样会使你的回答显得深思熟虑。

前苏联教育家马卡连柯说:"只有学会在脸色、姿态和声音的运用上作出二十种风格韵调的时候,我就变成了一个真正有技巧的人。"套用这个说法,我们说:"只有在脸色、姿态和声音的运用上识别出二十种风格韵调的时候,我才是一个真正的倾听者。"

◎ 能力训练

一、纯粹听读训练(复述式的听话训练)

训练目的:

用以锻炼机械记忆力及复述能力,培养其储存信息的能力,同时使其以日趋熟练的复述表现逐渐克服表述中的心理障碍。

训练内容及方法如下。

1.新闻日日录

每日收听新闻,然后默写下来,进行新闻讲述。

2.读书会

由学生平时收集并筛选报刊上的短新闻、述评、故事、广告等材料,半个月一次汇编成集,并让学生在规定的时间内阅读后进行讲述。

3.听读训练

教师任选一部文集,按学生序号逐一要求学生听读;教师慢读3行文字(初始训练阶段3行为宜,对优秀者可增至5行),连读3遍后,请被测试学生起立,背诵复述全部的文字内容。听读时不得记录。为使这种须高度集中注意力的活动发挥最高的水平,未轮训的学生可在教室里看书、写信或做其他事,但不得出声、走动、影响被测试学生。

二、欣赏性的听力训练

训练目的:

让学生在美的音响中激发起听觉兴趣。

训练内容及方法:

复制精彩的广播剧、电影录音剪辑、散文诗歌朗诵、相声等,定期组织学生欣赏、评讲,让学生在审美陶冶中,有效地提高听力。

三、提炼要点的听力训练

训练目的:

针对听话内容训练学生抓住要点、重点的概括信息的能力。

训练内容及方法:

录制某人的即兴讲话录音,然后让学生单纯用耳力听,然后由学生概括要点。(录音最好用口语色彩浓、多叹词、语气词、俗语、句式短小灵活、有重复现象、听后能筛选关键词组并经过整理后形成清晰内容的语段。)

四、理解性的听力训练

训练目的:

能根据话语的修辞特点理解意思;能根据说话人的特点、说话时的场合,理解话语的深层意思。

训练内容及方法:

观看辩论录像,要求学生看后判断孰是孰非,以培养其批评意识。

五、呼应性的听力训练

训练目的:

培养礼貌听人说话、得体答话的习惯,这是尊重人、尊重自己的道德行为。

训练内容及方法:

安排活动,让学生到公众场合与人交谈,注意听人谈话时自己的表现,要求认真专心倾听,或点头附和,或微笑致意。

◎ 知识拓展

站在对方立场考虑问题

很多失败者的一个重要原因就是,他们从来都不懂得站在对方的立场看问题。创立了著名的松下电器公司的松下幸之助先生,在做生意的过程中,悟出了一种重要的人生经验:站在对方的立场看问题,学会从他人的立场出发。

人们交往中,总有许多分歧。松下幸之助总希望缩短与对方沟通的时间,提高会谈的效率,但他一直因为双方存在不同意见、说不到一块儿而浪费掉大量时间。他知道对方也是善良的生意人,彼此并不想坑害对方。在 23 岁时,有人给他讲了一则故事——《犯人的权利》。他遂从中领悟到一条人生哲学,就是学会从他人的立场出发。凭借这条哲学,他与合作伙伴的谈判突飞猛进,人人都愿意与他合作,也愿意做他的朋友。松下电器公司,能在一个小学没读完的农村少年手上,迅速成长为世界著名的大公司,就与松下这条人生哲学有很大关系。

《犯人的权利》讲述的是一个这样的故事:

某个犯人被单独监禁。有关当局已经拿走了他的鞋带和腰带,他们不想让他伤害自己。这个犯人用左手提着裤子,在单人牢房里无精打采地走来走去。他提着裤子,不仅是因为他失去了腰带,而且因为他失去了 15 磅的体重。从铁门下面塞进来的食物是些残羹剩饭,他拒绝进食。但是现在,当他用手摸着自己肋骨的时候,他嗅到了一种万宝路香烟的香味。他喜欢万宝路这种牌子。透过门上一个很小的窗口,犯人看到门廊里那个孤独的卫兵深深地吸一口烟,然后美滋滋地吐出来。这个囚犯很想要一支香烟,因此,他用他的右手指关节客气地敲了敲门。

只见卫兵慢慢地走过来,傲慢地说道:"想要什么?"

囚犯回答说:"对不起,请给我一支烟,就是你抽的那种——万宝路。"

卫兵错误地认为囚犯是没有权利的,所以,他嘲弄地哼了一声,就转身走开了。

囚犯却不这么看待自己的处境。他认为自己有选择权,他愿意冒险检验一下他的判断,所以他又用右手指关节敲了敲门。这一次,他的态度是威严的。

那个卫兵吐出一口烟雾,恼怒地扭过头,问道:"你又想要什么?"

囚犯回答道:"对不起,请把你的烟给我一支。否则,我就用头撞这混凝土墙,直到弄得自己血肉模糊,失去知觉为止。如果监狱当局把我从地板上弄起来,让我醒过来,我就发誓说这是你干的。当然,他们绝不会相信我。但是,想一想你必须出席每一次听证会,你必须向每一个听证委员会证明你自己是无辜的;想一想你必须填写一式三份的报告;想一想你将卷入的事件吧——所有这些都只是因为你拒绝给我一支劣质的万宝路!就一支烟,我保证不再给你添麻烦了。"

卫兵会从小窗里给他一支烟吗?当然给了。他替囚犯点了烟吗?当然点上了。为什么呢?因为这个卫兵马上明白了事情的得失利弊。

这个囚犯看穿了士兵的立场和禁忌,或者叫弱点,因此达到了自己的目的——获得一支香烟。

松下幸之助先生立刻联想到自己:如果我站在对方的立场看问题,不就可以知道他们在想什么、想得到什么、不想失去什么了吗?

仅仅是转变了一下观念,学会站在对方的立场看问题,松下先生立刻获得了一种快乐——发现一项真理的快乐。后来,他把这条经验教给自己的下属。

站在对方的立场考虑问题,从对方的立场出发,你会发现,你就成了别人,他的所思所想、所喜所忌,都进入了你视线中。在各种交往中,你就可以从容应对。

◎ 相关链接

做笔记时如何倾听

一、倾听的内容

1.重、难点。讲话者所强调、所补充的内容一定要记好、记全、记准。

2.尚未搞清楚的易错、易混、理解不清或模棱两可的内容,更要记下来,必要时请教。

3.听的过程中想到的问题和想法要及时记下。

4.讲话者列出的提纲、图解和表解须记录。

二、倾听的注意事项

1.记录工具要保证。

2.要提高书写速度。学会提高笔记速度的方法,如不必将每个字写得工工整整,可以潦草地快速书写;可以简化某些字和词,建立一套适合自己的书写符号。但要注意不要过于潦草、过于简化而使自己也看不懂所记的内容是什么。

3.在笔记遗漏时,要保持平静。上课时,如果有些东西没有记下来,不要担心,不要总是惦记着漏了的笔记,而影响记下面的内容。可以在笔记本上留下一定的空间,课后求助于老师或同学,把遗漏的笔记尽快补上。也不必一味追求笔记不必要的精细,把主要精力放在抓要点上。

4.听记结合,听为主,记为辅。尤其要牢牢把握讲话者的精彩观点及分析。

总的来说,记笔记要耳听、眼看、脑想、手动。在听懂的前提下,对获取的知识信息通过大脑的思维,经过"选择－加工－归纳－浓缩－反馈"的过程,然后有重点地记录下来。

任务四　秘书口才的幽默能力训练

◎ 学习目标

通过本项目训练,使学生了解幽默在社交中的重要作用,掌握幽默的使用技巧和注意事项,努力培养自己的幽默能力,做到运用幽默适时适人,实现有效沟通。

知识目标

• 通过讲授幽默的作用、幽默能力的体现以及幽默技巧的运用,使其掌握幽默的基础知识。

能力目标

• 根据学习目标,按照幽默技巧的不同形式,以话题设计为内容,指导学生在掌握理论知识的基础之上,根据不同的话题要求,运用各种幽默技巧,从而感受幽默语言的能力与效果。使学生在情景演练中获得更明确的感受,由此也使其对语言技巧的作用有更深的认识,并强化技巧的使用,提高其语言表达能力。

◎ 参考课时

4 学时

◎ 导入案例

在美国,有一位警察局局长,因为辖区内的交通状况非常差,所以整天心情都很低落。

交通状况差是由于当地是货车公司的总站,许多大型货车的司机每天都在公路上驾车奔驰,在过度疲劳的情况下,交通事故接二连三地发生。

虽然局长很体谅下属,知道他们很辛苦,也了解许多不得已的情况,但是上面的长官只看数据,不管其他因素,即使他再努力,仍然不被上层肯定,所以尽管年资已够,仍然没有得到机会升迁。

恰值交通问题给局长造成严重困扰的时候,州政府又颁布了一道命令,将这一季定为交通安全季,为了配合这个主题,还特地举办了一场关于交通安全方面知识的竞赛。为了这件事,小镇局长压力顿时大增,每天一出家门,总是愁容不展。

一天,他心力交瘁地回到家里,电视正演出脱口秀,表演者说起话来不但妙趣横生,而且字字珠玑,局长忍不住哈哈大笑,这一笑,心头的压力也释放出了很多。

看完脱口秀之后,局长躺在沙发里,开始深思。忽然间,他的眼睛为之一亮,心中想到了一个主意。

隔天,局长把所有的警察都召集来,开始积极地行动起来……

三个月的时间很快就过去了,州政府派人审查各镇的交通情况,包括交通阻塞情况、车流量控制、违规件数等,当然最重要的,还是交通事故的发生率。然而,稽查人员审查的结果,真是让大家意想不到。

以前交通记录一向都很不好的小镇,这次居然连一次车祸的记录都没有。

原来,局长想出了一个很简单的办法,他把公路上的所有警告牌都换了,而新牌子上面则写着:"请开慢一点,我们已经忙不过来了!殡仪馆启。"

局长通过这个幽默小语,对来往的司机进行了心理暗示,司机们看到这个幽默的提醒,不知不觉地把车速放慢,开车也小心了很多。

◎ 理论知识

"幽默"一词最早见于《楚辞·九章·怀沙》:"眴兮杳杳,孔静幽默"一句。但这个幽默是静默、寂静无声的意思。而现代意义的幽默是由西方舶来的,是个音译词。由于没有一个准确的词汇与之对应,幽默大师林语堂便从古老的汉语里拣出了"幽默"一词,既作音义,又能找到某种相通之处。

幽默究竟怎样定义,到目前为止,均无定论。有人说"幽默是任何滑稽可笑的事物",有人说"幽默是对发笑的事物寄予同情,是高级的笑"。《辞海》上这样解释:"在善意的微笑中,揭露生活中的乖讹和不通情理之处。"这样的定义都有它的局限性、不准确性。湖南师范大学唐树芝教授认为一个概念不能界定就描述。他指出:幽默是一种行为特征,也是一种表达方式,它的核心是由生活中反常的矛盾的不协调的违反常规常理甚至是可恶可鄙可笑的事物构成的,它的表现手段是暗示和含蓄,它的直接效果是引发笑声。

一、幽默与社交

一个人不仅要善于幽默地调侃他人,也要能接受他人的幽默调侃,如此才能赢得友谊,成功建立社会关系。在社交的任何一个团体之中,不论你只是其中的普通一员,还是担任委员、干事、总干事、主席等,善于运用幽默的力量,都能让自己获益匪浅,在社交活动中游刃有余,不断成功。

(一)用幽默增添魅力

幽默能显示出说话者的风度、素养和魅力,能让人在忍俊不禁、轻松活泼的气氛中工作和学习。幽默是一种高深的说话艺术,恩格斯曾经说过:"幽默是具有智慧、教养和道德的优越感的表现。"幽默不仅能给周围的人以欢乐和愉快,同时也可以提高个人的语言魅力,为谈话锦上添花。

某公司在举办的产品展销会上,几位年轻的营销人员用专业术语详细地向消费者介绍了产品的性能、使用方法等,给人以业务精通的印象。在回答消费者提出的问题时,他们反应很快,对答如流。最重要的是,他们的表现既彬彬有礼,又幽默风趣,给消费者留下非常难忘的印象。

有消费者问:"你们的产品真能像广告上说的那么好吗?"营销人员立即答道:"您用过后就会发现它比广告上说得更好。"

消费者又问:"如果买回去使用后发现性能并不好怎么办?"营销人员马上笑着回答:"不,我们相信您的感觉。"

展销会大获成功,产品销量大大超过以往,更重要的是,产品品牌的知名度得到了提高。在公司召开的总结会上,经理特别强调,是营销人员训练有素的语言才让这次展销如此成功。他要求公司全体人员都应像营销人员那样,在"说话"上下一番工夫,这样既能提升自己的语言魅力,也能提升公司的整体形象。

英国思想家培根说过:"善谈者必善幽默。"幽默的魅力就在于:话不需直说,但却让人通过曲折含蓄的表达方式心领神会。"二战"结束后,英国首相丘吉尔到美国访问。当记者问他对美国的印象时,丘吉尔回答道:"报纸太厚,厕纸太薄。"一句话让记者们哄堂大笑。但笑过之后,人们开始发现了丘吉尔语言的尖刻。

友善的幽默能表达人与人之间的真诚友爱,能沟通心灵,拉近人与人之间的距离,填平人与人之间的鸿沟,是有望和他人建立良好关系的不可缺少的东西。尤其当一个人要表达内心的不满时,如果能使用幽默的语言,别人听起来也会比较顺耳。当一个人需要把别人的态度从否定改变到肯定时,幽默是最具说服力的语言。当一个人和他人关系紧张时,即使在一触即发的关键时刻,幽默也可以使彼此从容地摆脱不愉快的窘境或消除矛盾。

如果说语言是心灵的桥梁,那么幽默便是桥上行驶最快的列车。它穿梭在此岸与彼岸之间,时而鲜明、时而隐晦地表达着某种心意,并以最快捷的方式直抵人的心灵,提升幽默者在对方心中的得分。

（二）无意幽默，但却幽默自现

山间的清泉之所以汩汩流淌，是因为它的下面有大地永不枯竭的水源；幽默者之所以语言风趣，是因为他的内心永远都是一种豁达开朗的境界。

幽默属于乐观者。心情沉重的人，是笑不起来的；充满狐疑的人，话里也难以荡漾暖融融的春意；整天牵肠挂肚的人，话里肯定有解不开的忧郁。只有心胸坦荡、超越了得与失的乐观之人，才能笑口常开，妙语常在。

人们都喜欢幽默的语言，就像喜欢听动人的音乐、欣赏美妙的文章一样；和谈吐幽默的人在一起，也往往如同置身于蔚蓝的大海边或壮美的大山中一般让自己陶醉。幽默风趣的人，是生活中的一道最亮丽的风景线。恩格斯说过："幽默是表明工人对自己的事业具有信心并且表示自己占有优势的标志。"一个人只有具备乐观的信念，才能对一些不尽如人意的事泰然处之。

有一个将军，一次与士兵一起开庆功会，在与一个士兵碰杯时，那个士兵由于过于紧张，举杯时用力过猛，竟将一杯酒泼到了将军的头上。士兵当时吓坏了，可老将军却用手擦擦头顶的酒笑着说："小伙子，你以为用酒就能治好我的秃顶吗？我可没听说过这个药方呀！"说得大家哈哈大笑，士兵也对将军充满了感激和崇拜。

我国书画家启功在成名之后，经常有人上门求字求画。启功先生为人谦和，心地善良，不愿拂人之意，无奈上门的人太多，便影响了他的工作、创作和身体健康，所以，他常在自己的门上挂着一个牌子，上书："大熊猫病了！"看到这样的话，来者通常会心一笑而回。

幽默是一个人对待生活态度的反映，是对自身力量充满自信的表现。一个人只有对自己的前景充满希望，才能发出由衷的笑声。即使暂时处于逆境，仍能对生活充满信心。在生活中发掘幽默，用快乐来熨平生活留下的伤痕。而对那些整天皱眉的人来说，生活充满了痛苦和绝望，快乐不过只是幻觉。这样的人，他们的谈吐又如何有幽默可言呢？

当然，幽默并非某些人的独家专利，而是一门任何人都能掌握的语言艺术。林语堂在论及幽默时说道："幽默是由一个人旷达的心性中自然而然地流露出来的，其语言中丝毫没有酸腐偏激的意味；而油腔滑调和矫揉造作，虽能令人一笑，但那只是肤浅的滑稽笑话而已。只有那些坦坦荡荡、朴实自然、合乎人情、合乎人性、机智通达的语言，才虽无意幽默，但却能幽默自现。"

（三）使用幽默应注意的问题

在人际交往中，轻松幽默地开个得体的玩笑，可以松弛神经、活跃气氛，营造出一个适于交际的轻松愉快的氛围，因而幽默的人常常受到人们的欢迎与喜爱。但是，玩笑一旦开得不好，幽默过了头，效果就会适得其反。因此，掌握幽默的分寸是非常重要的。要想幽默得体，你需要注意下面几个问题。

1.幽默内容要高雅

幽默的内容取决于幽默者的思想情趣与文化修养。幽默内容粗俗或不雅,有时也能博人一笑,但过后就会感到乏味无聊。只有内容健康、格调高雅的幽默,才能给人以启迪和精神享受,而且也是对自己美好形象的成功塑造。

德国伟大的诗人、思想家海涅是个无神论者,他在临终告别人世时的最后一句话是:"上帝会不会忘记我——那是他自己的事。"

2.幽默态度要友善

幽默的过程,是感情互相交流传递的过程。如果借幽默来达到对别人冷嘲热讽、发泄内心厌恶和不满感情的目的,那么这种玩笑就不能称为幽默。当然,也许有些人不如你口齿伶俐,表面上你占到上风,但别人一定会认为你不够尊重他人,以后也不会愿意和你继续交往。

有一位顾客到一家饭店吃饭,点了一只油焖龙虾。结果菜上来后,他发现盘中的龙虾少了一只虾螯,于是就询问侍者。侍者无法解释,只好找来了老板。

老板抱歉地说:"真对不起先生,龙虾是一种残忍的动物。您点的龙虾可能是在和它的同伴打架时被咬掉了一只螯。"

顾客巧妙地说:"那么,就请给我调换一只打胜的龙虾吧。"

老板和顾客双方都用了幽默的方式,委婉地指出了双方存在的分歧。这种方式,没有取笑他人,没有批评他人,也没有伤及他人的自尊,既保护了饭店的声誉,又维护了顾客的利益。

3.幽默要分清场合

美国总统里根一次在国会开会前,为了试试麦克风是否好用,张口便道:"先生女士们请注意,五分钟之后,我们将对苏联进行轰炸。"一语既出,众皆哗然。显然,里根在不恰当的场合和时间里,开了一个极为荒唐的玩笑。为此,苏联政府对美国提出了强烈的抗议。可见,在庄重严肃的场合里幽默一定要注意分寸。

一位警察在处理一起交通事故后,坐下来填写报告单。在乘客的反应一栏中,他觉得很难用简单的几个字说清楚,于是干脆写道:"他们像热锅上的蚂蚁,急得团团直转。"生活中,正是这些似是而非的怪事,给我们带来了无穷的乐趣。

4.幽默也要分清对象

我们身边的每个人,因为身份、性格和心情的不同,对幽默的承受能力也有差异。同样一个玩笑,能对甲开,不一定能对乙开;能对乙开,却不一定也能对甲开。一般来说,晚辈不宜同前辈开玩笑;下级不宜同上级开玩笑;男性不宜同女性开玩笑。在同辈人之间开玩笑,也要注意对方的情绪和性格特征。如果对方性格外向,能宽容忍耐,幽默稍微过大也无妨;若对方性格内向,喜欢琢磨言外之意,幽默就要慎重了。对方尽管平时生性开朗,但若恰好碰上不愉快或伤心之事,就不能随便与之幽默了。相反,对方性格内向,但正好喜事临门,此时与他开个玩笑,幽默的氛围也会一下子凸现出来。

　　假如你要赴朋友新居乔迁的宴会，主人也许有些紧张，此时正是你运用幽默向他开开玩笑帮他松弛心情的好机会。不妨向主人说："张小姐邀请我来时，告诉我说：'你只需用手肘按门铃即可。'我问她为什么非用手肘按，她说：'你总不至于空手去吧？'"

二、幽默能力

　　幽默在人们生活中越来越居于重要地位。生活创造了幽默，幽默丰富了生活。当然，学会使自己的语言变得幽默、风趣，并非一件容易的事。一个幽默的人应该具备怎样的能力呢？

（一）积极乐观的心态

　　幽默的心理基础是乐观、积极向上的心态。一个悲观颓废的人是没有心情幽默的。要培养自己的抗挫能力，做事情不怕失败，即使失败也要看到其积极的一面，而不要一味地怨天尤人。

　　钢琴家波奇一次在美国密歇根州的福林特城演奏，结果发现到场的观众不到五成。这让他既失望，又尴尬。但他并未因此就取消演奏，而是以幽默的语言打破了僵局。他微笑着走向舞台，对前来的观众说："我想福林特这个城市的人一定很有钱，因为我看到你们每个人都买了两三张票。"话音一落，大厅里充满了笑声。

（二）充足的自信心

　　真正幽默的人，其实是自信的人，不怕被人嘲笑，而且非常善于自嘲，这种自嘲实际上是建立在自信的基础之上的。作为一个高级的幽默者，他应当具备自信、宽容、豁达的心理素质。这种心理素质，对世界的观察和判断是清醒而达观的，对困难和烦恼理智的排解，使生活永远充满情趣。很难想象一个自卑、嫉妒、悲观的人会是一个幽默的人。

　　有一次，林肯遇到了一个老太婆，她对林肯说："你是我见过的最丑的一个人。"林肯不急不缓地回答道："请多包涵，我也是身不由己。"这个故事林肯讲给别人听时，别人笑得前仰后合，但又觉得：他是多么坚强和自信。他敢于面对现实，敢于笑自己，这是一个心地诚实的人。

（三）敏捷的思维能力

　　幽默的人是智慧的，因为幽默常常需要机智。而且幽默的人观察事物有自己的角度，不因循守旧，对事物有自己的看法，观点新颖。因而常常出语惊人而适宜。一个知识渊博的专家学者不一定就是一个合格的幽默家，两者的区别在于幽默家必须有比一般人更为敏锐的目光，能够捕捉到生活中稍纵即逝的幽默素材，并调动平时的知识积累和生活经验积累，展开活泼有趣的想象，把支离破碎的思维片断连缀成闪闪发光的幽默成品。

　　马克·吐温有一次坐火车到一所大学讲课。因为离讲课的时间已经不多，他十分着急,可火车却开得很慢,于是他想出了一个发泄怨气的办法。当列车员过来查票时,马克·吐温故意递给他一张儿童票。列车员一看,说:"您真有趣,看不出您还是个孩子哩。"马克·吐温说:"我现在已经不是孩子了,但我买火车票时还是孩子,因为火车开得实在太慢了。"

(四)深刻的理解能力

真正的幽默,需要用心体味,所以一个真正幽默的人能够欣赏别人的幽默。

美国哲学家乔治·桑塔亚那选定某天结束他在哈佛大学的教授生涯。这天,他在哈佛大礼堂讲最后一课时,一只美丽的知更鸟停在窗台上,不停地欢叫着。桑塔亚那出神地打量着小鸟,许久,他转向听众,轻轻地说道:"对不起,诸位,我要失陪了,因为我与春天有个约会。"言必,微笑走了出去。

(五)精粹的语言表达能力

丰富的词汇有助于表达幽默的想法,如果词汇贫乏,语言表现能力太差,那就无法达到幽默的效果。幽默的语言尤其要精练,不能用太多的琐碎的词语,要删繁就简、点到为止,以免影响理解和欣赏效果。因此,真正得体的幽默是诙谐而不失度,滑稽而不粗俗,精练而不繁冗,简约而又得当。

有一次,戈尔巴乔夫为准时赶到会场,要求司机开快车。司机既担心他的安全,又怕违章,只好婉言谢绝。戈尔巴乔夫急了,命令司机与他调换位置,然后亲自驱车,疾驰如飞。很快,车就被交警拦住了,警官命令警士将违章者扣留。警士到车前查询了一下,然后向警官汇报说:"长官,坐车的是一位要人,恐怕不好查办。"

警官很不满意地问:"这个人是谁?"

"说不准,警官同志。不过,戈尔巴乔夫总统是他的司机。"警士面露难色地说道。

三、幽默技巧

幽默的力量体现在它可以润滑人际关系,消除紧张,解除人生压力,提高生活品质;也可以使我们获得自由,振奋精神,享受人生乐趣。掌握幽默技巧,可以培养幽默感,提高幽默能力。

(一)对比

对比是产生幽默的基本手法。幽默的对比是指把两种(或两种以上)互不相干(甚至是完全相反)的,彼此之间没有历史的或约定俗成的联系的事物放在一起对照比较,以揭示其差异之处,即不谐调因素。在幽默中,对比双方的差异越明显,对比的时机和媒介选择越恰当,对比所造成的不谐调程度就越强烈,观赏者对对比双方差异性的领会就越深刻,此时对比所造成的幽默意境也就越耐人寻味。

幽默的对比可划分为画面、语言、人物和情境等四大类。画面的对比用于绘画艺术,语言、人物、情境的对比用于文学、戏剧、影视等艺术。这四类对比手法又可归纳为语言手段(包括文字语言、绘画语言、音乐语言和舞蹈语言等)和情节手段两大部类。大多数幽默作品是将语言手段的对比和情节手段的对比交织使用的。

国产笑话《酒酸》便是一则好例：

有去酒店而嫌酒酸者，店主很恼火，就把他吊在梁上。有人经过，问什么原因，主人说了。过路人说："借我一杯尝尝。"尝毕，皱起眉头对店主说："放了这个人，吊了我吧。"

（二）反复

反复是幽默创作的主要技巧手段之一。反复作为一种修辞格式和艺术手法，可以是情节、语言、物体、动作、画面、音响、场面等的重复出现，但在幽默艺术中的反复则出现在两个（或两个以上）迥然不同的人物身上或两种毫无共性的环境之中，使之同人物的某种特殊性格、气质、经历，同环境的某种特征以及艺术家的某种独特风格联系起来，产生一种明显的不谐调，以表达与人物正常逻辑、合理预想大相径庭的结果，或表现某种一意孤行、无法遏制的执拗，使原本枯燥的重复出现了喜剧性的色彩，取得强烈的幽默效果。这种反复的技巧不仅能在喜剧中产生幽默的效果，有时在悲剧中也能产生幽默的效果。

博览会上，一位意大利人指着一台机器对一位美国人说："这种机器不行了，我们意大利人发明了一种机器，只要把猪从这一头塞进去，转动机器把手，香肠就会从那一头源源而出。"

美国人不以为然："你那玩意儿在美国早已被淘汰了。在美国，如果机器做的腊肠不合口味，只要把机器把手一倒转，猪又会从入口处退出来。"

（三）错综

以不同的形式重复表达相同（或基本相同）内容的一种修辞格式和艺术手法，错综手法是反复手法的延伸和发展，用以避免情节手段和语言手段反复时的呆板、单调，使幽默效果更加强烈。以错综形式出现的反复在戏剧、曲艺、电影等艺术样式中的运用极为广泛、频繁，在语言作品中也多有应用。错综式反复具有巧妙、自然的特点，对强调、渲染、深化反复内容，引起观赏者的注意和联想，造成充满情趣而又耐人寻味的幽默意境起着重要作用。

下面是一个军骡死后的墓志铭：

军骡马吉安葬在此。在他的一生中，踢过一个上将、两个上校、四个少校、十个上尉、二十四个中尉、四十个士官、二百二十三个士兵和一个炸弹。

（四）移植

移植是幽默创作的主要技巧手段之一，即把在某种场合中显得十分自然、和谐的情节或语言移至另一种迥然不同的场合中去，使之与新环境构成超出人们正常设想和合理预想的种种矛盾，从而产生幽默的效果。

移植包括情节移植和语言移植。情节移植以违背人们的正常思维逻辑为前提，对情节内容进行与环境失调的移植，即有意无视时间、场合、条件、对象等因素的变化,使人物和环境、现实和历史、不同社会环境和不同社会地位之间产生强烈的不谐调对比和矛盾冲突,从而创造出趣味横生的幽默审美价值来。语言移植是对修辞手法的反动,即有意打破语言的正常使用习惯。打破语言条件和语言手段之间的正常对应关系,有意选择似乎是最不恰当的词、词组和句子,进行反常组合,造成文不对题、词不达意的失调和错乱状态,从而产生了幽默感。语言移植往往借助于对不同语体的错综使用即语体移植,或借用某些修辞格式如比喻、拈连、仿拟、飞白等,有时甚至对某些词语作更新词义的创造性处理,给人以新鲜、风趣之感,增添了幽默的情趣。

沙叶新先生曾在其短篇小说《告状》中写一个孩子,由于背诵《成语词典》,食古不化:

"放寒假了,他不让我游戏人间,说是会玩物丧志,硬要我天天背《成语词典》。"

"让你背《成语词典》?"

"那么厚,八百八十九页,叫人惨不忍睹,我一看见它,就多愁善感了。我要不背,他就入室操戈。我要跑,他就要打断我的腿,要削足适履。爸爸力气大,打起我来重于泰山,不像妈妈打我轻于鸿毛。爸爸一个耳光能把我打得犬牙交错。我只好背,背得我肝脑涂地,满脑子都是成语。"

（五）比喻

比喻是幽默艺术中常用的修辞格式之一,有明喻、暗喻和借喻三种。幽默艺术在运用语言移植技巧时常采取明喻和暗喻手法,在运用语言交叉技巧时常采取借喻手法。

明喻由本体、喻体和喻词三部分构成,暗喻由本体和喻体两部分构成,借喻则是以喻体代替本体。在语言移植技巧手段中,本体、喻体和喻词之间的差距极大,褒贬色彩也截然不同,含蓄而又出人意料的比喻给人以意料之外、情理之中的感觉,产生意味深长、忍俊不禁的幽默效果。在语言交叉技巧手段中,巧妙的借喻使表面意义上的喻体和其所暗示的、带有一定双关意义的本体构成交叉,令人在领悟了比喻的真正含义后发出会心的微笑,因而具有很强烈的幽默效果。

幽默所采用的比喻手法和一般修辞意义上的比喻在审美要求方面是截然不同的。一般的比喻以贴切、神似、谐调为原则,但幽默则反其道而行之,刻意追求由反差过大或因对比荒谬所造成的不谐调,这是比喻的一种特殊用法。

以下是一些运用比喻的例句:

丈夫就好像火一样,稍稍不加注意就往外窜出去了。

有些人就好像茶包一样,要等到茶在热水中,才知道自己的力量。

做生意不登广告,就好像在黑暗中向女人眨眼一样。

打高尔夫球就好比说笑话,你总是希望下次会好些。

年轻人就好比花园,细心照顾的话,会有美丽的花朵可供欣赏;如果任其自由生长，就长成一丛芦苇。

美人如河豚鱼：男子虽然知道，吃多了或不善吃必然会死，然而全是死也甘心，拼命争食。

（六）拈连

拈连作为一种修辞格式，是指利用上下文联系，巧妙地把适用于叙述一事物的词语用来叙述另一事物。在语言移植技巧手段中，拈连的词语在新的语言环境里造成了明显、强烈的"文不对题"、"词不达意"的矛盾，使人在两种格格不入的事物拈连中领受到别具一格的情趣。它是一种以不谐调为前提的幽默技巧。

一对夫妻吵架。妻子对丈夫大叫道："当初我真是瞎了眼，我就是嫁给魔鬼也比你强一百倍！"丈夫毫不示弱，回敬道："那可不行！法律规定，近亲禁止结婚。"丈夫以《婚姻法》中的"近亲禁止结婚"的规定为媒介，一下子将妻子同贬义"魔鬼"巧妙的联系在一起，诙谐幽默，余韵无穷。

（七）仿拟

仿拟，是指对现成的词语、句章经改动个别成分后，临时仿造出一种新的词语、句章的修辞格式。仿拟可分"拟词"、"拟句"、"拟章"、"拟调"、"拟语"等数种。作为幽默艺术的语言移植技巧手段之一，仿拟旨在借助于某种违背正常逻辑的联想，把适用于某环境的词语用于另一种截然不同的环境之中，或借现成句式、篇章、词调的形式，仿造出内容相反或相对的新句章，造成不谐调、不搭配的矛盾，使人有新奇感和生动感，产生出强烈的幽默效果。

苏轼有位姓刘的朋友，因晚年患病，鬓发、眉毛尽皆脱落，鼻梁也快要断了。一天，苏轼同许多朋友相聚饮酒，这位姓刘的朋友建议大家各引古人语相戏。苏轼对这位姓刘的朋友说："大风起兮眉飞扬，安得壮士兮守鼻梁？"满座大笑。

苏轼仿的是汉高祖刘邦《大风歌》："大风起兮云飞扬，威加海内兮归故乡。安得猛士兮守四方。"的首尾两句，两相对照、趣味益然。

（八）飞白

飞白是明知其错而故意仿用的一种修辞格式，可分为文字飞白（白字）、语音飞白（白音）和词义飞白（白义）等数种。白字是相近文字形体的利用，白音是相同或相近发音的利用，白义则是词义理解错误的利用。有时，白字、白音、白义连用更能增添幽默效果。这种幽默语言技巧常被用于揶揄和讽刺不学无术而又自以为是的否定性幽默形象。

据说 20 世纪 30 年代的山东省主席韩复榘在齐鲁大学一次校庆会上作过一篇广为人知的"训辞"，文辞之可笑令人叹为观止，不可不录：

诸位，各位，在其位：

今天是什么天气？今天是演讲的天气。开会的人来齐了没有？看样子有五分之八啦，没来的举手吧！很好，都到齐了。你们来得很茂盛。敝人也实在感冒。……

今天兄弟召集大家,来训一训,兄弟有说得不对的地方,大家应该互相谅解,因为兄弟和大家比不了。你们是文化人,都是大学生、中学生和留学生。你们这些乌合之众是科学科的,化学化的,都懂七八国英文。兄弟我是大老粗,连中国的英文都不懂。……你们是从笔筒里爬出来的。兄弟我是从炮筒里钻出来的。今天到这里讲话,真是使我蓬荜生辉,感恩戴德。其实我没有资格给你们讲话,讲起来嘛,就像……就像……对了,对牛弹琴。

今天不准备多讲,先讲三个纲目。蒋委员长的新生活运动,兄弟我双手赞成。就是一个,"行人靠右走"着实不妥,实在太糊涂了,大家想想,行人都靠右走,那左边留给谁呢?

还有一件事,兄弟我想不通,外国人在北京东交民巷都建了大使馆,就缺我们中国的。我们中国为什么不在那儿建个大使馆呢?说来说去,中国人真是太软弱了。

利用飞白法来实现幽默效果需要注意两条。首先,要判断好使用对象,即对象是否可以用"飞白法"来嘲笑。这与对象的心理承受能力和性格有关。其次,语言、逻辑方面出现错误,可以是形形色色、多种多样的,但错误的产生也有其内在的规律和道理。只有把错误说得或写得符合出错的规律,才可信,进而才可笑。比如口吃者,并非在任何一个词上都重复不休,而往往在句子的开始时严重,重要的词语上严重,在句子结尾和次要的地方就不大结巴了。再如上面韩复榘的演讲,因为是人所共知的老粗军阀,所以出错出得让人可信(虽然这倒不一定真是他的演讲词),你若是非要换成钱钟书或陶行知,那可笑的就是你。

(九)颠倒

颠倒是构成幽默的矛盾冲突的主要技巧手段之一,即在一定的条件下改换人物关系或本末、先后、大小、尊卑等关系,从而创造出具有浓郁幽默情趣的喜剧性场面。有时,词序的改换也能产生同样的幽默效果。人物关系的颠倒可以表现为父子、夫妻、长幼、男女、主仆等内容的错位,形成与人们相沿成习的传统观念相悖的新关系,具有极大的荒谬性和戏剧性,以致出现了风趣幽默的情节和结局。而本末、先后、大小、尊卑等的颠倒则通过事物关系的易位向人们的传统观念、正常逻辑和合理预想挑战,造成与人们认识规律的不谐调冲突,从而产生了情趣浓郁、联想丰富、寓意深长的幽默感。词序的颠倒形式上是语言上的,实际上是针对幽默的对象或人们熟习的某个格言、口号、定理或概念,以反常规的手法创造出耐人寻味的幽默意境。

颠倒法可分为四种情况。

第一种,表现为主客关系的颠倒。

列车员看了一位老太太的火车票后,说:"这是从成都到上海的车票,可我们这趟车是到昆明的。"

老太太一脸严肃地问：

"难道连火车司机也没发现他开的方向不对吗？"

第二种，表现为因果关系的颠倒。

有个大热天戴着毡帽赶路的人，途中在一棵大树下乘凉，将毡帽拿下当扇子扇风，喜道："今天要是没这毡帽，肯定热死我了。"

第三种，表现为事物逻辑关系的颠倒。

小国和邻邦大国关系恶化，小国大使去大国交涉，以战争威胁说："我国有两万士兵。"大国巨头哈哈大笑道："我们多一百倍。"小国大使沉思一会儿，提出妥协，理由是："国家太小，容不下两百万战俘。"

第四种，表现为轻重关系的颠倒。

一个人被老虎叼去，他的儿子拿弓追上，拉箭要射。父亲在虎口中远远嘱咐道："儿子，你得看准了虎脚射，不要射坏了虎皮。"

风趣幽默的语言是说话的一大特色，它往往能产生"四两拨千斤"的力量，达到举重若轻、一言九鼎的交际效果。无论从事什么工作、无论处于何种地位，与人交往是不可避免的。幽默不仅能帮助进行有效的沟通和交往，还能帮助处理一些特殊的人际关系问题，使人们顺利渡过难关、困境。适当的幽默能帮助建立起和谐的关系，赢得别人的信任和喜爱。幽默让交流变得妙趣横生。

◎ 能力训练

幽默语言表达能力及技巧的训练

1. 近些年来，"8"字备受社会各界的青睐，电话号码、手机号码、汽车牌照甚至门牌号码都争用"8"，带"8"字的号码全需要加价。请按照不同语境运用幽默技巧劝说当事人不一定非用这些数字。

2. 全国各地的电视节目，不断推出新的节目，但总存在"克隆"之嫌。请对此设置情境以幽默的方式和语言进行提醒或告诫。

3. 几乎在所有的旅游风景区的不同地方，人们都能看到"××到此一游"的字样。请想象在旅游胜地发现了这类情形对有这样行为的人进行幽默的劝导。

◎ 知识拓展

幽默中的交叉技法

交叉是以对同一事物的不同认识和理解创造幽默意境的技巧手段，可分为情节交叉和语言交叉。情节交叉以"误会"、"矛盾"、"自嘲"等形式出现，在构成幽默的情节冲突、悬念、情趣方面起着主体框架的作用。语言交叉采用了具有双重意义的修辞格式,如谐音双关、语义双关、词义引申、借喻、反语等,以实现两种互不相干的概念在观赏者意识中的交叉,成为用交叉技巧制造幽默意算的主要语言手段。

1.误会法

误合法是幽默情节交叉技巧手段最典型的表现形式,即把幽默的情节冲突建立在误会之上,构成幽默作品中人物的思维逻辑和观赏者思维逻辑在同一事物认识上的矛盾、对立和不谐调。这些认识上的交叉常常有好几组,彼此间又互相穿插交织,从而使情节冲突愈趋复杂风趣。在情节交叉中,幽默作品中人物出乎意料的误解把观赏者设想的正常思路打断,使观赏者合乎逻辑的期待落空,以致在误会和正解的反复对比中产生了浓郁的幽默感。误会法作为一种常用的喜剧手法,构成了幽默的情节,引发出幽默的喜剧性冲突,进而推动了幽默的喜剧情节的发展。

三个犯人站在一位斜视的法官面前。这位法官瞪着犯人甲问:"你叫什么名字?"犯人乙连忙答道:"我叫阿兰。"法官大怒,喝道:"我没问你!"犯人丙害怕得哭出来:"我可什么也没说呀!"

2.矛盾法

矛盾法作为幽默情节交叉技巧的具体体现,有答非所问、蓄意歪曲和自相矛盾三种形式。

答非所问是指把对方提出的问题巧妙地引向与原来的思路迥然不同的方向,造成问者和答者两种不同思路的矛盾交叉。答非所问可有自觉和不自觉之分。自觉,是指答话者出于某种目的,故意作出驴唇不对马嘴的回答,王顾左右而言他,回避对问题的实际回答。不自觉者,是指答话者在无意中形成了答非所问的局面,即对问题的理解错误导致了答复的相左。答非所问是幽默艺术家设计情节冲突时挑起不谐调因素相交的手法之一,具有明显的幽默效果。

为了实现不同思路、逻辑的交叉,常常采用蓄意歪曲的手法,即有意漠视某些词语的本义或事物的真相,以造成两种不同理解的映照。歪曲对象可以是人们熟知的口号、故事、事实等,也可以是他人或自己的某一句话语。蓄意歪曲形式通过对原意的歪曲性引申,挖掘出有悖于常理的新意,给人以强烈的不谐调感。蓄意歪曲与答非所问的表现手法相同,但前者以疑问对答的形式表现矛盾的交叉,后者则以陈述形式表现不同思想的相悖。

矛盾法的直接表现形式是自相矛盾,即通过人物的言行不一、言语的前后矛盾和行为的相互抵触,造成幽默情节中不同人物之间及作品中人物与观赏者之间对人物某种品质或性格的不同认识的交叉。自相矛盾是幽默艺术家刻画喜剧性人物形象的重要手法,有着鲜明、强烈的幽默效果。

2.自嘲法

自嘲法是幽默情节交叉技巧的表现形式之一,即在幽默作品中赋予喜剧性人物一种特殊的气质和性格,当人物遭遇挫折难以实现愿望时,以自我解嘲及贬低、歪曲事物或事件的价值和意义来获得精神上的满足和成功,从而形成了与观赏者在对该事物或事件实际价值和意义的正常评价方面的理解交叉。

一卖锅者必以锅底掷地作声,以证明锅之无损。一日不巧,锅一摔就裂了,遂对买者说:"像这种锅,我就不会卖给你了。"

3. 谐音双关

谐音双关是幽默语言交叉技巧中常用的一种修辞格式,即利用词语的同音或近音条件构成双重意义,使字面含义和实际含义产生不谐调交叉。谐音双关以语音为纽带,将两个毫不相干的词义联系在一起,使观赏者通过联想领悟艺术家的幽默感。

某人在大街上丢失一块手帕,沿街寻找,边走边问:"你见我帕了吗?"恰遇到一个武士,听了怒道:"我打了多少恶仗,杀了多少人,干嘛见了你要怕?!!"

4. 语义双关

语义双关是利用词语的多义性(本义和转义),使语句所表达的内容出现了两种不同的解释,彼此之间产生了双关。有些词语本无多义性,但在特定条件下受上下文影响,也可带有某种双关的含义。语义双关的修辞格式以语义的关联为纽带,利用本义和转义的差距造成幽默语言交叉,产生了含蓄的幽默效果。

5. 词义引申

词义引申作为修辞格式,是比喻的特殊运用形式。在幽默语言交叉技巧手段中,词义引申通过词语的本义和转义的人为交叉,产生出丰富的联想和暗示,造成了清晰的幽默感。在这种情况下。词语和语句通常是形式固定的习用形态,其本义或已消失,或已被淡忘、放弃。因此,当业已约定俗成的转义与重新引申出来的本义相交时,就会产生新鲜、独特的幽默意境。

6. 反语

反语是用相反的词语表达本意,使反语和本意之间形成交叉。在幽默语言交叉技巧中,反语以语义的相互对立为前提,依靠具体语言环境的正反两种语义的联系,把相反的双重意义以辅助性手段如语言符号和语调等衬托出来,使观赏者由字面的含义悟出其反面的本意,从而发出会心的微笑。反语是造成含蓄和耐人寻味的幽默意境的重要语言手段之一。

◎ 相关链接

如何区分幽默与滑稽

让人觉得好笑、可又笑不出来的语言,就是幽默;让人觉得可笑,可又难以发笑的行为,叫做滑稽。幽默是充满智慧的,而滑稽是非常可笑的;幽默是以知识为基础;滑稽则是能作怪搞笑就可以。

任务五　秘书口才的应变能力训练

◎ 学习目标

通过本项目训练,使学生了解应变能力在秘书工作中的重要性,并结合秘书工作实际,设置情景,使学生了解并把握突发性事变中积极灵活应对的方法和技巧,做到行为准确,达到有效的目的。

知识目标

● 使学生了解应变能力在秘书工作中的重要性,并掌握积极应变的方法及技巧。

能力目标

● 根据学习目标,设置情景,采用角色扮演法和重点强化训练,安排学生扮演不同角色,指导学生把握如何应对突发性事变的方法和技巧,并感受其内在奥秘,使其在情景演练中获得真切感受,从而感受秘书应变语言的特点以及所需的基本技巧,通过提高其话语表达的质量来提高其应变能力。

◎ 参考课时

2 学时

◎ 导入案例

有一次,局里召集各科室的负责人开会,准备安排下一阶段的工作任务。在会议室开始汇报工作时,说到了有一位科长工作责任心不强,几项工作没做好,还捅了娄子。这情况使局长很恼火,发了不小的脾气,会议气氛马上十分紧张。秘书小李目睹此景,便建议休会十分钟。在休息间歇,秘书小李递了一个纸条给局长,上面写道:"张局长,会前您曾说过,这个会议的主要议题是布置工作,动员干部。刚才的会议气氛有点儿紧张,不利于这次会议的顺利进行。有些问题似应专门开会或会后再解决。"

当复会后,小李发现张局长已经恢复了正常的情绪,并把会议引导到正常的议程上。会议比较圆满地结束了。

会后,当只剩下两个人的时候,张局长笑着拍了拍小李的肩膀,说:"小李啊,多谢你的'清凉剂'呀!"

以后,小李与张局长的关系非常好,小李也越来越受到局长的赏识。

作为领导的副手或秘书,在领导情绪发生变化的突然状态下,此时应果断地采取措施,缓和领导的暴躁情绪,等其逐渐冷静下来后,再委婉地提示他应对某人或某事采取审慎的态度,不要因一时的冲动而导致正常工作的无法开展。

◎ 理论知识

说话最容易也最难。只要是正常人都会说话,但即便是擅长辞令的外交家,也常常在尴尬场合难以妥当地应答甚至说错话。尴尬场面、尴尬局面的出现,往往是刹那间的事情,如果缺乏镇静,大惊失色,那只能是手足无措、乱上添乱。如果能在心理上保持平衡与稳定,神色不变、镇静自若地面对出现的问题,才有可能巧妙机智地应付尴尬。美国著名的企业家、教育家和演讲口才艺术家戴尔·卡耐基曾经说过,掌握神奇机智的语言应变技巧,无论是在社会交往,还在商业谈判、发表演说等方面,都具有重要的作用。

秘书担负综合性的工作,是领导的助手和参谋,接触面大,工作范围广,处理事务繁杂,经常会遇到突发和意外的事件。因此,要出色地完成各项任务,除具有一般的工作能力外,还必须具有一种特殊的能力——应变能力。秘书拥有应变能力,在平时能提供合理化建议,以应对市场竞争;在危急时刻,则能扭转劣势,消除很可能对企业造成的损害。这已成为老板最看重的秘书的一项能力了。

一、什么是应变能力

应变能力是指对突发性和意外的事件进行应急处理的能力。秘书人员在突发、意外事件中的短暂表现,是平时具备的各种能力的一种临场综合发挥。

二、应变能力的作用

(一)化险为夷,避免失误

一家企业正在召开总结表彰大会,德高望重的厂长微笑着把大红花戴在为企业作出卓越贡献的劳模们的胸前,台下情绪热烈的职工使劲地鼓掌。但谁都没想到,当厂长把红花戴在倒数第二个人的胸前时,放红花的盒子里面已经空了,还有一位受奖者在台上站着,准备受奖,在场的工作人员头上都冒出了汗,急得不知所措。厂长还在认真地给倒数第二位劳模戴花,难堪的局面眼看就要发生了。只见厂长的秘书飞快地跑下台,走到一位刚受过奖的劳模面前,耳语了几句,迅速摘下了他的花,返身上台。厂长正要取最后一朵花,发现盒子空了,他先是一愣,这时秘书及时把花递了过去……大会圆满结束了,台下大多数人都没有发现这其中的破绽。这位秘书在短短的几十秒钟内,迅速果断地处理了这件意外的事件,起到了化险为夷、避免尴尬的作用。这位秘书的行动向人们显示了他较强的应变能力。

(二)提高工作节奏和效率

较强的应变能力,要求做到三点:一是反应快。对于突发意外事件能够在最短的时间内作出迅速反应,尽快明白是怎么一回事。二是分析判断快,思维判断、逻辑推理敏捷,很快弄清事件的原因、性质及可能发生的后果,并考虑新的方案。三是采取措施快。应变的方案一经形成,便立即付诸实施,没有丝毫的犹豫和停滞。

只有这样，才能使工作始终处在快节奏、高效率的状态之中。

（三）诱发秘书的创造力

突发和意外的事件，都是偶然的事件。但偶然中存在着必然性，工作中若偶然事件增多，肯定意味着我们的工作违背了事物的必然规律，秘书人员应该通过偶然的事件举一反三，总结教训，寻找规律，协助领导改进工作，创造出新的科学方法。这样，应变能力就在客观上起到了诱发秘书创造力的作用。

许多秘书都有这样的体会，对突发、意外事件所采取的应变措施，恰恰是事先应考虑到并应该提前做好工作的。假如我们能充分估计事件发生的多种可能性，多准备几套方案，那么意外的事件就会使你感到不意外，从容果断地处理好。

德国的埃尔文·库希勒博士在他的《选才19法》中把人称作是"有智慧的变色龙"，因为人在外部环境或内在驱动力的影响下，彼一时的行为表现会迥异于此一时的行为表现。显然，这里"变色龙"一词的含义不同于我们惯常使用的"见风使舵"、"巧言令色"、"趋炎附势"等一类词的含义。秘书作为领导的参谋和助手，这一特定的角色恰恰要求秘书做"有智慧的变色龙"，即秘书在方方面面都应具有灵活变通、机智敏捷的素质。这样才能成为一名适应新形势、富有创新精神的能干而又出色的秘书。

具体地说，秘书应具备的应变能力有思想观念的善变、思维方式的善变、行为表现的善变、语言表情的善变、服饰装束的善变等。

尤其是语言表情的善变，对于秘书来说尤为重要。秘书的各种应变能力往往最终是通过语言表述表现出来的。语言的善于应变的特点就是快速性。所谓快速性，就是在意外的场合，身处僵局时，要求立刻回答，不允许慢慢去思考。瑞士心理学家荣格创立的"人格面具"理论指出，每个人实际上都有着各种人格面具，人格面具所起的作用与演员戴用的面具所起的作用是相似的。秘书在与不同层次的群体进行交际时，应努力做到在一定场合下准确地选用不同的人格面具。秘书的工作职责是为领导服务，为同级和上下级机关、单位服务，为广大人民服务。秘书在处理这些关系时，难免出现矛盾，这时，秘书就要本着服务的精神，控制自己的语言和情绪，戴上能让人接受的面具。如秘书在做信访或协调工作时，有可能遇到钻牛角尖、出言不逊的人，此时秘书要谨防因愤怒或难堪而失控，说出一些与场合、角色、对象不相符合的话来。这样，不仅不能把工作做好，反而使局面更加恶化。还有的情况是，有些领导在情绪不好的时候可能会朝秘书发泄一通，或者当领导班子思想分歧比较大时，秘书夹在其中，无论怎么斡旋都有可能被误解或责难，这时秘书即使有满肚子的委屈，也不能怒形于色。有时候秘书还真得配合领导唱红脸或唱白脸。比如，当谈判桌上的气氛僵持不下时，秘书要适时打圆场；有时领导想发威却又不想断退路时，秘书也要心领神会，发领导欲发之威，以此达到既震慑对手又留有余地的目的。

秘书在方方面面的随机应变，绝不是出于个人的企图与目的，它和点头哈腰、曲意逢迎、世故狡诈、玩弄心术不是一个层面上的概念。秘书的变通是出于工作上的需要，是为了更完善地履行秘书职责。因此，干练成熟、落落大方、机智敏捷、灵活变通，正是训练有素的秘书的职业特征，也是现代秘书不可或缺的良好素质。

所谓的应变口才技巧，就是指说话时突发情况或事件，说话者能敏锐、及时、准确地作出反应，并采取有效的应付措施加以排除和平息，从而使讲话继续进行的技巧和方法。随机应变是口才技巧中的一种高超能力，凭借敏捷的思维机智应对。

三、秘书口语应对的策略技巧

(一)调整语言的表达方式

在偶发、突变甚至对峙的情境中，最普通、最常见、最迷人的是语言的多变性和随机性。我们需要根据对象、议题、格局、环境、策略、时间、机会等的变化，随时调整自己的话语表达方式。

话语的表达方式不仅包括使用不同的句型、不同的语气、不同的音量，还包括感情色彩的不同、措辞的不同、语序的不同等。这一切，都需随机应变地运用自己的口语技巧，巧妙地与对方周旋。

如谈判既是口才的角逐，又是心智的较量。出色的谈判大师总是巧舌如簧，调动手中的筹码，取得意外的成功。他们或布疑阵，虚虚实实；或言在心中，一语破的；或言不由衷，微言大义；或旁敲侧击，循循暗示等。

在一次美苏高级领导人会谈时，肯尼迪说："判断错误可能引起核战争的危险。"赫鲁晓夫勃然大怒起来。他叫嚷着："判断错误！判断错误！判断错误！我总是听到你们的人，你们的记者，你们在欧洲和其他地方的朋友说这个该死的'判断错误！'你们应该收起这个词，把它藏在冷库中，永远也不要再使用！我厌恶这个词！"

在座的人都局促不安起来，接着就休会共进午餐。在午餐时，肯尼迪总统伸手摸了一下赫鲁晓夫的一枚勋章，接着问道："这是什么勋章？"赫鲁晓夫吃了一惊，接着说："这是列宁和平勋章。"肯尼迪温和地说："我希望这枚勋章能使您保持和平。"

(二)有意曲解词语的意思

在双方批评性的谈话中，有可能出现一种特定的语言环境，它让人有可能利用词的多义、同音或同形的条件，或故意违反逻辑规律，或是巧妙地利用逻辑规律，以一个词语去关联两种事物，使语句具有双重意义，即用同一词语表达两个判断，从而达到自己所期望的效果。

在某些场合中，有些应变批评性的话语，是对某些词语意思的有意曲解，以造成幽默诙谐的语言特色，从而增添轻松愉快的交谈气氛，使对方乐于接受批评意见。

古时候，一位名叫丘浚的文人游杭州时，特地到灵隐寺拜访一个和尚。殊不知,那和尚生性势利,见他是一个书生,态度十分冷淡。刚好此时有位大将的公子来访,和尚立即换了一副笑脸,拱手行礼,待为上宾。对比之下,丘浚非常气愤,待那将门公子一走,便质问和尚说:"你为何对我这样不客气,对他又是那样客气呢?"和尚双手合十,狡辩道:"误会误会,《佛经》曰,有就是无,无就是有。我表面上对他客气,其实是对他的不客气;而我表面上对你不客气,内心就是对你客气呀!"

丘浚二话不说,举手朝和尚的脸上打去,一边打一边说:"如此说来,打你就是敬你,不打你就是不敬你。"直打得和尚脸红耳赤,却又不能辩解,真是自讨苦吃。此后,再也不敢随便拿《佛经》言论来为自己狡辩了。

(三)充分利用语言艺术

双方交谈处于硝烟正浓时,为了缓和这种氛围,其语言既要文明礼貌,又要坚持一定的原则。最有效的办法就是随机应变,充分利用语言的艺术手段。口才好而应变能力强的人常借用高超的语言技巧,富有文采的语言。这样,既能创造和谐友善的气氛,又能明确表达自己的主张和观点,维护自己的利益。

出言不逊,恶语伤人,激起对方的不满,往往会给双方的交流造成障碍,甚至导致关系的破裂,也就得不偿失了。

一天,几个议员怒气冲冲地进了美国总统威廉•麦金利的办公室,向他提出了一项抗议。为首的一个议员脾气暴躁,开口就用难听的话骂总统,喋喋不休。而麦金利却显得异常平静。他知道,现在作任何解释,都会导致更激烈的争吵,这对自己所坚持的决策很不利。于是,他一言不发,默默地听着这些人的叫嚷,任凭他们发泄胸中的怒气,直到这些人都说得筋疲力尽了,他才用温和的口气问道:

"现在诸位觉得好些了吗?"

一句话就使大家的怒气全消了。

(四)幽默语言的神奇效果

在社交场合中,经常会出现一些出其不意的事情,有些事情简直是惊险之极,如果你没有这方面的应急技巧,你可能会陷于一种尴尬、危险的境地。

卡耐基:"我在社交场合,往往能够对答如流、妙语横生,将事情解决得行云流水、滴水不漏,那是得益于我的秘诀。"

在人际交往中,当矛盾发生时,往往幽默的语言在某些情形下会产生一种神奇的效果,化险为夷,使一个窘迫难堪的场面在笑语中冰释消解。

口才需要真才实学,口才的应变更是如此。俗话说"三招可见师门",即指人的才学不是靠自吹自擂,必须有所传承、有所依托,必须言辞有力、环环紧扣。没有或缺少路数的言论,没有力量,只会将自己推上绝境,面临险象环生的境地。

四、秘书应对主观之变的口才技巧

秘书在口语交流中难免不出差错。主观上容易产生的意外变化主要有怯场、忘却和失误。

（一）克服怯场的技巧

怯场是秘书在一些大众场合或特殊场合讲话容易出现的问题。说话者有时会由于一种强烈的畏惧心理而使精神高度紧张,引起了呼吸系统、血液循环系统和部分内脏器官的变化,出现心慌意乱、手足无措、心跳加速、呼吸急促等不良反应。轻者张口结舌、期期艾艾、语无伦次;重者目瞪口呆、狼狈不堪,虽然满腹珠玑也说不出一句话来。如何克服呢?

1.充分准备

应该说,绝大多数的怯场是由于缺乏充分的准备而临场恐慌造成的。惧怕失败,正是因为准备不充分。所以,对待任何的讲话或谈话,认真充分准备,做到心中有数,则必然"行云流水",滔滔不绝。

2.加强锻炼

一般容易怯场的是那些初上台演讲或讲话的人,他们缺乏临场经验,而那些训练有素、技巧成熟的演讲家,之所以上台演讲能挥洒自如、左右逢源,就是因其有着丰富的实战经验。所以,丰富的实践和充分的训练,也是演讲的必要准备。

3.自我激励

即要有充分地保持信心,保持平静和轻松的心情,充满热情和勇气百倍,不想成败得失,尤其不想那些不愉快的事。甚至可以用"我并不比别人差"、"没问题,今天一定能讲成功"、"我有十足的把握,我已准备充分了"……的话勉励自己。

4.深呼吸

上场前,反复做深呼吸,可以平静心情,消除紧张。

5.移情于物

有时为了消除紧张和恐惧,可以抓住周围的某样东西不放,这可以有效地转移紧张。

6.了解听众,熟悉环境

一般的,讲话者对听众、会场的不熟悉,都容易造成他的心理压力。所以,演讲前最好要向主持了解,如听众的人数、文化程度、职业特点、兴趣爱好等以及会场的大、小环境状况等,如有可能在实地和听众进行会前的交流。这样有了底后就能有效地避免客观环境和对象的变化给自己造成的心理压力。

（二）克服忘却的技巧

所谓忘却,是指讲话者在讲话或谈话的过程中,因某些主观的或客观的因素的刺激,使思维的链条突然中断,把下面要讲的内容忘掉了。这时,下面的观众往往可能出现嘲笑、私语和口哨声,而这会使讲话者更加惶惶不安,愈加想不起内容,从而导致把精心准备的内容忘得一干二净的后果。这是讲话中最遗憾的事。

如何避免呢?

1.插话衔接法

一旦忘词时,立即插入一两句与讲话内容关系不大的问话,利用短暂的时间,加速回忆起下面要讲的内容。如讲话中,突然忘词了,不妨问一句:"各位,前面的内容不知大家听清楚了没有?"然后扫视全场,而在这扫视的瞬间,就可以使你回忆起下面的内容了。

2.重复衔接法

即在忘词时,将自己所讲的最后一句再加重语气重复一遍,往往也能使断了的思维链条再度衔接起来。

3.跳跃衔接法

讲话者常常出现的忘却,并不是把后面的全部忘却了,而是把下面的某一句或某一段忘了,这时只好跳开这一部分,能从哪里接下去就从哪里接下去。但在讲话中突然又想起来时,不妨可在收尾前补充:"值得一提的是……"

(三)克服失误的技巧

与前两者相比较,讲错话是更为常见的一种失误。临场经验丰富的人,一般很少怯场,但讲错话也是在所难免,或因记错了某个数字或年代,或张冠李戴,或用语不当,或一时激动而说了错话,或说得不得体,或因讲得太快而丢三落四等。这时就要根据失误的性质、程度,采取相应的措施,若是涉及关键性的内容,则应纠正,如一般的情况,则还是随之而过,否则专门的强调倒会引起注意,从而影响了整个讲话的流畅性和完整性。如,著名的演讲家李燕杰在一次演讲中,由于失误,说错了一句较为关键的话,话音未落,他便觉察到了。于是,他马上自问自答地说了一句:"这句话是对的吗? 难道果真如此吗? 不对!"然后又按正确的说法说了一遍。而听众并未察觉。

这种纠正失误的方法,反映了演讲家机敏、沉着的应变能力。因此,在处理这类问题时,究竟是用什么方法来挽回失误,原则应是:敏锐、及时地发现,正确、巧妙、果断地处理,真正做到"随机应变信如神"。

(选自欧阳友权、朱秀丽编著《实用口才训练》,中南工业大学出版社,1998 年版)

五、秘书应对客观之变的口才技巧

从某种意义上说,口语活动中的主观之变,可以通过系统地训练和努力去克服,而客观之变就不是主观愿望所能避免的,它要靠讲话者以自己的才智和经验去应变。

一般在口语活动中经常会出现以下几种情况:

1.听众的对象临时发生了变化,则应及时调整内容。

2.内容发生重复,则应独辟蹊径。

3.突然发现了一些领导或专家在场,则应镇定自若。

4.发现听众甚少,则仍不改初衷。

5.听众兴趣转移时,则要随机应变。

6.听众反应冷漠时,则要善于激发和吸引。

7.会场出现哗噪取闹时,要精警坚韧。

8.有关观点对立者,则要疏导说服。

9.收到条子时,伺机作答。

10.碰到掌声时,要分清含义。

总的来说,要应付错综复杂的客观之变,必须具备三方面的本领:一是要有眼观六路、耳听八方、观察敏锐、反应迅速的能力;二是要有处变不惊的能力;三是要有正确、果断的应变措施。

(选自欧阳友权、朱秀丽编著《实用口才训练》,中南工业大学出版社,1998 年版)

◎ 能力训练

1.假如在一次演讲中,你突然忘了演讲词,你该如何处理呢?或者话筒突然坏了,没有原先的效果,你如何面对听众呢?请设计一段幽默风趣的话。

2.你主持节目时,当你又一次走上讲台时,突然一不小心被绊倒了,你该如何应对这尴尬?请设计你解决窘境的应急语言。

3.在一次你主持的动员大会上,突然有人不友好、不礼貌地向你挑衅,并在会场上制造骚乱。你是否有能力控制好现场的局面呢?请设计你的应急方案,并说上一段你将要说的控制局面的话。

◎ 知识拓展

改变不利局面的几种方法

交际中,每个人都会因有意、无意而做错了什么事而将自己陷入到一种非常不利的处境。这时候你就需要为自己开脱和辩护,但又不能给人留下蛮不讲理、傲慢任性的印象,要在极平和的状态下改变自己的处境,借助口才往往可以达到这样的目的。

1.谦虚认错,消除怨恨

不小心撞到人,可以行礼并说:"对不起,实在对不起,我有眼无珠,请您原谅!"如对方仍不罢休,则可嘻嘻笑言:"不好意思,思想开小差想到女孩子了!"那人听了肯定会谅解地笑了。

2.顺人之势,发己之功

萧伯纳的剧本《武器与人》首次公演,观众纷纷要求萧伯纳上台,接受大家的祝贺。当萧伯纳刚走上前台时,突然一个人向他大声喊道:"滚回去,谁要看你的剧本,糟透了,收回去吧!"

观众都安静下来,屏息看着萧伯纳,只见萧伯纳不仅没有生气,反而满面春风地向那人鞠了一躬,彬彬有礼地说:"我的朋友,我完全同意你的意见,但遗憾的是,"他指了指场上的其他观众,又说道:"我们两个人反对这么多观众有什么用呢?我们能禁止这剧本演出吗?"

观众席上爆发出热烈的掌声和笑声,那个故意寻衅的人灰溜溜地走掉了。

碰到这样的场面,因为大多数人是和你站在一起的,所以对极个别的挑衅丝毫用不着据理力争。因为你据理力争正是这部分人所希望的,所以宁可表面上顺应,暗地里讥讽,而他们不能引起你的发怒,也就只好作罢。

3. 以怪对怪,佯装糊涂

在一次中外记者招待会上,一个美国人向周恩来总理提出了一个刁难的问题:"为什么中国人走路总是喜欢低着头,而美国人走路总是抬着头?"

周总理机智风趣巧妙地说:"因为中国人走的是上坡路,所以总是低头攀登;而美国人正在走下坡路,所以两眼望天。"

话音刚落,记者席上一片笑声,而那个美国人哑口无言。

4. 心诚则灵,顽石为开

美国石油大王洛克菲勒的工厂发生了持续两年之久的罢工,管理工厂的是他的儿子。他使用高压手段,请来军队进行血腥镇压,结果引来了更大的反抗。洛克菲勒决定用柔和的手段来化解争端,他开始和工人为友,到工人家访问,使双方的感情有所好转,最后他把工人召集起来,作了一次演讲:

"在我的一生中,今天要算是一个十分值得纪念的日子,我觉得十分荣幸,因为我能够和诸位认识了,如果我们今天的聚会,是在两星期前,那么我站在这里,竟是一个陌生人,因为我对诸位还知之甚少。我有机会到南煤区的各个帐篷去看了一遍,和诸位代表作了一次私人的个别谈话;我看了诸位的家庭,会见了诸位的妻儿老小,大家对我都十分的客气,殷勤的招待,完全把我当成自己人一般。所以,今天我们在这里相见,已经不是陌生人而是朋友了。现在,我们不妨本着相互的友谊,共同探讨一下大家的利益……"

动人的谈话,最终使得双方化干戈为玉帛。它之所以成功,是因为洛克菲勒没有用强硬的手段去逼迫工人复工,而是用友善的态度,诚心诚意地同他们协商解决争端。

(选自宿春礼主编的《随机应变的口才艺术》,中国社会出版社 2005 年 7 月第 1 次出版,P.55—58)

◎ **相关链接**

精彩讲话所需的语言应变技巧

运用机智的技巧。尤其当感觉绝大多数听众对自己抱有抵触意见时，不能直接地进行反击，而是应该迂回、机智地寻求共同、激发共同。

掌握控场的能力：能从容地回答问题，尤其是对于一些尖锐的问题，更要以诚相待、妙语解脱，变被动为主动；对于意外情况，要善于控制感情，掌握分寸；如会场沉闷，要巧妙穿插，活跃气氛；如不慎说错，不妨将错就错，灵活处理，而不要搔首挠耳，或冷场过久；有时为了调节会场气氛，也可以采用态势语，吸引听众。

机动地把握时间。如将要超过时限，则需及时压缩内容，删减篇幅；倘若不到规定时间，则应临时添加材料、扩充内容。

尤其要学会让自己的讲话脱颖而出，在同类内容的讲话活动中，如可以善于根据现场的情况随机应变、避"长"扬"短"，或新奇开场，出奇制胜，一般要善于在开场的一分钟就紧紧抓住听众，或逗引听众大笑，或以悬念深深吸引听众，或引用名人名言，或以问题让听众思考，或以惊人消息抓住他们的注意力。

善于让听众与你的讲话同呼吸共命运。亲近、亲和，根据听众兴趣来演讲，给听众以真诚、真心的赞美，让听众参与你的讲话之中，与听众融为一体。

（选自宿春礼主编的《随机应变的口才艺术》，中国社会出版社 2005 年 7 月第 1 次出版，P.89－109）

模块三　情景实践篇

项目六　秘书社交公关情景口才

任务一　秘书口才与社交公关的意义

◎ 学习目标

通过本项目学习，结合秘书工作实际，使学生了解秘书口才与社交的紧密联系，重视口才的培养，理解并掌握秘书社交公关口才的特点及交际应酬法则，掌握现代沟通的一般规律，从而更好地拓宽社交范围并由此达到良好的社交目的，扩大影响。

知识目标

• 通过讲授，使学生从思想上认识并掌握好秘书社交公关口才的特点及交际应酬法则，掌握现代沟通的一般规律。

能力目标

• 根据学习目标，按照电话接打的基本礼仪接听各种电话，以情境设计为内容，采用角色扮演法和重点强化训练，安排学生扮演不同角色，指导学生掌握接、打电话的方法、技巧并感受其内在奥秘，使其在情景演练中获得真切感受，从而感受电话交流的特点以及所需的基本技巧。通过提高其话语表达的质量来提高其电话的语言沟通和交际行为的能力。

◎ 参考课时

2 学时

◎ 导入案例

周恩来是极善言辞的杰出代表。有一次,他在北京举行记者招待会,在介绍完我国经济建设的成就及对外方针后,一个西方记者突然提问道:"请问,中国人民银行有多少资金?"这实际上含有讥笑我国贫穷之意。周恩来则风趣地回答:"中国人民银行货币资金嘛,有 18 元 8 角 8 分。"这一回答,使全场愕然。这时,场内鸦雀无声。只听周恩来不慌不忙地说:"中国人民银行发行面额为 10 元、5 元、2 元、1 元、5 角、2 角、1 角、5 分、2 分、1 分的 10 种主题主辅币人民币,合计为 18 元 8 角 8 分。中国人民银行账号是由全中国人民当家做主的金融机构,有全国人民作后盾,实力雄厚,它所发行的货币,是世界上最有信誉的一种货币,在国际上享有盛誉。"一番话,语惊四座,激起了场内听众雷鸣般的掌声。这位别有用心的西方记者也不得不沉默无语了。

◎ 理论知识

美国著名学者卡耐基说:"一个人的成功,有 15％是由于他的专业技术,85％则要靠人际关系和他的做人处世能力。"有调查表明,人的一生除睡眠外,有 70％的时间要花在人际间的各种直接或间接的沟通和交往上。而在相互沟通和交往中,以书写形式进行的约占 9％,以阅读形式进行的约占 16％,而以交谈形式进行的约占 75％。

良好的人际关系和处世能力最重要的就反映在口才之中。它是社交场上立足制胜的最有力的法宝。社交口才是社交能力的重要一环,是最为神奇的公关密码。一般而言,社交中受人欢迎、具有魅力的人,一定是掌握社交口才技巧的人。随着社会的不断发展,人与人之间的沟通交往愈来愈频繁、密切,口才在社交中的运用也愈显重要。可以说,凡有口才的人,讲话时闪烁出真知灼见,给人以精明、睿智、风趣之感,他们必然成为社交场上的佼佼者。口才在当今已成为一个人生活及事业成功的极其重要的因素。

所谓社交口才,就是指人与人之间在社会交往活动中所表现的语言艺术或才能。即善于用准确、贴切、生动的口语表达自己思想和意愿的一种能力。

一、秘书口才与社交公关的关系

秘书部门处在企业的枢纽,是单位的"窗口",对内具有上承下达、协调沟通、增强组织凝聚力的特殊作用,同时又是组织同外部交流、沟通的特殊通道,因此秘书被视为单位的形象代表和代言人。作为政府机关或企业职能执行人员的秘书,他代表单位参与公共关系的交往面十分广泛,要在不同的场合与不同的公众打交道,其言谈举止直接关系到单位在公众面前的形象。要充分发挥这两方面的作用,秘书必须具备协调、合作、公关、礼仪等素养,有建立和维持良好的人际关系的高超智能。因此,秘书在"内求团结,外求发展"的公共关系工作中起着重要的作用。社交能力的高低及其体现出的作用已渗透在其工作的各个方面。秘书社交能力的高低,其主要表现就是说话水平的高低。秘书必须树立公共关系意识,即通过自身的言行、工作、态度和仪容取得尽可能多的公众的信赖和好感,为本单位树立良好的形象和信誉,从而取得公众的关心和支持。

二、秘书社交公关的原则

(一)目的性的原则

做任何事要达成一定的目标,社交公关尤其如此。社交公关的目的就是要在人际交往中获得成功,确立良好的人际关系。人与人之间的交往最重要的一环就是运用口才进行言语交际,因为语言是人类最重要的交际工具。而言语交际的目的便是准确地传递信息、交流思想、沟通情感。任何种类的社交公关活动的言语表达都必须服从交际的目的,弄清楚要表达的内容,确定要达到的目的,抓准要陈述的重点,使用恰当的交际语言,运用合适的交际技巧,做到有的放矢,达到良好的交际效果。

(二)对象性原则

说话应有对象意识,针对不同性格、身份、职业、年龄、经历、文化教养、思想和心理状态的交际对象,采取不同的交际方式和语言,做到因人而异,投其所好,从而赢得多种不同交际对象的好感,达到成功交际与沟通的目的;而且要以听者为主体,把听者的目的需要、兴趣爱好、接受能力及感情和心理需求放在第一位,到什么山上唱什么歌,见什么人说什么话;并注意双方的角色身份和错综的人际关系。

(三)语境原则

"到什么山上唱什么歌",要注意上下文的语境,要注意情景语境,巧用恰当的交际场合,把握最佳的交际时机,了解交际对象的心境。

三、秘书交际应酬法则

(一)公共利益法则

公关是通过真诚合作、互惠互利来融洽双方关系,营造良好的人际关系和社交氛围,因此,要以公共利益为出发点,处理好个人感情与自己所从事的工作、与群体利益的关系。因此,要运用公关口才去协调关系,维护整体形象。

(二)平等的法则

单位中的人员虽然有分工的不同,但人格上是完全平等的。秘书无论对上级领导还是对下属,无论是对同事或来访者,都要一视同仁,尊重所有和自己交往的人,积极消除对方的心理戒备,形成融洽和谐的关系。

(三)真诚的法则

秘书由于处于特殊的工作环境,往往给人以深不可测的感觉,这就为感情交流蒙上了一层面纱。要获得人们的了解和信任,就必须揭开这层面纱,坦诚相待,这样才能增进相互间的信任,更好地打开工作局面。

(四)灵活的法则

秘书是单位内部的协调者,需要与各阶层的员工打交道,秘书要根据具体情况,灵活处理各种情况,以变应变,才能协调好各方,顺利有效地开展工作。

(五)宽容的原则

秘书的胸怀应宽广,宽以待人,不计较得失,善于与人合作,面对种种误解、不公正,能顾全大局。

(六)诚信的法则

与人交往守信,具有良好的信誉。

(七)言之有据的法则

秘书替单位立言,其语言必须体现单位的立场和观点,不能以"个人看法"误导公众。发表意见时,不但要把自己的看法、意见清晰地表达出来,还要以大量的事实材料为依据,使观点、看法站住脚。而不提模棱两可、不成熟的想法。

(八)格调高雅的法则

讲究内容的健康、语言的规范美,且用词生动形象。

(九)语言大众化的法则

运用朴素自然的语言。例如,温家宝在三鹿奶粉问题上,发表演讲时就提到:"出了这样一起特大食品卫生事件,做父母的很痛心,我们也很痛心。虽然老百姓很理解,但是作为政府,我们感到很内疚。这暴露出我们前一阶段在奶源的收购检查、生产企业产品质量监督检查、奶制品市场管理等环节都存在一些问题。人最重要的是生命健康,而健康离不开食物。这次事件对整个食品安全都是一个警示。通过处理这件事情,我们要认真总结和反思,把食品安全工作进一步抓好,让坏事变成好事。""我们要对人民负责,就必须如实地把情况都向老百姓公开。我们现在要做的,就是保证以后不再发生这样的事。在这起事件中,暴露出政府监管不力,也反映出一些企业缺乏职业道德和社会公德,用老百姓的话说就是'没良心'。我们不仅要追究领导责任,对这样的企业,也要坚决整顿、处理,一个也不放过!"这样的语言很大众化,富有生活气息,用直接、客观、形象的方式将大道理说得深入浅出、准确贴切,使人一听就明白,进而能直接有效地影响社会公共关系问题的处理。

四、秘书社交公关口才的特征

秘书社交公关口才须具备一般性口语特征,用词通俗易懂、句式简短、大众化,同时它还具有自己的一些特征。

(一)得体适度

得体适度是秘书社交公关口才的最基本特征之一,也是秘书社交公关活动成败的重要条件。所谓得体适度,就是用语适当、贴切,表达恰到好处。即社交时,语言交流应做到身份得体,合理称谓,注意自己的角色,甘当配角;内容得当,表达适度。

（二）自尊自信

秘书在社交的语言活动中，始终不卑不亢，沉着冷静；遇到突发或偶然性的事件时，总能巧言周旋，镇定从容，化解矛盾，从而体现出秘书人员良好的公关意识和良好的职业道德及素养。

（三）亲和真诚

从公共关系的角度讲，语言是社会组织和公众之间得以交流沟通的最重要媒介。在社交公关活动中，口语交际应体现以诚相待、诚心诚意的特征，与人交流让人听后有如沐春风的感觉，体现出和蔼可亲、真实可信的语言品质。

因此，"您好"、"请"、"谢谢"、"对不起"、"没关系"等词语，应成为人际交往中最基本、最普通的礼貌用语。同时说话时辅之以温和、亲切、自然的语气，使词语的效果更佳。社交公关的语气以柔和、友善、亲切、自然为佳。

同时，在社交公关活动中，针对听话人的心理，要注意营造温馨，传递感情。选择听话人乐于接受的词语来传情达意，是十分必要的。

对公共关系来说，它要求社会组织如实向它的社会公众传递真实而准确可靠的信息，说实话、如实相告，只有以诚待人，言辞恳切，才能使语言交流和沟通没有障碍。

◎ 综合训练

对社会公共关系事件的处理

实训目标：通过本项目训练，结合秘书工作实际，设置情景，使学生了解社会公共活动中秘书口才的特点，掌握其基本方法、技巧和礼仪，做到行为准确，达到口才沟通和交际行为的行之有效。

实训背景：某印染厂由于污水处理不当，造成了社区的污染，社区居民意见很大，某日社区居民代表来到工厂要求见厂长，请厂长就污染问题的解决给以答复。

作为办公室主任，请你为厂长设计一个接待的方案，并根据情景进行情境活动。

实训内容：按照实际要求进行口语沟通并达成问题的解决。

实训要求：

1.本实训可选择在情景模拟的办公室或教室进行。

2.实训应分组进行，可以5人一组，其中1人扮演办公室主任，2人扮演社区居民代表，1人扮演厂长，1人进行监督和评价。每人都要轮演办公室主任、厂长和社区居民。

3.要求：每个同学在演练过程中一定要严肃认真，言行符合规范。每个同学最好都能按照实训内容设计演练的脚本（包括情节和台词），并给本小组成员分派角色。

　　4.老师可以临场发挥，比如增设模拟角色和任务；在同学们演练时，组织其他同学对表演进行评论。

　　实训提示：

　　1.为来访的居民创造一个良好的接待环境，如会客室比较好。

　　2.注意满足居民的情感要求，注意沟通协调的方式方法。

　　3.对本工厂的业务有充分的了解。

　　实训总结：

学生自我总结	
教师评价	

◎ 知识拓展

秘书的公关意识

　　1.树立本单位良好形象的意识

　　"爱护企业形象如同爱护自己的眼睛一样"，企业秘书因为所处的地位的特殊性，要始终把自己的言行仪表同塑造、维护企业的形象联结在一起，自觉意识到自己的形象就是本单位的化身，在接待公众时就能以身作则、言行得体，处处维护本组织的形象，同时不失时机地开展公关工作，让公众有"强将手下无弱兵"的感觉。所以，企业秘书在日常工作中必须有识大体、顾大局的气度，而不能囿于本位主义和小集体的利益。

　　2.注重礼仪，广交朋友，加强情感公关

　　一个企业凭借产品立足市场，除了产品质量外，也离不开公众的信赖和支持。企业在争取公众对自己的了解、信赖和支持时有许多工作要做。如举办产品展销会,让更多的公众了解产品、购买产品,通过各种新闻媒体广泛地介绍和传播企业的信息等。尽管举办的是公关部门,但秘书要通过"窗口"的作用,以自身的工作、言谈和处事广交朋友,博采众长,学习各方面的知识以丰富自己,并获得更多的信息,这样的信息来源广、传递快、内容朴实。秘书人员可在朋友中展开信息的双向传递,加强情感投资,自然而然地开展公关活动,间接地引导公众采取对自己企业有利的行为。

首先,秘书与公众接触时应以优美的礼仪获得公众心目中的良好形象,使公众愿意与你诚心交友。其次,交友应注意诚实待人,以信得众。秘书对前来接洽工作或询访的公众富有同情心,能设身处地地为对方着想,表现出乐于合作的态度,以此博得公众的喜爱。秘书待人要有长远观念,不可实用主义、急功近利。所以,秘书交友不仅仅取决于个人的爱好、兴趣,还要从树立本单位的形象上去考虑。

3.了解情况,协调矛盾,促进"向心运动"

由于种种原因,任何一个组织的领导易于听到的是表扬和恭维,而难以听到批评,久而久之就会因偏听偏信而看不到本单位存在的问题,使工作滑坡。在这种情况下,秘书有责任通过各种渠道了解情况,搜集针对本单位领导、产品、设施的各种意见,监测内外环境的变化,归纳整理,恰当地分析、评估本单位的形象,提供给领导和管理部门,为调整政策、改善形象、提高质量和效率提供依据。

领导在工作中难免会产生急躁情绪,有时对下级的批评或表扬失当,引起下级不满,秘书应看在眼里、记在心上,找适当的机会解释,以消除误会。有的领导人由于事业心强,一心扑在工作上,体察民情不够,很少关心群众疾苦,引起群众对领导的不满。秘书应自觉地为领导出点子,做一些公益事业,架起领导与群众的桥梁,改善上下级之间的关系,增强彼此之间的信任与合作,使企业上至领导、下至普通员工共同拥有一个积极上进、团结协作的价值观念,并围绕共同的价值准绳作"向心运动",为树立良好的企业形象共同努力。

4.内丑不外扬,扬善不溢美,巧妙地展现优点

秘书经常在不同场合与公众接触交往,在交谈过程中往往会涉及自己单位的工作、领导人、产品、设施、服务质量等问题。有的秘书可能因自己不得志,工作不顺心,或没有得到领导的器重,而对自己的单位和上司产生不满情绪,因此发牢骚、诋毁企业的技术、设施、产品,以致说领导的坏话,给自己的单位和领导抹黑,严重违反了公共关系的原则,在公众面前损害了企业的形象。有的秘书则喜欢在公众面前夸夸其谈,过分炫耀,这同样会使公众产生逆反心理,从而失去了公众的信任而得不到诚挚的合作。秘书应该做到:一是内丑不外扬,如果对单位的领导有意见,可以在内部批评以及争论,通过内部协调来解决矛盾。二是扬善不溢美,真实是公关工作的生命,公关工作的目的是塑造企业的良好形象,而良好的形象应注重信誉,而不是靠欺骗。因此,应实事求是地、巧妙地宣传自己的单位、领导、产品以

及各项服务设施的优点,给公众留下美好的印象。

（选自胡淑芳《秘书的公关意识》,吴欢章、赵毅主编《秘书素养》,上海文化出版社 2007 年版）

◎ 相关链接

社交公关有效沟通的原则及如何实现有效沟通

孔子说:"言不顺,则事不成。"为了提高沟通的效率,达到最佳的公关效果,首先必须遵守社交公关有效沟通的原则:在信息互动过程中发送信息、传送信息和接收信息的各个阶段,都要不失时机地充分利用信息,最大限度地减少和消除沟通交流中可能产生的冗余信息,最大限度地增大有效沟通信息总量,最终实现有效沟通,实现公关目标。

具体可通过以下实现有效沟通:

1.把握完整的沟通过程。语言沟通主要形式是阐述观点、回答问题、提出反驳。

2.有效发送信息,使信息意思准确、简明,有理有据有礼,有话直说,有话实说,有话正面说,有话好好说。

3.注意积极聆听,给人尊重感和认同感。不仅要专注地听,也要设身处地地听,真正达到双向的交流和沟通,使沟通无障碍。

（摘自刘书琴编著的《公关口才特训》,暨南大学出版社 2005 版）

任务二　秘书社交公关口才技巧

◎ 学习目标

通过本项目学习,结合秘书工作实际,使学生了解秘书口才与社交的紧密联系,重视口才的培养,理解并掌握秘书社交公关口才的特点及交际应酬法则,掌握现代沟通的一般规律,从而更好地拓宽社交范围并由此达到良好的社交目的,扩大影响。

知识目标

● 通过讲授,使学生从思想上认识并掌握好秘书社交公关口才的特点及交际应酬法则,掌握现代沟通的一般规律。

能力目标

● 根据学习目标,以情境设计为内容,采用角色扮演法和重点强化训练,安排学生扮演不同角色,指导学生进行情景活动,并感受其内在奥秘,使其在情景演练中获得真切感受,从而感受社交公关口才的特点以及所需的基本技巧,通过提高其话语表达的质量来提高其语言沟通和交际行为的能力。

◎ **参考课时**

2学时

◎ **导入案例**

《三国演义》"青梅煮酒论英雄"中,曹操和刘备一起喝酒,曹操用手指了指刘备,然后又指了指自己,说:"今天天下的英雄只有你和我两人。"刘备听了,大吃一惊,手中的筷子不觉掉在地上。当时天正下着大雨,正巧打了一声响雷。刘备就从容地俯身捡起筷子说:"我被这声惊雷吓着了。"曹操大笑,说:"大丈夫也怕雷吗?"刘备说:"即使是圣人听到迅雷,遭到大风,也要变脸,何况我呢?"就这样,刘备把因曹操一句话而受震惊掉筷子的事掩盖过去了。曹操心想,刘备连打雷都怕,从此不再怀疑刘备有与其夺权的想法了。

◎ **理论知识**

一个人的成功,除了他的知识能力的铺垫外,更重要的是依靠他的社交公关能力。与人交际先是以语言为主导。要在交际中立于不败之地,首先要在交际语言上不要被对手击败。所以,社交公关口才技巧是一个人的社交公关能力中最重要的方面。它涵盖了广博的知识和深奥的哲理,体现了人们高超的智慧和无限的创造力。具体的技巧如下。

一、平等待人,礼貌周到

(一)采取适宜的称呼

在公关交往中,体现谦和、礼貌的称呼语主要有敬称、美称、婉称、谦称。

根据言谈对象及其在公关活动中所处的地位、作用,必须掌握使用合适的称呼来拉近彼此间的距离,减少陌生感。如体现敬老爱幼的有"老张"、"小琴"、"小鬼";体现庄重及尊重的有"陈总经理"、"林老兄"以及中国人讲究的敬称"令堂"、"贵单位"、"光临"、"府上"和一定自谦的称谓"寒舍"、"鄙人"等。称呼形式影响交谈效果,言谈得体少不了适当的称呼。

要在最短的时间内最快地记住公关对象的名字,这是公关中至关重要的。因为这表示了对对方的尊重及重视。

在公关称呼中,不要使用带有贬义的称呼。如"老太婆"、"老头子"、"卖票的"、"戴眼镜的",用"喂"、"哎"等呼唤人也是不礼貌的。还有现在流行的"美女"、"帅哥"之类的称呼,也不能在正规的场合使用,不适宜。

（二）恰当地介绍自己

介绍自己得体得法，会给人留下深刻的印象，从而迈出成功公关第一步。

介绍自己的途径有：单刀直入切入主题；利用新闻媒体、中介人等。

（三）选择话题很重要

好话题是初步交谈的媒介，是深入细谈的基础，是纵情畅谈的开端。

一般的，有几种话题是永远受欢迎的：一是以对方感兴趣的事情为话题；一是以对方擅长的方面为话题；一是在众说纷纭的场合抓住大家共同关心的话题。

及时转换话题也很必要。在现代的公关活动中，一个成功的公关交谈需要谈话者能驾驭谈话的话题。一方面不要滔滔不绝，只顾自己的兴趣，高谈别人已经生厌的话题，同时，也要将别人滔滔不绝的话题适当巧妙地加以转移，以转到正题上或于公关效果有利的话题上。一般需要转化的话题的情况有：公关对象对谈话内容不感兴趣，觉得枯燥乏味；不同意对方的意见，又不想与之争论；谈话中话题谈完，出现冷场；失言或其他尴尬的局面等。当然在转换话题时不要太突然，而要善于礼貌地评价，适当总结，寻找最好的时机转移话题。

《三国演义》"青梅煮酒论英雄"的故事描写了刘备在危急关头巧妙转换话题，岔开内容、化险为夷。

（四）巧用表达技巧

语音语调方面要做到字正腔圆，发音要符合普通话的标准，咬字清晰，发音器官要操作到位，把握重音，巧设停顿，抑扬顿挫。

善叙事：一是要选准立足点；二是要把住脉络；三是详略得当；四是波澜起伏。

巧妙运用各种逻辑方法和技巧巧妙说理。如对比法、例证法、反证法、辩驳法。

利用修辞技巧增强语言的表达效果。各种修辞有助于对语言进行修饰、加工和润色，如比喻可以使深奥的道理浅显化、抽象的事物具体化、概括的东西形象化，给人鲜明、生动的印象，通俗易懂。还有夸张、双关、借用、比拟等在社交公关中常常使用，增强了语言的表达效果。

二、恰当地赞美公关对象

赞美是对真、善、美的褒扬，是对他人长处的肯定。这对在公关中建立良好的人际关系，激发积极行为具有重要的作用。因为在人性中，人人都有自尊、荣誉和满足自我价值的要求，而赞美之词能使人的这些心理得到满足，使人愉快，受到鼓舞，并对赞美者产生亲切感、认同感和信任感，从而为成功地建立融洽的关系、积极合作、消除分歧、克服差异、减少矛盾、促进理解创造条件。

1.赞美要真诚、具体，内容真实，诚恳善良，表达自然。

2.赞美要恰到好处，对对方有一定的了解基础，有分寸、有节制。

3.赞美要把握时机。如在对方期待得到赞美时或需要赞美时及时地给予赞美；要讲究给予赞美的场合，要考虑是当众赞美还是避开他人只是说给当事人听，或是并不当着当事人的面赞美。

公关口才十分注意语言的公关效果,因此,若是赞美某个人容易引起他人的反感时,或有其他不当之处,则应根据需要选择适宜的时间和场合。

三、专心倾听和引导对方

(一)善于倾听对方谈话

越是善于倾听他人意见的人,人际关系就越理想。因为聆听是褒奖对方谈话的一种方式。在耐心倾听对方谈话时,就等于告诉对方:"您是一个值得我倾听您谈话的人。"这在无形中就能提高对方的自尊心,加深彼此间的感情。历史上和现实中许多事业有成的杰出人士往往是善于倾听他人意见的,并因此宾客盈门、朋友广泛。但许多人却没有这份耐心,以为时间节约了,但事实上,却失去了别人的认同,无法建立起与他人真正的友谊,最终达不到公关效果。所以,想成为一个善于公关交谈的人,首先应成为一位善于专心听别人讲话,并善于鼓励别人多谈他自己成就的人。而且在倾听的过程中,能很好地捕捉到信息,并对信息有效地处理,从而为自己的公关工作找到切入点。

(二)善于引导对方谈话

在公关场合与人的谈话目的是建立感情,沟通思想,形成合作的关系。所以,要注意观察,积极引导对方畅所欲言。一般的,当表现出对对方讲话的内容感兴趣、关心和赞同时,尤其是有时在一些细节问题上重复对方的语句,以示重视,能较好地把对方的说话积极性给激发出来;如果你想使对方进一步敞开心扉,不妨多给予同情、理解并产生共鸣感。有时可以说一些"你谈到这一点我也同意"、"虽然我不这样认为,不过觉得你把道理讲清楚了"之类的话,便于增加相互的共同点,增进彼此之间的理解和沟通。

四、巧妙的应对技巧

(一)主动发问

要善问、巧问。

首先,问话要礼貌、得体,多用尊称、"请"之类的礼貌词语;其次,问话要选准对象,因人而异,根据不同对象提不同的问题。再次,问话时要注意内容的明确具体,抓住重点,使对方有话可答。

(二)巧妙应答

善于以智慧作答,回答时要有新意。可采用针锋相对、先顺后逆、以问代答、模糊其辞、似答非答的回答方式。

五、公关口才艺术

言之有据,格调高雅,朴素自然。

◎ 综合训练

大型社交公关活动的组织和接待工作

实训目标：通过本项目训练，结合秘书工作实际，设置情景，使学生了解大型社交公关活动的程序、特点及秘书口才的特点，掌握其基本方法、技巧和礼仪，学会办会，做到行为准确，达到口才沟通和交际行为的行之有效。

实训背景：你所在的集团公司组织下属分公司举办一次"五四"青年节的大型联谊活动，另外还邀请了所在市的领导和相关部门的人员参加。

设想你是一名秘书，在联谊会上你将如何与素不相识的其他来宾交谈。

实训内容：按照实际要求进行社交口才活动。

实训要求：

1. 本实训可选择在情景模拟的办公室或教室进行。

2. 实训应分组进行，可以 4 人一组，其中 1 人扮演办公室主任，1 人扮演秘书，1 人扮演来宾，1 人进行监督和评价。每人都要轮演办公室主任、秘书和来宾。

3. 要求：每个同学在演练过程中一定要严肃认真，言行符合规范。每个同学最好都能按照实训内容设计演练的脚本（包括情节和台词），并给本小组成员分派角色。

4. 老师可以临场发挥，比如增设模拟角色和任务；在同学们演练时，组织其他同学对表演进行评论。

实训提示：

1. 事先要制定大型活动的计划和方案，布置会场，准备会议用具，检查会议设备。

2. 要善于没话找话。注意准确生活灵活地使用接待、应酬语。

实训总结：

学生自我总结	
教师评价	

◎ **知识拓展**

公关语言的语境要素及"切境"原则

公关语言的语境主要包括三大要素,即话语的前言后语、公关交际场合、公关背景。

语言环境对公关口才有制约作用,公关语言必须遵守切境的公关口才原则要求。公关语言的"切境"就是要求公关活动中语言的运用与所处的特定环境相切合、相适应。只有在语言运用和环境相适应时公关交际才可能正常地进行,并取得预期的良好沟通效果。否则,即使话语的意思再好再准确,也难以达到预想的目标。这就要求相关人员在具体的公关语言活动中,能够根据特定语言环境的变化而随机应变、灵活应对。

◎ **相关链接**

公关口才的艺术技巧

1.幽默技巧

快乐的人生、成功的公关交际,需要智慧的幽默。幽默是一个人的学识、才华、智慧、灵感在语言表达中的闪现,幽默是一种修养,是一种智慧。运用幽默的语言,让人轻松愉快,但又意味深长。它可以解除窘迫,能有效地润滑、缓解、化解矛盾,帮助我们走出困境,从而有助于调节、建立良好的公共关系,实现个人目标或集体公关目标。周总理在为著名的女记者斯特朗 80 寿辰致辞时说:"今天,我们为我们的女朋友、美国女作家安娜·路易斯·斯特朗女士庆贺四十公岁诞辰。——四十公岁,这不是老年,而是中年。斯特朗女士为中国人民和世界人民做了大量的工作,写了大量的好文章,但她的精神还很年轻。我们祝愿斯特朗女士继续为人民写大量的文章,祝贺她永远年轻!"周总理的这番贺词幽默诙谐,斯特朗听了眉开眼笑,听众席上也是笑声一片,整个宴会洋溢着欢乐的气氛。

2.委婉技巧

这是一种语言修养。在公关活动的一些特殊场合,用含而不露、轻松风趣的语言,委婉含蓄地表达自己的意思,可以便于理解接受,便于协调关系,避免直接冲突,避免触犯忌讳,因而可以促进公关活动的顺利进行。具体可用同义词替代,或借用讳语,或意在言外,或烘托暗示,或迂回绕道,或灵活借用。

3.暗示技巧

采用含蓄的方式,通过语言、行动等手段对他人的心理和行为产生影响,从而使他人接受某一观念,或按照某一方式活动。这是公关活动中人际影响的一种特殊方式。它可以避免语言摩擦,促进人际关系的健康发展;可以避免僵局,协调关系;可以便于理解接受;而且常常具有教育作用。

4.模糊技巧

语言的模糊性,可以使语言的内容具有弹性。往往可以使人摆脱公关的困境;形象生动,提高修辞效果;拓宽语言空间,促进合作。

任务三　巧闲谈——秘书社交公关的重要沟通方式

◎ 学习目标

通过本项目训练,结合秘书工作实际,设置情景,使学生把握闲谈的技巧,不踩闲谈的"雷区"。这样,不仅能广交朋友,而且可以很好地反映出自身的修养,维护自己的良好形象。

知识目标

● 了解闲谈的因素,可使闲谈真正地愉悦身心。

能力目标

● 学习并掌握闲谈的技巧,规避闲谈的禁区,使闲谈也能达到"共赢"效果。

◎ 参考课时

2学时

◎ 导入案例

某市自来水公司经理林翔有一个独特的本领,就是聊天。全公司近800名职工,有60%以上他都"聊"过。他体会到,只要到群众中去聊一聊,就能找到一些解决困难的办法。深圳蛇口工业区,每月第一个星期二的晚上,年轻的厂长、经理凑到一起"聊天会"。他们往往能利用聊天中得到的信息,使企业兴旺发达或转危为安。有一家帆布厂兴办不久,产品销路就发生了困难。厂长亲自出马,差旅费花了好几千,还是没门。一个偶然的机会,在与朋友聊天中获知某勘探队急需15件钻井塔衣,这一信息,挽救了一个濒临崩溃的工厂,真是"踏破铁鞋无觅处,得来全不费工夫"。林翔也因此得到了职工的衷心拥护。可见,聊天实在是做通工作、沟通信息、调节心理的一种较好的方式。

哲学家葛莱西安在《智慧书》中讲道:没有一个人的活动像说话一样需要小心翼翼,因为没有一种活动比说话更频繁、更普通的了,甚至我们的成败输赢都取决于说的话。只有那些不带任何偏见色彩的,不存在个人主观意见的或者个人信仰的,不会伤害到对方的话语,才不会让你的形象受到言语的影响。

◎ 理论知识

一、闲谈的意义

人的生活中不能缺少闲聊。在中国人校友录中,经常录有这样一句话:聊天使人明智,吹牛使人灵秀,抬扛使人周密,玩笑使人深刻,闲侃之学使人善辩,故凡有所聊,皆成性格也! 有人说闲谈有时候也可以让人获得知识,因为对方是比你懂得多的人;有时候聊天只是为了打发时间,或者是为了发泄;有时候聊天也会聊出知己和好朋友。

看来,闲谈的作用确实不少,也是被广泛认可的。

二、闲谈的要素

任何事情的发生都是有条件的,闲谈也一样。闲谈的要素归纳起来,大致有三个方面:天时、地利、人和。《孟子·公孙丑下》:"天时不如地利,地利不如人和。"《孙膑兵法·月战》:"天时、地利、人和,三者不得,虽胜有殃。"指作战时的自然气候条件、地理环境和人心的向背。这在古代虽然用于战争,但是用它来描述闲谈的三要素好像也比较恰当。天时,可以理解为闲谈时的大的社会背景或时代背景;地利,可以理解为闲谈时的具体的场合和语言环境;人和,可以理解为闲谈时的对象以及闲谈内容所涉的相关的人和事。

三、闲谈的技巧

在闲谈中,一定要掌握一些技巧,如:

不要随意地评价某人,即使这个人不在现场也一样。谈一些大家共同感兴趣的话题,避免说一些容易让大家感到消极的、不愿意谈及的话题。更不要把自己或别人的隐私当作公共话题来议论。特别是要注意说笑话或者调侃的时候,不要让别人感觉你是一个不够稳重和没有教养的人。最好的办法就是在别人闲谈中留心大家感兴趣的话题,然后加入进去;或者干脆谈一些诸如经济、体育、娱乐、天气等比较不容易得罪人的话题。还要注意的是,在说话的时候留意对方的反应,以判断你的话题是否合适,方便做适时的调整。还有就是要避免在说话的时候与人发生争论,即使有也要想办法避开。千万要记住,不要因为闲谈中的无心之举而失去了朋友。即使是和朋友闲谈,也不要无所顾忌,因为就算是朋友,你无心的话语一样能伤害别人,还可能因为是朋友让对方更难原谅你。因此,和人说话时不要把自己当作话题的中心,不要谈论敏感的、容易引起误会的话题。一定要注意闲谈对象的身份等,不要随意地谈别人不感兴趣的、让对方无法接受的话题。不要随便开别人的玩笑,不要探听别人的隐私,不要在人背后做评价,避免对方觉得你没有教养。千万不要把你的朋友当作心理医生或者"垃圾桶",因为这样有可能影响别人原本正常的生活。

四、交谈的禁区

闲谈虽然比较随意,但也不能因为随意而乱说一气。而明智的做法是在闲谈中也要把握分寸,体现个人文明素质,给人留下一个正面的印象。话题的把握、对象的选择等都是闲谈者闲谈时始终应该考虑的因素。闲谈进行得不顺利甚至失败的原因往往是闲谈者对闲谈的禁区不够敏感。

(一)话题不宜

不是任何话题都可以作为闲谈的主题的。话题的选择应该分清场合、是否涉及别人的隐私,同时还要考虑到交流时的对象,与对象之间是否适合谈这一话题。例如,在朋友的婚礼上,与身旁在座的宾客谈论丧事;在别人吃饭的时候,你突然想起并说到在杭州上厕所一律免费,并且厕所都非常干净整洁;背着领导,在办公室同事面前议论领导的长短,或者谈论关于不在场的其他同事的私事,等等。这样的话题,会引起别人对你素质的怀疑。即便得到了少数几个人一时的应和,但你的形象已在别人的心目中打了折扣。

(二)语言粗鄙

不管闲谈的话题你是否熟悉,是否感兴趣,一旦你开口说话,切忌语言粗鄙。小王是一家公司的秘书,有一天,张总经理向她要一份文件。小王早已准备好了这份文件,可一时记不清放在什么地方了,情急之下,小王不由自主地说了一句:"妈的,奇了怪了,明明早就准备好的文件,怎么就是找不到……"此言一出,小王便给人一种不文明的印象,不管她平时的表现多么出色,准备工作做得多么充分,都会被她的不逊的言语所遮掩,个人形象也因此遭到损害。

(三)强装内行

世界是丰富多彩的,知识是博大精深的,而人的精力和经验都是有限的,对事物的认识都是从无到有,由少到多,慢慢积累的,对一些事情的无知也是在情理之中的。面对无知,我们应该实事求是,不能打肿脸装胖子、不懂装懂。否则,强行装懂终究会被人识出破绽,反而会更尴尬。20世纪20年代前期,共产党员肖楚女为宣传青年运动,常在《中国青年》发表文章。其文风犀利泼辣,在读者中产生了广泛的影响。原来设在市中心天主堂街(即今之青年路)的重庆书店,常出售宣传革命的进步书刊,肖楚女刊发的《爝光》杂志也曾在这儿和读者见面,所以肖楚女常来此征求读者意见。未见过肖楚女的读者多以为他系女性,有的甚至私下猜测:或许他已将自己的处女身份化身为"楚女"了也未可知。在一次集会上,某企盼见到他的读者曾对着肖楚女大声发问道:"今儿个肖楚女来了没有?"他听后竟不动声色地回了对方一句:"等一会儿他准来!"认识肖楚女的人见了这情景,都不禁哈哈大笑起来,这才发现,肖楚女乃是一个长得虎背熊腰的大男人!

(四)借机发泄

现代人经常会感觉到压力大,工作节奏快,谈话中总爱"郁闷"当头。若有时间找人闲谈,便顿觉压力减轻不少。闲谈中适当地将情感进行宣泄,确实可以帮助人释放压力。但人们也往往因此而给自己带来更大的麻烦。

例如,你跟某人生了气,你想出气,如果你当面谩骂他,可能会起直接冲突,但如果不骂他,你可能又觉得很不痛快。于是你在一次与办公室同事私聊的时候,当对方提及某人时,你便"不失时机"地抓住不放,滔滔不绝地讲起某人的坏话,以发泄心中对他的不满,这样你可能会更觉得痛快,但是你的发泄行为可能给你带来一些负面影响和危机。因为你把对方当成了出气筒,而对方可能根本不想被卷入你无聊的发泄中,况且他会考虑以后是否可能成为你"无辜的同谋"。

（五）拖泥带水

闲谈并不是漫无边际,谈到哪儿是哪儿。听者习惯表达明晰的话语,而不喜欢繁琐冗长、啰里啰嗦的表达。当一个人讲 A 事时,可能会牵涉到 B 事,于是在 A 事还没讲完的时候就转到 B 事上,继而又扯到 C 事、D 事……无边无际地进行……试想,听者有什么样的感觉? 实际上,听者可能最终什么也没听完整,也没法抓住说话者的主要意思,只是感觉说话者所说的内容变成了一种唠叨,拖泥带水,冗长繁琐,使听者打不起精神,昏昏欲睡。

◎ 综合训练

解决员工兼朋友迟到的问题

实训目标:通过本项目训练,结合秘书工作实际,设置情景,使学生了解社会活动中秘书交际口才的特点,掌握其基本方法、技巧和礼仪,做到行为准确,达到口才沟通和交际行为的行之有效。

实训背景:张平是秘书林立的朋友,可是他上班经常不是迟到就是早退。作为朋友的林立,因为也做公司的考勤工作,看到这样的状况,就对张平说:"张平,你不能再这样下去了,我们都是年轻人,应当争口气,为什么总让别人说呢?"可张平却一本正经地说:"走自己的路,让别人说去吧。"

面对这样的朋友,你怎么说服他呢?

实训内容:按照实际要求进行口语沟通并达成问题的解决。

实训要求:

1.本实训可选择在情景模拟的办公室或教室进行。

2.实训应分组进行,可以 3 人一组,其中 1 人扮演张平,1 人扮演秘书林立,1人进行监督和评价。每人都要轮演张平和秘书林立。

3.要求:每个同学在演练过程中一定要严肃认真,言行符合规范。每个同学最好都能按照实训内容设计演练的脚本(包括情节和台词),并给本小组成员分派角色。

4.老师可以临场发挥,比如增设模拟角色和任务;在同学们演练时,组织其他同学对表演进行评论。

实训提示:

注意沟通的方式方法。

实训总结:

学生自我总结	
教师评价	

◎ **知识拓展**

不正确的对话方式

1.打断别人的谈话或抢接别人的话头,扰乱别人的思维;

2.忽略了使用解释与概括的方法,使对方一时难以领会你的意图;

3.由于自己注意力分散,迫使别人再次重复谈过的话题;

4.像倾泻炮弹似的连续发问,使人穷于应付;对他人的提问漫不经心,言谈空洞,不着边际;

5.随便解释某种现象,妄下断语,借以表现自己是内行;

6.避实就虚,含而不露,让人迷惑不解;

7.不适当地强调某些与主题风马牛不相及的细枝末节,使人厌烦;

8.当别人对某个话题兴趣盎然时,你却感到不耐烦,强行把话题转移到自己感兴趣的方面去;

9.将正确的观点、中肯的劝告佯称为错误的,使对方怀疑你话中有戏弄之意。

(摘自陈国强编著的《办公室礼仪与口才》,中国经济出版社 2008 年版)

◎ 相关链接

交谈的"1、2、3"法则

所谓"1、2、3"法则,简单地说就是讲 1 分钟,听 2 分钟,在听的过程中做 3 次以上的肯定表示。

如今,紧张的生活节奏、激烈的社会竞争和由此带来的精神压力,使人们在很大程度上喜欢自我表白,把别人当做是宣泄情绪和语言的对象,希望被人耐心地倾听。

所以,我们在阐明自己看法时,要简明扼要,以 1 分钟为限;给对方 2 分钟的时间来表达他的看法,并且在倾听时要积极呼应,通过语言或神态作出赞同的表示,给对方以有效的鼓励,使谈话在融洽的气氛中进行下去。

"1、2、3"法则的真谛就在于倾听。让谈话的双方从对话中获得满足、理解和肯定的权利,从而了解别人、释放善意、建立友谊。

(摘自陈国强编著的《办公室礼仪与口才》,中国经济出版社 2008 年版)

任务四 善磨合——秘书应对分歧的语言技巧

◎ 学习目标

通过本项目训练,结合秘书工作实际,设置情景,使学生了解有效语言沟通的重要,尤其在产生矛盾时,如何进行应对的语言技巧。

知识目标

• 通过讲授产生矛盾时进行有效语言沟通的方法、技巧和语言表达的要领,使其掌握应对分歧的语言技巧。

能力目标

• 根据学习目标,设置情境,采用角色扮演法和重点强化训练,安排学生扮演不同角色,指导学生掌握产生分歧时的语言应对进行磨合的方法、技巧并感受其内在奥秘,使其在情景演练中获得真切感受,从而提高其话语表达的质量,提高其沟通协调的能力。

◎ 参考课时

2 学时

◎ 导入案例

约翰所在的公司要进行人事调动,负责人罗伯特对约翰说:"把手头的工作放一下,去销售部工作,我觉得那更适合你。你有什么意见吗?"约翰撇了撇嘴说:"意见? 你是负责人,我敢有意见吗?"实际上言谈中透露出他的意见大得很。当时销售部的状况特别糟糕。他想:"这一次人事变动把我调到那个最不好的部门去,肯定是负责人罗伯特搞的鬼,见我工作出色就嫉妒的要死,怕抢了他的位置。好,你就等着瞧吧,我会让你难堪的。"来到销售部以后,约翰的消极情绪非常严重,总是板着一副脸孔,对同事爱理不理,别人主动和他打招呼,他只是应付地点一下头,一来二去,同事们渐渐疏远了他。

有一天,一个客户打来电话,请约翰转告罗伯特,让罗伯特第二天到客户那里去参加洽谈会,请罗伯特务必赶到,说是有非常重要的生意要谈。约翰认为这是个很好的报复机会,就当成什么事也没发生一样,吹着口哨溜溜达达地回了家。第二天,罗伯特将他叫到办公室,严厉地说:"约翰,客户那么重要的电话你怎么不告诉我? 你知道吗? 要不是客户早晨打电话给我,一笔一千万美元的大生意就白白地溜走了。"罗伯特看了看约翰,见他一副毫不在意的样子,根本没有认错的迹象,就说:"约翰,说实在的,你的工作能力还不错,但是在为人处世方面还不够成熟,我本想借此机会锻炼你一下,可你却让我大失所望。我知道你心里对我不满,而你非但不与我沟通,反而暗中给我使绊子。你知道吗,部门的前途差一点儿毁在你手里。你没能通过考验,所以我现在只能遗憾地宣布:你被解雇了。"

鉴于约翰的行为,这家公司高层管理者专门召开了一次名为"张开你的嘴巴"的会议,强调并鼓励所有员工要与上级多多沟通。因为它既有利于团队之间的团队合作,又能通过沟通增加彼此之间的信任,同时也能避免约翰那样的悲剧重演。

◎ 理论知识

秘书因处在枢纽的位置,其工作的要点就是要搞好上下、内外关系,对内积极协调,增强凝聚力;对外应努力塑造形象,扩大影响力。因此,口语活动更是需要特定的公关口才。

而在所有的人际和社会活动中,经常会面临一些矛盾和分歧,碰到一些棘手的问题和人事,秘书如何解决好这些问题,对于其个人或单位,都有着重要的意义。

一、解决人际矛盾

秘书经常会碰到自己与同事或与领导发生矛盾,同事与同事甚至领导之间产生矛盾需要你去解决,有时则是某同事对另一同事不满意而影响到工作,如一方故意把持住一些重要的信息,目的只是为了使另一方难堪,这时秘书就得处理这些麻烦的局面。

因此,必须做到:

1.记住工作的目标是寻找解决方法,而不是指责某一个人。指责即使是正确的,也会使对方顿起戒心,结果反而不能解决问题。

办公室的小张和小李在讨论单位里的一项任命的人选问题时,小张:"××不行,他担任这个职务的经验还有欠缺。"持相反意见的小李马上反唇相讥:"他不行,你行?""我不行,那你行啊?"

本来是相对于职务的要求而言的内容,但小李曲解了对方的立场,将问题转为:小张与候选人相比谁更适合担任这一职务。进而引发了两个人之间的比较及矛盾,到后来居然演化为带有人身攻击性质的恶性争执了。

2.不要威胁。否则这类过头的话只会妨碍调解。

3.区别事实与假设。消除任何感情因素,集中精力进行研究,深入调查,发现事实,找到冲突的根源。

4.坚持客观的态度。不能假设某一方是错的,最好的方法是帮助冲突的双方自己解决问题。

二、有效地对待棘手的人物

在办公室中,大多数人都相当容易相处,但也不免有少数人真的很难缠。因此,要针对各种不同类型的人的特点与他们很好地相处。

(一)心怀敌意的人

对待这种人最重要的是不要上他们的圈套,可让他发泄心中的郁闷。要是所有的方法都失效,则可以暂时离开现场5分钟,给这种人一些时间,好让他们整理一下思绪。

(二)心怀抱怨的人

这种人只会故意夸张他们的烦恼,希望能引起长期与他同感的人的共鸣。对待这种人切勿表明态度(同意与否),只要给予不明确的回答即可。

(三)优柔寡断的人

可能是那些害怕树敌"分析家"或"谨慎者"。可以提供证据,强调事实与数字的正确性来从旁协助他,让他在作决定前先订个期限,然后离去,同时表示在期限届满时会回来听听他的决定。

(四)沉默不语的人

这种人恐怕是心存恐惧,因此要让他们知道你的友善和不具威胁性。应该耐心等待,直到他们准备好开口说话为止。

(五)不懂装懂的人

这种人可能真的知道一些,也可能并不真懂,用事实及数字来对付这种人,用逻辑及证据来让他们信服。

1.要做到有针对性。能根据不同的场合、不同的对象、不同的目的,有针对性地选择引人入胜的话题、语言材料和表达方式,以达到预期的效果。

2.要有技巧。运用多种多样的语言技巧,如幽默、委婉、暗示、模糊等。

3.要恰当。一般的,不宜用"应该"、"不应该"、"要"、"不要"等直接劝告性的语词,提建议或忠告,宜委婉。

4.情感性。真诚质朴地和人交流。

5.丰富的语词,使对话具有吸引人的效果。

总的来说,要做到善于运用口头语言表达思想、交流感情、传播信息。掌握口语表达的规律和技巧,做到善说与会说。

三、优化关系,创建人际网络

沟通出问题的情况很常见。人与人之间的各种矛盾、谴责、贬斥、误解,尤其是以一种"我是领导我怕谁"的态度对待别人都会把事情搞糟。

秘书不宜随便进言,尤其不宜对领导的决策妄加评论,不宜出过多的点子和建议。在与领导沟通时宜带着学习的态度、尊重的思想与领导沟通。在语言表达上,秘书向领导请示、汇报工作中,不要咬文嚼字,拐弯抹角。与领导交谈时,应态度诚恳,表情自然,语调平和,而忌理直气壮,自以为是。

另外,同事是自己在职场的重要合作伙伴,几乎日日见面,彼此之间免不了会有各种各样鸡毛蒜皮的事情发生,每个人的脾气、性格、优点和缺点也暴露得比较明显,尤其缺点和性格上的弱点暴露得多了,就会牵扯出各种各样的瓜葛、冲突。这种瓜葛和冲突有些是表面的,有些是背地里的,有些是公开的,有些是隐蔽的,种种的不愉快交织在一起,便会引发各种矛盾。这时,如果你还不与其进行很好的沟通,那么你和同事之间就会没有了默契,你们之间的距离也会被拉大,并且你会被孤立。尤其是在和同事进行语言沟通时,如遇到事与愿违,先从自身找原因,检查自己是否有言行的不雅,该说什么,忌说什么,把握好分寸。交谈时不能涉及别人隐私,如对方的收入、年龄、家事等;也不能谈诋毁领导、同事的内容。在工作时间就谈双方拟订好的内容以及和工作有关的内容;在工作之外就谈一些令人轻松愉快的话题。

吕萌与马威在某公司分别负责新产品的研发和市场推广工作。公司准备开发一种新产品,两人为新产品的开发发生了争论。马威认为,在开发这种新产品之前,有必要进行全方位的市场调查,以掌握市场需求情况,为新产品的开发提供充分的信息参考。吕萌则认为,在开发新产品之前,要保守秘密,以免把新产品的创意和特点泄露给竞争对手,失去先发的优势。全面的市场调研不利于新产品的保密。经过争论,马威主动提出:吕萌考虑得比较周到,全方位的市场调查确实存在泄露商业机密的风险。因此,在新产品开始研发之前,可以做一般性的市场调查,使新产品的开发有的放矢。

在适当的时候,转换自己的立场,可以缓解双方的对立,避免争论恶化或者在争论中占据主动,结束争执。马威在同意对方观点的前提下,将自己的立场从新产品开发前的全方位市场调查调整为一般性的市场调查,通过把自己的观点适当改造,以便和对方的观点相协调,消除了双方的分歧,提出了大家都可以接受的新方案。因此,在工作中难免出现分歧和矛盾,但只要能正确对待分歧,避免争辩,适时的自我辩解,那一定能较好地解决问题。

◎ 综合训练

如何解决工作中的分歧

实训目标:通过本项目训练,结合秘书工作实际,设置情景,使学生了解公务活动中秘书解决分歧的口才特点,掌握其基本方法、技巧和礼仪,做到行为准确,达到口才沟通和交际行为的行之有效。

实训背景:某公司要举办一场大型客户洽谈会,推广公司的新产品。为此,公司办公室和下属工厂办公室的员工临时被抽调到一起,编成了两个组,共同做会议的筹备工作。两组人忙了一周,累得筋疲力尽,但还是有一堆工作没有做完。最后,大家因为加班问题发生了分歧,厂办的人主张周五晚上加班,而公司办公室的人主张周六加班。两组人争执不下,互不相让,气氛搞得很紧张。

作为该会议负责人的办公室主任,该如何协调好关系,把工作顺利完美地做好呢?

实训内容:按照实际要求进行口语沟通并达成问题的解决。

实训要求:

1.本实训可选择在情景模拟的办公室或教室进行。

2.实训应分组进行,可以5人一组,其中1人扮演公司办公室主任,1人扮演公司秘书,1人扮演下属工厂办公室主任,1人扮演下属工厂秘书,1人进行监督和评价。每人都要轮演公司办公室主任、公司秘书、工厂办公室主任和工厂秘书。

3.要求:每个同学在演练过程中一定要严肃认真,言行符合规范。每个同学最好都能按照实训内容设计演练的脚本(包括情节和台词),并给本小组成员分派角色。

4.老师可以临场发挥,比如增设模拟角色和任务;在同学们演练时,组织其他同学对表演进行评论。

实训提示:

1.下属工厂办公室成员之所以想周五完成工作,是因为周六有一同事要结婚,大家想去喝喜酒。

2.注意沟通协调的方式方法。

实训总结：

学生自我总结	
教师评价	

◎ **知识拓展**

如何处理工作中的"关键对话"

所谓"关键对话"，是指那些事关重大，参与对话的人存在意见分歧，并且情绪激动的对话。如当你工作上与某个同事发生分歧，激烈争执，甚至双方情绪失控的时候，你们之间的对话就属于关键对话；当你宣布某项处理决定时，被处分的下属感到不满、不服，当面为自己申辩，并指责你的决定有失公正……这样的对话场合一旦处理不好，场面失控，后果是非常严重的。它会导致同事关系的恶化，自己的威信降低，工作环境和办公室氛围紧张、压抑。

一旦关键对话发生，人们通常会有两种表现：保持沉默或对他人使用语言暴力。

所以，要成功处理关键对话，前提要清楚"自己真正想要的东西"。然后要敏锐观察，在什么时候、是什么使一次谈话演变成了"事关重大、意见分歧、情绪激动"的关键对话？

具体处理好"关键对话"的方法有：

1.道歉。当你犯了错误，伤害了别人，就要在适当的时候向别人道歉。

2.对比。如果别人误会了你的意思，就要通过对比的方法来消除这种误解。强调的重点就是"不是什么"，然后说明你的意思是"什么"。

3.要把具体的策略和真正的目的分离开来。因为当人们发生争执时，冲突的往往是具体的策略，而真正的目的是一致的。一旦把两者分离开来，问题就迎刃而解了。

4.如果双方的目标确实存在分歧,无法达成一致,就要努力创造一个更有意义的目标,超越彼此的分歧,为当事人之间的妥协与让步找到根据,像良好的同事关系等。

◎ 相关链接

如何运用"冷热水效应"

如果有人提议在房子墙壁上开个窗口,势必会遭到众人的反对,窗口肯定是开不成的。可是如果有人建议把房顶扒掉,众人则会相应退让,同意开个窗口。

——鲁迅

鲁迅先生的话是对人际交往中的"冷热水效应"的形象说明。所谓"冷热水效应",是指一个人的面前放三杯水,一杯温水、一杯热水和一杯冷水。如果先将手放在冷水中,再放到温水中,会感到温水热;如果先将手放到热水中,再放到温水中,则会感到温水凉。同一杯温水,产生了两种不同的感觉,这就是"冷热水效应"。反映在人际交往中,冷水和热水分别代表人们对某件事物的较低或较高的期望值;这杯温水就相当于事物本身。如果人们事先的期望值较高(先接触了热水),对事物的评价就会比较低(觉得温水比较冷);如果人们事先的期望值较低(先接触冷水),对事物的评价就会比较高(觉得温水热)。同一杯温水会产生两种不同的感觉,同一件事物也会因期望值的不同而赢得不同的评价。在工作中,如果能够恰当地运用"冷热水效应",有助于实现谈话目的,取得比较理想的结果。

所以,当要批评人时,不妨事先让对方心里有个准备,缩小谈话的期望值,缓解谈话中有可能出现的抵触和对抗情绪。如事先可说:"今天的谈话对我们来说都不是一件轻松的事,可能会引起大家的不愉快。"还有,对于事业来说,有高峰期,也有低谷期,高峰期人们对你会寄予较高的期望值;而低谷时人们对你的期望值往往低,所以不妨在对目标的设定时与现实相符或略略低于现实状况。对于劝解人摆脱烦恼时,也可用"冷热水效应"降低人们心目中的期望值,而知足常乐。又如在工作安排上,也不妨采用"冷热水效应",通过变换人们心目中的期望值,如设置可以对照的两个工作地点,期望的地点外再另设置一个更为不利的地点,则有助于选择你期望选择的地点,变被动为主动,化不利为有利,因此可打破工作中的很多困难局面,产生"柳暗花明又一村"的戏剧性效果。

任务五　常用的秘书社交情景口才用语

◎ 学习目标

通过本项目的学习和训练,结合秘书工作实际,设置各种情景,使学生掌握常用的社交情景语言,掌握其交流的特点、基本方法、技巧和礼仪,做到行为准确,达到沟通和交际行为的行之有效。

知识目标

● 通过讲授常用社交情景用语的特点、技巧和礼仪,使其掌握现代社交情景语言的一般规律。

能力目标

● 根据学习目标,根据社交情景下语言交流的基本方法、技巧和礼仪,以情境设计为内容,采用角色扮演法和重点强化训练,安排学生扮演不同角色,指导学生掌握社交情景语言交流的方法、技巧,并感受其内在奥秘,使其在情景演练中获得真切感受,从而提高其话语表达的质量,提高其沟通交际的能力。

◎ 参考课时

2 学时

◎ 导入案例

20 世纪 50 年代的一天,周恩来总理在中南海勤政殿设宴招待外宾,客人对中国菜肴的花样繁多、风味之独特、味道之鲜美都赞不绝口。

这时上来一道菜,汤里的冬笋、蘑菇、红菜、荸荠都雕刻成各种各样的图案,色香味俱佳,简直是工艺品。然而冬笋片是按民族图案"卍"刻的,在汤里一翻身恰巧变成了法西斯的"卐"标志。贵宾见此不禁大吃一惊,当即向总理请教。对于这个问题,总理也感到十分突然,但他随即神态自若地解释道:"这不是法西斯标志,这是我国传统中的一个图案,叫万字,象征着'福寿绵长'的意思,是对客人的良好祝愿。"接着,他又风趣地说:"就算是法西斯标志也没有关系嘛,我们大家一起来消灭法西斯,把它吃掉。"话音未落,宾主哈哈大笑,气氛更加热烈,这道汤也被客人们喝得个精光。

这是一段往事,但让人们感受到的是周恩来总理在外交工作时的风采,他处变不惊,灵活应答的口才令人美佩。当突发事件出现时,总理并没有紧张,而是神态自若地给宾客们解释,将中国传统文化与这次宴会较好地结合起来,告知来宾,这个不是法西斯标志,是"福寿绵长"的意思,是对来宾的祝愿,他还不无幽默风趣地让大家一起"消灭法西斯",既活跃了气氛,又打消了宾客不解的心理。

◎ 理论知识

秘书的社交公关口才是秘书人员基于公共关系的基本构成要素——组织、传播、公众,为达到公共关系目标在传播活动中有效运用口头语言表情达意的一种能力。所以在其公共关系活动中,要完成三个任务:

"WHAT"——"你想向公众说什么?"

"WHO"——"你想对谁说?"

"HOW"——"你该怎么说?"

一、秘书的社交情景口才用语要求

(一)使用普通话,语音标准,清晰悦耳,流畅自然。

(二)语言文明热情,有幽默感。

(三)表意明确,条理清晰,情理交融。

二、社交情景口才用语

(一)接待语

接待语应做到文雅、简洁、清楚。谈话的内容不能涉及疾病、死亡等;不谈荒诞离奇、耸人听闻及黄色淫秽的内容;对妇女不问其年龄、婚姻状况;不直接询问对方的履历、工资收入、家庭财产、私人生活等方面的内容;对对方不愿意回答的问题,不要一再追问,谈话时不慎谈及对方反感的问题,应表示歉意,或立即转移话题;交谈时不高声辩论、不恶语伤人、出言不逊,不斥责、讥笑、辱骂人,不喋喋不休地讲个不停,要给来访者留下提问或问话的时间或机会。

迎候时应用礼貌用语来接近来访者:"您好"、"欢迎您来我们部门"、"您好,请坐,非常欢迎",对待来访者的询问应避免说"不知道""不在""没办法""无可奉告""你自己去找"等不礼貌的、不热情的话。

在作引见时,时刻记住自己的角色是配角,如"林先生,这是我公司的张经理。"然后对经理说:"张总,这是××公司的林先生。"

待双方握手问候、分宾主坐定后接待人员就应该马上说:"你们请谈吧,我还有别的事要做。"不应久留,更不可随便插话。

当送行时,接待者应尽量说些让对方感到愉快的话,如"再见,希望今后多联系。""欢迎您再来!""谢谢您对我们的支持和关心。""您走好!"等。

情景:某报社记者到一公司采访,记者走进宣传处办公室。

记者:请问哪一位是张处长?

秘书:噢,张处长有事出去了,您请坐,我是这里的秘书,不知您有何事?

记者:我是××报社的记者(递上名片),想对贵公司的新业务项目进行采访了解,有人介绍我来找张处长。

秘书:您是记者,非常欢迎您能来我公司采访,张处长不在,一时不会很快回来,我们的陈处长在,现在正在会议室开会,这样吧,我陪您去找他,好吗?

记者:那太好了,谢谢您。

该秘书无论语言还是行动上都做得恰到好处,首先,他很礼貌地询问来访者,当得知对方是记者时,表示了欢迎,虽然语言简单但可使来访者感到亲切,受欢迎,从心理上就容易接受这个公司。其次,当他了解到记者是来采访时,他的思维极为敏捷,考虑到这是一次极好的宣传机会,不可放过。虽然记者要找的领导不在,但并不是不可以进行,于是他婉转地提出了自己的想法,陪同记者去找另一位领导。他较好地处理了这次短时间的接待工作。相比较,若秘书在记者说明自己要找的领导不在时简单地说"张处长不在"之后,而不加考虑,也没有下文,那位记者就很可能会打道回府,并心存不快。最终对公司来讲,则是少了一次通过大众传播媒介宣传的机会。

如接待工作是超过一天以上的长时间的接待,除了迎候和送行之外,还要对来访者短期的生活给以过问和关心,如住宿情况、饮食活动等,一般要求以热情关心的语言询问,使来访者感到亲切和温暖,有一种归家的感觉。"晚上休息好吗?""条件不好,请多谅解。""吃得习惯吗?""如有什么要求,请告诉我们,我们在情况允许的条件下,尽量做到满足要求。""到这里名胜古迹看了没有?""这里的名胜古迹有……""土特产有……"尽管是琐碎的内容,但却会使来访者感到热情,平和的语言中蕴含着真情。

(二)交际语

社会各界人士经常借助酒会、宴会进行沟通交流。这样的社交活动是对主办方口才的考验。

招待来宾时,要介绍来宾,招呼来宾就餐,在来宾中周旋引见,寻找适当的话题,控制整个宴会,活跃气氛,注意话题的引导,灵活应变并有所顾及,如不能一声不吭,善于与同桌的人交谈,不是只和自己熟知的人交谈,而是和左右的邻座都交谈,并应避开仆人、疾病、宗教、政治等话题,与人为善,不对任何人恶意中伤或妄加非议或传播流言,将气氛控制在最佳的状态。

宴会中,有时会出现因公关人员说话不注意而使来宾不快的事。如一个相声中,就说到这么一件事,在一次宴会上,主办人在介绍各种菜式时,不注意场合,介绍用猪的内脏做成的各道菜时,毫无顾忌地一一与人的内脏对比说明,结果使在场的各位都没了胃口。

1. 良言一句三冬暖——赞美技巧

(1)运用赞美语的原则

①赞美要真诚。

②赞美要具体。

③赞美要及时。

(2)赞美的语言技巧

①赞美对方的事迹和行为。

②赞美新发现的对方的优点。

③赞美你所希望对方做的一切。

④赞美对方最得意而别人却不以为然的事。

⑤不妨在别人面前赞美你的赞美对象。

2.提醒和暗示技巧

(1)反道而行,创设轻松话题。

(2)指桑道槐,创设赞许话题。

(3)荒谬推理,创设讽喻话题。

(4)借题发挥,创设暗喻话题。

(5)一语双关,创设影射话题。

3.批评开导技巧

要求批评者要注意以下几点:拉近双方的心理距离,营造坦诚相见的良好气氛;批评的方式应尽量含蓄,不要直接揭露别人的疮疤,戳到别人的痛处;批评中应包含更多的肯定和鼓励,不要让对方感到自己一无是处;以身作则是最好的选择。

(1)在批评他人之前先谈一谈自己从前做过的类似错事,一方面可以为对方提供活生生的例证,让他从这例证中认识到犯错的严重后果;另一方面也可以带给对方一定程度的认同感,拉近彼此的心理距离,营造出心胸开阔、坦诚相见的良好的批评氛围,从而使对方更容易接受。

(2)批评前先作表扬。

(3)变个体称谓为群体称谓。

(4)把态度蕴含在感受上。

(5)把批评寓于鼓励之中。

(6)用建议的方式提出批评。

(7)用幽默的故事包装批评。

(8)把昔日的成绩和现实的不足对比。

(9)用真挚的亲情引发对方自责。

(10)以荒谬的假设引导对方悟出错误。

4.初次见面攀谈技巧

(1)寻找双方的共同点,引出话题

①察言观色,寻找共同点。

②以话试探,侦察共同点。

③听人介绍,猜测共同点。

④揣摩谈话,探索共同点。

(2)发现相似点,进行交谈

① 地域相似。

② 经历相似。

③ 职业相似。

④ 年龄相似。

⑤处境相似。

(3)抓住对方的兴奋点,展开交谈

5.与异性交谈技巧

(1)投其所好。

(2)没话找话。

(3)谈论趣事。

(4)随机应变。

◎ 综合训练

不同对象的公关口才训练

1.和男同事一起聊天

实训目标:通过本项目训练,结合秘书工作实际,设置情景,使学生了解社交活动中秘书交际、交流的特点,掌握其基本方法、技巧和礼仪,做到行为准确,达到口才沟通和交际行为的行之有效。

实训背景:当身为女秘书的你置身于几个男同事中,男人们谈论起当前的世界杯足球赛热火朝天,这时你也想说些什么,但不好意思进去一起说说。

假如你就是这位女秘书,下一步该怎样打破这局面?

实训内容:按照实际要求进行口语交流并达到交际的目的。

实训要求:

(1)本实训可选择在情景模拟的办公室或教室进行。

(2)实训应分组进行,可以 4 人一组,其中 1 人扮演女秘书,2 人扮演谈足球赛事的男同事,1 人进行监督和评价。每人都要轮演女秘书和男同事。

(3)要求:每个同学在演练过程中一定要严肃认真,言行符合规范。每个同学最好都能按照实训内容设计演练的脚本(包括情节和台词),并给本小组成员分派角色。

(4)老师可以临场发挥,比如增设模拟角色和任务;在同学们演练时,组织其他同学对表演进行评论。

实训提示:投其所好。

实训总结：

学生自我总结	
教师评价	

2.与领导谈调动的问题

实训目标：通过本项目训练，结合秘书工作实际，设置情景，使学生了解社交活动中秘书口才的特点，掌握其基本方法、技巧和礼仪，做到行为准确，达到口才沟通和交际行为的行之有效。

实训背景：你是一个办公室的秘书，因喜欢其他的专业，想调离该单位，但又担心领导不同意。同时，单位的领导一直关心你的成长，送你到外地培训过多次，你还到国外学习过三个月。你该怎样向领导提出自己的要求呢？

实训内容：按照实际要求进行口语沟通并达成问题的解决。

实训要求：

（1）本实训可选择在情景模拟的办公室或教室进行。

（2）实训应分组进行，可以4人一组，其中1人扮演秘书，1人扮演办公室主任，1人扮演公司老总，1人进行监督和评价。每人都要轮演秘书、办公室主任和公司老总。

（3）要求：每个同学在演练过程中一定要严肃认真，言行符合规范。每个同学最好都能按照实训内容设计演练的脚本（包括情节和台词），并给本小组成员分派角色。

（4）老师可以临场发挥，比如增设模拟角色和任务；在同学们演练时，组织其他同学对表演进行评论。

实训提示：简明委婉。

实训总结：

学 生 自 我 总 结	
教 师 评 价	

3.解决单位员工的家庭问题

实训目标：通过本项目训练，结合秘书工作实际，设置情景，使学生了解社会活动中秘书口才的特点，掌握其基本方法、技巧和礼仪，做到行为准确，达到口才沟通和交际行为的行之有效。

实训背景：俗话说，清官难断家务事，设想你是一名乡镇的信访干事，一位妇女来诉说她家的姑娌不和，影响了家庭的和睦尤其是她和丈夫的关系。你应该怎样开导这位妇女？

实训内容：按照实际要求进行口语沟通并达成问题的解决。

实训要求：

(1)本实训可选择在情景模拟的办公室或教室进行。

(2)实训应分组进行，可以3人一组，其中1人扮演信访干部，1人扮演告状妇女，1人进行监督和评价。每人都要轮演信访干部和告状妇女。

(3)要求：每个同学在演练过程中一定要严肃认真，言行符合规范。每个同学最好都能按照实训内容设计演练的脚本(包括情节和台词)，并给本小组成员分派角色。

(4)老师可以临场发挥，比如增设模拟角色和任务；在同学们演练时，组织其他同学对表演进行评论。

实训提示：注意沟通协调的方式方法。

实训总结：

学生自我总结	
教师评价	

◎ **知识拓展**

秘书形象设计与口才训练

秘书自我设计包括很多方面，有外在形象设计和内在的素质积淀。作为公众性较强的秘书人员，秘书的形象设计和口才训练是非常重要的。

一、秘书形象设计技巧

（一）秘书应具备的优秀品质

1.谦虚与礼貌

2.敏感与自制

3.忠诚与负责

4.分寸与得体

（二）秘书的衣着打扮

作为领导的助手和单位枢纽部门的代表，秘书合适的衣着打扮和优雅的举止言行非常重要。

1.保持大众化形象

2.塑造健康的形象

3.注重摆脱俗气

（三）秘书言谈举止要求

1.站姿挺拔

2.坐姿端庄

3.蹲姿优雅

二、秘书口才训练技巧

(一)学好普通话

(二)积累说话材料

(三)说话幽默

◎ 相关链接

秘书上下班应遵守的礼节

准时上下班,不要迟到是最基本的要求;同事之间的问候也是工作过程中应加以注意的细节问题,热情的问候、礼貌的应答能让双方有一个好心情,愉快地工作每一天;注意问候等的礼节,如一般身份较低者先问候身份高者,同事人数较多须逐一问候时,也须由"尊"而"卑"、由长而幼或由近而远地依次、主动、热情地问候;下班不能提前离岗,走前要将自己的东西收拾干净了再离开。

项目七　秘书工作情景口才

任务一　办公室的秘书口语交流

◎ 学习目标

通过本项目训练,结合秘书工作实际,设置情景,使学生了解办公室口语交流的基本要求,并掌握办公室口语交流的一般技巧。

知识目标

● 通过案例分析和秘书与上级、同事、下属沟通及接待的语言技巧的讲授,使学生掌握办公室口语交流的一般技巧。

能力目标

● 根据学习目标,以案例分析为导入,以知识讲授为基础,使学生掌握办公室口语交流的一般技巧,最后以情境训练为强化,使学生在情景演练中获得真切感受,形成和提高办公室口语交流的基本能力。

◎ 参考课时

2 学时

◎ 导入案例

刚参加工作不久的某公司办公室秘书小周，一大早来到办公室，打扫好卫生。周秘书正准备开始处理手头的一份文件，就听见门口有人说话"呦，周大秘书，这么早就开始工作了。"周秘书抬头一看，原来是办公室档案员小张带着一位穿着公司工作服的女职工正走过来。周秘书也连忙打招呼："是张姐呀，有什么事么？"。"周大秘书，这是我表妹小刘，在咱公司作业区上班，她这有份协议要盖个咱公司的公章"。周秘书接过小张递来的一份合同，一看原来是一份购车贷款担保合同书。"这个呀，我也刚来，不知能不能给盖。"周秘书低声说。"怎么不行呢？昨天我还看见你给车间小王的什么贷款合同盖章呢！"小张有些生气地说。"昨天是给车间小王的什么贷款合同上盖章，不过那是主任同意的。这个还是得问一下主任。"周秘书解释道。"去，去问主任吧，别人能盖，我们就能盖。"小张明显生气了。周秘书赶紧拿着合同就进了主任办公室，主任正在打电话，主任一看周秘书进来，就捂住话筒"什么事"，"哦，主任，刚才有个作业区的职工要盖个公章，您看一看。""这个不行。"主任看了下那份合同接着说"这个公司有明确规定，所有的担保合同一律都不能盖章，你好好学习一下。""可是昨天那份……""昨天的不一样，这点事也办不好，出去吧！"主任也有点生气地说。

周秘书有些郁闷地回到办公室，对小张讲："主任说了，这个不能给盖。""为什么能给别人盖，就不能给我盖？""张姐，昨天的和你这个不一样，公司有规定。""谁说的不一样，我看都一样，咱普通职工办点事就这么难吗？""不是这个意思，张姐，主任都说了，你别不讲道理！""谁不讲道理了？主任说的就对吗？公司还有制度吗？我看你是狗眼看人低！"两个人的声音越来越大，吵起来了。主任这时打完电话，听见隔壁在吵，一进门就知道什么事，对周秘书讲："周秘书，把昨天的用印记录拿来。"主任指着昨天的用印记录说："小张啊，昨天车间小王是个人公积金贷款合同，这属于正常的业务，而你是贷款担保合同，这个公司确实有明文规定……""哎呀，主任，你早这样说不就行了吗，咱也遵守公司规定，可是周大秘书却说差不多，咱也觉着能盖……"

好不容易送走小张两人后，周秘书还在想着刚才的事，怎么会吵起来呢？这时，电话响了，原来是集团办公室崔秘书通知一个会议。放下电话，周秘书觉得这个通知要抓紧向总经理汇报。周秘书走到总经理门前，看门虚掩着，就一推门进去了。进门一看，总经理正与两个客户谈事，周秘书想退回来，总经理却说话了："什么事呀，小周？"语气中略带些不高兴。"哦，刘总，集团有个会议通知。""说吧。"周秘书呆了一会，不知要说什么，本来刘总对人要求就比较严厉，周秘书见了就会心里打哆嗦，现在又觉得汇报得不是时候，刚才接电话又想着盖章的事，脑子现在是一片糊涂。"什么会议、几点、在什么地方、有什么特殊要求？"刘总明显提高了音量。"是生产经营会议,啊,也可能是安全生产会议。"周秘书此时只记得集团通知时有个"生产"。"通知时间大概是下午 2 点,或是 2 点半,地点是在 10 楼还是 4 楼,好像没有什么特殊要求,只说……"周秘书大概回忆着电话内容结结巴巴地还没有汇报完,刘总已经不耐烦地打断了:"什么大概、也许、可能,重新落实清楚。"周秘书退出总经理办公室时,已经全身被汗浸透了,只听见刘总对客户说:"刚毕业的大学生,还没经验。""就是,还需要再锻炼。"客户附和着。

周秘书回到办公室,重新向集团办公室落实清楚,然后把会议要求等写到便笺上,待刘总把客人送走几分钟后,又来到总经理办公室门前。敲门,得到允许后,进门。此时,刘总刚打完一个电话,看了下周秘书说"弄清楚了?""刚才,实在抱歉,因为……会议是……"说完,周秘书把便笺也放在了刘总面前,刘总看了下便笺,说:"好了,下次认真点,下午开会我去,顺便把车辆安排一下,出去吧。"

周秘书回到办公室,接着就给驾驶班打电话:"喂,我是办公室周秘书。""噢,找哪位?""找……"周秘书突然想不起来刘总驾驶员的名字,"哦,找给刘总开车的。""给刘总开车的,我就是。"周秘书好像听见电话里有哄笑的声音,"刘总下午 2 点半到集团开会,请准备一下。"电话挂了。

下午 2 点钟刚上班,周秘书看见刘总拿着包下楼了,心想,下午终于可以轻松了。三分钟后,周秘书接到刘总打的电话,"小周啊,你车辆怎么安排的?"听声音明显有点愤怒,"我,我给驾驶员说过了,我马上下去。"周秘书下去一看,刘总的驾驶员老王正在刷车,刘总就站在旁边,"我给说过了,是刘总 2 点半到集团开会。""你是说了,你没说是 2 点半到,还是 2 点半走。"老王不急不慢地说,"我以为你知道,这是常识。"周秘书还想解释。"不要再说了,抓紧安排其他车辆。"刘总十分不耐烦了。周秘书抓紧又安排了其他车辆。刘总上车前,对周秘书说:"好好反省反省!"

周秘书拖着沉重的脚步,回到办公室,躺在椅子上,想:"今天是怎么啦,自己也很认真,怎么就出这么多错呢?"

◎ 理论知识

作为秘书,在工作中必然要和各种各样的人打交道、与人沟通。在市场经济占主导地位的今天,沟通的重要性正日益显现,沟通正日益发挥出强大的作用。成功的沟通要遵循一定的原则和方法,"为人要讲究艺术,处世要注重方法",只有正确地掌握了与人沟通的技巧,才有可能在经营事业和人生时达到无往不胜、左右逢源的境界。但沟通很讲究技巧。沟通因人而异,并要善于使用不同的沟通技巧。具备良好的沟通能力,做事就可以达到事半功倍的效果。因此,要建立恰当的沟通模式来推动良好的人际关系。

一、与上级沟通的语言技巧

肖清是一家公司的秘书,自上班第一天起她就踏踏实实地工作,工作能力也很强,但也一直停留在那个位置上,没有获得提升。究其原因就是因为她不善于主动与老总进行沟通,许多事都是等着老总亲自来找她;后来又由于工作上的竞争,她被同事"踩"在了脚底下。肖清吸取了失败的教训,又以全新的面貌到另一家公司上班。一个月后,她接到一份传真说她花了两个星期争取到的一笔业务出现了问题。如果在以前,她会等老总来找她,她再向老总汇报。但现在她马上就去找老总,老总正准备用电话同这个客户谈生意,她就在此之前将情况向老总做了汇报,并提出具体的建议和意见。老总掌握了这些材料后,与客户谈判时顺利地解决了出现的问题。此后,肖清常常主动向老总汇报工作上的情况,及时沟通,并在销售和管理方面提出一些不错的方案,不断地得到老总的认同。不久,她就被提升为办公室主任。

秘书作为领导身边的人,身为一个组织中枢机关的工作人员,在工作中和领导的接触机会最多。秘书除了有较强的敬业精神、严谨的工作作风、出众的工作能力外,同领导做好沟通更是一个有效的途径。

(一)与上级日常相处的口语表达要求、技巧及注意事项

1.端正角色意识,时刻想着自己是秘书,当说则说,不可多说,注意语气。

2.关键地方多请示,工作上多报告。秘书在请示问题上经常犯错误主要体现在两个方面:一是凡事无论大小都向领导请示。这是不明智的,领导的主要精力是管理大事和把握关键。无关紧要的事会让领导产生权威性下降的感觉。二是一些人喜欢自作主张,领导交待的事,一切由他包办。或者是害怕请示,总是想"我向领导请示,会不会深得领导认为我水平低、独立性差"。

3.称谓得体。在正式公众场合,对领导一般要称他的行政职务,如总经理某某同志或某某总经理等。在私下场合可以根据关系情况改变称呼。

4.谈领导感兴趣的事情。沟通中抓住人的最佳办法,就是谈论对方感兴趣的事情。秘书要想成为领导的知音和支持者,了解领导最感兴趣的事,并在第一次就能谈出一些有见解的事,领导肯定会对你产生深刻而良好的第一印象。

5.言行一致,能做能说。言行一致的人能够得到领导的信赖,能做能说的人可能得到领导的赏识。对领导交待的事,答应的,要保质保量完成。

6.选择好的时机。要成为一个好的秘书,应该耳聪目明,能够关心自己周围和整体的事情,尤其要用心观察周围的动态,正确地掌握领导的心理,然后采取行动。比如领导准备外出时、心情不好时、工作正忙时,如无紧要的事情,就不必要打扰领导,更要避免向领导提出一些琐碎、麻烦的问题。

7.准确的沟通和汇报。向领导汇报工作,用词一定要准确,切记不可用"大概、大致、大约、差不多、可能、也许"等,因为你汇报的内容可能直接影响着领导的工作安排甚至是组织的重大决策。

8.语句精炼,言简意赅。领导一般都十分讨厌拖拉冗长的汇报,一是领导的时

间很宝贵;二是他会认为你的能力很差;三是可能他会认为你不尊重他,因为他会认为你根本就没有认真的准备。秘书在同领导进行语言沟通时要把握住问题的核心,掌握好讲话的速度。

9.敢说。这一点是对新参加工作的秘书至关重要的,即使你的领导多么有权威、多么严格,即使你知道这将是一个不好结局的沟通。作为秘书,你必须要敢和领导沟通。原因只有一个,因为你是秘书,将是和领导沟通最多的人之一。

(二)给领导提建议的技巧

1.准备充分

在古代,一向强调"谋""算";在现代,强调做事的计划性。这都说明,无论做什么事都要有所计划,要进行充分的准备。而向领导进言,既关系到你的建议能否被采纳,又关系到领导对你的评价和看法。

2.注意场合

领导十分讲究自己在公开场合的"面子",特别是其他领导或者众多下属在场的时候。如果下级的意见使领导感到难堪,即使是出于善意的愿望,即使是"对事不对人",结果却只有有一个,那就是领导的威信受到损害。我们非常赞成对领导多提建设性的宝贵建议,但要注意分寸、场合。

向领导提建议要注意场合,才可能让领导易于接受。但是如果只有你和领导参加一个重要的场合,发现领导犯了一个明显的错误,并且这个错误可能会对他产生更为不利的影响,你就应该及时的给领导提出。

3.以请教的方式提出

请教,是一种低姿态。它潜在的含意是,尊重领导的权威。这还表明,你在提出建议之前,已经很好地把领导的方案进行了研究,是以认真科学的态度来对待领导的。你的建议很可能是对领导观点的有益补充,这种印象无疑会使领导感到情绪放松,从而提高你的建议通过率。

(三)如何拒绝领导的不当批示或命令

1.让领导把话讲完

当领导在谈及自己工作范围内的事时,可能是因为你对自己所担任的工作非常熟悉,甚至比上司更为了解,哪怕领导只提及两三句,你就明白了问题的重点,甚至你已经想好了如何拒绝;但还是要请领导把话讲完,否则领导即使不恼怒,也不会对你有好感。

2.拒绝要有合理的原因

拒绝领导需要勇气,也需要技巧,若确实需要拒绝,应照顾到领导的面子,语气委婉,且要说出合理的理由。如领导在下班时突然邀请你参加一个活动,而你又有事。你应当在拒绝的回答中首先表示感谢和歉意,感谢领导的邀请,但很遗憾不能参加,接着说明不能参加的理由。

3.拒绝的态度要明确

当然在表情上要表现出一种无奈、遗憾、抱歉,但在内心自己真实的态度却不可有所动摇。如果你表现出的是一种模棱两可的态度,长此以往领导将认为你没有独立性。

4.尽量避免与领导争论

决定权最终是在领导的手中,同领导闹翻,最终的苦果还是要由你来承担。

(四)与处境不同时的领导相处的技巧

1.当领导春风得意时

一是要真诚地赞美和祝贺,不要不理不睬、不当一回事;二这也是进言劝谏的好时机。

2.当领导有困难时

一是主动同领导交流;二是诚恳地提出建设性的意见,如果有批评的成分尽量裹上"糖衣"。

3.当领导行将退休或调离时

一是赞扬他的辉煌历史以及他引以为荣的事;二是谈论从他身上学到的东西;三是瞻望退休后"夕阳无限好"或者调离后更为美好的前景。

二、与同事沟通的语言技巧

秘书经常和领导在一起,能够获取大量的信息。因此,在日常工作和生活中,秘书一般会成为同事们交往和沟通的焦点人物。秘书如何处理好与同事的关系,无论是对当前的工作还是今后个人的发展都具有积极的作用。

(一)秘书与同事日常相处的注意事项和沟通技巧

1.不"狐假虎威"

特别是新秘书或能力一直没有提升的秘书,在与同事的工作交往中,可能经常会说"这是某某领导安排的"等类似的话。这种方法不是不可用,但绝不能经常用、天天用。时间一长,同事们会认为一是你经常"拿鸡毛当令箭",小题大做;二是会认为你能力不强,只有靠领导的大旗才能办事,有"扯虎皮,拉大旗"之嫌;三是到了关键时刻,同事不买账,不但会影响工作,还会牵扯上领导,影响干群关系。

2.不吹嘘、不夸大

秘书相对一般同事在能力和才华方面都是要强一些,这是秘书岗位所要求的。但是一定不能在同事面前自高自大、盛气凌人,动不动以教训、指挥的语气安排工作,否则你就会失去同事的合作和帮助,就会把自己置于孤立无援的境地。

3.不评价领导

评价领导是件相当有危险的事。因为你是秘书,对领导的事情相对了解也多一些。同事们向你打听或求证领导的情况也是比较多的,特别是领导的工作能力、想法、私生活等。这些都要尽量避免和同事们谈论。

4.不与同事谈论是非

有的同事喜欢谈论是非,特别是一些小道消息、个人隐私,道听途说,捕风捉影。如"听说某领导有经济问题"、"某男和某女有作风问题"等,搞得同事之间风波迭起、纠葛不断。而作为秘书在这一点上,更应坚持原则,不该问的不问,不该说的不说。要养成在背地里多夸赞别人,不讲别人坏处的习惯。谨防"口腔病"。

5.重视寒暄、招呼的作用

和同事在一起,工作上要配合默契,首先要营造和谐融洽的气氛,而寒暄、打招呼特别有利于营造这种气氛。比如早上上班时微笑着说声"早",下班时说声"再见",外出时和同事通个气等,如果来了急事要处理,同事也好帮助料理。寒暄、招呼看起来微不足道,但确实是同事之间相处好的润滑剂。

6.常说"您好"、"对不起"、"谢谢"

随时都要使用文明用语,即便是最亲近的朋友。总之,常使用此类用语,可创造一种轻松、和谐、自然、文明的气氛,使同事间的交往更和谐、亲密。

7.直呼对方的名字

表示一种很亲密的关系和友好的态度,可以使同事之间快速产生亲密感,缩短彼此心理上的距离。

8.避免争论

同事之间在工作上有分歧是很正常的。但是双方为了一件事争得面红耳赤,毕竟是一件不愉快的事,如果双方在争论中再伴随着指责和攻击,特别是进行人身方面的攻击,那关系的裂痕就会很大,对今后的相处会产生极为不利的影响。争论中,双方的感情都会冲动,特别是年轻人,把握不伤害人的限度很难。最好的办法就是,当双方有分歧时,可通过委婉、巧妙的方式去统一,尽量避免"针尖对麦芒"式的争论。

9.真诚、坦诚的态度

这是同事之间沟通最主要的,这会让大家产生一种平等、亲切、信任感,这也是沟通最重要的基础。无论你是成功、或是失败,只要你能够敞开心扉,让对方了解你,以真心换真心,才会建立起真正和谐的同事关系。

(二)与异性同事沟通的注意事项

1.不可有性别歧视

对异性有轻蔑的举动或态度,很容易遭到异性的抗议,从而造成不和谐的氛围,影响工作。在男女的交往沟通中,要杜绝"哎呀,是个女(或男)的,和他(或她)们配合不起来"或者"这项工作就应该女(或男)的做"等类似语言。

2.不要轻易许诺

俗语说"一言既出,驷马难追",特别是人们对异性的许诺更常会记在心上。如果你忘了,人们会认为你是一个不守信用的人。

3.有话明说,切勿模棱两可

当今社会,虽然人的观念更新了,但对于异性之间,还是不要掉以轻心。在与异性交往时,切勿模棱两可,以免引起误会,造成不必要的麻烦。

4.切记文明用语

文如其人,语言是一个人精神面貌的反映,你的一言一行都影响着对方对你的评价,在异性面前,你更要充分表现出你的修养,男人要像绅士,女人要显示出温柔文雅的本性。

5.试着换位沟通

男女之间由于性别的天然差别,会对事情的看法有着一定的差距。在沟通中异性能够换位思考,会使沟通的效果事半功倍。

三、与下属沟通的语言技巧

对一般组织而言,秘书的下属往往包括办文办会办事的具体工作人员,如文员、内勤、保洁、保安、驾驶员等从事事务性工作的人员。与下属们沟通交流好,不仅有利于自己提升管理能力、树立威信,更有利于团结同志、了解信息、更好地完成本职工作。

(一)不摆"臭架子"

有的秘书喜欢对下属摆"臭架子",体现在语言交流方面主要为:一是只要求下属对自己有礼貌,而对下属无礼貌,每天对下属恭敬的招呼和殷勤的笑脸置若罔闻,从来都是以"喂"或"哎"或者是以下属的工作(驾驶员、清洁工、打字员等)来称呼下属;二是安排工作从来都不征询下属的意见,并且都是以主子对奴才的口气;三是下属汇报工作从来都是"嗯、啊"的应付;四是从来不主动和下属进行沟通。这种摆"臭架子","架子"未倒的时候,下属们不得不来敷衍,会造成感情上的分裂,影响工作;当"架子"倒时,不但没有人会来扶一下,可能还会有人踩上几脚。

(二)信守诺言

对下属的许诺,要加以兑现,倘若一时无法实现,则应诚恳地说明原因,不要丢在脑后或干脆不了了之。如果你言而无信,下属会从心里看不起你,而后会疏远和你的关系,你会逐渐陷入孤立。

(三)记住下属的名字

这是许多伟人成功的共同点。作为一名秘书,特别是新秘书,能够在第一时间叫出下属或者同事的名字,会迅速拉近距离。上司特别要注意避免这方面的错误:一是不要"张冠李戴",弄出笑话;二是在安排下属工作时,切记不要忘记下属的名字;三是不要随意给下属起外号或者称呼下属的外号。

(四)用心与下属交谈

与下属交谈时,一定要诚恳、认真、用心。具体而言,一是要在交谈中要留给对方讲话机会,并充分利用一切手段(表情、姿态、感叹词等)来表达自己对下属讲话内容的兴趣和热情,以鼓励下属进一步交流。二是态度要诚恳、客观、冷静,尽可能让对方在谈话过程中了解到,自己所感兴趣的真实情况,并不是奉承的话,消除对方顾虑或各种迎合心理。即使下属在反映情况时,常会忽然批评、抱怨起某些事情,而这在客观上又正是在指责你,这时候也要要头脑冷静、清醒。三是善于抓住主要问题,下属交谈时可能会跑题,这时要注意引导和阻止对方离题的言谈,以便更好了解交谈内容和情况。四时交谈时尽量不要对下属的讲述发表意见,以免对下属的讲述起到引导作用。

四、接待语言技巧

接待工作是秘书日常事务性工作中较多的一项。接待中会遇到职工来反映问题、业务客户来访、兄弟单位参观等各种人和事,如何妥善处理好接待工作,是秘书综合能力的体现。

(一)秘书接待注意事项

1.礼貌寒暄,热情接待

无论来访者是何人出于何种目的,秘书在接待中都要保持热情、大方的态度,给来访者让座、上茶等。一方面秘书是接待工作的第一环节,代表着所在单位的形象;另一方面可以迅速拉近你和来访者的距离,为后续的接待工作打好基础。

此外,秘书在接待过程中,特别是对初次见面的来访者,要想留下良好的第一印象,在寒暄中要注意以下几点:

(1)专心聆听对方的说话,不随意插嘴。特别是对方地位甚高或年龄较大,应注意保持恭敬的态度。

(2)态度亲切温和,不可轻浮或过分亲昵。

(3)不乱拍马屁,不做言不由衷的恭维。

(4)说话音量适中,声音沉稳有力。

2.了解来访者身份,记住他的姓名

如何建立对自己有利的接待关系?一方面是要留给对方良好的印象,另一方面就是让对方感觉到自己受到重视。而最基本、最重要的方法就是记住来访者的名字。在接待中与对方寒暄时,尽量使用对方的姓氏或职务。

3.迅速掌握来访者意图,明确接待对象

这是秘书接待工作中最重要的和最关键的。秘书了解对方意图后,抓紧安排相关部门接待,比如:客户来访的,找业务部室;反映职工纠纷的,找工会;联系物品购销的,找销售部门;反映领导问题的,找纪检部门等。

4.谨慎回答问题

在接待的来访者中,大部分会是第一次来你所在的单位,他们会很迫切地向你了解你所在单位的情况和其他的信息。特别是还有一些其他意图的来访者,会向你反映一些情况。在这种情况下,秘书要采取客观的态度,一是不要讲你不熟悉的事情;二是不要谈论单位或其他部门相对机密的事情;三是不要发表倾向性的意见。以免给后来的具体接待人员造成麻烦。

(二)如何在接待中自我介绍和介绍同事

1.自我介绍

自我介绍是让来访者对你产生良好印象的重要手段。自我介绍中要注意:一是内容简洁扼要;二是语气从容不迫、明朗有力;三是以明白易记的方式介绍自己的名字;四是不炫耀自己或单位的情况;五是避免自大的口吻。

2.介绍同事

当年龄有差距的时候,从年龄较大者开始介绍;当身份有别的时候,从身份较高者开始介绍;当年龄、身份相同的时候,从自己较近者开始介绍;当男性和女性都在场的时候,从男性开始介绍,但如果地位或年龄上有差距时,从女性开始介绍;人数众多的时候,从排列在前的开始介绍。如果被介绍者有职位或头衔,应一并介绍清楚。

◎ **综合训练**

一、同领导沟通的语言技巧

实训目标:通过本实训掌握同领导沟通的语言技巧。

实训背景:周秘书现在很苦恼,人力资源部高经理已经是第三次催要一份关于今年录用大中专毕业生的文件,高经理说今天下班前必须要把文件报到集团。可周秘书已经在两天前就把文件交给了刘总经理,中间也催过刘总两次,可刘总到现在也没签字。周秘书也给高经理说过,最好请高经理直接催刘总,可高经理说,文件既然已经交给办公室,就应该由办公室把程序履行完毕,这的确也对。可是今天又恰逢领导班子召开一个重要的会议,会前刘总还特别交待,没有重要事情,不要进会场打扰。现在距离下班还有一个多小时,会议好像还没有结束的样子。周秘书应该怎么办呢?

实训内容:按照实际情况演练如何向上司催要材料。

实训要求:

1.地点:本实训可选择在模拟的办公室或教室进行。

2.形式:实训分组进行,可以 3 人一组,其中 1 人扮演周秘书,1 人扮演高经理,1 人扮演刘总,每人都要轮演。

3.要求:每个同学在演练过程中一定要严肃认真,言行符合规范。每个同学最好都能按照实训内容设计演练的脚本(包括情节和台词),并给本小组成员分派角色。

4.老师可以临场发挥,比如增设模拟角色和任务;在同学们演练时,组织其他同学观摩并对表演进行评论。

实训提示：

1.关键是要解决问题。

2.不要害怕，无论是进入会场或是寻找其他机会，都要有良好的心理。

3.可把要同领导沟通的事情，提前写在便笺上，进入会场则可不影响领导的发言。

4.同领导沟通时要表现出急切、自责的态度，但又不要有过于紧张、慌乱的样子。

实训总结：

学生自我总结	
教师评价	

二、与同事沟通的语言技巧

实训目标：通过本实训掌握同事沟通的语言技巧。

实训背景：公司领导安排秘书肖小姐同宣传部干事大张一起去某市的同行调研了解产品情况，肖秘书也催了几次，但大张一直以手头工作很多为由推托。其主要原因：一是大张虽然是个男同志，但个性比较胆小谨慎，害怕工作完成不好；二是大张是个"妻管严"，内心感觉同女同志出差怕影响不好；三是他平常对肖秘书的印象不太好。肖秘书如何尽快安排成行呢？

实训内容：按照实际情况演练秘书肖小姐同宣传部干事大张的沟通。

实训要求：

1.地点：本实训可选择在模拟的办公室或教室进行。

2.形式：实训应分组进行，可以3人一组，其中1人扮演肖秘书，1人扮演大张，1人进行监督和评价。每人都要轮演肖秘书和大张。

3.要求：每个同学在演练过程中一定要严肃认真，言行符合规范。每个同学最好都能按照实训内容设计演练的脚本（包括情节和台词），并给本小组成员分派角色。

4.老师可以临场发挥，比如增设模拟角色和任务；在同学们演练时，组织其他同学对表演进行评论。

实训提示:

1.以顺利完成工作为原则。

2.有话明说,切勿模棱两可。

3.语言文明、真诚。

4.试着换位沟通。

实训总结:

学生自我总结	
教师评价	

三、与下属沟通的语言技巧

实训目标:通过本实训掌握同下属沟通的语言技巧。

实训背景:办公室驾驶班驾驶员小许因晚上开车办私事发生了撞车事故,虽然经交警部门认定为对方全部责任,但小许因办私事造成了车辆的较大损害。经公司研究决定给予小许行政记过处分,并调离原工作岗位。但小许自己却认为不该如此处分:一是他觉得自己虽然是私事,但当时情况特殊,自己老婆怀有身孕不舒服,是把老婆送到医院后往回送车时发生的;二是自己平常工作辛苦,经常加班加点,没有功劳也有苦劳;三是车辆虽然损害严重,但是都是保险公司赔偿,其实公司不但没出一分钱,车辆还得到了一次全面的修复。

现在公司对事故的处分决定已定,公司领导安排秘书大周去驾驶班宣布此项决定。大周要在宣布处分决定前同小许谈话,让小许心平气和地接受处分。

实训内容:按照实际情况演练秘书大周与小许的谈话。

实训要求:

1.地点:本实训可选择在模拟的办公室或教室进行。

2.形式:实训应分组进行,可以3人一组,其中1人扮演大周,1人扮演小许,1人进行监督和评价。每人都要轮演大周和小许。

3.要求:每个同学在演练过程中一定要严肃认真,言行符合规范。每个同学最好都能按照实训内容设计演练的脚本(包括情节和台词),并给本小组成员分派角色。

4.老师可以临场发挥,比如增设模拟角色和任务;在同学们演练时,组织其他同学观摩并对表演进行评论。

实训提示:

1.谈话的态度要坚决明确,不能表现出犹豫的样子。

2.谈话的内容要突出,抓住下属错误的本质,不能被背景材料中的三个方面所缠绕。

3.谈话的语气要恰如其分,批评时要威严,抚慰时要亲切。

实训总结:

学生自我总结	
教师评价	

四、接待语言技巧

实训目标:通过本实训掌握接待客人的语言技巧。

实训背景:下午刚上班,秘书大周办公室就来了一批六七个人的来访团队,为首的介绍说是某市运销公司总经理吴某,特地带队来大周所在公司考察,此前已经同公司刘总经理联系过了,而且吴总和刘总私交很好,两家公司也是业务合作伙伴。但是公司办公室确实也没有接到今天有客人来访的任务(事后证明是刘总忘记了),而此时刘总正在市里陪其他客人吃饭,估计最快也要半小时后才到。周秘书如何做才能既热情接待,又不让客人感觉到因刘总忘记安排而失礼呢?

实训内容:按照实际情况演练大周接待来访团的情景。

实训要求:

1.地点:本实训可选择在模拟的办公室或教室进行,最好能配置真实的电话机。

2.形式:实训应分组进行,可以9人一组,其中1人扮演大周,6人扮演以吴某为首的来访团,1人扮演刘总经理,1人进行监督和评价。

3.要求:每个同学在演练过程中一定要严肃认真,言行符合规范。每个同学最好都能按照实训内容设计演练的脚本(包括情节和台词),并给本小组成员分派角色。

4.老师可以临场发挥,比如增设模拟角色和任务;在同学们演练时,组织其他同学对表演进行评论。

实训提示:

1.接待要热情。

2.及时同领导沟通,必要时请其他领导出面接待。

3.如果发现客人感觉到没有提前做好准备而不高兴,应该把责任及时揽过来,并向客人们道歉。

实训总结:

学生自我总结	
教师评价	

◎ 知识拓展

秘书向领导进言的艺术

说话是一种艺术,向领导进言更是一种艺术。同样的内容,由于表达方式不同,收到的效果会大不一样。善于说话的人,说出的话,领导听了很高兴,乐于接受;不会说话的人,说出的话让领导非但不能接受还会产生反感。如战国时邹忌劝诫齐威王。

1.切忌不分场合,削弱领导的威信。当领导主动征求秘书的意见时,秘书应坦诚己见。领导的威信和影响力是实施指挥的重要条件。当领导在决策、指挥上出错,或者处理问题欠妥、讲话不当时,秘书应善意地向领导进言。但是,进谏时决不能不分场合、不顾及影响,不能打断领导正在进行的讲话当场批评领导,使领导难堪。不分场合地指责领导,不仅领导接受不了,而且会损害领导和秘书之间的关系。秘书发现了领导的失误,应在非公众的场合私下向领导提出。特别是当领导主动征求秘书的意见时，秘书应坦诚己见。

2. 讲话注意分寸，注意自己的身份，多用商讨语气。尽管秘书与领导在政治上是平等的，但二者的关系毕竟是上下级，所以，秘书向领导进言时要注意自己的身份，掌握好分寸，不能言辞过激、粗声大气、大言不惭、旁若无人，更不能严词指责。而应心平气和地用商量的语气、探讨的口吻说话。较多用"能不能这样"、"可不可以那样"的语句，千万不要把话说死。这样说，领导一定会考虑你的意见和建议。这也是秘书对领导、下级对上级应持的正确态度。

3. 把握尺度，点到为止。当代的领导大多受过高等或中等教育，具有一定的专业知识和文化水平。秘书向他们进言，不管是直说还是绕弯子说，他们一般都能理解你说的意思，因此不必说得过于详细，只要把问题点到、使领导心中有数就行了。当然，领导对你的话非常感兴趣，要你说得详细具体时，你可以充分发挥，这样有助于领导进一步拓展思路、酝酿处理问题的方案。需要特别指出的是，点到为止并不等于含糊不清、吞吞吐吐、欲言又止。

4. 相信领导会知错必改，择善而从。

5. 成功不宣扬，功劳归领导。秘书想领导进言，帮助领导修正或完善决策、避免工作的失误，这使应尽的职责，不值得大加宣扬。否则会影响与领导的关系、与同志的团结，不利于自己的进步。

（《秘书之友》2002 年第 1 期，P. 6—7）

◎ 相关链接

秘书讲话"六字"真经

这是秘书的"口功"。秘书的讲话有一定的特殊性。秘书站在领导之侧，在首长的心目中，他们是一般情况和问题的代言人；在群众的心目中，他们又往往代表和体现着领导的思想、意图，具有一定的影响力。这一特殊的地位决定了秘书在任何情况和任何场合，都必须做到慎讲，还要能讲、会讲。

能讲是对秘书讲话的一般层次的要求。汇报情况、报告工作、商量事情以及收集群众反映、做群众工作等等，都需要秘书能讲。体现在讲得有层次、有内容、有条理上；体现在逻辑性强、有一定章法、有一定思想内容，符合实际情况上。能讲的最基本要求，就是要力戒假大空和乱发议论。

会讲则是对秘书讲话的更高层次的要求。这一要求规定了秘书什么可以讲，什么不可以讲。也明确了秘书的角色、秘书讲话的内容、标准和要求。所以，秘书的"会讲"要做到"三个区分、二个适应、一个符合"，即：区分不同场合、不同环境、不同位置，讲出适应情况、适应要求，并且符合自己身份的内容。在这一基础上，还要形成独特的个性语言风格,这一风格又要与首长的风格一致起来。就讲话的水平和层次而言,秘书是可以超越领导的,但这种超越,是对某些具体工作思考与谋划的超越,是对领导交办的事务性工作周密思考的超越,而不是"高出领导一筹",更不是自吹自擂、口若悬河。

(《秘书》2003 年第 1 期 P.42—43)

任务二　主持会议的秘书语言

◎ 学习目标

通过本项目训练,结合秘书工作实际,设置情景,使学生了解主持会议的要求,并掌握会议主持的一般技巧并能主持一般的工作会议。

知识目标

● 通过案例分析和讲授做好会议主持前的准备、会议主持的语言技巧、灵活机智处理会场意外情况等知识和技巧,使学生掌握会议主持的一般技巧。

能力目标

● 根据学习目标,以案例分析为导入,以知识讲授为基础,使学生掌握会议主持的一般技巧,最后以情境训练为强化,使学生在情景演练中获得真切感受,形成和提高会议主持的基本能力。

◎ 参考课时

2 学时

◎ 导入案例

刚参加工作不久的秘书小周正在办公室午休,突然接到办公室罗主任的电话,他急促地说:"家里发生了急事,我已经离开了单位,下午两点有个会议原本是由我主持的,由你来主持一下,我已经向总经理请假了,具体的材料找企管员小苏。"说完,就挂了电话。下午的会周秘书是知道的,每个月的考核会,都是由办公室主任主持。周秘书看了看时间,已经 1 点半了,急忙打电话找企管员小苏。小苏正在会议室做准备,周秘书赶到会议室向小苏说明由自己主持会议的情况。小苏说:"会议准备工作已基本做好,茶水、话筒、投影都已到位,资料都已打印好交给相关领导,此次考核没有太多的问题,只是有一个安全事故发生的生产部,按照考核规定要考核生产部,但生产部却以没有相关的安全操作规程为由要扣安全管理部,可能这个问题会在会议上产生冲突……"小苏还把该会议的参加人员、会议的基本议程等向周秘书作了介绍,并把一份会议资料交给了周秘书。周秘书看了看会议资料,确实如小苏所说,没有太大的问题,周秘书又把以往会议的会议记录和纪要都看了看,心中有了底。

看完会议资料,周秘书回到办公室拿了笔记本,中间又上了个洗手间,重新回到会议室时,看见会议室里已基本坐满了,心中有些紧张,不知自己该坐哪里。周秘书看到后排还有位置,就想过去。此时,总经理刘总看到了他,说:"小周,前面还有位置,到前排座。"待周秘书坐好,听到刘总又说:"时间差不多了,看看人到齐了没有。"周秘书这才反应过来,今天是由自己来主持,刚才因紧张都忘记了,连忙对照会议名单清点后,向刘总报告:"人到齐了。""那开始吧。"周秘书知道这是在说自己,可是今天怎么就这么紧张呢,脑子中又是一片空白。"哦,我说明一下,今天办公室罗主任有急事,这个会议由办公室周秘书代为主持一下。"周秘书听完刘总的话,感觉受到了鼓励:"好现在开会。""会"字还没落音,又听刘总说:"声音大一点,不要紧张。"周秘书抬头看了看参会人员,又清了清嗓子,按照原先预定的议程开始主持了。

会议进行得还很顺利,越往后周秘书感到越自如,会议主持并不像原先想的那么可怕。小苏的配合也好,把最有可能发生冲突的考核放到了最后,果然在小苏说完对生产部的考核后,生产部和安全管理部的领导有了较大的争议,一个说发生了事故就应该考核,一个说这是新情况,没有相关的安全操作规程,不应该考核生产工人,应该考核管理部门,这是管理的失职。周秘书看到两人争执不下,按照在会前的思想准备,说:"这个事故的确是新情况,虽然没有相关的安全操作规程,但是在具体的生产过程中操作工人如果有较强的责任心和工作能力,事故还是可以避免的。关于对此的考核问题,我们也没有在会前同领导和相关部室进行分析、协商,造成了争议,我们也有责任。我建议会后,由办公室、安全管理部、生产部进一步研究分析,具体的考核结果见公司的会议纪要……"周秘书说完,大家都比较赞同这个做法。会议的主要议程都进行完了,周秘书刚想说"散会",但又听见刘总说"借这个机会,我再强调几点……"

散会后,周秘书觉得松了一口气,走出会议室门时,刘总微笑着说:"还不错,就是有点紧张,以后多锻炼就好了。"

◎ 理论知识

会议是一个组织在研究问题、布置工作、沟通情感、调研情况等方面重要的工作手段和方法。而秘书作为"办文、办会、办事"的主要组织者与参与者,主持会议也将是秘书一项经常和重要的工作。秘书要重视会议的主持工作,首先,通过主持会议可以锻炼和提高一个人的宏观控制能力、随机应变能力、口才表达能力和概括总结能力;其次,通过主持会议,可以让领导、同事们了解你、关注你,主持好会议可以让他们认为你是一个有领导能力的人;再次,主持人对会议的气氛、进程、效果有着举足轻重的作用,主持好会议可以使你的能力在无形中得到提高。

一、做好会议主持前的准备

俗语说"磨刀不误砍柴工",做好充分准备是主持好会议的前提。一般情况下,会议主持人要准备做好以下几方面。

(一)提前进入会场

这样做,一是可以确保自己不会迟到。主持人迟到是十分尴尬的事;二是可以检查会场情况,如音响、话筒、茶水、会议资料、灯光、投影仪等是否齐全完好;三是可以同参加会议的人员打招呼,了解他们对会议的看法,缓和情绪。

(二)确保真实了解会议目的

如果有会议资料,应认真阅读;如果是重要会议,须达成参会人员的思想统一或者形成一定的决议,要提前同单位的主要领导者进行沟通,确保会议的效果。

(三)充分估计会议可能出现的情况,并预设措施

对有可能在会议上产生矛盾和冲突的人员,要提前制定化解办法,如果有可能或必要,可以在会前对相关人员进行游说,以减少会议上的压力。

(四)选择好座位

对于一些正式隆重的会议,会议服务人员会把座位牌放好,你可以直接坐到指定的位置。对于一些并非特别正式的会议,主持人在选择座位时要注意三个原则,一是要让与会的大部分人员能够明显看到你,保证在会议中形成互动;二是要同参会的领导或者主要发言人保持较近的距离,可以在会议中同领导沟通一些特殊的要求和意图;三是要突出领导的位置,不能把领导的风头盖过。一般情况下,主持人在"课堂式"的会场要坐在主席台的两侧位置,在"矩形式"的会场要坐在矩形中间靠左的位置。

(五)注意形象

主持人除了要保持良好的精神状态外,穿衣要同会议的氛围、主题相吻合。如果参加的会议是很正式庄重的,而着装却很随意,会让与会者感觉你对大家不尊重;如果你西装革履参加一线工人的座谈会,会让大家感觉到距离感;如果你参加的是一个重大事故的分析会,甚至是追悼会,你却穿着鲜艳,会让大家感到你不合时宜。这些都会直接影响到你主持会议的效果。

二、会议主持的语言技巧

主持会议的语言内容根据会议的进程大体可以分为开场白、主持词、总结三个阶段的内容。

(一)会议开场白技巧

俗语说:"万事开头难。"讲好开场白关键是保持良好的心态。不要始终想着自己要说什么,更不要害怕自己会说不好,相信自己已做好充分准备,必要时可通过翻阅文件、同与会者打招呼、深呼吸等方法缓解紧张、放松心情。

开场白一般要介绍三个方面的情况：一是会议的议题或目的，如"本次会议的议题是如何节能减排"或"本次会议的目的是如何降低生产成本"等；二是介绍主要参会人员，介绍领导时要逐一介绍，但对于同一阶层的领导可用概称，如参加会议的有我单位"全体领导班子成员"、"机关中层以上管理人员"等；三是介绍会议议程，让与会者心中有数。必要时还要强调强调会议纪律和明确会议时间，以便保证良好的会议效果。

（二）会议串场词技巧

主持词为主持人在会议议题正式开始到会议结束前的发言，可称为串场词，是主持人在会议中最关键的环节。主持人讲好主持词能够有效地控制会场氛围，保证会议进程，引导与会者积极发言，极好地促进会议效果。

1.区分会议类型

在正式且隆重的会议上，主持人的主持词一般都与会议的议程基本一致。主持人在主持的过程中，一般不对发言人的内容进行点评，只要按照预定的议程，在主持时稍加一些礼节性语言即可。如经常见到的程序为"现在进行会议的第×项议程，请×× 同志作×× 的报告，大家欢迎"，待发言人发言完毕，主持人可以以"感谢××同志作的精彩发言（或报告等）"的结束语作为这一程序的结束。

但是对一些非隆重正式的会议，如工作例会、座谈会、研讨会、临时会议等，由于此类会议发言相对自由、与会人员利益不尽相同等多种因素，会议上会出现冲突、冷场、离题等多种情况。这就需要会议的主持人要有良好的分析判断能力、语言表达能力、控制全局能力。这也是秘书日常工作中遇到最多的会议类型，必须认真对待，积极组织。

2.倾听发言，把握进程

主持人在与会者发言时，要注意以下几点：一是做会议记录，最好能够把发言者的主要内容记录。二是避免做出让与会者感到不被重视的动作，如走神、与其他人交头接耳、接听电话等。三是不可随意打断别人的发言，除非发言者离题、发言时间太长、情绪过于激动外等情况。四是对发言者的内容进行恰当点评。点评既是肯定发言者的发言行为，对下面的发言者也是一种鼓励。点评要注意提炼发言者有利于议题内容出来，矫正离题的内容，以进一步巩固议题，时间不能过长。此外，主持人在认真倾听发言的同时，对会议的进程做到心中有数，掌握好会议的进程，意见基本一致时，及时结论；意见大同小异时，求同存异；很难一致又可以延期结论时，下次再议。

3.掌握好自身发言时机

秘书主持的会议，会议议题一般都是与自己单位或部门的工作密切相关的。主持人在会议上不能置身于外，特别是自己对议题有较好的意见和看法时，更要抓住时机进行发言，展示自己的能力，可以让与会者及领导更深刻地认识自己。但秘书作为主持人时,要注意以下几点:一是主持人的表态发言,要紧扣议题,并且与议题说明、作会议结论明确分开。二是主持人除非是在首先冷场的情况下,否则不宜率先发言,先表露自己的意见,那样容易给与会者定调子的感觉。即使主持人有较高的才华,有高于众人的方案,也要等会议讨论至中间以后才表达。三是主持人的发言,情绪要缓和、态度要客观,不可过于强调自己发言的内容,以免影响与会者的积极性。

（三）会议总结技巧

每场会议结束必须要有结论,否则整个会议就不完整。会议的结论一般有两种形式。

1.请与会的领导或者其他身份较高的人员作总结讲话

一般会前主持人要同参会的领导进行有效的沟通,确定领导是否要进行总结讲话;如果领导的讲话已经能够全面的概括会议的情况,那么主持人就不需要再进行会议结论。

2.由主持人总结

会议结论一般要讲两个方面的内容:一是对会议的过程、发言氛围、会议纪律等进行简明扼要的小结,该赞扬的赞扬、该批评的批评,要实事求是。二是对会议的发言内容、主要收获(统一了哪些思想,提高了哪些认识,研究解决了哪些问题等)加以概括,做出评价。需要注意的是如果与会者的意见出现了较大的分歧或者又衍生出了其他比较重要的议题,主持人在总结时要特别注意,不能强行做出与原先议题一致的结论,可以用"对会议的其他议题,会后再进行讨论或者再组织相关会议进行研究","大家谈得都很好,最终意见以公司文件或会议纪要的形式体现"等较模糊的语言作结论。此外,有时还须对会议结论的贯彻情况作个简要的安排。

三、灵活机智处理会场突发情况

"金无足赤,人无完人",会议上总会出现一些意外情况。一些是由于会议的组织者安排不细致或者会场出现的一些物品原因造成的,如会议资料准备不细致、停电、话筒有问题等,这些与主持人的关系不是很密切,一般也不会影响到会议的正常进行。另一些则是由于与会者的原因而出现的一些问题,如冷场、离题、争吵等,这些都需要主持人及时、灵活、妥善处理好,否则会直接影响会议的效果和进程。

（一）出现冷场的处理办法

冷场,是指全体与会者在某一时间段内对议题不发表任何意见。冷场对会议的影响是不言而喻的。

常用的处理冷场的方法有三种,一是点名式。直接指名道姓要求某位与会者回答或发言。如"请人力资源部高经理就上月度奖金分配有关情况进行说明"。采用这种形式,一般要求发言者对问题较熟悉或者主持人认为发言者特别希望对这一问题进行发言。二是轮流式。要求每位与会者对议题轮流发表意见。如"大家对本次交通车路线调整有什么看法,都提提"。采用这种方式,要求与会者的身份不高于主持人,并且会议的氛围较宽松,议题不严肃。三是解说式,再次把会议的议题、目的、意义向与会人员进一步阐述,一方面尽可能给大家准备发言的时间,并通过解说打消与会者的疑虑,引导大家发言。此外主持人还可以设计一些带启发性的问题;或用适当的插话或评点,引发新的火花,引导大家发言。

(二)出现离题的处理办法

离题也是会议常见的情况,尤其是气氛活跃,与会者情绪放松的时候。离题时主持人需巧妙引导,如直接生硬的说:"请大家不要跑题"会影响大家情绪,最好的办法是在接过议论中一句贴着议题边缘的话,顺势引申,使讨论回到议题上来;也可以时间不多为由,重新提出需讨论的问题,扭转离题。

(三)出现分歧的处理办法

由于议题本身的复杂性、与会者观点相异或人际关系紧张等因素,会场往往会出现分歧。当出现分歧时,主持人要根据不同的情况来处理,对议题的不同看法引起的分歧,要积极主动地鼓励大家发表不同意见,尤其要高度重视多数人的不同意见;对以议题理解错误的争论,主持人要即时把双方引导到实质性问题上来;对由人际关系引发的争执,主持人也要适时恰当的加以制止和调停。

◎ 综合训练

一、青年工人座谈会

实训目标:通过本实训掌握上司正在开会时处理来电的一般方法。

实训背景:公司团委张书记邀请秘书小王参加一个青年工人座谈会,请王秘书主持。此次会议主要是想了解当前公司青年工人在工作、学习的情况,并想征求一下对公司工资改革方面的建议和意见。

实训内容:按照主持会议的要求,请王秘书做好参加会议的准备,并设定好开场白和议程等。

实训要求:

1.地点:本实训可选择在模拟的会议室进行。

2.形式:实训应分组进行,可以8~10人一组,其中1人扮演张书记,1人扮演王秘书,1人进行监督和评价,其余人员扮演参会人员。每人都要轮演王秘书。

3.要求:每个同学在演练过程中一定要严肃认真,言行符合规范。每个同学最好都能按照实训内容设计演练的脚本(包括情节和台词),并给本小组成员分派角色。

4.老师可以临场发挥,比如增设模拟角色和任务;在同学们演练时,组织其他同学对表演进行评论。

实训提示：

1.衣着符合会场氛围。

2.语气要注意同青年工人讲话，不要老气横秋，要体现青春活力。

3.要能够调动青年工人发言的积极性。

4.要同青年工人形成良好的互动。

实训总结：

学生自我总结	
教师评价	

二、客户座谈会

实训目标：主持人如何处理一些影响公司的意见。

实训背景：公司正在召开一个客户座谈会，由秘书大周来主持，参加会议的人员有公司领导、相关部室及二十余位客户。会议进行得比较顺利，但在征求客户意见这一环节时，有三个客户提出了不同的意见：一位客户反映公司的售后服务跟不上；第二位客户反映公司产品价格偏高；第三位客户居然反映前台接待小姐不漂亮，影响公司的形象。

实训内容：按照实际情况演练召开客户座谈会时秘书对客户不同意见的处理

实训要求：

1.地点：本实训可选择在模拟的会议室进行。

2.形式：实训应分组进行，可以 8～10 人一组，其中 1 人扮演大周，1 人扮演领导，3 人分别扮演客户，1 人进行监督和评价，其余人员扮演参会人员。每人都要轮演王秘书和 3 个客户。

3.要求：每个同学在演练过程中一定要严肃认真，言行符合规范。每个同学最好都能按照实训内容设计演练的脚本（包括情节和台词），并给本小组成员分派角色。

4.老师可以临场发挥，比如增设模拟角色和任务；在同学们演练时，组织其他同学对表演进行评论。

实训提示：

1.如果对方是比较理智的,可在不影响会议大局的情况下,简明扼要地陈述自己的观点,使对方诚服。

2.如果对方是比较冲动的,应当作冷处理,停止争执,待会后再作处理。

3.如果是公司的过失,应当诚恳地道歉并表示改正。

实训总结：

学生自我总结	
教师评价	

◎ 知识拓展

参加洽谈会应注意的事项

洽谈会是存在某种关系的各方,为了保持接触、建立联系、进而合作,达成交易、拟定协议、签署合同、要求索赔,或是为了处理争端、消除分歧,而坐在一起进行面对面协商,以求达成某种程度上的妥协的会晤。根据洽谈会举行的地点的不同,可以分为客座洽谈、主座洽谈、客主座轮流洽谈以及第三地点洽谈。

出席洽谈的人员在仪表上必要有严格的要求和统一的规定。男士一律应当理发、剃须、吹头发,不准蓬头乱发,不准留胡子或留大鬓角。女士则应选择端正、素雅的发型,并且化淡妆,但是不可做过于摩登或超前的发型,不可染彩色头发和化艳妆,或使用香气过于浓烈的化妆品。在着装上讲究简约、高雅、规范、正式。男士应穿深色三件套西装和白衬衫,打素色或条纹式领带,配深色袜子和黑色系皮鞋。女士则须穿深色西装套裙和白衬衫,配肉色长筒或连裤式丝袜和黑色高跟或半高跟皮鞋。

崔伟刚刚参加过本厂与某公司的一次洽谈会,目的是达成一项长期供货协议。按道理说,由于事先进行了充分的沟通并有过愉快的合作经验,这次洽谈的成功几率很高,甚至可以说是十拿九稳。但出乎大家意料的是,在洽谈会上,对方负责人一句话就推翻了此前达成的初步意向,双方不欢而散。对于发生这种意外的原因,崔伟虽然有所察觉,但又不便明说。

原来,洽谈会当天,厂长或许是因为觉得把握比较大,洽谈会只是走过场,心态放松,身穿 T 恤,脚蹬旅游鞋就登场了。他的助理更是离谱,身着紧身衣,领口开得别人不好意思看,手镯、项链、耳环全副武装,让人眼花缭乱。对方的经理和助手则是一身正装,对比鲜明。一见面,对方经理的脸色顿时阴沉下来。会谈开始后,经理的态度非常冷淡,当双方因为一个细节发生无关大局的分歧时,他便一举推翻了先前达成的共识,洽谈会也陷入了僵局。崔伟偶然听到对方经理对下属说:"他们太自以为是了,这身打扮来谈判,说好听的是不重视谈判对手;说不好听的,是素质低。跟他们合作,谁放心啊?"

但在洽谈会上,不乏这样的人:男的穿夹克衫、牛仔裤、短袖衬衫、T 恤衫,配旅游鞋或凉鞋;女的则穿紧身装、透视装、低胸装、露背装、超短装、牛仔装、运动装或休闲装,并浑身上下戴满各式首饰,从耳垂一直"武装"到脚跟。这身打扮的人,留给他人的印象,不是不尊重自己、不尊重别人、不重视洽谈、自以为了不起,就是没有一点教养。在着装上失礼于人,有时会带来严重的负面影响。

在洽谈过程中,要以礼待人,尊重对手,要排除一切干扰,始终如一地对自己的洽谈对手讲究礼貌,时时、处处、事事表现得对对方不失真诚的敬意。在洽谈会上,能够面带微笑、态度友好、语言文明礼貌、举止彬彬有礼的人,有助于消除对手的反感、漠视和抵触心理。与此相反,假如在洽谈的过程中举止粗鲁、态度刁蛮、表情冷漠、语言失礼,不知道尊重和体谅对手,则会大大引发对方的防卫性和攻击性,无形之中伤害或得罪了对方,不自觉地为自己增添了阻力和障碍。

(摘自陈国强编著的《办公室礼仪与口才》,中国经济出版社 2008 年版)

◎ 相关链接

1. 如何克服会议发言的"怯场"心理

有的人一旦到了需要当众发言的时候,就开始心情紧张、舌头打结、手足无措、语无伦次、令人难堪。

国外有一项调查显示:有 45％的人害怕当众讲话,而只有 30％的人害怕死亡。这种当众讲话的紧张、恐惧的心理被人们称为"怯场"。尤其来听的人越多,越容易产生怯场,而面对熟悉的听众,我们在发言时会比较放松。而准备越充分,就越能减轻压力。

应付会议发言的怯场心理,首先要做好充分的准备,不仅仅是对自己的发言内容的熟悉,也包括详细了解会议的有关情况,如会议的议程、对与会发言者的要求、参加会议人员的情况以及他们可能提出的问题、对你发言的反对意见等,甚至包括场地的大小、有无话筒、座次的安排等,了然于胸了,在发言时,紧张的心理就会得到克服或减轻。

一旦临场出现了紧张情绪,可以采取一些方法缓解或消除怯场的情绪:

深呼吸,把手放在自己的肚子上,用鼻子或嘴平静地作深呼吸。这时你能感觉到自己的横膈膜和胃开始膨胀,然后又缩回去。不但在临场时可通过这方法放松,平时也可以作类似的深呼吸。

肌力均衡运动,是指有意识地让身体某一部分的肌肉有规律地紧张和放松。如可以先握紧拳头,然后松开;也可以固定脚掌,作压腿,然后放松。这项运动的目的在于让某部分的肌肉紧张一段时间,然后不仅能更好地放松那部分肌肉,而且能更好地放松整个身心。除此之外,适时地转移一下注意力,把精神集中在其他人的发言或某个与会者的身上以及其他能够吸引你注意力的地方,跟身边的人交换一下观点,甚至是聊点题外话,都有助于放松自己,减轻、消除怯场心理。

如果这些办法都不能有效地消除怯场,紧张情绪一直带进发言中,该怎么办呢?

国外的培训专家提出了一套有助于从根本上克服怯场心理的有效办法,那就是在当众讲话的过程中,与听众建立起对话,如果你能把当众讲话变成与听众之间的对话,不仅可以让自己摆脱紧张情绪,还能使自己的讲话打动人心,赢得听众的欢迎。会议发言时与听众建立对话,就要设法使自己的发言引起听众的回应。回应不一定是听众在口头上作出的,听众的笑声、掌声、专注地听讲、点头、微笑、赞同的表情,都可以是回应的形式。

2. 会议态势语的使用

在向人们解释某个问题时,要让你的一只手自然地放在一边,或采用手心向上的动作,这样显得坦白而真诚。无论你讲的主题是多么严肃,偶尔微笑,而不是咧嘴大笑,这总能帮助你赢得更多的支持。眼睛也不时有意地环视会场上的每个人,就好像是你在对某个人发表演说一样。不要回避或鄙视那些诋毁者的眼光,让他们也抬头看你,可以显示你的自信和坦然,甚至可以化干戈为玉帛。发言中说教式的动作并不能获得信任,那只会引起别人的反感,例如那些可笑的指指点点表示强调,坐在台前交叉握双手,手指撑出一个高塔形状的动作。千万不要摆出双手紧握或双臂交叉胸前的防卫姿势,这些动作只能说明你比较保守。

任务三　秘书调研访谈的语言技巧

◎ 学习目标

通过本项目训练,结合秘书工作实际,设置情景,使学生掌握调研访谈的基本方法及语言技巧,做到行为准确,达到调研访谈的目的。

知识目标

• 通过讲授调研访谈的方法和语言表达的要领,使其掌握调研访谈的方法及技巧。

能力目标

• 根据学习目标,按照调研访谈的进程,以情境设计为内容,采用角色扮演法和重点强化训练,安排学生扮演不同角色,指导学生掌握调研访谈的方法,尤其进行相关的语言技巧训练,并感受其内在奥秘,使其在情景演练中获得真切感受,从而感受调研访谈的特点以及所需的基本技巧,通过提高其话语表达的质量来提高其语言沟通和交际行为的能力。

◎ 参考课时

2 学时

◎ 导入案例

国外某国一食品工业公司,派一批调查员去市场上了解某公司色拉调料的销售情况。一调查员在市场见到一个男士便问:"先生,您好。我是××公司的信息调查员,我想了解一下,您是喜欢吃放色拉调料的莴苣菜呢,还是不喜欢吃放色拉调料的莴苣菜呢?"

该调查员运用了是非式提问,因此使提问及回答均很简单明了。

◎ 理论知识

在秘书工作中,对信息获取是一项重要的内容。信息是领导决策的依据和基础,提高信息质量是信息工作的永恒主题,也是秘书工作的主要内容。这就要求秘书部门在日常工作中要做好信息材料的综合处理,搞好调研访谈工作,获取准确的信息,为领导提供准确、有效的信息。

调查访谈中如何开头是重点,万事开头难。秘书进行访谈调查,往往首先最容易遇到的是被调查者的沉默,要打破这种"僵局",迅速调节气氛,调动对方的情绪,秘书不妨投几块"石头",在调查对象的头脑中溅起一点思绪的浪花,让他们尽快打开思维的闸门。诸如先把本次调查的目的、背景和研讨事宜交代一下,以启发对方的思路。还可以用简洁的语言提问,或采取旁敲侧击、引而不发的办法先提一个问题,使调查的问题简单化、明朗化,以便迅速打开访谈局面。

一、提问

一名优秀的调研人员,首先应当是一名高明的提问者。他的高明之处就是善于把自己的政治水平、社会阅历、学识口才、聪敏机智等各种能力融汇到提问之中,让受访者跟着自己的思路走,从而顺利地得到调研所需要的东西。

要想成为高明的提问者,必须讲究提问的方式,掌握提问的技巧。要问得好,问得巧,才能问出根由、来龙去脉和细节。

(一)讲究提问策略

人的性格千差万别,人的情绪千变万化:有的人侃侃而谈,有的人不善言辞,还有的人顾虑重重、推托不讲。当受访者侃侃而谈、收不住话匣时,就要适时地打断对方,将谈话引向正题;遇到怕说错话、推托不讲的受访者,则要讲明调研目的,解除其后顾之忧。

对于涉及个人情感、判断等较为敏感的问题,可以先设计一段功能性的文字,或将可能的回答转移到别人身上,请被调查者对别人的回答作出评价;对于可能涉及调查对象与其所在单位利害关系的问题,可以先用一个假言判断作为总的前提,让被调查者谈对这一判断的看法,这样会形成一个"缓冲地带",使被调查者易于接受并可能作出回答。如"假如允许专业人员自由流动的话,您是否愿意继续留在本单位工作"或"如果当时对方态度再缓和些,你会克制自己的伤害行为吗"。

对于可能引发调查对象心理压力的问题,可结合身边发生的实例,先指出该问题或行为有一定的普遍性,让被调查者对这种"普遍现象"进行判断,以减少其真实回答的心理压力。"主管部门挪用经费并不是个别现象,有的甚至超过了下拨金额的一半。据了解,你们单位上年度也有这样的问题,你们挪用的金额……"

(二)注意提问的顺序

随意提问会使受访者的思路受阻,容易引起对方的反感。因此,提问要言之有序,要讲逻辑性,循序渐进。有序提问,既便于对方的回答;自己整理材料时也能脉络清晰,出稿顺利。提问一般以时间或逻辑顺序为序,由易而难,由表及里,由浅入深,由近及远,由此及彼;而不能东一榔头西一榔头的。总的来说,要使提问的顺序有利于对方的回答,有利于自己获得有用素材的角度设计。

(三)问题具体明确

对于涉及多方面或多因素的问题,要保持内容的单一,不要把两个或两个以上的问题合在一起提。对于需要得出定性结论类的问题,尽量不要用模棱两可、含混不清或容易产生歧义的词语和概念。如果问题笼统空泛,受访者会茫然不知所措。因此,提问要有针对性,问得浅显、明白。否则,对方回答起来容易出现南辕北辙、文不对题的情况。如"你们单位的落后面有多大"这样的问题就很难让人回答,对于一些"也许"、"好像"、"可能"等词语要避免使用,而用确定性的概念代替。

(四)灵活拆分问题

对于调查对象不便或不愿意回答的问题,可在不改变调查核心的前提下,灵活改变提问的内容和方式,从其他角度获得调查信息。调研人员应善于把一个问题分解成若干明确具体的小问题,尤其对那些文化水平较低、不善言辞的访问对象,问题更要具体明确。

如对企业改制作调研时,问企业老总:"你们企业的改制搞得怎么样?"这样的问题就不好回答,太大了,很抽象,且对问题的设计口气很不好。有经验的调研员则会将这样的问题具体化,分解成几个小问题:

"你们这里的改制是什么时候开始的?"

"原来的企业体制有哪些弊端?主要表现在哪些方面?"

"改制过程中遇到了哪些困难和阻力?是如何克服的?"

"你们现在实行的是什么样的管理体制?"

"实行新的管理体制以后生产效率提高了没有?提高了多少?"

这样拆分后,问题就很具体,针对性增强,受访者就会感到有话可说,也乐意回答。要做到提问具体明确,需要避免问题的冗长,问题提得越长越大,对方可能回答得越简越短。要避免提那些需要进行解释的问题。如果提出的问题,还要进行一番解释,说明这个问题应该放弃;如果需要用三句以上的话甚至连篇累牍地去解释,说明这个问题不成熟,应当再作调整。

(五)善于寓问于谈

提问前,先将问题写在本子上,然后向受访者一一提出,这样做能够对提出的问题的结构进行充分的考虑。但是,照着本子提问对受访者来说总有一种不平等的感觉,缺乏人情味,容易形成"一问一答"的呆板过程,使受访者消极应对。

提问时,调研人员要善于满足受访者的自尊心,将提问融入谈话中,调动其回答问题的积极性。要善于倾听,不轻易放过谈话中的任何一句话,适时插话,促使对方集中注意力,谈出所需要的内容。要像小学生一样,对事物充满好奇心,学会做忠实的听众;切忌只顾发问,忽视与访问对象的交谈。

对于征询"态度"性的问题,不能用诱导性和倾向性的用语。因为这些用语已经包含了明显的倾向性,被调查者往往在趋同心理的支配下会作出肯定或否定的回答,却不一定是他们真实的看法。

(六)多种提问方式并用

提问的目的是为了了解受访者的观点,而不是把自己的观点强加给受访者,也不是让受访者印证你的观点。你要让受访者回答你的问题,就必须让他对你所提的问题感兴趣,不能简单地用"是"或"不是"来回答。

提问要开放式问题和闭合性问题并用。以开放式问题为主;要正问、反问、侧问、追问、设问等多种方式综合运用,相机而行,机智灵活。

(七)善于即兴提问

提问是调研中非常见功力的一个环节。事先准备的问题与实际情况不相关或者超出想象,这在调研中是屡见不鲜的。一旦出现这种情况,调研人员必须根据现场实际情况即兴提问。

好的问题,能激起受访者的谈兴,使他妙语连珠。当对方对所谈的问题稍显不大热情时，必须另选话题。调研人员脑子里的问题越多，而且能够跟上随时变化的情况，即兴提问就越能做到又准又深，打动对方，引起共鸣。

一要问得恰到好处。这指的是提的问题有特点、有个性。即兴提问要问自己最关心、最想知道，且只有对方才能回答，才能陈述观点的问题。有一年"两会"上，温家宝总理与中外记者见面会后说自己非常"遗憾"，原因是他最感到困难、最值得一说的"三农问题"没有记者提问。

二要问得有分量。即所提的问题有丰富的内涵和很强的概括力。调研人员要善于根据自己掌握的素材，概括、提炼有价值的问题。全国人大九届四次会议闭幕后的中外记者见面会上，新华社和新加坡《联合早报》的两位记者提出的问题虽说只有六七十个字，但朱镕基总理的回答都超过了千字。可见，两位记者所提的问题的分量之大。

三要问到点子上。所谓点子，就是关键、要害、节骨眼。调研人员要善于抓住疑问点，提出自己最需要、最感兴趣、最想知道却又疑惑不解的问题。

（八）要留有后路

不要以为访问一次就可以把别人的材料掏完。常常会出现回去后觉得还有问题要问，还有问题问得不清楚等情况。因此，在分手时一定要说上一句"可能还会有问题需要请教"之类的话。

提问是调研中最微妙的技术之一。它没有固定的格式，可以说是"运用之妙，存乎一心"。当然，提问的技巧与调研人员的素质也有着密切的关系。平时多积累，对提高提问的水平和问题的质量有着很大的帮助。

二、谈话

调研犹如采矿。调研的起步是谈话，谈话的好坏直接关系到调研的效果。娓娓而谈，据实而谈，亲切交流，深入探讨，是开掘和采得丰富"产品"的重要途径。第一手材料不丰富，调研文章定然写不好或写不出。

调研谈话要视不同的对象采取不同方式方法。一般而言，调研对象可分为三种类型：对调研感兴趣的、讨厌的和随便的。

由此可有如下五种处理的技巧。

（一）引导话题，建立感情

这是架起谈话桥梁的基础，也就是用话语或实物取得对方的信任，引出共同感兴趣的话题，使谈话气氛融洽，有利于相互之间的配合。如从双方共同的兴趣、爱好或双方都接近的观点或人中寻找对方感兴趣的话题。如斯诺夫人第一次见毛泽东时就拿出了当年斯诺给毛泽东拍的一张照片，结果气氛一下子就融洽了……同时，她还回忆起："在西安，我见到了王震。我说，我记得咱们是同年的。我在延安时是28岁，现在已是72岁了，你是不是也72岁了呢？这个问题引起了他会心的微笑。我们之间的气氛融洽了。当时，还有其他人在场，我就对大家说，我还会唱

《南泥湾》呢。于是,大家都笑了,要听听我的歌,气氛更活跃了。"这些都是调研之前建立感情、自然引出话题的技巧。

(二)打破沉闷,因势利导

从心理学的角度讲,与调研对象见面的那一刻,是对方心理活动最频繁、最紧张的"尖峰时刻"。调研者和被调研者之间产生一堵无形的墙。所以,要想达到最佳效果,首先要拆除这堵墙:一进被调研者的门,尽可能不要先站在那里与对方谈一大串有关调研的内容,此时对方一般听不进去,或听不周全,只需简单说明身份和来意后,就尽快地选择一个位置坐下来;趁落座或安置书包、取笔记本之机,迅速观察一下室内环境;拣对方最熟悉的、最感兴趣又最易回答的事闲聊,等双方慢慢地聊上了,再开始进入正题。

(三)化大为小,破题细问

事物是错综复杂的,且有一个形成的过程,调研时,不要笼统地问。想调研市场营销情况,不能是见到厂长经理,劈头就问:"请谈一下你们最近是怎么抓营销工作的?"这样会弄得对方半晌答不上话来。

要善于将错综复杂的事物进行分析归纳,熟悉和掌握事物形成的全过程,在这个基础上,把大的、总的问题分成若干个问题,一个个问题搞清了,大的、总的问题自然也就能得到回答。比如营销工作,可以这样提问:"你们是什么时候开始抓营销工作的? 当时是怎么想的?""请通过一个例子,说明你们是怎样抓营销的?""你们为营销工作制定了哪些制度? 像奖惩啊等。"

(四)东方不亮,西方会亮

调研往往目的明确,时间短促,但不要单打一,直来直去。要善于从多角度提问,若正面一时问不出,就从侧面问,要有磨功。要摆出"内紧外松"的姿态。对方冷,你要热,对方紧,你要松,寻找机会,一举突破。一记者采访模范军人吕士才,当时一直就苦于问不出特殊的细节材料,就采取了"闲泡"的办法,让周围的人回忆吕士才在战斗、生活中的情况,如吃饭、睡眠怎样等。闲谈中,听到有位救护员偶然说道:"有次吃饭时,听到吕大夫嘴里'嘶、嘶'地发出响声,我一看,他正在吃辣椒。"记者眼前顿觉一亮,吕士才病得如此厉害,加上肛瘘出血,怎能吃辣椒? 他敏感地想到这里可以突破。记者欲擒故纵地问:"也许是习惯吧?"对方即答:"不! 他在浙江绍兴长大的,后来一直生活在上海,从来不喜欢吃辣椒。""那么为什么偏偏在这个时候吃呢?"救护员解释道,因为病痛厉害,吕士才饮食难进,体力备受影响,连握手术刀的手都抖动不止,为了增强食欲,保持体力,完成任务,才不惜用辣椒刺激胃口。

(五)讲究策略,激问错问

激问是在正面、侧面无结果的情况下,采取刺激办法,即我们常说的"激将法",把对方的情绪激奋起来,乘机打开缺口,乘热追问。错问,就是故意从事实反面设问,以造成对方的震惊、否认。要否认就要摆事实讲道理,就像平时的"抬杠"一样,以辩得真理。这些方法一般适用于谦虚、有顾虑不愿谈、高傲不屑谈等对象。如企业的经济剖析,有些人不愿讲,有些项目不敢讲,有些数据讲不出,但我们要降低成本出效益,就必须清清楚楚了解,了解不到就可采取激问、错问的方法。

最后,调研访谈的"收口"也是很重要的。有时调查时间有限,调查对象又较多,如遇到一些长篇大论、重点分散或内容重复的发言时,秘书应该通过插话、转题、提醒等方式,巧妙地让发言者突出主题。在提醒发言人时,要注意语气和技巧,要按对方的文化程度、年龄、阅历等方面的不同来选择插话的方式,防止对方产生逆反心理,使访谈难以正常、顺利进行。

◎ 综合训练

1.实地调查

实训目标:通过本实训掌握用实地调查的方式收集信息的一般方法。

实训背景:公司改制了,由原有的国有企业改为私营为主的股份制公司。公司董事长兼总经理采取的第一项措施就是实行"末位淘汰制"。公司颁布实施这项制度已经一个月了,公司一千多名员工的反应如何? 是否真正提高了每一位员工的工作积极性了? 尽管公司各职能部门和分厂送上来的汇报都说好,但董事长仍让秘书郑维经常到各部门、特别是各车间的班组走走,收集员工的真实看法,因为马上就要到年底了,末位淘汰制要兑现了。

实训内容:按照实际情况演练实地调查。

实训要求:

1.地点:本实训可选择在模拟的办公室或教室进行。

2.形式:实训应分组进行,可以5人一组,其中1人扮演郑维,1人扮演董事长,2人扮演被调查的员工,1人进行监督和评价。每人都要轮演郑维、董事长和员工。

3.要求:每个同学在演练过程中一定要严肃认真,言行符合规范。每个同学最好都能按照实训内容设计演练的脚本(包括情节和台词),并给本小组成员分派角色。

4.老师可以临场发挥,比如增设模拟角色和任务;在同学们演练时,组织其他同学对表演进行评论。

实训提示:

注意实地调查的方式和方法,并可以使用调查问卷的方式。对信息的收集可参考"知识拓展"。

实训总结:

学生自我总结	
教师评价	

2.帮上司熟悉行业情况

实训目标:通过本实训了解收集行业信息的一般内容。

实训背景:郑维的上司人力资源部副总经理因刚从其他业务部门调来,他想熟悉本部门的情况。于是,他委托郑维给他提交一份有关公司人力资源情况及该行业的基本情况的介绍。

实训内容:按照实际情况演练收集行业信息。

实训要求:

1.地点:本实训可选择在模拟的办公室或教室进行。

2.形式:实训应分组进行,可以4人一组,其中1人扮演郑维,1人扮演副总经理,1人扮演被调查对象,1人进行监督和评价。每人都要轮演郑维、董事长和被调查对象。

3.要求:每个同学在演练过程中一定要严肃认真,言行符合规范。每个同学最好都能按照实训内容设计演练的脚本(包括情节和台词),并给本小组成员分派角色。

4.老师可以临场发挥,比如增设模拟角色和任务;在同学们演练时,组织其他同学对表演进行评论。

实训提示:

行业信息主要是有关该行业的基本情况、发展。

实训总结:

学生自我总结	
教师评价	

◎ 知识拓展

调查访谈的若干技巧

一是要善于向被调查对象亮一亮某领导或领导机关的"牌",讲清领导、领导部门委托调查的要求及有关事宜,以引起对方的重视。

二是要对调查提纲、内容进行认真审定,充分研究调查内容是否与被调查单位工作紧密相连,是否结合基层实际,是否能有的放矢地解决问题。

三是要尽可能在调查前,从侧面摸清对方的一些基本情况,如个人的经历、性格特点、政治态度及兴趣爱好等,本着实事求是而又不失风趣的原则,在调查中灵活自然地对调查对象本人的特长或工作成绩予以肯定,使其合作愉快并顺利进行下去。

四是要注意倾听,谦恭有礼。

五是善于打破开头的僵局,调动起对方的情绪。

六是要耐心细致地交流和有说服力的引导,使他们转变想法,有利于调查访谈的顺利进行。

七是要善于控制调查的气氛及节奏,使调查顺利紧凑地进行。

八是练就综合归纳的能力,能把访谈调查结果迅速梳理成有序的内容,并保证调查的全面性和准确性。

(选自黄莉《访谈调查的若干技巧》,吴欢章、陆娴琴主编《秘书技能》,上海文化出版社 2007 年版)

◎ 相关链接

1.信息素材的搜集方法

望。即观察、分析、思考。要从宏观着眼,微观入手,时刻观察、关注当前国际、国内的局势,以及社会政治、经济、文化、生产、生活等各个领域、各个方面。尤其对当前与经济建设有关的热点、难点问题应给予必要的重视。而且必须进行深度的、辨证的观察和思考。

闻。即广泛地听取并主动征求各方意见和建议。

但要遵循两个原则:一是本着实事求是的原则,力求事实确凿,数据准确、规范,不掺杂任何水分;二是严格遵循逻辑推理原则,反复推敲修正,杜绝失真信息的传递。并要经过调查研究。对听来的线索,要通过调研进一步核实,追根求源,弄清来龙去脉,对错漏之处要进行更正和补充,消除一切疑点,保证编发的信息言之有理、持之有故、查之有据、用之可信。

"听"的范围很广:新闻广播、大会小会、茶余饭后、街谈巷议等。信息工作要会"听"善"听"。

问。这是捕捉信息素材的一种有效途径。经常动口问一问,会有意想不到的收获。老朋友相见,问一问"最近忙什么",捕获的信息最为直接;新朋友相识,问一问"在哪儿工作,主要业务是什么",又增加了一条捕捉信息素材的渠道。在工作应酬中,可以问问"工厂生产近来如何"、"公司经营情况怎样",在日常的迎来送往中,也可以问问"小孩子在哪里上学,学费每学期交多少",从中了解学生的学费负担情况。一问之下,往往可得到一些重要的信息素材。

切。指的是信息的搜集和捕捉也要抓重点、主要矛盾和关键环节,从而能多层次、多角度地反馈,为领导的科学决策和指导工作提供依据。

(选自王飞《信息素材的捕捉》,吴欢章、陆娴琴主编《秘书技能》,上海文化出版社 2007 年版)

2.设计调查问卷的注意点

一忌语义模糊、笼统;

二忌使用带有感情色彩和倾向性的词语;

三忌一题多问;

四忌答案不全;

五忌答案重复;

六忌问敏感问题和社会禁忌问题;

七忌用否定词。因为人们在快速阅读时,容易忽视否定词,否定词往往达不到否定的目的。

(选自李连成《设计调查问卷应注意的几个问题》,吴欢章、陆娴琴主编《秘书技能》,上海文化出版社 2007 年版)

任务四　秘书接、打电话的技巧及语言艺术

◎ 学习目标

通过本项目训练,结合秘书工作实际,设置情景,使学生掌握接打电话的基本方法、技巧和礼仪,做到行为准确,达到电话沟通和交际行为的行之有效。

知识目标

● 通过讲授接、打电话的方法、技巧和语言表达的要领,使其掌握现代电话沟通的一般规律。

能力目标

● 根据学习目标,按照电话接打的基本礼仪接听各种电话,以情境设计为内容,采用角色扮演法和重点强化训练,安排学生扮演不同角色,指导学生掌握接、打电话的方法、技巧并感受其内在奥秘,使其在情景演练中获得真切感受,从而感受电话交流的特点以及所需的基本技巧,通过提高其话语表达的质量来提高其电话的语言沟通和交际行为的能力。

◎ 参考课时

2 学时

◎ 导入案例

应届大学毕业生林林近日在华立房地产公司实习,其职位是经理助理李萌的助理。李助理让林林先负责电话的接、打工作。林林觉得这实在是太简单了。这不,电话铃响了。

林林拿起电话,声音圆润地说:"你好,华立公司,请讲。""华立吗,你们王总在吗? 我有要事找他。"电话里传来对方焦急的声音。林林一看,王总正在办公室里看文件,立即说:"王总在,你稍等。"林林放下话筒,走到王总身边:"王总,你的电话。""谁打的电话?"王总问。"不知道,好像挺着急的。"林林答道。只见王总一皱眉,拿起话筒。不一会儿,林林听到王总在电话里和对方吵起来。王总挂了电话后,生气地对林林说,以后有找我的电话先问问清楚。林林脸红了,但一脸茫然。

这时,电话铃又响了。林林拿起电话,没精打采地说:"你好,华立公司,请讲。""请问李助理在吗?"对方轻声地问道。林林吸取刚才的教训:"请问你是哪位?""我是她的男朋友。""哦,那请你稍等。"林林想这个电话肯定要传给李助理。她看到李助理正在对面的办公室复印资料,于是大声喊道:"李助理,你男朋友的电话,快来接。"只见李助理一脸不高兴地匆匆赶来,边走边说:"轻点,轻点,别大声嚷嚷。"

这时桌上的两部电话同时响了起来,林林拿起一部,没好气地说:"你好,华立公司,请讲。""我是周洲,请转告李助理,我明天9点下飞机,叫她派车来接,同时带上编号 TG5193 的那份合同,我有急用。千万别忘了。"这个电话的声音有些含糊不清,显然是用手机从远处打来的。

另一部电话仍然在响。林林拿起电话:"喂?""化工公司吗,我找李主任。""什么化工公司?""你们是生产肥料的嘉华化工公司吗?我找销售部李主任。""我们是华立公司,你打错了。"说完把电话重重地一挂。

没想到,接电话这么烦,林林刚想喘一口气,这时李助理走过来问。"林林,周副总有没有来过电话?""是叫周洲吗?刚来过。"林林想起了要通知李助理的那个电话。"他说了些什么?"李助理问。"他说要你接机,好像还要带份文件。""哪个航班,几点,哪份文件?"李助理问道。"这个,我记不清了……"林林红着脸低下了头……

◎ 理论知识

一、秘书接、打电话的重要性

在日常生活和工作中,用来获取、传递、利用信息的通信工具有多种多样,被誉为"顺风耳"的电话早已成为现代人重要的、不可缺少的交际工具和基本的沟通手段之一。就秘书而言,接触最多的交际工具也就是电话了。在所有电子通信手段中,它出现得最早、使用得最广。通过电话,不但可以及时、准确地向外界传递信息,而且还能够借此与交往对象沟通、保持感情。良好的电话交流具有很强的凝聚情感作用,电话的重要功能就是对人际关系的调解。从一定意义上说,电话交际是人际关系和谐发展的调节器,人们电话交流规范,有助于增强对方的被尊重感,由此建立起彼此之间友好合作的关系;并能在一定程度上缓和甚至避免不必要的矛盾和冲突。一般来说,对方受到尊重、礼遇、赞同和帮助就会产生吸引心理,形成友好关系,反之则会产生敌对、抵触、反感,甚至憎恶的心理。在现代生活中,人们的相互关系错综复杂,在平静中会突然发生冲突,甚至采取极端行为,良好的电话沟通能使冲突各方保持冷静,缓解已经激化的矛盾。

如果秘书能够自觉主动地在电话交往中遵守礼仪规范,按照礼仪规范约束自己,就容易使人际间感情得以沟通,建立起相互尊重、彼此信任、友好合作的关系,进而有利于公司事业的发展。

二、秘书接、打电话的基本要求

(一)礼貌

不管什么样的人打电话过来,都要认真接听;即使对方对本公司有成见,说话比较粗鲁,也应以冷静而敬重的态度与对方说话。有时候,对方拨错了电话,如果你回答"这里是某某公司,您是否打错了电话",将有助于公司形象得到提升。

（二）亲切

在使用电话时,应该想到对方就站在自己的面前与自己谈话,这样就能避免机械应答,会让对方感到亲切。

（三）配合

对于秘书来说,经常会出现这种情况:某个部门接到客户提过分要求的电话,觉得自己处理不了,但又碍于业务上的往来不方便直接拒绝对方,便让对方把电话打到秘书部门来,因为他们觉得秘书部门比自己更方便拒绝客户。秘书对于这种电话应积极配合,不能过于计较。如果对方通情达理,就把上司实在没空接听的道理说明一下即可,如果不是那么明理的客户,你的回答要注意分寸,即使在电话里,语气也要委婉。

（四）熟悉公司各部门的业务范围

如果你的公司是负责研发的,可客户询价的电话却打到了你这里,在这种情况下,你不能以一句"打错了"就把对方的电话挂了,而是应该热情地告诉对方销售部门和具体负责人的姓名和电话,如有可能,应把他的电话转过去。

三、秘书接听电话的技巧及常用语

（一）秘书接听电话的技巧

1. 做好准备

秘书应在电话机旁预备好电话记录的纸和笔,养成随时做电话记录的习惯。有些秘书自恃年轻,记忆力强,不喜欢做电话记录,但是,秘书接触面宽,工作范围广,如果不做电话记录,就有可能出现遗漏或张冠李戴的现象。电话记录应包括以下几项内容:

时间(接电话的时间);

是谁打来的;

打给谁的;

电话的内容;

接电话人的姓名(当然是秘书本人);

处理的结果,如替他人传达,则让对方稍后再来一个电话或给对方回电话等;

对方的电话号码。

2. 不让电话铃响超过三声

电话铃一响,就要赶紧拿起电话,最好不要让电话铃响超过三声。如果你一时忙得腾不出手来,让电话铃响超过三声,那么拿起话筒后就要赶紧向对方道歉:"对不起,让您久等了。"

如果是直拨电话,拿起话筒后第一步就应自报家门:"某某公司,我是某某。"很多人习惯一接通就直接说要找某某,遇到这种情况,你还是应该自报家门;对此对方并不会觉得你话多,相反他会感到你很有礼貌。如果是通过总机转进来的电话,那你就应当说"这是总经理办公室",并告诉对方你的姓名;如果不是找你的电话,就应告诉对方正确的电话号码或帮对方转过去。

3. 不随便说"在"或"不在"

碰到陌生人打来的电话,作为秘书你不能随便地这样回答对方:"在,请您稍等一下。"或者"对不起,他不在。"在没有弄清对方的身份和目的之前,你随便透露上司的信息,在这个竞争日益激烈的商业社会,随时都有可能给自己惹出麻烦来。

如果电话铃响后你拿起电话并自报家门:"这里是博雅公司,我是秘书林彬。""请问梁总在吗?"对方开门见山,这时你不要直接回答对方,而应这样反问对方:"请问您是……"在弄清了对方的身份和目的之后你再说:"请你稍等一下,我去看看梁总是否在办公室。"此时你可搁下话筒,去向上司请示如何答复。

4. 万能的"刚刚散会"

许多公司都有这样的规定,领导在开会时原则上不得接电话,所以,如果上司开会时有客人来电话找上司,只要不是很急的事,就不要让上司来接电话,应等上司散会之后再说。但这种情况下答复客人时,不能直接说上司正在开会而不能接电话。比如,年轻秘书平晓彬接到一个电话,对方要找施总,平晓彬回答:"您是天地公司的李总吧?我是施总的秘书平晓彬。您要找施总吗?实在不凑巧,施总正在参加董事会,估计会议要到 5 点钟才结束。回头我们再给您来个电话,您看可以吗?"表面上看这种回答似乎无懈可击,但是,对于平晓彬这样的回答,李总又会怎么想呢?"既然你们施总在公司,只不过是在开会,那为什么就不能抽几分钟来接个电话呢?你们不是经常高喊'用户就是上帝'的口号吗?为什么在这个时候你开会的事就一定比我的事重要呢?"李总可能越想越生气。所以,尽管平晓彬回答的语气委婉,态度谦恭,但这样的回答仍然收不到好的效果。如果你是平晓彬,在这个时候,你最佳的回答方式应该是:"实在对不起,施总刚散会,您有急事找他吗?"待对方说明他的意图之后,你便说:"请您稍等一下,我帮您去找一找。"这样你就可以去向施总悄悄汇报,听取他的指示,如果施总认为事情不急,不愿意去接电话,那么你就要这样回答对方:"实在对不起,这会儿不知施总上哪儿去了,回头见着施总,我们就给您去个电话,您看这样可以吗?"这样做,滴水不漏,对方完全可以谅解。

5. 上司不在时

有些秘书在接到对方要找上司的电话而上司正好不在的时候,往往直截了当地告诉对方上司不在。比如,对方问:"我是海昌公司的周强,请问施总在吗?"秘书答:"施总现在不在,估计 3 点钟左右回来,请您到时候再来个电话吧。"对方没有找到自己要找的人,本来就有些扫兴,再加上这么几句冷冰冰的答复,心里会是一种什么滋味呢?秘书是上司的助手,其身份和职责都不允许秘书这样对待上司的客人,所以,在这种情况下,应该这样回答对方:"实在抱歉,施总现在不在办公室,估计 3 点钟左右能回来。我是施总的秘书平晓彬,不知您有什么事,如果您认为方便的话,我可以转告他。"这时对方可能会说:"是吗? 那就不麻烦你了。等施总回来之后,请你转告他,说海昌公司的周强给他来过电话。我的电话号码是 87493879 转 1234 分机。"这么做双方都会觉得满意。

当上司不在时,接听电话需要注意以下几点:

(1)说明上司不在,向对方表示抱歉。

(2)没必要说出上司不在的理由和上司的去处。

(3)让对方了解自己的职责,主动承担转达的责任。询问对方能否待上司回来后再给对方打电话,如果必要的话还要问对方的联系方式。

(4)代替上司听取重要的事情时,将对方的主要意思(包括对方的电话号码)复述一遍。

6.不要让对方久等

在接到要找人的电话后,必须积极迅速地去找人,但是,让对方等的时间不宜超过三分钟。如果时间会较长,应在电话里再向对方说明一下:"实在不好意思,我去找朱××,您五分钟后再来个电话,可以吗?"总而言之,不能让对方手持电话等待太久。

7.应付各种推销电话

现在推销的电话越来越多。对于推销电话,不要这样直接地问对方:"对不起,请问您是谁?"或者"您推销什么?"如果对对方推销的东西不感兴趣,也不能简单地答复对方:"对不起,我们不需要。"或者"我们已经有了。"拒绝时要注意说话的语气和分寸,例如你可以这样回答对方:"对不起,我们已经有了,所以不能……不知您的意思如何?"这样就可以做到"买卖不成仁义在"。

(二)接听电话常用语

自报姓名:"林总办公室,早上好! 阳光公司。"

告诉对方就是本人:"我就是。"

自报家门:"我是林总的秘书小张。"

上司在办公室时:"请您稍等。"

上司不在办公室时:"对不起,他刚离开。"

上司出差了:"对不起,今天他出差了。"

上司在开会:"对不起,他在开会。"

上司离开座位了:"对不起,他刚离开座位一会儿。"

上司在接其他电话:"对不起,他正在接另一个电话。"

上司没出去,但是正在忙别的事,不想接电话:"他正在开会,有什么需要我转告的吗?"

请对方稍等一会:"对不起,请您稍等一会儿好吗?"

让对方等了比较长的时间："对不起，让您久等了。您是再等一会儿，还是等唐总办完事后我们再打电话给您？"

上司刚回来，不会马上就接电话："唐总刚回来，请等一会儿。"

稍后给对方回电话："回头我们给您电话好吗？"

请对方重复一遍时："对不起，请您再说一遍好吗？"

关于上司回公司的时间："我估计还有半个小时就回来了。"

关于会议结束的时间："我估计会议快结束了。"

查看日程表："我看一下唐总的日程表。"

关于上司有空的时间："他明天上午 10 点左右有时间。"

"他明天上午从 10 点到 11 点有空。"

征求对方意见："这时间是不是有点太迟了？"

"这对您是不是有点太迟了？"

"这对您合适吗？"

附和对方的意见："是这样的。"

"正是这样。"

接受吩咐："我明白了。"

四、秘书拨打电话的技巧及常用语

(一)提前作准备

打电话前要做到心中有数。向对方说明哪些问题，或者了解哪些情况，这些都要事先想清楚，必要的时候列个提纲。事先把有关文件、对方的电话号码和身份核实一遍也是必要的。

(二)要找的人不在时

电话拨通之后，你要自报家门，不能当对方一拿起话筒你就问："林总在吗？"这是缺少涵养的表现。而且，你在自报姓名时不能说得太快，要保证对方能听清楚。

如果接电话的不是你要找的人，这时你应该怎么办？一般来说，如果事情不急，你可以等对方回答之后再打一次电话，如果事情很急，你可以请接电话的人帮你转达。如果你想请接电话的人转达，应先问清他的姓名（可能的话还应问清楚他的职务）再决定是否请他转达。你在请对方代为转告之前，还要征求其意见："既然林总不在，那么，我想把事情对您说一下，请您在林总回来之后转告他，您看可以吗？"千万不要在对方没有表态之前自己就滔滔不绝地说开了。

(三)给对方的领导打电话

如果需要与某公司总经理通电话，即使你知道他的手机号码，在一般情况下也不应直接打给他，礼貌的做法是先找他的秘书。因为对方也是秘书，你可以先把自己的目的简单地说明一下，让他去向其上司汇报。在这种场合，你应向对方表示感谢："又给您添麻烦了。"或"您那么忙，实在不好意思。"如果你只是替自己的上司拨电话,那么,你应当在对方把其上司找来之前把话筒递给自己的上司。如果对方的上司已接了电话,你才说"请稍等一下,我是替某某拨电话",那是很没有礼貌的表现。

（二）打电话的常用语

找对方听电话时:"大唐公司。能请格林先生接电话吗?"

上司叫对方接电话时:"大唐公司。我们唐总请格林先生接电话。"

（三）挂断电话的常用语

对方要挂电话时:"谢谢您打来的电话,再见!"

自己要挂电话时:"非常感谢,再见!"

五、秘书电话接、打的艺术

作为秘书,应使电话的接、打给对方以美的感受,从而达到电话沟通、交流的良好艺术境界。具体应做到如下几点。

（一）树立美好的初次印象

当秘书打电话给某公司,若接通后,就能听到对方亲切、优美的招呼声,心里一定会很愉快,使双方对话能顺利展开,对该公司会有较好的印象。在电话中只要稍微注意一下自己的行为就会给对方留下完全不同的印象。同样说"你好,这里是阳光公司吗",如果声音清晰、悦耳、吐字清脆,就能给对方留下好的印象,对方对其所在单位也会有好印象。因此要记住,接电话时,应有"我代表公司形象"的意识。

（二）用心情感染对方

打电话时秘书要保持良好的心情,这样即使对方看不见你,但是从欢快的语调中也会被你感染,给对方留下极佳的印象。由于面部表情会影响声音的变化,所以即使在电话中,也要抱着"对方看着我"的心态去应对。

（三）声音判定秘书的素质

打电话过程中绝对不能吸烟、喝茶、吃零食,即使是懒散的姿势对方也能够"听"得出来。如果你打电话的时候,弯着腰躺在椅子上,对方听你的声音就是懒散的、无精打采的;若坐姿端正,所发出的声音也会亲切悦耳,充满活力。因此打电话时,即使看不见对方,也要当作对方就在眼前,尽可能注意自己的姿势。

（四）接听要准确迅速

秘书工作繁忙,桌上有时会有两三部电话,听到电话铃声,应准确迅速地拿起听筒,最好在三声之内接听。电话铃声响一声大约 3 秒钟,若长时间无人接电话,或让对方久等是很不礼貌的,对方在等待时心里会十分急躁,你的单位就会给他留下不好的印象。即便电话离自己很远,听到电话铃声后,附近没有其他人,也应该用最快的速度拿起听筒,这样的态度是每个人都应该拥有的,这样的习惯是每个秘书人员都应该养成的。如果电话铃响了五声才拿起话筒,应该先向对方道歉,若电话响了许久,接起电话只是"喂"了一声,对方会十分不满,会给对方留下恶劣的印象。

(五)记录要清楚认真

随时牢记 5W1H 技巧,所谓 5W1H 是指:① When 何时;② Who 何人;③Where何地;④What 何事;⑤Why 为什么;⑥How 如何进行。在工作中这些资料的记录保存都是十分重要的,与打电话和接电话一样,都具有同样的重要意义。电话记录既要简洁又要完备。

前面案例中的林林,之所以连接电话这种自以为很容易的工作都无法胜任,就是因为她没有实施 5W1H 的具体操作方法,这使她在第一份工作中就学到了教训。

(六)电话的沟通技巧

上班时间打来的电话几乎都与工作有关,公司的每个电话都十分重要,不可敷衍,即使对方要找的人不在,切忌粗率答复"他不在",就将电话挂断。接电话时也要尽可能问清事由,避免误事。对方查询本部门其他单位电话号码时,应立即查告,不能说不知道。

首先应确认对方身份、了解对方来电的目的,如自己无法处理,也应认真记录下来,委婉地探求对方来电目的,就可不误事而且赢得对方的好感。

对对方提出的问题应耐心倾听;表示意见时,应让他能适度地畅所欲言,除非不得已,否则不要插嘴。期间可以通过提问来探究对方的需求与问题。注重倾听与理解、抱有同理心、建立亲和力是有效电话沟通的关键。

接到责难或批评性的电话时,应委婉解说,并向其表示歉意或谢意,不可与发话人争辩。

电话交谈事项,应注意正确性,将事项完整地交代清楚,以增加对方认同,不可敷衍了事。

如遇需要查寻数据或另行联系的事情,应先估计可能耗用时间之长短,若查阅时间较长,最好不让对方久候,应改用另行回话之方式,并尽早回话。以电话索取文件时,应把握时效,尽快地寄达。

(七)注意挂电话的礼貌

要结束电话交谈时,一般应当由打电话的一方提出,然后彼此客气地道别,说一声"再见",再挂电话,不可只管自己讲完就挂断电话。

随着科学技术的发展和人们生活水平的提高,电话的普及率越来越高,人们离不开电话,每天都要接、打很多电话,每个人觉得打电话是很容易的事,对着话筒同对方交谈,觉得和当面交谈一样简单。其实不然,打电话大有讲究,可以说是一门学问、一门艺术。

如果说"文如其人",那么也可说"话如其人",用电话通话,互不见面,语言是唯一的信息载体。因此,电话交流不仅仅反映了秘书的情绪、文化修养和礼貌礼节,同时也代表了公司的形象素质。一个很小的几乎无人察觉的小细节,都可以给对方带来好感。秘书在做好自己分内事的同时,也要兼顾在电话细节上的礼仪,这样才能成为一名真正优秀的秘书。

◎ 综合训练

一、接、打电话的基本礼仪

实训目标:通过本实训项目掌握接、打电话的基本礼仪。

实训背景:今天是张婷正式到金鸿实业有限公司上班的第一天,由于总经理今天上午在自己的办公室召开小型销售会议,所以,作为总经理秘书,总经理安排她帮助接、打电话。十点钟左右,有 4 个电话来找总经理,一个是上海的经销商打来的,一个是总经理太太打来的,一个是公司董事长从香港打来的,还有一个是投诉电话。

实训内容:按照打电话的基本礼仪接、打各种电话。

实训要求:

1.地点:本实训可选择在模拟的办公室或教室进行,最好能配置真实的电话机。

2.形式:实训应分组进行,可以 3 人一组,其中 1 人扮演张婷,1 人扮演打电话的客人,1 人进行监督和评价。每人都要轮演张婷和打电话来的客人。

3.要求:每个同学在演练过程中一定要严肃认真,言行符合规范。每个同学最好都能按照实训内容设计演练的脚本(包括情节和台词),并给本小组成员分派角色。

4.老师可以临场发挥,比如增设模拟角色和任务;在同学们演练时,组织其他同学对表演进行评论。

实训提示:

接打电话应注意以下事项:

1.口齿清楚,而且不忘适时附和对方。

2.不要随便岔开对方所说的话题,但也不要一遇到问题就直截了当地问对方;一定要在听对方讲完之后,才开始发表自己的意见。

3.自己如果说的时间太长,就要不时停顿一下,听听对方的反应,总之要替对方考虑;不要只顾自己说话,要给对方提问的机会。

4.不管什么人打电话过来,都要认真接听;即使接到客户的投诉电话,也应以冷静而尊重的态度与对方通话。

5.一般来说,谁拨电话谁先挂机,但是,如果对方比自己的地位高,那就应该等对方挂机后自己才能放下电话。

6.注意自称。

实训总结：

学生自我总结	
教师评价	

二、替上司安排约会

实训目标：通过本实训项目掌握为上司安排约会的要点。

实训背景：宏地公司压了本公司的一笔巨额贷款，造成本公司流动资金短缺。为了解决这个问题，宏地公司原本答应给本公司担保，帮助向银行贷款，但他们的手续迟迟不送过来。这天一上班，老总就交代秘书张婷，让她尽快约请宏地公司的胡总，请他过来一趟，时间当然是越快越好。

实训内容：按照实际情况演练为上司约见客户。

实训要求：

1.地点：本实训可选择在模拟的办公室或教室进行，最好能配置真实的电话机。

2.形式：实训应分组进行，可以3人一组，其中1人扮演张婷，1人扮演打客人，1人进行监督和评价。每人都要轮演张婷和客人。

3.要求：每个同学在演练过程中一定要严肃认真，言行符合规范。每个同学最好都能按照实训内容设计演练的脚本（包括情节和台词），并给本小组成员分派角色。

4.老师可以临场发挥，比如增设模拟角色和任务；在同学们演练时，组织其他同学对表演进行评论。

实训提示：

秘书在为上司安排约会时应注意避开以下时间：

1.上司快要下班的时候。

2.上司出差刚回来。

3.节假日过后上司刚刚上班。

4.上司连续召开重要会议或主持重大活动之后。

5.上司的身体状况不是太好的时候。

6.如果安排了这次会议，上司进入下一项预定工作的时间已不足十分钟了。

实训总结：

学生自我总结	
教师评价	

三、上司正在开会

实训目标：通过本实训掌握上司正在开会时处理来电的一般方法。

实训背景：今天上午是公司召开临时董事会，公司李总主持会议。按规定在会议期间所有参会人员原则上不得接听电话。十一点左右，公司大客户（也是老客户）王总来电话，他对李总的秘书张婷说，他有急事要找李总商量，张婷她们公司的产品质量出现了问题，客户闹着要向媒体曝光。

实训内容：按照实际情况演练上司正在开会时秘书对各种来电的处理。

实训要求：

1.地点：本实训可选择在模拟的办公室或教室进行，最好能配置真实的电话机。

2.形式：实训应分组进行，可以 4 人一组，其中 1 人扮演张婷，1 人扮演王总，1 人扮演李总，1 人进行监督和评价。每人都要轮演张婷、李总和王总。

3.要求：每个同学在演练过程中一定要严肃认真，言行符合规范。每个同学最好都能按照实训内容设计演练的脚本（包括情节和台词），并给本小组成员分派角色。

4.老师可以临场发挥，比如增设模拟角色和任务；在同学们演练时，组织其他同学对表演进行评论。

实训提示：

当上司正在开会时，秘书接听电话应注意以下几点：

1.坚持原则。如果客人来电话找上司,只要不是很急的事,就不要让上司来接电话,等散会后再说。

2.不能简单拒绝对方。如果这样回答对方:"林总正在参加董事会,估计会议要到5点才结束。回头我们再给您去个电话,您看可以吗?"这样有可能让对方产生误解。

3.事情重大的话应请示上司。在这个时候,最佳的回答应该是这样:"实在对不起,林总刚散会,您有急事要找他吗?"这样,秘书可以去向上司悄悄汇报,听取他的指示。如果上司认为事情不急,不愿意去接电话,那么秘书就要这样回答对方:"实在对不起,这会儿不知林总上哪儿去了。回头见着林总,我们就给您去个电话。您看这样可以吗?"

实训总结:

学生自我总结	
教师评价	

四、作电话记录

实训目标:通过本实训项目掌握做电话记录的一般方法。

实训背景:这天上午公司总经理李奥外出办事,忘了带手机。集团公司董事长找不着他,便给他的秘书张婷打电话:"关于某工程招标的事,我要尽快听取李奥的汇报,李奥回来后,让他给我来个电话。"张婷回答说:"一定转达!"

实训内容:按照实际要求练习作各种形式的电话记录。

实训要求:

1.地点:本实训可选择在模拟的办公室或教室进行,最好能配置真实的电话机。

2.形式:实训应分组进行,可以3人一组,其中1人扮演张婷,1人扮演集团公司的董事长,1人进行监督和评价。每人都要轮演张婷和集团公司董事长。

3.要求:每个同学在演练过程中一定要严肃认真,言行符合规范。每个同学最好都能按照实训内容设计演练的脚本(包括情节和台词),并给本小组成员分派角色。

　　4.老师可以临场发挥,比如增设模拟角色和任务;在同学们演练时,组织其他同学对表演进行评论。

　　实训提示:

　　电话记录应包括以下几项内容:

　　1.什么时间(接电话的时间)。

　　2.由谁打来的。

　　3.打给谁的。

　　4.电话的内容。

　　5.接电话人的姓名(当然是本人)。

　　6.处理结果,如替他人传达,让对方再来一个电话或者给对方回电话等。

　　7.对方的电话号码。

　　实训总结:

学生自我总结	
教师评价	

◎ **知识拓展**

秘书的电话形象与电话礼仪

　　正确地利用电话,不只是要熟练地掌握使用电话的技巧,更重要的是要自觉维护自己的"电话形象"。一家日本公司要求每一位接线员在面前放一面镜子,以保证在接听电话时,随时可以看到自己脸上的微笑。据说效果非常好,因为微笑让接线员的声音听起来特别亲切,态度也特友善。顾客们对这家公司的热情服务盛赞不已。在电话里,对方不仅"听"得到你的笑容,而且也"听"得到你打电话时的姿势和神态。有些人错误地认为,电话交谈时姿态可以随便一点,反正对方也看不见,因此,半躺在椅子上,靠在办公桌上,松松垮垮地站着打电话,甚至一边抽烟、喝茶、吃东西,一边打电话,种种在其他场合不会表现出来的"丑态",在话筒前都"原形毕露"了。事实上,一个人的姿势和神态,对方通过电话是完全可以听得出来的。

一般认为,一个人的"电话形象"是由他使用电话时的语言、内容、态度、表情、举止以及时间感等几个方面所构成的,它被视为个人形象的重要部分之一。据此,大体上可以对通话之人的修养和为人处世的风格有所了解。因此,在使用电话时,务必要对维护电话形象的问题备加关注。

1989年,在美国纽约的一家大公司举行了一次研究电话交际的讨论会,出席者中有六位漂亮的女秘书,她们衣着入时、仪态万方、楚楚动人,每个人的性格都有讨人喜欢的地方。但把她们在电话里的声音录放出来,其结果都十分令人吃惊,简直判若两人。有的声音平板、单调,有的尖声怪气,有的有气无力……总之,没有一个声音让人感到热情友好,或听起来是愿意帮助人的。而这家公司每年都要花费数百万美元的广告费以招揽顾客给他们打电话联系业务,由这些女秘书接电话,结果就可想而知了。

因此,对于秘书来讲,电话不仅仅是一种传递信息、获取信息、保持联络的寻常工具,而且也是秘书人员所在单位或个人的形象的一个载体。秘书接打电话得体有效,能帮助完善企业管理制度,提高企业各项工作的效率。如果秘书能够做到接打电话彬彬有礼,不骄不躁,公司就会赢得社会的信赖、理解和支持;反之,如果秘书言语粗鲁,接人待物冷若冰霜或傲慢无礼,就会有损企业形象,就会失去顾客,失去市场,在竞争中处于不利的地位。人们往往从一个秘书做的某一件小事情上,衡量一个企业的可信度、服务质量和管理水平。身为秘书,只有充分认识到接、打电话的重要性和掌握它的特点,才能学有所用,从而体现了企业的文化,扩大了企业的知名度,对企业发展产生了一定的推动作用,有效地促进了企业效益的提高,推动了整个企业的持续、快速、高效、健康。

电话形象不仅能够真实地体现出个人的素质、待人接物的态度,还能体现出通话者所在单位的整体水平。在现代社会,商务交往与电话是"难解难分"的,凡是重视维护自身形象的单位,对电话的使用都是相当的关注。因此,掌握电话礼仪成为秘书办公的前提和重点。

与日常会话和书信联络相比,接、打电话具有即时性、经常性、简捷性、双向性、礼仪性等较为突出的特点。

即时性。这是指电话本身的快速性,当电话铃响后第二声,就是接电话的最佳时机,并不是说接电话越快越好。铃一响,你就马上接起电话,这样反而显得很突兀,使对方有种无所适从的感觉。

经常性。这是针对秘书工作性质的特殊性而言的,因所从事的工作性质决定了秘书与电话打交道的频繁，它是传递领导指示及与外界人士沟通交流的重要工具。

简捷性。在当今快节奏的氛围里就更显而易见了。无论是工作还是生活人们都讲究效率，接、打电话也是如此，身为秘书人员，更要尊重这个规律，在接打电话时，要简单、清楚地把事情告知给对方，多余的话自可不必再说。

双向性。则是显现出双方的配合，共同沟通的重要性，自然也就会给对方留下很好的印象，同时也是对公司的一种无形的宣传。

礼仪性。而以上种种接、打电话的特点，都离不开对礼仪的要求，一切都要以礼待之。电话的礼仪性特点，直接与前面提到过的"电话形象"密切相关。它是指不论是打电话还是接电话，都必须以礼待人，克己而敬人。假如不注意在使用的过程中讲礼貌，先敬于人，无形之中将会使自己的人际关系受到损害。

因此，接、打电话的基本礼仪是：

1. 要注意口齿清楚，并适时地附和对方。

2. 不要随便岔开对方所说的话题，但也不要一有什么问题就直截了当地问对方；一定要在听对方讲完之后再发表意见。

3. 自己说话时，如果说得太长，就要不时地停顿一会，看看对方的反应，要替对方考虑，不要只顾自己说话，也要给对方提问的机会。

4. 在一般情况下，谁拨的电话谁先挂机，但是如果对方比自己的地位高，那就应该等对方挂机后自己再放下电话。

5. 如果自己上司的地位比对方的地位高（特别是在本公司内），应该先拨通对方的电话，待对方接听电话后，自己再把电话转给自己的上司。如果对方的地位与自己上司的地位相同或比己方的更高，则在拨通对方秘书的电话之后请求转接之后，马上把电话转给自己的上司。

6. 注意自称。在商业场合，称自己为"小姐"或其他头衔，如总经理、主任等，都是不恰当的，甚至会被当作没有教养的表现，所以在接电话时都应直呼自己的名字："我是××。"

◎ 相关链接

办公场合使用手机应注意的问题

要把手机调到静音、震动状态或降低来电音量，手机音量以距离两米就可以听见为宜。

如果有手机来电，最好到洗手间或走廊里接听。如必须在办公室接听，也要把转接的声音尽可能地压低。

手机不使用的时候，要放置在适当的位置。正确的放置位置是：一是随身携带的公文包里（最正规的位置）；二是上衣的内袋里。放在办公桌上，既不雅观，也不安全，有时还有炫耀之嫌。

如需发送短信，也不要让人频频听到你的短信提示音，这也是对他人的一种干扰。在自己接待来访和会议、谈判过程中，不要查看手机短信，更不能发送手机短信，这是不尊重对方的不礼貌的表现。同时，如要发送短信，要注意内容的健康、文明、得体。

手机的彩铃声也要注意场合和得体，慎重选择，不要在办公室等正规的场合发出怪异、搞笑的手机彩铃声，否则容易造成不必要的麻烦和误解。如"有话快说，有屁快放"的手机彩铃就是不合适，未婚的男女使用"爸爸（妈妈），来电话了"的铃音也容易使人误解。

（选自陈国强编著《办公室礼仪与口才》，中国经济出版社 2008 年版）

任务五　商务往来中的秘书口才

◎ 学习目标

通过本项目训练，结合秘书工作实际，设置情景，使学生了解商务活动中秘书口才的特点，掌握其基本方法、技巧和礼仪，做到行为准确，达到口才沟通和交际行为的行之有效。

知识目标

● 通过介绍秘书在商务活动中口语运用的特点，使其掌握商务口才的一般规律及特点。

能力目标

● 根据学习目标，以情境设计为内容，采用角色扮演法和重点强化训练，安排学生扮演不同角色，指导学生掌握商务活动中口语交流的方法、技巧并感受其内在奥秘，使其在情景演练中获得真切感受，从而感受秘书商务口才的特点以及所需的基本技巧，通过提高其话语表达的质量来提高其商务活动中语言沟通和交际行为的能力。

◎ 参考课时

2 学时

◎ 导入案例

富兰克林年轻时，被选举为费城议会的秘书，这个位置帮他揽到了许多承印公函的业务。这工作获利可观，富兰克林很想保住这个位置。但不久他的前途就发生了危机:议会中最富有能力的一个人对富兰克林极其反感,他不仅不喜欢富兰克林,还在各种公众场合中伤和诽谤他。这对富兰克林来说,可是一件危险的事情,所以富兰克林决意要让那个人喜欢他。

但该怎么办呢? 富兰克林用的方法是请他的仇人帮助他。他请对方做了一件他自己喜欢的事——一件能够触动他的虚荣心,并能很巧妙地展示富兰克林对他的知识表示钦佩的事:

富兰克林听说那人的书房里有一本神奇的书,于是就写了一封短信:"听说您有一本很稀有的书,我真的太想从您那里借来,哪怕只给我看几天也是好的。"那人立刻送来这本书。大约过了一个星期,富兰克林把书送还给了他,并写了一封短信,热切地表示了谢意。当他们在下一次的议会会议厅见面的时候,那人竟然主动地和富兰克林交谈了起来,以前他可从来没有对富兰克林讲过话,而且非常地客气。从那以后,他表示愿意在任何时候为富兰克林帮忙。所以,两人成了好朋友。

◎ 理论知识

一、商务往来中的秘书口语特点

鲜明的求实性。谈话内容必须与推介企业、推销、引入商品或服务密切相关,为完成既定商务活动的目标服务。

明显的准确性。认真、确切地介绍企业、商品或其他。

灵活的策略性。在进行社交公关活动时,要讲究策略和方式方法。

高超的艺术性。叙议结合,有情有感,有理有节,起伏有致,完整清晰。

二、商务往来中的秘书口才技巧

(一)表现出足够的自信心

对所说的话有信心,事情本身确实有让人说话的地方,自己确实有话要说。有话能说,自己能正确而得体地表达出自己的观点、看法,这才能收到预期的效果。有话敢说,相信自己所说的话是客观的、正确的;相信自己所说的话会产生预期的影响。有话会说,在适当的时间、适当的场合,面对适当的人,说出适当的话。

(二)使谈话内容对对方有强烈吸引力

准确表达自己生产或经营的产品项目的基本情况,根据对方的不同而选择不同的语气,把握好说话的时机,随机应变、察言观色,在恰当的时间说出恰当的话,收到最佳的效果。

(三)善于把握对方心理

根据心理特点很好地把握主动,进行有效的商务口才活动。

(四)不卑不亢、亲和友善的态度

有心理学专家说:"那些笑脸常在的人,在管理、教育和推销中会更容易获得成功,更容易培养快乐的下一代。笑容比皱眉头更能传情达意,这正是为什么教育中更应该以鼓励和微笑取代体罚和处置的原因所在。"秘书在实际的商务活动中,经常会遇到一些自以为是的客户。当你与他们进行交往时,他们不是粗鲁地将你拒之门外,就是对你不理不睬。然而,正是这些客户,一旦你找到了让他们乐于接受你的有效的办法,他们将是最好的客户,甚至成为你社会活动中的好帮手。因此,前提条件是让他们接受。

给人好感,使人觉得你是一个正直的人。给人善意,让人感到你是一个具有亲和力的人。

善于融洽气氛,微笑着和人交谈,让客户感受到你的热情;行动胜于言论;让客户觉得你非常友善,他会明白你的心意:"我喜欢你,你使我欢乐,我很高兴见到你。"在和谐愉快的氛围中,交谈的双方往往能皆大欢喜。许多企业的人事经理都说:"宁愿出高价雇佣一个脸上总是带着微笑的、连小学都没有毕业的职员,也不愿雇佣一位面孔冷淡的博士。"

即便是不怀好意的客户,也不妨请他帮你一个忙,而且是真诚地请他帮你一个忙,这样不但可以融洽相互之间的关系,而且可以使其产生被重视的感觉,更可以让你接近对方,改变他们对你的态度,甚至让他们成为你的朋友。富兰克林这样做了,因此改变了别人对他的仇视。

◎ 综合训练

(一)吸引并说服客人住店

实训目标:通过本项目训练,结合秘书工作实际,设置情景,使学生了解商务活动中秘书口才的特点,掌握其基本方法、技巧和礼仪,做到行为准确,达到口才沟通和交际的行之有效。

实训背景:有家坐落在旅游胜地国际机场出口处不远的三星级饭店,常常会遇到因飞机晚点而没有被接走的客人。

这天,天下着滂沱大雨,有几位客人预订了市中心××四星级宾馆的客房,但是在机场出口处并未见到宾馆的接送车。因为下雨,几位客人就来到了这家饭店的大堂等候……面对这几位客人,如果你是大堂副理,会如何反应呢?

实训内容:按照实际要求进行口语交流并达成良好的效果。

实训要求:

1.本实训可选择在情景模拟的办公室或教室进行。

2.实训应分组进行,可以5人一组,其中1人扮演前台,1人扮演宾馆的大堂副理,2人扮演客人,1人进行监督和评价。每人都要轮演大堂副理、前台和客人。

3.要求:每个同学在演练过程中一定要严肃认真,言行符合规范。每个同学最好都能按照实训内容设计演练的脚本(包括情节和台词),并给本小组成员分派角色。

4.老师可以临场发挥,比如增设模拟角色和任务;在同学们演练时,组织其他同学对表演进行评论。

实训提示：

注意沟通交流的方式、方法。

实训总结：

学生自我总结	
教师评价	

（二）给上司"挡驾"

实训目标：通过本项目掌握商务活动中秘书拒绝口才运用的特点，掌握其基本方法、技巧和礼仪，做到行为准确，达到口才沟通和交际行为的行之有效。

实训背景：公司马上要召开董事会了，由于金融危机的影响，业绩受到了极大的冲击而导致严重滑坡。为了应对董事们的责问，公司上下都处在临战前的紧张状态。这天下午，公司总经理办公室主任张力正在起草文件，前台值班秘书打来电话，说是公司的一位客户来访问总经理，事情倒也没什么，只是很久没来了，想找总经理聊聊，人已在会客室了。但是，今天总经理一上班就交代过，说是没什么重要的事情，他今天什么人也不见。

前台和办公室主任张力该如何应对这位老客户？

实训内容：按照实际情况演练替上司"挡驾"的基本方法。

实训要求：

1. 本实训可选择在情景模拟的办公室或教室进行。

2. 实训应分组进行，可以 5 人一组，其中 1 人扮演前台，1 人扮演办公室主任张力，1 人扮演该客户，1 人扮演总经理，1 人进行监督和评价。每人都要轮演张力、前台和老客人。

3. 要求：每个同学在演练过程中一定要严肃认真，言行符合规范。每个同学最好都能按照实训内容设计演练的脚本（包括情节和台词），并给本小组成员分派角色。

4. 老师可以临场发挥，比如增设模拟角色和任务；在同学们演练时，组织其他同学对表演进行评论。

实训提示：

秘书在为上司"挡驾"时要注意以下两点：

1. 除了个别极为特殊的情况外，上司在办公室时应该向上司请示，不要仅仅根据自己个人的判断，就将客人回绝掉，说上司不在。在那些被秘书"看不上眼"的客人身上，很可能就有上司所需要的信息。

2. 即使要拒绝对方，也要注意礼节，说话要留有余地。由于代表的是上司，如果秘书举止得体，就会在无形中增加客户对公司的好感。

实训总结：

学生自我总结	
教师评价	

（三）陪同老板参加外企业会议

实训目标：通过本项目实训了解在商务活动中，秘书陪同上司参加外单位会议应注意的事项、秘书口才的特点，掌握其基本方法、技巧和礼仪，做到行为准确，达到口才沟通和交际行为的行之有效。

实训背景：恒泰集团定于 4 月 28 日在五洲大酒店举行新产品发布会，届时市政府的主要领导和各新闻媒体都要出席。张力所在博诚文化公司是恒泰公司多年的用户，而且他的上司——公司老总也是恒泰公司老总多年的老朋友，因此公司老总作为嘉宾应邀出席，并要作 3 分钟的讲话。老总让张力陪同他去参加这个新产品的发布会。

实训内容：按照实际情况演练陪同上司参加外单位的活动。

实训要求：

1. 本实训可选择在情景模拟的办公室或教室进行。

2. 实训应分组进行，可以 5 人一组，其中 1 人扮演秘书张力，1 人扮演上司，1人扮演博诚文化公司的老总，1 人扮演恒泰公司的老总，1 人进行监督和评价。每人都要轮演张力、博城文化公司的老总和恒泰公司的老总。

3. 要求：每个同学在演练过程中一定要严肃认真，言行符合规范。每个同学最好都能按照实训内容设计演练的脚本（包括情节和台词），并给本小组成员分派角色。

4.老师可以临场发挥,比如增设模拟角色和任务;在同学们演练时,组织其他同学对表演进行评论。

实训提示:

接到邀请时,秘书应做好以下工作:

1.马上向公司请示是否参会。

2.如果是上司参会,就马上记入上司的日程表,并办理相关手续。

3.给举办方以答复,如果要求以书面形式答复,就以书面的方式答复。

4.在会前会后为上司安排出一定的时间,以便上司在会前会后与有关人员举行临时会谈。

5.准备好参加活动所必带的材料。

6.确认好参会的时间、地点、内容、参会的人员等,并在活动前的一天再次向上司汇报。

7.注意上司在活动期间的各种业务处理。

实训总结:

学生自我总结	
教师评价	

◎ **知识拓展**

秘书与客户的礼尚往来

态度:热情礼貌。

在接到宴请的时候。作为秘书,如果对方是在工作之外的时间宴请你,那你可以根据实际情况来决定是否接受宴请。如果你接受宴请,在赴宴之前一定要向上司汇报,在宴请之后一定要向对方表示感谢。

在接受礼物的时候。作为秘书,要尽可能地婉言谢绝对方赠送的礼物。谢绝时可说:"您的心意我领了,但这么贵重的礼物我不能接受。"如果对方非常有诚意,你不得不收下,事后一定要向上司汇报,但最好不要与同事谈论这些事。

送礼。在一些重要的节日、纪念日,如圣诞节、元旦、春节、中秋节、重要合作厂商的公司纪念日等,秘书应在征得上司同意的情况下,以礼品或贺信的方式向客户致意,维护好与客户的友好关系。

作为助手,秘书应适时提醒上司并为其安排与客户的定期沟通活动,如一起吃饭,与客户经常通电话联系,以增进彼此之间的了解和进一步的合作。

◎ 相关链接

商务活动中回答问题的技巧

以接受对方提供的信息为前提,一方面,使对方有受尊重的感觉;另一方面,听话人完整地接受了信息,才可能真正弄清这些信息的实际含义,从而作出准确的回答。

表达方式恰当。答话要考虑选择对方能理解和接受的词句和表达方式,甚至要注意到音量、语速及态势语等,使商务往来收到良好的效果。

不使用威胁性、责难性、讽刺性的语言。涉外活动的目的,在于建立友谊、沟通思想、交流情感、改善关系、发展协作。因此,对话时应真诚、热情、谦和,这也是商务往来交往语言的基本色彩。

答话要避免自陷困境。商务往来交流中,经常会遭遇一些问题,或难以回答,或不便回答,或不愿回答,或用心不良,若答话时处理不慎,反而会使自己陷入困境。

任务六　涉外事务中的秘书口才

◎ 学习目标

通过本项目训练,结合秘书工作实际,设置情景,使学生了解秘书在涉外活动中秘书口才的特点,掌握其基本方法、技巧和礼仪,做到行为准确,达到口才沟通和交际行为的行之有效。

知识目标

● 通过介绍秘书在涉外活动中口语运用的特点,使其掌握涉外秘书口才的一般规律及特点。

能力目标

● 根据学习目标，以情境设计为内容，采用角色扮演法和重点强化训练，安排学生扮演不同角色，指导学生掌握涉外活动中口语交流的方法、技巧并感受其内在奥秘，使其在情景演练中获得真切感受，从而感受秘书涉外口才的特点以及所需的基本技巧，通过提高其话语表达的质量来提高其涉外活动中语言沟通和交际行为的能力。

◎ 参考课时

2 学时

◎ 导入案例

1988 年美国总统竞选，民主党在选民中造成了布什是毫无独立主张的这一印象，他们甚至称"布什是里根的影子"。在交谈时，民主党人总爱用挖苦的口气问："布什在哪里？"这个问题该如何回答才恰到好处呢？布什的竞选顾问、老资格政治公关专家艾尔斯为布什设计了一个回答："布什在家里，同夫人巴巴拉在一起，这有错吗？"这一回答，体现了强烈的针对性和恰如其分的分寸感的结合，有很高的艺术性。艾尔斯为布什设计的回答，为布什的政治家风度增添了不少光彩。

◎ 理论知识

在国外，涉外秘书一般是在出口企业、外国企业、私人企业或合资企业中工作，他们要和全球范围内的客户联络和提供服务，他们的工作是国际化的，也是非常重要的。

在我国，涉外秘书是指在"三资企业"、外国驻华机构、我国涉外单位和部门供职的秘书，是改革开放后产生的新型的外向型、复合型秘书。一般的对涉外秘书在外语、计算机、国际贸易、涉外礼仪等方面有较高的要求。涉外秘书是一种国际化的职业，具有涉外性、辅助性、事务性的特点，因此，涉外工作要求对语言有较高要求。

一、涉外事务中的秘书口语特点

（一）双语交流甚至多语交流，具有良好的汉语及外语表达的能力

真诚善意，礼貌优雅，反应敏捷，态度亲切，内容准确，条理清晰，表达到位。

语音准确悦耳，口齿清晰，表达流畅，用语通俗易懂。体态语优雅得体，恰到好处。

（二）适时

即说在该说时，止在该止处，这才叫适时。而不能该说时不说，如见面时不及时问候；分手时不及时告别；失礼时不及时道歉；对请教不及时解答；对求助不及时

答复……

（三）适量

捷克讽刺作家哈谢克的名著《好兵帅克》里有一个克劳斯上校，此人以说话啰嗦闻名。他有一段对军官的"精彩"讲话："诸位，我刚才提到那里有一个窗户。你们知道窗户是个什么东西，对吗？一条夹在两道沟之间的路叫公路。对了，诸位，那么你们知道什么叫沟吗？沟就是一批工人所挖的一种凹而长的坑，对，那就叫沟。沟就是用铁锹挖成的。你知道铁锹是什么吗？铁做的工具，诸位，不错吧，你们都知道吗？"生活中、社交场上说话啰嗦也不乏其人。因此说话适量也是社交口才的基本技巧之一。适量既指说话的多少适当，也包括说话的音量适宜。同时，适量并不都是以少说为佳，更不是指那种语量没有变化的老和尚念经，适量与否应以是否达到了说话目的为衡量的标准。

（四）适度

涉外口才的适度，主要是指根据对象把握言谈的深浅度，根据不同场合把握言谈的得体度，根据自己的身份把握言谈的分寸度。其次，体态语也要恰到好处。

二、涉外事务中的秘书口才技巧

随着全球一体化的加剧以及中国在国际舞台上地位的日益提高，对不同地区、不同国家、不同文化背景的交流日益增多，因此，作为窗口形象的秘书须熟悉涉外礼仪，具有良好的公关技巧和处理协调关系的能力，熟谙涉外公关的语言技巧。

（一）涉外公关称谓技巧

由于世界各国不同民族文化背景的差异，在涉外公关称谓上要因人而异，不可随心所欲。

1. 对男子一般称先生，对结了婚的女士称夫人，没结婚的称小姐，把握不准的也可称小姐。这些称呼前还可以冠以姓名、职称等。如"约翰先生"、"彼得太太"、"玛丽小姐"、"总裁先生"等。

2. 对地位高的政府官员可称"阁下"，不过习惯上只有部级以上的干部才这样称呼。"阁下"前还可加上官衔，如"总统阁下"。不过，在美国、德国、墨西哥等国家一般不称"阁下"而称"先生"。女性高官也称"阁下"。君主制国家可以称爵位，也可以称"阁下"或"先生"。

3. 对专业人士一般称职称，如"医生"、"教授"、"法官"、"律师"等。获得博士学位的可称"博士"，但没有称"硕士"、"学士"的；军职人员一般称军衔或军衔加先生，也可以冠以姓名，如"上校先生"、"彼得上校"等；教会中的神职人员，一般可称教会职称或姓名加教职或教职加先生，如"福特神父"、"牧师先生"等，主教以上的神职人员也可称"阁下"。

4. 对服务人员亦可称"先生"、"小姐"或"夫人"。

（二）涉外公关口才的保密技巧

因我国对外开放的程度越来越大，秘书所处的岗位决定了他了解许多外界不知并有保密要求的内容。因此，其涉外活动中要既不失礼，又不泄密，就必须沉着、冷静、机智巧妙地回答对方的提问。

1.引君入瓮，自封其口

回答者针对对方提出的问题，可以巧言诱导，把问题推给对方，要对方自己回答，自封其口，从而达到保密的目的。

2.借助废话，巧与周旋

废话的特征是信息量等于零，出于保密的目的，使用废话，既有掩盖核心信息的功能，又有礼貌的作用。如：

在一次新闻发布会上，有记者问美国国务院女发言人奥克兰，美国政府对柬埔寨问题的立场是什么。奥克兰回答说："我们所声明过的就是我们的立场，我们的立场仍然像我们所声明过的一样。"

记者没有从奥克兰口中获得任何有用的信息，而被问者又不是三缄其口，也不失礼貌。

（三）涉外公关口才应注意语言文化背景

涉外公关的言语沟通是两种文化的沟通。成功的涉外公关体现为两种不同文化的相互理解、相互尊重和相互接受，这集中表现在言语表达和领会的顺利完成中。所以必须注意其国情差别。

如年龄，英美人对年龄十分敏感，所以打听对方的年龄和说对方年老都是很不礼貌的；如问候，不能问别人隐私类的问题，否则会使人不愉快；如邀请，中国人接受邀请总是要客气一番，或先表示谢绝，以看对方是否有诚意，同样在邀请别人时，往往也是一再坚持才是真实，而随口发出的则往往是一种客套，但欧美人却没有这样的客套，比较直接；又如关于动植物词的文化象征，在中国，狗是低贱的动物，有关狗的词语多属贬义，而英美，如称你为"Lucky dog"、"Old dog"，是说你是"幸运儿"、"老练"。"龙"在中国是吉祥物，而英语中却说它是凶残的动物，"亚洲四小龙"在英文报刊中变成了"四小虎"。

还特别要注意各民族的文化禁忌，日本人忌讳的数字是"4"和"9"，"4"的读音与日文的"死"发音相近，而"9"的发音近似于"苦"。欧美公众忌讳"13"和星期五，这是一种数字灵物的崇拜的社会心理，而其直接原因则与神话、宗教故事有关。同时，还要注意在公共言语中涉及宗教忌讳的语言。

（四）介绍投资环境的技巧

吸引外资参与我国的经济发展，是对外开放极其重要的举措。怎样介绍投资环境以达到招商引资的目的呢？最重要的是要按国际经济运行法则来衡量本地的软硬件环境，发掘并突出优势。具体应注意：

1.重点介绍当地的社会环境、发展前景、基础设施和经济政策,而不过分强调本地资源。中国人经常沾沾自喜于自己的地大物博、资源丰富,但外商更感兴趣的却是社会环境、发展前景、经济政策和基础设施等软硬件方面的优势。

2.讲平等竞争,法制经济,不强调特殊优惠,不搞人情经济。所以,如当外商问:"不知这里原料进口、产品出口和人员出入境是否方便?"如回答:"没问题!我和海关关长是好朋友,我说话管用。"则会使外商听而生畏、听而却步,投资成为奢谈。

3.讲求经济效益,切忌好大喜功。过去一讲加速经济发展,就习惯于上项目、铺摊子,以至于在洽谈合资项目时,一些企业负责人言谈中流露出只重规模、不讲效益的想法,令外商十分不满。

(五)模糊语言技巧

在涉外交往中巧用模糊语言,能显示与众不同的交际特色,提高效率,增大信息传递效果。美国前总统克林顿于 1994 年 5 月同意继续给予中国最惠国待遇时谈到了中美关系,他说:"We will have more contacts. We will have more trade. We will have more international cooperation. We will have more intense and constant dialogue on human rights is sues."这里,克林顿用了四个 more,明显起到了渲染和强调的作用。不仅是因为这四个句子具有排比强调的意味,而且单单一个词 more 本身就蕴涵了丰富的含义。况且 more 又是 much 的比较级,其修饰的范围和数量比 much 要大得多,其蕴涵的信息量之大是可想而知的。

(选自欧阳友权主编《社交公关口才》,湖南人民出版社 2002 年版)

◎ **综合训练**

(一)解决电梯被困问题

实训目标:通过本实训项目使学生了解秘书在涉外活动中秘书口才的特点,掌握其基本方法、技巧和礼仪,做到行为准确,达到口才沟通和交际行为的行之有效。

实训背景:一位美国客人在中国的一家宾馆住店,早晨用早餐完毕回房,乘坐电梯时却被困在 10 楼与 11 楼之间……经过十五分钟的努力,电梯门终于被打开了。出梯后他怒气冲天……

你作为公关部经理,该如何平息他的怒火呢?

实训内容:按照实际要求进行口语沟通并达成问题的解决。

实训要求:

1.本实训可选择在情景模拟的办公室或教室进行。

2.实训应分组进行,可以 4 人一组,其中 1 人扮演前台,1 人扮演宾馆的公关部经理,1 人扮演美国客人,1 人进行监督和评价。每人都要轮演公关部经理和美国客人。

3.要求：每个同学在演练过程中一定要严肃认真,言行符合规范。每个同学最好都能按照实训内容设计演练的脚本(包括情节和台词),并给本小组成员分派角色。

4.老师可以临场发挥,比如增设模拟角色和任务;在同学们演练时,组织其他同学对表演进行评论。

实训提示：应注意东西方的习俗;并注意沟通协调的方式方法。

实训总结：

学生自我总结	
教师评价	

（二）解决客人私自带走酒店物品的问题

实训目标：通过本实训项目使学生了解秘书在涉外活动中秘书口才的特点,掌握其基本方法、技巧和礼仪,做到行为准确,达到口才沟通和交际行为的行之有效。

实训背景：一位外国客人在退房之前,看到了客房里摆放的景德镇小瓷杯,他虽知客房物品不能私自带走,但由于他非常喜欢收集该类物品,还是拿走了。在办退房手续时,楼上的服务员发现了这一情况,马上和酒店前台联系。前台人员及大堂经理该如何向客人要回物品、又不让客人难堪呢?

实训内容：按照实际要求进行口语沟通并解决问题。

实训要求：

1.本实训可选择在情景模拟的办公室或教室进行。

2.实训应分组进行,可以4人一组,其中1人扮演前台,1人扮演宾馆的大堂经理,1人扮演外国客人,1人进行监督和评价。每人都要轮演前台、大堂经理和外国客人。

3.要求：每个同学在演练过程中一定要严肃认真,言行符合规范。每个同学最好都能按照实训内容设计演练的脚本(包括情节和台词),并给本小组成员分派角色。

4.老师可以临场发挥,比如增设模拟角色和任务;在同学们演练时,组织其他同学对表演进行评论。

实训提示:应注意东西方的习俗;并注意沟通协调的方式方法。

实训总结:

学生自我总结	
教师评价	

◎ **知识拓展**

如何接待外国客人

一般以下的五个环节必须尽可能地做到位:

尊重对方的习惯。如了解客人所在国家的文化、风俗,对客人的兴趣、习惯和饮食方面的嗜好等有一定的了解。

预订酒店。外国客人来公司之前,一般都会先用电子邮件、信件、电话或传真将自己到达的日期和航班通知公司相关部门。有些客人还会请公司帮办理酒店预订手续。如果没有特别指定要往某个宾馆,秘书应帮客人选一个离公司较近、交通方便和住宿条件较好的酒店。

迎来送往。一些重要的客户来访,并需要我方接待时,到机场迎接是应有的礼节。接待一般坚持对等原则,如果对方来的是总经理,那么我方也应由总经理出面接待。当然,有时也可以派代表接待。

观光旅游。带外国客人在本地旅游一般是秘书的任务。所以,秘书要做好旅游的行程安排,当然事先要征询外国客人的意见。客人如带家眷,则可能会花较多的时间购物,作为秘书也要尽可能地给客人提供一些土特产知识和购物诀窍。

宴请。在饮食方面,由于国情和个人的喜好,所以宴请前要坦率地征求客人的意见,尤其要了解其口味和忌口,以便根据客人的具体情况安排菜单。

◎ **相关链接**

秘书的涉外礼仪

● 尊重各国礼仪

1. 亚洲和太平洋地区

亚洲人很注重礼貌,忌一落座就开始谈生意。在这些地区,英语是商业用语,因而名片需一面印英文,另一面印母语。澳大利亚人喜欢热情握手,并直呼其名,时间观念极强。日本人注意穿着仪表,见面一般不握手,只是互相鞠躬;日本人很重视名片,名片上最好印有日文;时间观念很强。新加坡人注重清洁卫生,谈话应避免涉及宗教与政治,安排洽谈要准点到达。韩国人不喜欢大声说话或笑,妇女们通常不握手,不喜谈政治问题。泰国人一般也不握手,忌踩门槛,忌摸小孩的头,另外他们特别喜爱鲜花。

2. 欧洲

欧洲人较保守,注重礼仪,握手是他们基本的问候形式,注重互换名片,喜欢准时守约,喜爱鲜花,特别厌恶他人在饭桌上抽烟。英国人特别重视礼节,约见时切不可提前到,尽量准点;交谈中也切忌谈有关宗教及君主制问题。法国人喜欢守时赴约,一般不愿谈及个人、政治或金钱等话题,较浪漫,会见时不妨赠送一些高雅且带有浓郁民族特色的小礼品。德国人喜爱鲜花,习惯于互称头衔,千万不要直呼其名。

3. 美国

美国人热情好客且不拘礼节,自由平等观念较强,没有论资排辈的习惯,喜欢直呼对方的名字。洽谈时,喜欢直截了当、直奔主题。美国企业均是五天工作制,周六及周日休息,一般不进行商务交际活动,在圣诞节前后两周也不进行业务洽谈,而且会晤的时间应事先约定,业务洽谈多在午餐时进行,参加人员应穿正规西服。

● 尊重各国的习俗禁忌

1. 交谈禁忌

东西方交际习惯有许多不同之处。西方人不愿他人问及年龄、婚否、收入、住址、经历及信仰。西方男性一般不参与妇女圈内的议论,更不可面对妇女说长论短;交谈时,一般不喜欢他人上前旁听,更不可随意打断他人的谈话。如跟英国人交谈,忌两膝张得太宽,更不可架二郎腿,不可背手或手插入口袋,不可耳语,更忌拍打肩背。美国人最忌的是询问私人财产及收入。

2. 行为禁忌

欧美上年纪的人上楼梯或爬山时,别人千万不能扶他们。印度、缅甸等国忌用左手传递东西。巴基斯坦人忌拍后背,也忌以手帕为礼物。美国人忌穿睡衣迎客。泰国人忌用脚指东西给人看或用脚踢东西给人。在西方国家,双方握手时,千万不要越过另两个人拉着的手去与第三个人握手;抽烟时不可一次给第三个人点烟,据说这会招致不幸。

3.数字禁忌

欧美国家普遍忌讳"13"这个数字,商贸接待中切记不能安排 13 号房间,不坐 13 号桌子,不设 13 次航班。另外,他们也忌周三和周五,认为这两天不吉利,因而在安排涉外交往活动时应避开。在东方一些国家则忌讳"4"这个数字。如接待韩国客人,住处别安排在 4 楼,也不要安排带 4 字的房间;日本人忌讳 2 月和 8 月,认为这两个月是淡季,会影响生意,因而,与日本人做生意,不要选择在 2 月和 8 月。

4.颜色禁忌

欧美一些国家忌黑色。巴西、埃及、埃塞俄比亚等忌黄色,认为它是凶色、丧色。日本人忌绿色,认为其为不祥之色。泰国人死后姓名用红色书写,故忌红色。比利时人认为碰到蓝色会遭不幸,所以忌蓝色。蒙古人厌恶黑色,认为黑色象征贫、不幸、背叛及暴虐。白色不为摩洛哥人所接受,认为白色为贫穷色。乌拉圭人则忌青色,认为它预示黑暗的来临,会带来不幸。

5.饮食禁忌

美国人和加拿大人忌食动物内脏。在饮食方式上,如未铺桌布,波兰人是不会入席的;用筷子进食的国家忌将筷子插在饭碗中间,日本人还不许用舌头舔筷子,更忌用筷子掏菜吃。

6.花卉禁忌

法国人忌黄色花。日本人和印度人忌荷花,德国人忌郁金香,意大利人忌菊花。南美国家的人忌紫色花。另外,各国普遍忌纸花和塑料花。

参考书目

[1] 董秋枫.幽默技巧300招［M］.厦门：鹭江出版社,1994.

[2] 朱蓓.实用口才训练教程［M］.广州：广东高等教育出版社,1997.

[3] 欧阳友权,朱秀丽.实用口才训练［M］.长沙：中南工业大学出版社,1998.

[4] 赵菊春.口才实用全书［M］.北京：中国物价出版社,1998.

[5] 鞠琳,盛恩泽.办公室兵法全书［M］.北京：经济日报出版社,1998.

[6] 谢伦浩.即兴说话技巧［M］.北京：中国社会出版社,1999.

[7] 杨狄.大中专生口才训练与求职面试［M］.北京：中国物资出版社,1999.

[8] 金鸣.成功语言应用手册［M］.北京：中国致公出版社,2001.

[9] 何欣,姜健.口语表达学［M］.长春：吉林人民出版社,2002.

[10] 唐慎言,唐祥明.百分百说话技巧［M］.北京：中国纺织出版社,2002.

[11] 谢伦浩.即兴演讲构思方略［M］.北京：石油工业出版社,2002.

[12] 谢伦浩.即兴论辩表达技巧［M］.北京：中国石油工业出版社,2002.

[13] 薛智.青年论辩说服能力训练教程［M］.北京：中国青年出版社,2002.

[14] 欧阳友权.社交公关口才［M］.长沙：湖南人民出版社,2002.

[15] 可飞.成功秘书说话办事绝招［M］.北京：海潮出版社,2002.

[16] 魏玉新.优秀主管商务口才必修16课［M］.北京：中国纺织出版社,2002.

[17] 刘伯奎,王燕.口才与演讲—技能训练［M］.北京：中国人民大学出版社 2002.3 第
一版.

[18] 周忠兴.商务谈判原理与技巧［M］.南京：东南大学出版社 2003.

[19] 沈健.大学生求职训练［M］.北京：中国出版社,2003.

[20] 齐善鸿.第一次做高级秘书［M］.北京：中国经济出版社,2003.

[21] 杨忠慧.实用口才［M］.合肥：合肥工业大学出版社,2005.

[22] 刘书琴.公关口才特训［M］.广州：暨南大学出版社,2005.

[23] 宿春礼.随机应变的口才艺术［M］.北京：中国社会出版社,2005.

[24] 蔡践,冯章.演讲的风采［M］.北京：中国经济出版社,2005.

[25] 邵守义,谢盛圻,高振远.演讲学教程［M］.北京：高等教育出版社,2006.

[26] 傅春丹.口才与演讲［M］.广州：广东高等教育出版社,2006.

［27］金幼华.实用口语技能训练［M］.杭州:浙江大学出版社,2006.

［28］徐平华,孙竹.你的职场口才值百万［M］.北京:石油工业出版社,2006.

［29］侯清恒.青年演讲技能训练［M］.北京:中国纺织出版社,2007.

［30］许利平.职业口才训练教程［M］.北京:北京交通大学出版社,2007.

［31］张培驰.怎样提高说话水平［M］.北京:北京交通大学出版社,2007.

［32］奚华.把话说到人心窝里［M］.北京:中国商业出版社,2007.

［33］吴欢章,陆娴琴.秘书技能［M］.上海:上海文化出版社,2007.

［34］吴欢章,赵毅.秘书素养［M］.上海:上海文化出版社,2007.

［35］谭一平.现代职业秘书实务［M］.北京:中国人民大学出版社,2007.

［36］谭一平.秘书工作案例分析与实训［M］.北京:中国人民大学出版社,2007.

［37］戴尔·卡耐基,刘祜.商务口才［M］.北京:中国城市出版社,2008.

［38］姜旭平.演讲技巧课堂［M］.上海:上海交通大学出版社,2008.

［39］陈国强.办公室礼仪与口才［M］.北京:中国经济出版社,2008.

［40］宋湘绮,刘伟,邓石华.秘书实训［M］.北京:清华大学出版社,2008.

［41］邵守义.演讲与口才［J］.吉林:演讲与口才杂志社,1993—2009.

图书在版编目（CIP）数据

秘书口才 / 包镭主编 . —杭州：浙江大学出版社，
2009.9(2020.1 重印)
高职高专文秘专业工学结合规划教材
ISBN 978-7-308-07013-3

Ⅰ . 秘… Ⅱ . 包… Ⅲ . 秘书学：口才学－高等学校：技
术学校－教材 Ⅳ . C931.46

中国版本图书馆 CIP 数据核字（2009）第 154795 号

秘书口才

包　镭　主编

责任编辑	葛　娟	
封面设计	吴慧丽	
出版发行	浙江大学出版社	
	（杭州市天目山路 148 号　邮政编码 310007）	
	（网址：http://www.zjupress.com）	
排　　版	杭州中大图文设计有限公司	
印　　刷	虎彩印艺股份有限公司	
开　　本	710mm×1000mm　1/16	
印　　张	23	
字　　数	438 千	
版 印 次	2010 年 2 月第 1 版　2020 年 1 月第 5 次印刷	
书　　号	ISBN 978-7-308-07013-3	
定　　价	39.00 元	